全国中级导游等级考试系列教材

汉语言文学知识

第3版

全国中级导游等级考试
教材编写组
编

旅游教育出版社

图书在版编目（CIP）数据

汉语言文学知识 / 全国中级导游等级考试教材编写组编. -- 3 版. -- 北京 : 旅游教育出版社, 2024.8（2025.11重印）(全国中级导游等级考试系列教材). -- ISBN 978-7-5637-4734-4

Ⅰ. H1

中国国家版本馆CIP数据核字第2024DH1669号

全国中级导游等级考试系列教材

汉语言文学知识

（第 3 版）

全国中级导游等级考试教材编写组　编

策　　划	丁海秀　李荣强
责任编辑	李荣强
出版单位	旅游教育出版社
地　　址	北京市朝阳区定福庄南里 1 号
邮　　编	100024
发行电话	（010）65778403　65728372　65767462（传真）
本社网址	www.tepcb.com
E - mail	tepfx@163.com
排版单位	北京旅教文化传播有限公司
印刷单位	唐山玺诚印务有限公司
经销单位	新华书店
开　　本	710 毫米 × 1000 毫米　1/16
印　　张	20.5
字　　数	300 千字
版　　次	2024 年 8 月第 3 版
印　　次	2025 年 11 月第 2 次印刷
定　　价	58.00 元

（图书如有装订差错请与发行部联系）

出版说明

导游人员是旅游业的一线从业者和重要组成部分，也是推动旅游业发展的中坚力量。随着大旅游时代的来临，旅游已成为人民群众的日常消费内容，因此，旅游业对导游人员的要求在数量上和质量上都有所突破。加强导游人才队伍建设，促进旅游业长期向好发展势在必行。

全国中级导游等级考试旨在为国家和社会进一步选拔导游人才，考试分中文（普通话）和外语考试。中文（普通话）考试科目为《导游知识专题》和《汉语言文学知识》，外语考试科目为《导游知识专题》和《外语》，各类别考生考试科目均为两科。考查内容不仅涵盖导游日常工作所需的各方面知识，还有的放矢地对导游人员的语言水平作了要求，有利于提升导游人员专业化和职业化程度。

旅游教育出版社作为旅游类图书的专业出版机构，一直是全国旅游教材的出版高地。我社致力于旅游专业教材和导游培训教材的出版，始终以服务旅游专业教育和导游人才培养为己任，力求为社会奉献高质量的旅游类出版物。在导游培训方面，我社除有权威的全国导游资格考试教材外，还有大量培养导游综合能力的相关教材。此次全国中级导游等级考试教材的出版，也进一步完善了我社导游考试培训教材体系，对帮助广大考生顺利通过考试有积极作用。

本套教材主要有以下特点：

第一，紧扣大纲，适合备考。本套教材根据文化和旅游部公布的《2024 年全国中级导游等级考试大纲》编写，体系完整、架构清晰、详略得当，高度契合大纲，真正做到了好学、好记、好用。

第二，专家编写，内容权威。本套教材编写组专家均来自旅游业的一线，有多年的旅游行政管理、旅游教学、导游人才培训和导游考试教材编写经验，理论知识扎实、实践丰富，对导游人才培养和导游考试理解透彻，能有效保证教材内容的权威性和准确性。

第三，与时俱进，贴合实际。本套教材直击旅游业发展对中级导游的新要求，充分体现时代特色，既能满足导游人员备考需要，又能满足实际工作需要，对导游人员扩充知识储备、增强语言能力、提高自身素质有极大帮助，对中级导游工作有一定的指导意义。

第四，体系全面，资源丰富。本套教材包括《导游知识专题》《汉语言文学知识》《英语》《日语》。为帮助考生理解教材内容、梳理考点，《导游知识专题》《汉语言文学知识》配有考试大纲、随堂练等立体化教学资源。《英语》的每个写作题附有“写作技巧”，而《日语》的每篇课文则配有“参考译文”，读者可扫描封面或书中二维码，轻松获得资源。同时，考生可以在“我是导游”小程序上获得在线题库资源，利用碎片化时间高效备考。

本套教材得到了编写专家、旅游院校教师和一线导游的大力支持，感谢所有对此套教材提出宝贵意见和建议的专家学者！我们将以扎实专业的知识、竭诚周到的态度服务好每一位考生，为国家导游人才队伍建设和培养事业略尽绵薄之力！

旅游教育出版社

目录

第一编　汉字及其文化知识

第二编 旅游解说、导游语言与导游词

第三编　旅游文学

第四编 诗、词、元曲、游记、楹联、碑铭作品选

第一编
汉字及其文化知识

第一章

汉字基础知识

第一节 语言、文字及汉字

一、语言

语言是人类最重要的交际工具，也是人类的思维工具。

世界上任何一种符号，都是由一定形式和相关意义构成的统一体。语言这一符号系统也是由音、义结合构成。

一般来说，语言大致具有语言符号音义结合的偶然性或约定俗成性、线条性、文化性等特点。

语言符号系统呈现着错综复杂的关系，形成矛盾的统一体。在这个矛盾统一体内，语言符号各个要素、各个方面既互相对立、互相区别，又互相联系、互相制约，构成一种关系网，具有严密的系统性。

二、文字

(一)定义

文字是记录语言的书写符号系统，是有声语言的辅助性交际工具。

文字的产生和发展，标志着人类文明进入了一个新阶段，使人类从史前时期进入有文字记录的文明时期。

世界的文字主要分为表音文字和意音文字两类。

表音文字是使用少量字母（最多不到50个）以语音记录语言的文字系统，世界上绝大多数文字都是表音文字。如英语、法语等使用拉丁字母，俄语使用西里尔字母。

意音文字是由表意的类型性符号和表音的声旁性符号组成的文字。世界上意音文字种类极少，汉字是典型的意音文字。

(二)语言与文字的关系

语言和文字具有十分密切的关系。

一方面，语言与文字互相对立，各有差异。一是语言是第一性的，文字是第二性的。先有语言，后有文字，没有语言，就没有文字。世界上大多数民族既有语言也有文字，也有一些民族只有语言没有文字，但是几乎没有什么民族是只有文字没有语言的，语言并不依赖于文字而存在。二是语言的特点制约着相关文字的特点并促进其发展。三是语言规范途径之一的自发性规范积极促进以文字为载体的书面语规范。

另一方面，语言与文字又互相补充，不可分割。文字虽是第二性的，但是在有声语言的基础上产生并发展起来的文字具有很多优势。一是克服了有声语言的时空局限，使稍纵即逝的有声语言可以“传于异地，留于异时”，扩大了人类的交际手段；二是文字系统也制约着语言的发展与规范，记录并有利于推广语言规范化成果，既能有效巩固并促进书面语规范，也能有效推广并促进口语规范；三是文字在文化传承方面具有极其重要的作用。

三、汉字

汉字是世界上最古老的文字之一。一般认为世界上古老的文字有：埃及的象形文字，公元前 5 世纪消亡；苏美尔（波斯王国）的楔形文字，公元前 4 世纪消亡；腓尼基字母文字，创制于公元前 1000 年左右，后逐渐衰弱；玛雅象形文字，从公元前 1800 年一直延续到大约公元 1524 年；古印度印章文字，约产生于公元前 3000 年代中叶，后逐渐失传。

中国方块汉字，成熟的甲骨文字约于公元前 1300 年延续到春秋时代，其形体虽然历经复杂的演变，但仍保持了自身严谨的结构规律和完整的系统性，直到现在还具有蓬勃旺盛的生命力。

汉字不仅作为记录汉语的符号系统发挥着有声语言的辅助交际工具的作用，而且还作为一种造型艺术——书法而闻名遐迩。汉字书法被誉为无言之诗、无形之舞、无图之画、无声之乐。

(一)汉字定义

文字作为记录语言的符号，由形式（包括形体与语音）和内容两个部分组成。

汉字是记录汉语的书写符号系统，是由方块汉字与语音及其相对应的意义构成的形、音、义的统一体。

（二）汉字名称的演变

先秦时代，使用“文”“字”“书”“名”“书契”等概念。

从秦朝推行“书同文”开始，“文”与“字”并列连用，一直延续使用到近代。

近代外国文字较大规模地传播到中国，为了加以区别，把中国的文字叫“中国文字”。

现代使用“汉字”这一概念。

（三）汉字的性质

关于汉字的性质，有几种不同的看法，如表意文字、意音文字、语素—音节文字（或语词—音节文字）等。

目前持汉字是意音文字看法的较多，也相对科学。

（四）汉字的特点

汉字的特点主要有两点：

1. 汉字是形、音、义的统一体

几乎每个方块汉字都是一个独立的音节；绝大多数汉字也都具有特定的意义（少数汉字没有意义，如葡萄的“葡”和“萄”等），其意义或是词汇意义，或是语法意义，或是修辞等附加意义。

2. 汉字有较强的超时空性

（1）纵向的超时代性方面，汉字古今的一致性较强。古今汉字的结构方式、结构体系在本质上具有一致性，显示出超强的通贯古今的作用。

（2）横向的超空间方面，汉字具有沟通中国国内各个地域不同方言以及相关少数民族不同语系不同语言的功能。

第一，不同方言方面。一般认为汉语有北方方言、吴方言、湘方言、赣方言、闽北方言、闽南方言、客家方言、粤方言八大方言，汉字可以完全摆脱这些不同方言地区的人进行口头语言交际的障碍，使书面语交际畅行无阻。

第二，不同的语言方面。中国是一个多民族国家，具有属于不同语系的多种语言，汉字在沟通各个民族书面语交际的过程中发挥了积极的作用，体现了极大的民族凝聚力。

如藏语属于汉藏语系藏缅语族。蒙古语、达翰尔语、东乡语、保安语等属于阿尔泰语系的蒙古语族。维吾尔语、哈萨克语、柯尔克孜语、乌孜别克语属于印欧语系的突厥语族。俄罗斯族的俄语、塔吉克族的塔吉克语等属于印欧语系的斯拉夫语族。

然而汉字也存在字数繁多、结构复杂、缺少完备的表音系统等局限。这些局限导致汉字在信息处理方面存在一定的困难。但是随着信息技术的发展，汉字的人机对话的程度正在并将会越来越高。

（五）汉字的起源与形成

1. 汉字起源

汉字起源的确切年代目前还不能断定，但根据考古发掘出来的材料以及专家们的推断，汉字至少在五六千年以前就已产生。

（1）汉字诸种起源说

关于汉字的起源有仓颉造字说、结绳成字说、八卦成文说，一般认为关于汉字起源的这三种说法都经不住仔细推敲。虽然关于汉字起源的这三种说法目前还没有科学依据，但这三种汉字起源传说已经成为汉字文化的一部分，甚至成为旅游景观文化的一个重要内容。

（2）汉字起源于图画与刻画

汉字大体来源于两个系统：一是图画系统，二是刻画系统。汉字起源以图画系统为主，以刻画系统为辅。

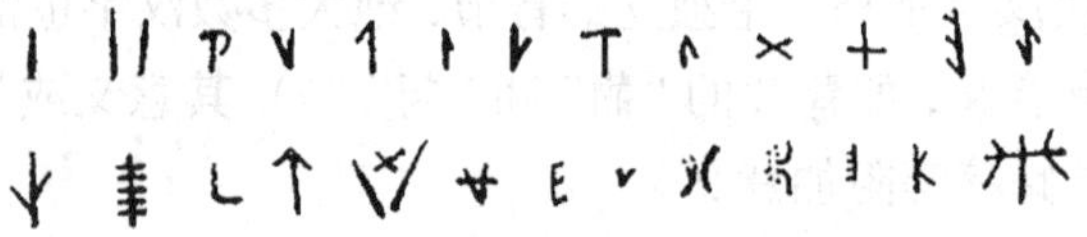

图 1–1　半坡刻画符号

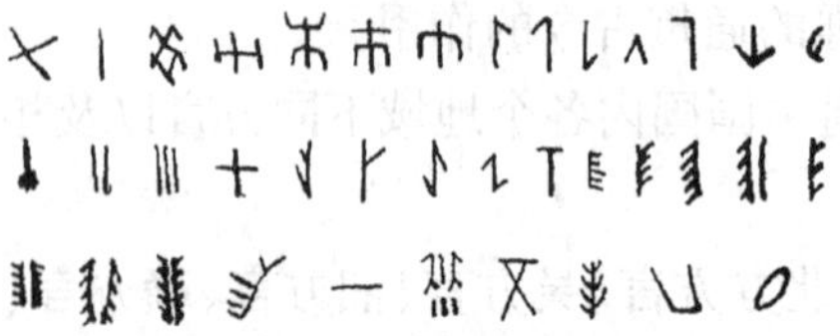

图 1–2　姜寨刻画符号

图 1–3　大汶口文化图画符号

2. 汉字形成的主要历史阶段

汉字形成之前，经历了长期的实物记事时期，大致经历了从结绳、契刻到图画与图画性“表意符号”的过程。其产生及发展大致可分为三个时期。

（1）原始的汉字大约产生于五六千年前的原始社会后期

如新石器时代晚期文化遗址西安半坡遗址出土的陶器刻画记号，被视为中国原始文字的起源的标志，或者说是中国原始文字的孑遗。

系统的汉字的产生要晚一些，但从大量的考古材料来看，也不应该晚于原始社会末期。

（2）初级的汉字系统大约距今4000年以前

20世纪30年代，在山东莒县、章丘及河南登封等龙山文化遗址陆续发现了大量陶片，上面的各种书写符号，有不少已被公认为文字，而这些文字又是在不同的地点出现的，由此可以认为，龙山文化时期大概已有了初级的汉字系统，应在距今4000年以前。

（3）成熟的汉字系统，当数甲骨文，距今已有3000多年

甲骨文是成熟的汉字系统，是商朝晚期的文字，距今已有3000多年的历史。从比较成熟的甲骨文字系统溯源上推，汉字的产生与形成至少也有五六千年的历史。

处在萌芽期的原始汉字是分散的，经过漫长的发展，图形或符号同语言中的词逐渐并完全一致起来，逐步成熟的汉字逐渐能够记录汉语。

3000多年前的甲骨文已经是相当成熟的文字体系了。在数千年的发展进程中，汉字虽然经历了复杂的形体演变，但仍保持了自身严谨的结构规律和完整的系统性。

第二节　汉字形体演变

一、甲骨文

（一）甲骨文

甲骨文是刻在龟甲和兽骨上的一种古代文字，主要通行于商代，是成熟的汉字系统，是成系统的、完善的文字体系。

甲骨文出土于河南安阳小屯村殷商遗址，发现于1899年，经过多次发掘，先后出土10万余片带有文字的甲骨。从用途、出土地点、成文手段等不同的角度看，甲骨文又被称作“甲骨卜辞”“殷墟卜辞”“殷墟文字”“殷墟书契”，或被简称为“卜辞”“殷契”“契文”“刻辞”等。

甲骨文文字，有刀刻的，也有朱书墨书的。刀刻的甲骨文字有的填满朱砂，其字体往往难以辨认。现已发现的甲骨文字有四五千个。经过文字学家和考古学家们的分析、判断，能够辨认的已近两千个。

这些甲骨文字多为从图画文字中演变而成的象形文字，许多字的笔画繁复，近似于图画，而且异体字较多。这说明中国的文字在殷商时期尚未统一。

（二）甲骨文字的特点

甲骨文以刀为主要书写工具，以龟甲、兽骨为载体材料。具有以下特点：

（1）笔画的线条细瘦，直而细，直画居多。笔画多为方笔，两端尖锐，体势瘦挺。

（2）存在大量异体字，尤其是象形字中，笔画可多可少，一个字常有多种写法。外形参差不齐，结体大小不一。

（3）形体结构还不固定。合体字中偏旁的位置可以互换，笔画的多少以及字体的大小不统一。

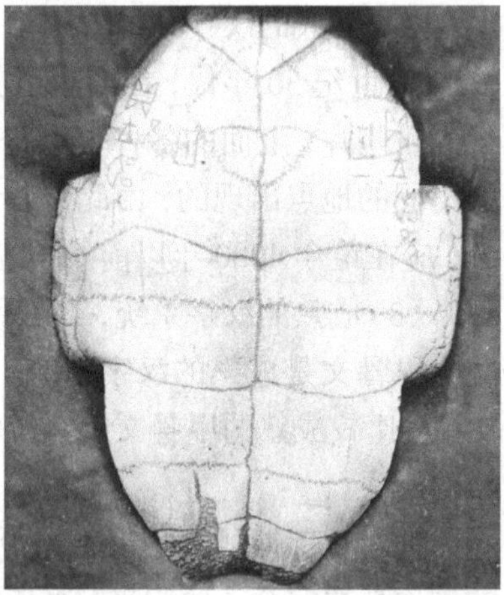

图 1–4　甲骨文

（三）甲骨文字系统的特点

1. 以形表意为主

甲骨文以形表意，就是象形字。许慎《说文解字》中有“画成其物，随体诘诎”，即把物象画下来随着物象的形状形成弯弯曲曲的线条。如图 1–5 中的“象”，大象的长鼻子很突出。再如图 1–5 中的“车”字，几乎就是一幅马车的图画。

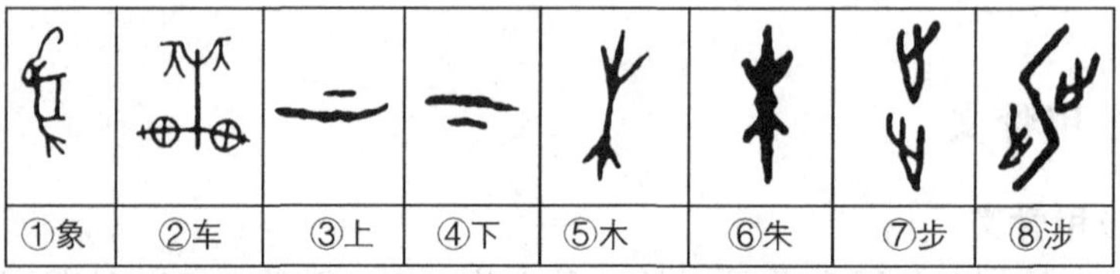

图 1–5　甲骨文字“象”“车”“上”“下”“木”“朱”“步”“涉”

2. 文字结构由独体趋向合体，除指事字，还有会意字、假借字，还出现了一些带表音成分的形声字

（1）指事字

有些字不太容易用象形表示，如“上”“下”。“上”“下”是相对应的概念，画一横做一个参照，然后在长横上面画短横就是“上”，长横下面画一个短横就是“下”（见图 1–5），这就是指事字。“朱”，表示红色，树的心是红的，于是在“木”中间画一横。

再如“本”“末”也是指事字，“本”是根本，是树的树根，所以“木”下面加一横就是“本”，现在讲根本、本原，就是树根引申出的意思。“末”是末尾，树梢，树的上部，就在“木”上面画一横。

（2）会意字

有些字意思比较复杂，如涉水、过河等。涉水用脚，两只脚跨出就是“步”（见图 1–5，会意—合体字）。“涉”指两只脚都跨在水上，也就是过河，中间是水流，一边一只脚（见图 1–5，会意—合体字）。

（3）假借字

现在对甲骨文进行抽样统计，70% 左右的字是假借。这是甲骨文难以破译的原因之一。

（4）形声字

甲骨文中还有用一个符号表示这个字的意思，再借一个符号来表示这个字的读音，这就是形声造字法。例如“凤”（鳳）字，是象形字，甲骨文中经常借作刮风的“风”，在凤鸟上面加了一个“凡”声，就成了凤凰的“凤”（见图 1–6）。再如“鸡”（鷄）字，一个“鸟”字加上“奚”声就造出“鸡”字（见图 1–6）。

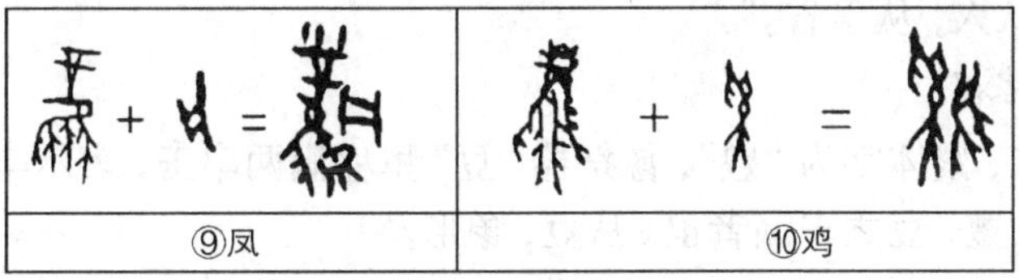

图 1–6　甲骨文字“凤”“鸡”

形声字一旦出现，汉字造新字就突破了原来“无形可象”的困境，开启了方便造字的进程。现在还在用这种方法造字，如很多表示化学元素的字。可以说，这是汉字化解的第一次危机：突破以形表意，开始走上“形声化”道路。

（四）甲骨文字内容归类举例

甲骨文字常在旅游景观或讲解内容文化背景中出现，导游应注意把握相关甲骨文字内容方面的归类。殷墟卜辞主要记载王室贵族上至国家大事，下至私人生活的方方面面的内容，如祭祀、气候、收成、征伐、田猎、病患、生育、出门等。下面将涉及日常衣食住行的甲骨文加以归类。

1. 人体形态

——人，侧身站立的人。

——“大”形，代指“人”的整个身体形状。《说文解字》：“大，天大，地大，人亦大，故大象人形。”

——天，表示人的头顶。《说文解字》：“天，颠也。至高无上，从一、大。”

——长，像一长发老人拄杖形。古人认为“身体发肤，受之父母”，因而从不理发。古代剪发是对犯人的一种刑罚，叫“髡（kūn）刑”。

——目，一只眼睛的形状。《说文解字》:“目，人眼，象形。”

2. 婚丧养育

——夫，成年男子。《说文解字）:“夫，丈夫也。从大，一以象簪也。”“大”上的一横似束发，古代男子20岁举行“加冠礼”（又叫“成丁礼”）时要束发。另一说法，一横指扁担，表示能担重担的男子。

——取（娶），右边为手执人耳，古代战争中杀死敌人后割下耳朵作为请功的依据。《说文解字》:“取，捕取也。从又，从耳。《周礼》:‘获者取左耳。’”

——好，甲骨文从女、从子，表示女子貌美之意。《说文解字》:“好，美也。从女、子。”

——孝，从老、从子，像一个孩子搀扶老人，表示孝敬老年人。《说文解字·老部》:“孝，善事父母者。从老省，从子，子承老也。”本义为孝顺父母。

——保，甲骨文从人、从子，表示人背孩子的意思。《说文解字·人部》:“保，养也。从人，从孚省。”

3. 蚕桑稼穑

——丰，繁体字为“豐”，像祭器“豆”里盛满两串玉，表示丰满。《说文解字·豐部》:“豐，豆之丰满者也。从豆，象形。”

——甫，甲骨文像田中长有菜苗，是“圃”的本字。本义为苗圃，即种菜的地方。《说文解字·用部》:“甫，男子美称也。从用、父，父亦声。”《说文》解释的是文字的引申义。

——稻，甲骨文是将收获的稻子舂捣后放入容器中。《说文解字·禾部》:“稻，稌（tú，黏糯米）也。从禾，舀声。”本义为黏糯米。

——力，甲骨文像犁地的耒形，本义为耒。有人认为:“单齿为耜（sì），双齿为耒。”

——年（秊 nián），甲骨文从人背禾，表示谷物成熟进行收获的意思。隶变后楷书写作“秊”，俗作年。

4. 征战讨伐

——戈，甲骨文像古代的一种兵器形，长柄，横刃，上有装饰物。《说文解字》:“戈，平头戟也，从弋，一横之，象形。”本义为一种长柄横刃的兵器。

——殳（shū），甲骨文像手持一把圆头兵器做锤击状，表示投掷之意。本义为投掷。

——矢，前有尖箭头，后有尾翼以保持箭矢的平衡。本义为箭。

——武，从戈，从止（脚）。戈为兵器，表示动武；止为脚，表示要出发。本义为行进、征伐、示威。

——辟（bì），甲骨文从卩（像跪坐的人形），从辛（刑刀），表示对人施加刑罚。另有字形加有块状物，表示切割下的人体部分，反映了古代的凌迟酷刑。

5. 居室宫观

——宕（dàng），甲骨文从宀（mián，房屋），从石，表示屋形山洞。《说文解字》："宕，过也。一曰洞屋。"本义为如屋的山洞。

——宫，甲骨文从宀，像透视的环形房屋轮廓；从吕，像下门与上窗形，表示环绕房屋周围的墙。另说表示一屋顶下几间相连的房屋。

——享，甲骨文像高大台基上建有殿堂形，象征祭祖的宗庙。

——京，甲骨文像高丘上筑的亭屋形。《说文解字》："京，人所为绝高丘也。从高省，象高形。"本义为人工筑成的高丘。

——向，即朝北的窗户。字形如房屋墙壁上开了一个口，像窗户形。《说文解字》："向，北出牖也。"

6. 星辰日月

——日，甲骨文像太阳的形状。《说文解字》："日，实也。太阳之精不亏。从口、一，象形。"本义为太阳。

——月，甲骨文像半月形，因月圆少而缺多，故画其形。《说文解字》："月，阙（缺）也。太阴之精。象形。"本义为月亮。

——星，甲骨文像群星形状。《说文解字》："曐（xīng），万物之精，上为列星。"本义为星星。

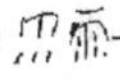——雨，甲骨文像天上落雨形；另有上加一横表示云层。《说文解字》："雨，水从云下也。一象天，冂象雲，水霝（líng）其间也。"本义为下雨。

字——虹，甲骨文像天上的长虹形。古人认为"虹"是一个两头神物到地上饮水，故字形如一两头巨虫。《说文解字》："虹，螮蝀（dì dōng）也，状似虫。"本义为雨后天空出现的彩色圆弧。如细分，色艳为"虹"；色暗称"霓"（又叫"副虹"）。

7. 祭祀占卜

——祝，甲骨文像一人跪在祭台（"示"表示祭台）前大声向神明祈求赐福。《说文解字》："祝，祭主赞词者。"本义为祭祀时主持祭礼念颂词的人。

——祭，甲骨文像一只手抓着一块滴血的肉（放于祭台上）。从"示"，表示祭台；从又（手）、从肉。《说文解字》："祭，祭祀也。从'示'，以手持肉。"本义为祭祀。

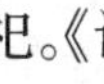——牲，甲骨文左为一只被捆的羊；右边从生，表声。结构表示用整羊祭祀。《说文解字》："牲，牛完全。从牛，生声。"本义为古代祭祀的全牛全羊。

——燎（liáo），甲骨文下从火，上像架柴焚烧并有火星飘动，表示古人烧柴祭祀的“燎祭”形式。《说文解字》：“尞，柴祭天也。”本义为焚柴祭天。

——埋（mái），甲骨文像一坑中埋了一头牛，是古代祭祀山林的仪式。

此外，甲骨文还涉及饮食、服饰、舟车制造、渔牧织造等各种社会生活的内容。

二、金文

（一）金文概述

金文是指铸造在殷商与周朝青铜器上的一种古代文字。

周以前把铜也叫作金，所以铜器上的铭文就叫作“金文”或“吉金文字”。商周（殷商和周朝）是青铜器的时代，青铜器的礼器以鼎为代表，乐器以钟为代表，“钟鼎”是青铜器的代名词。因金文大多是保存在钟、鼎之类的彝器（古代青铜器中礼器的统称）上，所以也称作“钟鼎文”。在彝器上铸造的文字，有时为阴文，有时为阳文，阴文在古代又称作“款”，阳文又称作“识（zhì）”，所以金文也称为“彝器款识”。

金文开始时只用来记金器名、物主名、工匠名等，后来才用作记功、述事和颂德。现在可以见到的金文有 3000 多字。

（二）金文特点

金文是从甲骨文演变而来的，字体虽与甲骨文相近，但也有一些特点。因使用的书写工具和材料不同于甲骨，金文在形体结构和笔画等方面有如下特点：

图 1-7　西周《大盂鼎》及上面的铭文

（1）笔画粗壮丰满，笔势圆转，出现了连贯的折笔，结构布局较为匀称。

（2）形体已渐渐离开图画的原形，一般简于甲骨文；外廓比甲骨文整齐匀称，行款也渐趋固定；形声字比甲骨文明显增多，并出现少数的简体字。

（3）异体字仍然存在，但是比甲骨文已经大为减少。

（4）限于材料和内容，金文的字数比甲骨文少，但是，金文的形声字明显多于甲骨文。

虽然金文也还有形体结构不够定型等不足的方面，但从金文开始，汉字已具有了书法艺术之美。其主要代表作，如《大盂鼎》《史墙盘》《曶鼎》《毛公鼎》《散氏盘》《虢季子白盘》等。

三、篆文

篆文的“篆”，在古代是“掾”（yuàn）的意思。“掾”原为佐助的意思，后成为副官佐或官署属员的通称。可见篆文指的是官吏所用的文字，也即官府办公用的文字。

篆文通行于春秋战国时期和秦代，是大篆和小篆的统称。

（一）大篆

大篆又有籀（zhòu）文、籀篆、籀书、史书之称。

1. 大篆的分类

大篆有广义与狭义之别。

广义的大篆指小篆之前的文字，包括甲骨文、金文、籀文（金文之繁化）。

狭义的大篆指籀文，包括遗存石刻石鼓文。相传周宣王时，太史籀作《大篆》十五篇，因其为籀所作，故世称“籀文”。《汉书·艺文志》说《史籀篇》是周时史官教学童的书。

西周晚期约周宣王时出现了一种新风气，字体方正微长，行款整齐，笔画匀称，偏旁、结构有所限定。秦代继承了这种书体，传世《石鼓文》《诅楚文》都属这一字体。

“籀文”乃据古文而作，是在古文基础上整理出来的，故其与古文或同或异。其文字散见于《说文解字》和后人收集的各种钟鼎彝器之中。其中以周宣王时所作石鼓文最为著名。

2. 大篆的特点

大篆同金文一脉相承，但结构更工整，笔画更圆转匀称。现在所存的石鼓文是大篆的唯一真迹。

3. 石鼓文

（1）石鼓文

石鼓文，先秦刻石文字，是刻于鼓形石上的篆文，因其刻石外形似鼓而得名，是流传至今最早的刻石文字，为石刻之祖。

石鼓文为四言诗，内容最早被认为是记叙秦王出猎的场面，故又称“猎碣”。

图 1-8　秦国刻石石鼓文拓片（局部）

石鼓文，发现于唐初，共计十枚，高约三尺，径约二尺，分别刻有大篆四言诗一首，共十首，计 718 字。宋代郑樵《石鼓音序》之后“石鼓秦物论”开始盛行。石鼓刻石文字多残，原石现藏于故宫博物院石鼓馆。

（2）石鼓文字体

石鼓文是由大篆向小篆演变而又尚未定型的过渡性字体。

石鼓文字体，上承《秦公簋》，其书为石鼓、秦篆的先声，其字形方正、大方。横竖折笔之处，圆中寓方，转折处竖画内收而下行时逐步向下舒展。

石鼓文字势风骨嶙峋又楚楚风致，更趋于方正丰厚，用笔起止均为藏锋，圆融浑劲，古茂雄秀，冠绝古今。结体促长伸短，匀称适中。

（3）石鼓文有“书家第一法则”之称誉

石鼓文上承西周金文，集大篆之大成，下启小篆之先河，在书法史上起着承前启后的作用。被历代书家视为习篆书的重要范本，有“书家第一法则”的称誉。

（二）小篆

1. 小篆是中国历史上第一次出现的规范化的文字

秦灭六国后，小篆得到强令推行，成为秦王朝官定的文字，所以小篆是中国历史上第一次出现的规范化的文字。中国第一部字典《说文解字》就是以小篆为规范正字进行解析的。

图 1-9　清人摩明拓本李斯小篆碑

秦始皇统一华夏，国事增多，文书日繁，原有文字繁杂，不便应用；加上原有秦、楚、齐、燕、赵、魏、韩七国，书不同文，写法各异，亦亟待统一。乃命臣工创新体文字。许慎《说文解字·叙》记：“丞相李斯乃奏同之，罢其不与秦文合作者。斯作《仓颉篇》，中车府令赵高作《爰历篇》，太史令胡毋敬作《博学篇》，皆取史籀大篆，或颇省改，所谓小篆者也。”这表明小篆系由籀文大篆沿革演变而成。李斯在籀文的基础上删繁就简，废除异体，从而创秦篆即小篆。

小篆是秦始皇统一六国后采用的标准字体，也叫秦篆，在大篆的基础上整理而成。

2. 小篆与大篆

小篆笔画比大篆更为圆润一些，而且更简化，也更定型。因其具有笔画细削、笔致遒劲之意，又有“玉筋篆”“玉箸篆”之称。

3. 小篆代表性字体——秦始皇出巡七大刻石

秦朝小篆有的铸造在铁器上，有的刻在石碣、石碑上。秦始皇统一天下后，多次出巡，所到之处记功刻石。见于史料记载的刻石一共有七处，分别是：山东泰安《泰山刻石》、山东青岛胶南市《琅琊（láng yá）刻石》、山东邹城市《峄山（yì shān）刻石》、山东烟台《芝罘（zhī fú）刻石》、山东烟台《东观刻石》、河北昌黎县《碣石刻石》、浙江绍兴《会稽（kuài jī）刻石》。其传世代表作《泰山刻石》残部，仅存10字。另有《泰山刻石》《琅琊刻石》二石真迹拓片存世，《会稽刻石》《峄山刻石》后人摹刻本传世。据传，上述刻石文辞及其书法皆出自秦丞相李斯之手。七大刻石的主要内容均为歌颂秦始皇功德，宣扬结束战争、统一天下、制定国策以及革除旧俗的正义性和优越性。

秦代历史上形成的七大刻石均系公元前219年至公元前210年秦始皇巡视所立。简介如下：

（1）《泰山刻石》，《金石略》称这篇碑文为《封泰山碑》。秦始皇二十八年（前219年）立碑于泰山。根据现存史料记载，《泰山刻石》是泰山最早的刻石，也是汉字史上小篆字体第一次使用于刻石。二世元年加刻诏辞。《金石萃编》载：碑石高四尺九寸，横一尺四寸，四面镌刻。北宋大观间汶阳刘歧至泰山绝顶，见碑四面有字，遂拓以归，计得字二百二十三。自刘氏仿拓后，此石不知何时毁伏。北平许氏搜得残石，置碧霞宫元君祠，存四行二十九字。清乾隆五年祠遗火，石毁。嘉庆二十年（1815年），蒋因培仿得残石两片于玉女祠，只存十字。宣统二年（1910年），作亭护之，又损一字，存九字。后来将尚存九字半残石合嵌一处，现藏于山东泰安岱庙。《史记·封禅》记载："立石颂秦始皇帝德，明其得封也。"内容是对始皇的歌功颂德之辞。

（2）《琅琊刻石》（《史记》中作"琅邪台"），秦始皇二十八年（前219年）筑就琅琊台后，在台顶立石刻，颂秦功业。东、南、西三面环刻，分秦始皇《颂诗》和二世《诏书》两部分，尚存84字。苏轼作《书琅琊篆后》，记其登琅琊台所见："秦始皇……刻石颂秦德焉。二世元年，复刻诏书其旁，今颂诗亡矣，其从臣姓名仅有存者，而二世诏书具在。"琅琊刻石原石现保存于中国国家博物馆。

（3）《峄山刻石》，俗称峄山碑，为秦始皇二十八年（前219年）登峄山（山东邹县）所立，内容前部为始皇诏。峄山刻石，早在三国时期为曹操所毁，现西安碑林存有摹石，系五代南唐时期徐铉的摹本，由宋代人所刻。

（4）《芝罘刻石》（《史记》中作"之罘"），秦始皇二十九年（前218年）在芝罘（山东烟台市西北）刻立。

（5）《东观刻石》，秦始皇二十九年（前218年）在芝罘（山东烟台市西北）刻立。

据考证，其中芝罘刻石和东观刻石毁于唐之后、宋之前的五代十国期间，现有宋《汝帖》摹《芝罘刻石》秦二世诏残字存世，帖石在河南汝县。

《芝罘刻石》与《东观刻石》的铭文,《史记》中记述清楚无误，历史上一向没有争议。但秦始皇为何在芝罘一岛之上同时立起两块内容近乎相同的刻石，成为历史学界的难题。两块刻石在芝罘的具体遗址有多种版本，但大致是两块刻石有东西方位之别。

(6)《碣石刻石》，秦始皇三十二年（前 215 年）东巡至碣石（今河北昌黎县西北）刻立。《碣石刻石》与其他刻石的不同之处是直接刻于“碣石门”的花岗岩石之上，其原迹早已湮灭，现存“刻石”为当代人所摹刻。

(7)《会稽刻石》，秦始皇三十六年（前 211 年）第五次巡行登会稽山（今浙江绍兴）所刻立。为祭奠大禹，宣扬功德，而命丞相李斯手书铭文，刻石记功。载入司马迁《史记》。内容为颂秦德、罪六国、明法规、正风俗。这篇铭文，四字一句，三句一韵。庄重凝练，是铭文文体的代表作。《会稽刻石》在三国时期为曹操损毁，现有王氏话雨堂旧藏明拓本影印行世。

在中华文明历史上，先秦文化可以称为最为辉煌的历史篇章之一，而秦代刻石在中国文字历史和中国书法史上具有特别重要的意义。秦代刻石不仅开辟了中国历史上“刻石记功”的先河，而且是秦朝大一统之后“书同文”的重要标志，也是汉字自此由籀入篆的根本标志，并为此后汉字由篆入隶奠定了基础。此外，秦代刻石作为一项文明史上的创造，为汉代之后的碑刻文化起了奠基作用。

4. 小篆字体特点

(1)结构定型，中国文字发展到小篆阶段，其轮廓、笔画、结构逐渐开始定型。

(2)笔画已完全线条化，均匀一致。笔画以圆为主，圆起圆收，方中寓圆，圆中有方，圆转勾连，笔势流畅。所有横画和竖画等距平行。

(3)字形方面，一是形体长圆方整，大小一致。初步奠定了方块字的基础。二是上紧下松，小篆的大部分字主体部分在上大半部，下小半部是伸缩的垂脚。当然也有下无脚的字，主体笔画在下部，上部的笔画则可以耸起。三是平衡对称，空间分割均衡与对称是篆书的独特魅力。对称不仅存在于左右对称、上下对称，而且还存在于字的局部对称、圆弧形笔画左右倾斜度的对称。

(4)结构符号性有所加强，象形性有较大削弱；结构成分和方式空前统一，一个偏旁在字中任何位置都基本保持固定的形体。

(5)异体字大量消失，字的形、音、义的整体性增强。

小篆较之大篆，形体笔画均已省简，字数增加。从古文到大篆，从大篆到小篆的文字变革，在中国文字史上具有划时代的意义，是汉字发展史上一道重要的里程碑。

（6）篆文已经具有显著的汉字书法之美。

四、隶书

（一）隶书

1. 隶书产生于秦代，通行于汉代

隶书也叫“隶字”“古书”，是在篆书基础上，为适应书写便捷的需要产生的字体。

隶书根据小篆加以简化，把小篆匀圆的线条变成平直方正的笔画，以便于书写。隶书产生于秦，在战国时代秦国简俗字的基础上形成，通行于汉代。

2. 隶书种类

隶书分为秦隶和汉隶。秦隶是隶书的早期形式；汉隶则为隶书的成熟字体。

（1）秦隶

据史籍记载，隶书原是隶人（胥吏，低级官吏）所用的字体。一说“隶书”始为秦朝程邈所作。秦始皇在“书同文”过程中，命令李斯创立小篆后，又采纳了程邈整理的隶书。程邈本为秦朝县之狱吏，因得罪秦始皇而被投入云阳狱中。他在狱中苦心覃思十年，损益小篆，作隶书三千字，上之始皇。始皇采纳用之，遂拜其为御史。另一说是程邈对隶书做了整理总结集大成的工作。许慎《说文解字》记载：“……秦烧经书，涤荡旧典，大发吏卒，兴役戍，官狱职务繁，初为隶书，以趣约易，而古文由此绝矣。”

（2）汉隶

①汉隶的发展

西汉初期仍然沿用秦隶的风格，汉武帝时期（前156—前87年，前140—前87年在位），汉简隶书成熟。新莽时期（西汉外戚王莽建立的朝代，9—23年）开始产生重大的变化，产生了点画的波磔（zhé）的写法。到东汉时期，隶书产生了众多风格，并留下大量石刻。《张迁碑》《曹全碑》是这一时期的代表作。

图 1–10　隶书：汉隶，东汉《曹全碑》

②汉隶主要有两种存在形式：石刻与简牍

简牍形式——在战国时期，秦简上出现了早期的改变篆书曲线，变得平直方正的写法，这就是早期的隶书。例如《青川木牍》。汉代马王堆帛书就是隶书，虽仍带有点篆体的味道。

石刻形式——两汉刻石代表如《乙瑛碑》《礼器碑》《华山碑》《曹全碑》《张迁碑》等，至东汉的《熹平石经》《曹全碑》等，东汉隶书已经非常成熟。

③两汉刻石汉隶字体风格大致特点描述

A. 工稳端庄类：如《华山庙碑》《礼器碑》《史晨碑》《乙瑛碑》《韩仁铭》《熹平石经残石》

B. 方劲古朴类：如《张迁碑》《鲜于璜碑》《西狭颂》《校官碑》

C. 秀丽飘逸类：如《曹全碑》《孔宙碑》《刘熊碑》《赵宽碑》

D. 宽博厚重类：如《衡方碑》《鲁峻碑》《封龙山颂》

E. 雄放态肆类：如《石门颂》《杨淮表记》《夏承碑》

F. 古拙雄浑类：如《鄐君开通褒斜道摩崖刻石》《裴岑纪功碑》《郙阁颂》

（二）隶变的内容与意义

早期的隶书，在字形结构上保留篆文的形迹较多，后来的笔画中写出了波磔（左撇和右捺），字形也渐成扁方形，同时字体也更趋于简化。由篆文（小篆）到隶书的演变称为“隶变”。经过隶变，汉字便失去了古汉字的象形性，成为纯粹符号性质的文字。

1. 隶变的内容

（1）字形结构更加简化，摆脱了篆书字形结构的凝固化束缚而走向隶书线条时空运动的抽象化表现，为楷书的形成打下基础。

（2）笔画线条由篆书委婉的弧笔变为险峻的直笔，曲折处由篆书的连绵圆转变为转折的方笔。这使得其书写方式随之变化，使书写更加简捷流便。

2. 隶变的意义

（1）隶变是汉字形体和结构上的一次重大突破，标志着汉字象形性的弱化和抽象符号的确立。隶变是汉字系统结构体制的根本变化，在汉字发展史中具有特殊重要的意义，成为由古文字体系向今文字体系转换的分水岭。

汉字经过隶变之后，不仅字的形、式、笔画和构成发生了重大变化，而且字的数量也急剧增加，其在结构组成上已然超出“六书”范围。从而为楷书的形成打下基础。

（2）隶变突破古文篆体书写效率低下的困境

隶变改变了古文字的书写系统，带来了整个文字系统的古今转型，标志着汉字快捷方便书写的一次突破。

（3）隶变标志着隶书的独立品格和美学特征的最终形成

波磔分明的隶书，作为书法艺术的一个类型已逐渐成熟，东汉时出现了风格不同的书法艺术流派。

(三)隶书特点

与篆书相比，隶书主要有以下特点：

1. 字形由长圆变为扁方，左右分展

隶字一反篆字纵向取势的常态，而改以横向（左右）取势，字形崇尚扁方，其笔画收缩纵向笔势而强化左右横向分展。

2. 笔画化圆为方，化弧为直

隶书用点、横、竖、撇、捺等平直方折笔画来转写篆文的弧状圆转线条，由此确立了汉字“横、竖、撇、点、折”的基本笔画系统。

3. 形体结构书写变画为点，变连为断

隶书“点”已不再依附于画，点法日益丰富，有平点、竖点、左右点、三连点（水旁）、四连点（火旁）等。隶书还将篆字中许多一笔盘旋连绵写成的笔画断开分写。之后的楷书更将这种方式发扬光大。

(四)八分

关于“八分”的命名，历来说法不一。或以为二分似隶，八分似篆，故称八分；或以为汉隶的波磔，向左右分开，“渐若八字分散”，故名八分。见唐张怀瓘《书断上》。近人以为八分非定名，汉隶为小篆的八分，小篆为大篆的八分，今隶为汉隶的八分。

“八分”的名称始见于魏，《古文苑》所录闻人牟准《魏敬侯碑阴文》明确记述魏文帝《受禅表》是卫觊著文并用八分书写的。这块表石现存许昌，书体与洛阳出土的蔡邕书《熹平石经》残石上的书体相同。

八分又称楷隶，指东汉中期出现的新体隶书，有明显的波磔特征。字形方正，有规整的波势、挑法，横画起笔顿抑，终端上扬，即所谓的“蚕头”“燕尾”。关于这种书体的形成年代，蔡邕《劝学篇》说：“上谷王次仲初变古形。”六朝书家有“上谷王次仲始作楷法”“次仲始以古书方广，少波势，建初中以隶草作楷法，字方八分，言有楷模”“灵帝时，王次仲饰隶为八分”（《曹全碑》）等说法。

汉灵帝熹平四年（175 年），蔡邕书写 7 种经书，刻石立于太学，成为东汉晚期的标准书体。隶书从此向真书过渡，汉字的方块形象，也就由八分书奠定了基础。真书是汉字的主要书体之一。原称“今隶”“楷书”“正书”。

隶书发展到八分，已经是姿致遒美、成熟，字体似隶而体势多波磔，书体特点是庄严典雅。

五、楷书

楷书也叫正楷、真书、正书，由隶书逐渐演变而来，形体方正，横平竖直，更趋简化。《辞海》解释为：“形体方正，笔画平直，可作楷模。”故名楷书。又由于它导源于钟繇（yáo）的“章程书”，于是以“章”“程”两字的反切为名，称之为“真书”或“正书”。

楷书，产生于东汉末年，盛行于魏晋南北朝，一直通行到现在，是中国历史上通行时间最长的标准字体。

（一）楷书的形成

隶书经过200多年的发展、演变，到了汉末魏初（公元3世纪初期），又出现了“真书”。真书又名“正书”“今隶”（以区别于汉隶），就是“楷书”。

楷书是汉魏时期在隶书基础上产生的一种规范书体。隶书“一波三折，蚕头燕尾，左右分背”，但是用笔“波挑”，书写较慢。东汉时期，笔画快捷直来直去的新隶体产生。从东汉开始，楷书逐渐定型。

关于楷书的首创者，众说不一。因为自魏、晋、南北朝，几百年来的文字，是隶书中的八分与楷书笔意错杂时期。比较一致的说法是由东汉王次仲所创。现存实物中，只有魏钟繇的“贺克捷表”的法度可称为楷书之祖。通常的说法是钟繇堪称中国历史上第一个楷书书法家。

楷书确立了汉字形体规范，是汉字形体发展的极致，汉字的笔画系统和方块字形态至楷书最终确立。

（二）楷书的特点

楷书是由隶书演变而来，其结构与隶书基本相同，只是改变了隶书的笔势，并作了进一步的简化。从字势上来看，隶书向外张开，楷书向内收敛；隶书笔画波动，楷书笔画平稳。楷书完全是由点、横、竖、撇、捺、折等笔画组成的方块形符号，几乎彻底摆脱了古汉字的象形性。可以说楷书是由古隶之方正、八分之遒美、章草（章草指“用于章程文书之上者”，是由八分隶再简约其点画，以便于书写之字体）之简捷等演变而来的。

1. 点画齐备，笔画端庄、规矩、有法度

楷书的点画包括点、横、竖、撇、捺、提（挑）、折、钩八种，形成“永字八法”。它既是字法，也是笔法。每一个笔画都与其他笔画互相呼应。

楷书笔形平直，没有波折。

2. 结字方整，比例协调，形貌方正工整

楷书方块字特征突出，在结字的“平正、匀称、飞动、参差”中字形方整，大小均匀。横斜竖弯，整字平正，横画多向右上倾斜，竖略含曲势。

（三）楷体书法著名四大家——欧阳询、颜真卿、柳公权、赵孟頫

1. 唐欧阳询——欧体

欧阳询（557—641年），字信本，潭州临湘（今湖南长沙）人。以楷书和行书著称。字体以方为主，点画劲挺，笔力凝聚。为书法史上第一大楷书家，被称为“唐人楷书第一”。其字体被称为“欧体”，与颜（真卿）体、柳（公权）体、赵（孟頫）体并驾齐驱。

楷书代表作，有《九成宫醴泉铭》《皇甫诞碑》《化度寺碑》（全称《化度寺故僧邕禅师舍利塔铭》）《虞恭公温彦博碑》等。行书代表作有《仲尼梦奠帖》《行书千字文》等。

2. 唐颜真卿——颜体

颜真卿（709—784 年），字清臣，京兆万年（今陕西西安）人。颜体即指颜真卿楷书，字体结体方正茂密，笔画横轻竖重，笔力雄强圆厚，气势庄严雄浑。

唐代书坛以颜真卿为冠冕，宋代也以颜书为大纛。代表作如《自书告身帖》《东方朔画赞》《麻姑仙坛记》《颜勤礼碑》《多宝塔碑》《颜氏家庙碑》等。

3. 唐柳公权——柳体

柳公权（778—865 年），字诚悬。京兆华原（今陕西省铜川市耀州区）人。他初学王羲之并精研欧阳询、颜真卿笔法，然后自成一家。所写楷书，体势劲媚，骨力道健。较之颜体，柳字则稍清瘦，故有“颜筋柳骨”之称。柳公权传世书迹很多，影响较为突出的作品有《玄秘塔碑》《神策军碑》《金刚经》等。

4. 元赵孟頫——赵体

赵孟頫（1254—1322 年），字子昂，吴兴（今浙江湖州）人。《元史》本传言：“孟頫篆籀分隶真行草无不冠绝古今，遂以书名天下。”赵体法度严谨，雄健开张，外貌圆润，筋骨内涵，点画华滋遒劲，结体宽绰秀美。代表作如《赤壁赋》《洛神赋》《道德经》《胆巴碑》《玄妙观重修三门记》等。

图 1–11　楷书：欧阳询《九成宫》

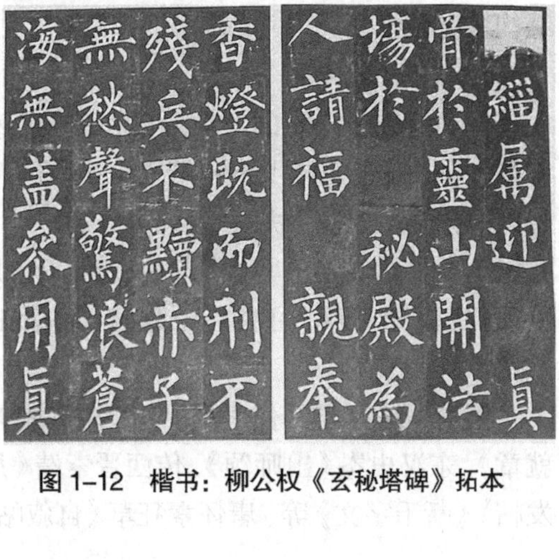

图 1–12　楷书：柳公权《玄秘塔碑》拓本

六、草书

草书，又称破草、今草，由篆书、八分、章草，沿袭多种古文字变化而成。草书是为书写便捷而连写笔画的一种字体。

(一)草书的种类

根据草书书写时对笔画细节的“模糊”程度，分为“章草”和“今草”。

草书本于章草，“章草”因其多用于奏章而得名。章草进一步发展而成“今草”。张怀瓘《书断》说草书是:“字之体势，一笔而成，偶有不连，而血脉不断，及其连者，气候通其隔行……故行首之字，往往继前行之末，世称一笔书者。”

(二)草书的发展

草书的发展，起于西汉末年，是为了书写简便在隶书基础上演变而来的。特点是结构简省、笔画连绵。因当初是隶书的速写书体，故称作“隶草”。

到了汉、魏时期，草书逐渐发展成为一种具有艺术价值的书体，称为“章草”。章草还带有隶书的波势，但字体独立、大小均匀，笔画之间有连笔，而字与字之间没有连笔。

东晋以后，在章草的基础上又发展出“今草”。今草是楷书的快写体，其上下字之间的笔势往往连通，偏旁相互假借。

到了唐朝，张旭、怀素等人将草书写得恣意放纵，人称“狂草”。狂草过省、过简，已步入险怪歧途。

(三)草书的特点

1. 部件结构多有减省

总的来说，草书是追求简捷快速的写法，因为求快，笔画书写连贯，部件结构多有减省。

2. 汉字得以简化

草书打破了汉字的方块形体和结构系统，打破了楷书传统的书写方法，将许多笔画、偏旁变成了于一笔之中连写的符号，这样必然使汉字的结构和写法得以简化，从而达到快写的目的。

草书虽然便于书写，但却往往难以辨识，草书的审美价值远远超越其实用价值。尤其是狂草，往往飞动豪荡，风格狂逸，只能当作一种高妙的书法艺术欣赏。

草书书法家与其代表作品，如东汉张芝的《淳化阁帖》、三国东吴皇象《急就章》、东汉史岑《出师颂》、传西晋索靖《月仪帖》等。再如唐张旭“狂草”《前发帖》《断千字文》等、唐怀素狂草《自叙帖》《小草千字文》《圣母帖》等。

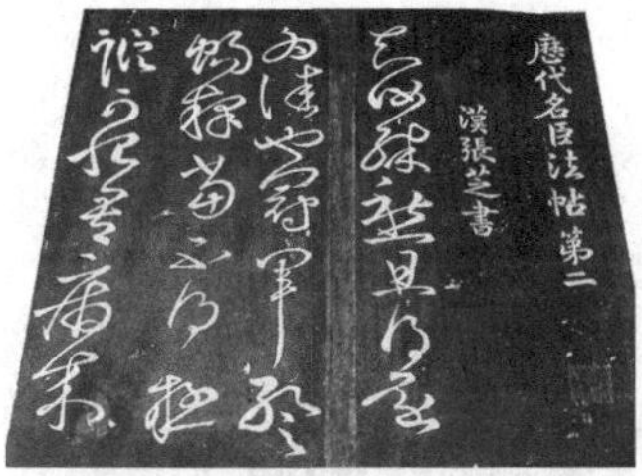

东汉张芝《淳化阁帖》

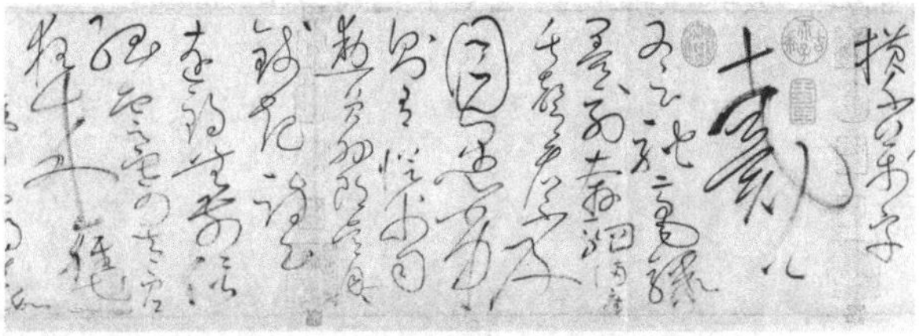

唐代怀素《自叙帖》

图 1–13　草书代表作品

七、行书

（一）行书的名称

行书的名称始见于西晋卫恒《四体书势》一文："魏初，有钟（繇）、胡（昭）二家为行书法，俱学之于刘德升。"

唐代张怀瓘《书断》记载："行书者，刘德升所作也。即正书之小伪，务从简易，相间流行，故谓之行书。"

张怀瓘在其《书议》中又云："夫行书非草非真，离方遁圆，在乎季孟之间，兼真者谓之真行，带草者谓之行草。"

《宣和书谱》说："自隶法扫地，而真几于拘，草几于放，介乎两者之间行书有焉，于是，兼真则谓之真行，兼草则谓之行草。"

（二）行书的发展

行书大约出现在东汉末年，历经魏晋的黄金期、唐代的发展期后，在宋代达到了新的高峰，通行至今，而且长盛不衰。行书作为楷书的主要辅助字体，其实用价值和应用范围都可以与楷书比肩并美。

（三）行书的种类

行书是在楷书的基础上发展而来的，是介于楷书与草书之间的一种书体，可以说是楷书的草化或草书的楷化。

行书，分为行楷和行草两种。楷法多于草法的叫"行楷"，草法多于楷法的叫"行草"。

行书实用性和艺术性皆高，楷书实用性高且见功夫；相对而言，草书艺术性高，但实用性相对不足。

（四）行书代表作

行书因其行云流水、书写快捷、飘逸易识的特有艺术表现力和广泛的实用性，从产生起便深受青睐、广泛传播。在浩如烟海的书法艺术宝库中，行书无疑是一座最为绚烂多姿、丰富厚重的宝藏。

图 1–14　行书：王羲之《兰亭序》(丁海秀 摄)

行书书体中，代表作品如被誉为“天下第一行书”的东晋王羲之的《兰亭序》、“天下第二行书”的唐颜真卿的《祭侄文稿》、“天下第三行书”的宋苏轼的《寒食帖》(又名《黄州寒食诗帖》《黄州寒食帖》。苏轼撰诗并书)，这三部作品被誉为“天下三大行书”。此外还有东晋王珣的《伯远帖》、东晋王献之的《鸭头丸帖》等。

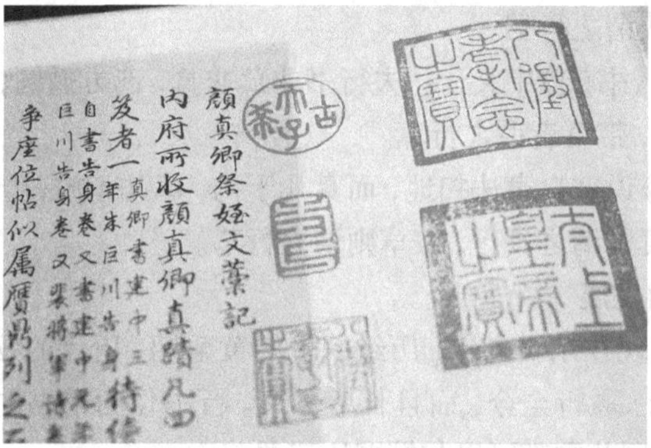

图 1–15　行书：颜真卿《祭侄文稿》

(五)行书的特点

行书以楷书为基础，又吸收了草书的一些写法，因而兼有楷书和草书的优点。字形清晰易辨，书写便利快捷。

明代丰坊在《书诀》中形象地描述道：“行笔而不停，著纸而不刻，轻转重按，如水流云行，无少间断，永存乎生意也。”

八、汉字字体由甲骨文、金文、小篆、隶书、楷书、草书到行书的演变特点

从汉字字体由甲骨文、金文、小篆、隶书、楷书、草书到行书的演变历史来

看，具有以下两个特点。

（一）缓慢与渐进

其演变过程一般是缓慢的、渐进的，不是新的字体一出现，旧的字体就废除，而是要经过一段新旧并存的时间，然后才由新体替代旧体。

（二）旧体与新体并用

旧体被新体替代后，也并不是就此全部消失，而是在某些特殊场合仍然使用旧体。比如篆文和隶书这两种字体现在仍时常出现在楹联、印章、绘画题款等作品当中。

导游在讲解过程中，常常需要讲解以各种字体呈现的楹联、碑铭、题刻的渊源、特点、含义等，有时还会涉及相关字体的对比等，这些内容知识性较强，如果能够讲解清楚，往往能够收到理想效果。

第三节　六书

“六书”的“书”，是书写的意思，也指写出来的字。“六书”是古代文字学家根据汉字形体和意义的关系，分析归纳出来的汉字六种构造类型，即象形、指事、会意、形声、转注和假借。实际上，转注是改字造字，有一定的特殊性。从严格意义上来说，假借只能算作对既有文字的一种运用，而称不上是一种造字方法。

“六书”理论，在战国末期就已经出现，直到汉代的刘歆（xīn）才作了较详细的记述。汉代班固在《汉书·艺文志》中引汉代刘歆的观点：“古者八岁入小学，故周官保氏掌养国子，教之六书，谓象形、象事、象意、象声、转注、假借，造字之本也。”把六书解释为造字的方法。后来许慎继承并发展了“六书”理论。

东汉许慎系统地分析了篆字的结构特点，对传统六书做了明确的界定。

许慎《说文解字·叙》指出：

象形者，画成其物，随体诘诎，日月是也；

指事者，视而可识，察而见意，上下是也；

会意者，比类合谊，以见指挥，武信是也；

形声者，以事为名，取譬相成，江河是也；

转注者，建类一首，同意相受，考老是也；

假借者，本无其字，依声托事，令长是也。

《说文解字》处在中国语文学（小学）时代，最初是为了“正字”，即为了正确地认字和写字。《说文解字·叙》就是阐明认字和写字两大问题。不过，许慎对汉字形体深思熟虑，全面考察，使其成就在客观上突破了原来的目的，以至于引起后来学者据此而作进一步的探讨与钻研，把它看成一部文字学的专著。

传统文字学称作“小学”，“小学”经过发展上升为考证和释读儒家经典的津梁，即讲解古代文献的不可或缺的工具，因而有了崇高的地位。

许慎在《说文解字》里对汉字字形的编排已经表现出明显的系统论思想，但其对“六书”（作为构形方式）产生的顺序未进行深入研究，其排列未着眼于汉字演化的历史事实。从系统性和历时性两个层面来解释，方能揭示传统“六书”之真谛。实际上应该按照象形—象意（指事、会意）—假借—转注—形声的顺序介绍，但是为了便于学习者参考《说文解字》，下面仍然按照象形、指事、会意、形声、转注和假借的顺序介绍。

一、象形

（一）象形的含义

象形，是通过描绘事物形状来表达字义的造字方法。即“象形者，画成其物，随体诘诎（qū），日月是也”。再如“山、雨、口、田”等都是用象形方法造出来的象形字。

（二）象形的种类

按构形方式把象形分为独体与合体两类。

1. 独体象形

独体象形就是绘形象物，即用简洁的笔画描绘语词所指称的物体，构成一个独立的图像。例如“子、自、止、贝、它、晶、网、行”等。

2. 合体象形

合体象形就是烘托显物，即借助一个相关物象的陪衬，来显示所要表达的物体。例如“页、眉、果、聿、牢、须、血、州”等，其文字中的“人、目、木、又、牛、页、皿、川”都是用来衬托其余所要表示的主体部分的。

以上这两类象形字，实际上也是绝大多数汉字构形的基础。

下面再看示例：

木：甲骨文作，小篆作，像一棵树。隶变作木，已不象形。

水：甲骨文作，金文、小篆作，像曲折的水流。隶变成水，已不象形。

豆：甲骨文作，金文作，像一种盛食物的器皿（与现代的火锅类似）。隶变成豆，已不象形。汉代以后借用作豆类植物的总称。

又：甲骨文作，金文、小篆作，像人手之形。隶变作又，不再象形。

果：甲骨文作，金文作，果实的形状容易与别的字相混，所以画在木（树）上。

瓜：甲骨文作，瓜的形状不易辨识，连带把瓜蔓表示出来。

（三）象形字是汉字造字的基础

在常用字里，象形字所占比例很小，但它却是汉字造字的基础，不仅直接生化出独体的指事字，而且合体字中的会意字和形声字也有相当一部分是用象形字构成的。

现代汉字中仍然有许多字都来自象形，虽然由于形体演变已经看不出所象之物的原形了，但是如果追根溯源，仍然可以找出形体演变的轨迹。

二、指事

（一）指事的含义

指事，是用象征性的符号或在象形字上增加提示性的符号来表达字义的造字方法。“指事者，视而可识，察而见意，上下是也。”指事字也都是独体字。因指事造字法有一定的局限性，故指事字在汉字中所占比例很小。

（二）指事字的类型

指事字，大致可以分为两类。

1. 由抽象的符号结合而成

这类由抽象的符号结合而成，如“上”“下”；其他的如表示数目的“一”“二”“三”也属此类。

2. 在象形字上添加一定的指示性符号

这类在象形字上添加一定的指示性符号来表示某种意义，是加标指物，如刃、本、末、亦、朱等。

如“刃”字，小篆写成：

刀——刃

“刃”就是在象形字“刀”上加了一个指示性符号“、”，这个指示性符号指向刀口部位，表示刀的锋刃。

再如“本”字，甲骨文写作：

木——本

“本”就是在象形字“木”上加上了指示性符号“-”，这个指示性符号指向“木”的下端，表示的就是树木的根部。

前者大多取象于上古原始记事方式中的契刻记号和记绳之法，后者所加抽象记号只具有指示部位的作用。

下面再看示例：

一、二、三、四：这四个数目字小篆作一、二、三、亖，除亖之外，自古以来，很少变化。

上、下：这两个字甲骨文作二、二，由一长画和一短画组成，短画在上的就是“上”字，短画在下的就是“下”字，短画也有用点来代表的，由于它们的字形容易和数目字“二”相混，隶变以后，写成“上”“下”。

本：金文作木，在木的根部加上圆点来指明它的意义是树根。

末：金文作木，在木的顶端加上指事符号来表示它的意义是树梢。

刃：刃的意义是刀口，画不出来，于是在“刀”字上加一指示符号指明是刀的锋利处。

片：小篆作片，取“木”的一半，表示劈开的木头的意思。

叵：“不可”为叵，反写“可”字而成。

寸：“寸”部的字也和手的动作有关。“寸”小篆作“寸”，指事字。又是手，下面的短横指明手掌后寸口的地方。“寸”的本义是寸口，即手腕上边中医按脉时距手腕最近的部分。从“寸”的字大都和手的动作有关，如寻、导、封、射等。

（三）指事字与象形字的区别

（1）象形字是一个独体实物的形象；指事字是在独体实物形象——象形字上加指事符号，或者是纯粹的抽象符号。

（2）象形字的特点是象形，一般可以单独画出来；指事字所表示的是抽象的，或者虽不抽象，却是局部的，不便单独表示出来。

（四）指事的局限

“指事”具有一定的局限性，用简单的符号表示抽象的、复杂的、不能象形

的意义，终究是比较困难的。此外，真正抽象的意义，既然无形可象，也就难以“指点”出来。例如“休息”的“休”，“忍耐”的“忍”，这些“事”难以“指点”，所以，汉字里指事字比象形字还少。汉代以后，基本上没有再造指事字。

三、会意

（一）会意的含义

会意，是把两个或两个以上的独体汉字，根据各自的含义所组合成的一个新的通常也是抽象意义的汉字。

这种造字方法叫作会意，用会意造字法造出的汉字就是会意字。“会意者，比类合谊，以见指挥，武信是也。”许慎所云“比类合谊”较为确切。“会”有“会比”“领会”二义。所谓“比类”，自然是会比两个或两个以上的部件，其部件可以是图像（不能独立成字的），也可以是字形。如：

明——“日”“月”，二者合一成为“明”字，意思是两个发光之物合在一起以示“光明”之意。

看——“手”在“目”（眼睛）上。

休——“人”在“木”（树）旁，“休息”的意思。

炙——肉下有火，是“烤肉”的意思。

采——“爪”在“木”上，是“采”，手在树上采果子的意思。

掰——两手往外分的意思。

鸣——把“鸟”和“口”合在一起造成一个鸟叫的“鸣”。

解——把“刀”“牛”“角”三个字合在一起造成了一个解剖的“解”字。

曌——武则天取名为“曌”，由“日”“月”“空”会意而成，意思是以天为法，日月当空。

（二）会意字的种类

会意包括会比图形、会合字形两类。

1. 会比图形

会比图形，是把两个或两个以上的图形，按照事理关系形象地比配在一起，以表示某一语词的意义，其内容大多是某种事物过程的表象。

这种“会比图形”具有拼合性质。“武”字，由“止”和“戈”拼合而成，“止”是脚，“戈”是兵器，汇合“止”“戈”的意思，就是“执兵器而行进”，即动武的意思。“信”字，由“人”和“言”拼合而成，汇合“人”“言”的意思，就是“人说的话”，就成了新字“信”的意思。再如“休”字，由“人”和“木”拼合而成，汇合起来的意思是“人靠在树木上”，就是休息的意思。其他如：莫、盥、典、焚、取、伐、跌等字都是依据此方法造的字。

2. 会合字形

会合字形，是组合两个或两个以上独立的字在一起，凭借构件字的意义关联，使人领会出新的意义。

例如从、牧、取、占（以口卜卦）、鸣、轰、炎、森等字。

再如汇合两个“木”字，表示树木丛生的意思，就构成了“林”字；汇合三个“水”字，表示水大的意思，就成了“淼”字。再如“又”，是手的象形，两个手同向左，一上一下，则是朋友的“友”；如果两个人出手相对，则成了“鬥”（斗）。

再如“人”，两个“人”同向左，则是“从”；同向右，则成了“比”；如一左一右，则成了“北”；如一正一反，就成了“化”。

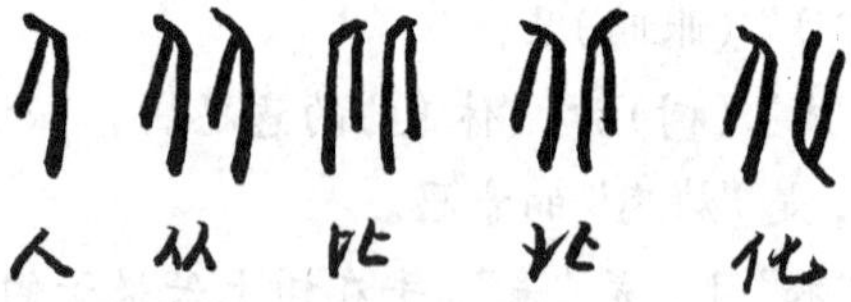

从：小篆作，《说文解字》：“相听也。从二人。”
比：小篆作，《说文解字》：“密也。二人为从，反从为比。”

会意字二字重叠的多是左右的并列结构，三字重叠的多是塔形的上下结构。如三个“人”组成“众”；三个“火”组成“焱”；三个“木”组成“森”；三个“日”组成“晶”；三个“直”组成“矗”；三个“水”组成“淼”；三个“口”组成“品”等。

（三）会意相比象形、指事的优势

会意是用两个或两个以上的部件合成新字，整字的意义也是由各部件的意义合成的。会意与象形、指事相比，其造字能力有所提高，所以会意字的数量远远大于象形字和指事字。

会意是为了补救象形和指事的局限而创造出来的造字方法。与象形、指事相比，会意法具有明显的优势：第一，它可以表示很多抽象的意义，第二，它的造字功能更强。

四、形声

(一)形声的含义

形声，是在象形字、指事字、会意字的基础上，由表示意义范畴的意符（形旁）和表示声音类别的声符（声旁）组合而成的造字方式。“形声者，以事为名，取譬相成，江河是也。”如“淋、琳、啉、霖”“样、洋、痒、氧”两组字里的声旁分别是“林”和“羊”，揭示了整个字的读音信息，剩余部分是形旁，揭示了字义类属。形声字都是合体字。

(二)形声字结构

“形”即形旁，也叫形符或意符；“声”即声旁，也叫声符或音符。形声字是由“形”和“声”两部分组成的。

形旁表示形声字的意义属类，它是形声字的表意成分；声旁表示这个形声字该怎么读，它是形声字的表音成分。

例如“一唱一和”的“和”：“口”是形旁，表示“和”是口的动作；“禾”是声旁，表示“和”的读音。

再如“忍耐”的“忍”：“心”是形旁，表示“忍”，属于心理活动；“刃”是声旁，表示“忍”的读音。

(三)形旁的来源

形旁的来源主要是象形字，如“口、心、衣”等；声旁的来源主要是象形字（如“禾”）、指事字（如“刃”）和会意字（如“旦”）。

后起的形声字也有用原来的形声字作声旁的，如“影”字的声旁“景”，本身就是个形声字：“日”是形旁，“京”是声旁。

(四)形声的类型

形声的类型从历史观点来看包括追加声符、音义合成两类。

（1）追加声符：如“齿、星、凤、饲、囿”等，其中“止、生、凡、司、有”即为后加的声符。

（2）音义合成：即同时使用形符和声符而构成的形声字，如“江、河、陵、陆、芹、菜”等。

(五)形声字声旁读音与该形声字读音的四种关系

一般来说，若忽略声调不计，形声字声旁的读音与该形声字的读音最少有四种关系：

（1）相等关系，即声母、韵母都一致，如“湘”“焊”“堡”之类。

（2）韵母相同，如“想”“忘”“狼”之类。

（3）声母相同，如“讲”等。

（4）声母、韵母都不同，如“江”等。

上述四种关系中，有些是因为古今读音的变化造成的。

（六）形声造字法的优势

形声造字法的优势有三点：

（1）拥有功能明确的形旁和声旁。

（2）造字方法简单。

（3）形声字的声旁并不是音位或音素符号。

（七）形声造字法的局限性

形声造字法的局限性主要有两点：

（1）形旁的表意功能有一定的局限性。

（2）形旁的声旁的表音功能也有局限性。

下面以图例来展示象形、会意、形声的举例和释义：

图 1–16　象形、会意、形声示例

五、转注

(一)转注的含义

《说文解字·叙》:“转注者,建类一首,同意相受,考老是也。”意思是说,转注的字是在同一部首内、意义相同、能辗转注解的字,“考”“老”就是例字。在《说文解字》中,“考”和“老”同在《老部》之下,解释的内容分别是:“考,老也。”“老,考也。”转注字在《说文解字》当中还有一些,如《页部》:“顶,颠也。”“颠,顶也。”《草部》:“茅,菅也。”“菅,茅也。”

关于转注,历来众说纷纭,争论很多。有一种说法比较折中,认为转注是一种跟旧字密切相关的构造新字的方法,是增减或改换旧字的部件后造出新字,表明新字和旧字在字义上同出一源的关系。

(二)转注的类型

转注包括追加意符与改造意符两类。

(1)追加意符,如“考、纠、蛇、娶、燃、暮”等,其中“老、系、虫、女、火、日”即为后加的意符。

(2)改造意符,如“悦(说)、讣(赴)、间、措(错)、赈(振)”等,其中“心、言、日、手、贝”即取代了原来的“言、走、月、金、手”,以适应字义的改变。

六、假借

(一)假借的含义

《说文解字·叙》:“假借者,本无其字,依声托事,令长是也。”意思是说,假借字本来是没有这个字的,因为某种需要而将同音或近音的字借用来当作这个字,“令”“长”就是例字。有学者认为假借字的字义应当是与本字的字义无关,但“令”“长”两字的字义都是本字字义的引申,许慎所举的例字不妥。但是许氏以“令”“长”为例说假借,显然是把词义引申而未分化之“共字”亦视为“假借”。这在语文学(小学)时代是完全合情合理的。

(二)假借的类型

“假借”包括同音借字与转义借字两类。

(1)同音借字类,其假借字的本义与借义毫无关联,只有音同或音近的关系。如“难”,本义为一鸟名,借为难易之“难”;“莫”,本义为朝暮之“暮”,借为表虚词之“莫”;其他如“辟、孰、汝、而、来、其、易、止”等。

(2)转义借字类,其假借字的本义与借义有联系,即通常所谓的引申关系。如“令”,本义为命令,借为(今言“引申”)县令之“令”;“徧”biǎn,本义为

“衣小”，借为（引申为）狭小之称；其他如“因”（茵席—因凭）、“字”（育子—文字）等。

总的来说，“六书”总结的是古代汉字的六种构成方式，也可以看作六种造字方法。就造字情况而言，它们又有很大的区别：象形、指事两种是单体造字，会意、形声两种是合体造字，转注是改字造字，而假借则属于不造字法造字。从严格意义上来说，假借只能算作对既有文字的一种运用，而称不上是一种造字方法。

第二章
——汉字在导游工作中的应用——

第一节 《中华人民共和国国家通用语言文字法》对通行规范汉字、公共场所设施用字以及可以保留或使用繁体字、异体字的相关规定

《中华人民共和国国家通用语言文字法》于2000年10月31日第九届全国人民代表大会常务委员会第十八次会议修订通过，自2001年1月1日起施行。

《中华人民共和国国家通用语言文字法》确立了普通话和规范汉字的“国家通用语言文字”的法定地位，是为推动国家通用语言文字的规范化、标准化及其健康发展，使国家通用语言文字在社会生活中更好地发挥作用，促进各民族、各地区经济文化交流，根据宪法，制定的法规。

一、《中华人民共和国国家通用语言文字法》相关规定

（一）规范汉字

《中华人民共和国国家通用语言文字法》规定现在通行的是规范汉字。其第三条规定:“国家推广普通话，推行规范汉字。”

规范汉字是指现在通行的、经过整理简化并由国家以字表形式正式公布的正体字、简化字和未经整理简化的传承字。具体标准有国家公布的《简化字总表》《第一批异体字整理表》《新旧字形对照表》《部分计量单位名称统一用字表》。

资料显示，1955年1月7日，中国文字改革委员会和教育部联合发布《汉字简化方案（草案）》。1956年1月28日，国务院通过并公布了《汉字简化方案》。2月1日，公告废除1055个异体字。1964年，中国文字改革委员会出版《简化字总表》。1986年，《简化字总表》修订，共收入2274个简化字和14个简化字偏旁。

目前，汉字的规范化、标准化工作仍在进行，目的是使汉字更加适应信息

处理需求，进一步提高语言文字信息化水平。

（二）公共场所设施用字相关规定

《中华人民共和国国家通用语言文字法》第十三条第一款规定："公共服务行业以规范汉字为基本的服务用字。因公共服务需要，招牌、广告、告示、标志牌等使用外国文字并同时使用中文的，应当使用规范汉字。"

第十四条规定："下列情形，应当以国家通用语言文字为基本的用语用字：（一）广播、电影、电视用语用字；（二）公共场所的设施用字；（三）招牌、广告用字；（四）企业事业组织名称；（五）在境内销售的商品的包装、说明。"

这表明，作为"公共服务行业"的旅游行业用字，要以规范汉字为基本的服务用字。旅游景区用字属于其中的"公共场所的设施用字"，应当以国家通用语言文字为基本的用语用字。

（三）可以保留或使用繁体字、异体字的相关规定

1. 相关规定

《中华人民共和国国家通用语言文字法》第十七条规定："本章有关规定中，有下列情形的，可以保留或使用繁体字、异体字：（一）文物古迹；（二）姓氏中的异体字；（三）书法、篆刻等艺术作品；（四）题词和招牌的手书字；（五）出版、教学、研究中需要使用的；（六）经国务院有关部门批准的特殊情况。"

2. 关于旅游景区繁体字、异体字的保留或使用，需要明确以下两点

（1）在遗址遗迹类、建筑与设施景观类、人文活动类等相关类型的古近代以及文字改革之前遗存下来的牌匾、楹联、碑铭、题刻等使用的繁体字、异体字，都视为"可以保留或使用"的情况。

（2）各类旅游景区中，书法、篆刻等艺术作品以及题词、招牌等手书体字，也可归入"可以保留或使用"的情况。

二、旅游景区汉字繁体字的认读

繁体字，相对于简化字而言，一般是指汉字简化后被简化字所代替的汉字。繁体字至今已有3000年以上的历史。繁体字作为传统文字，不仅使用历史悠久，也能反映汉字的原貌，具有丰厚的文化底蕴。对于某些汉字而言，其产生与演变的过程中，往往蕴含着古代的各种文化观念及其丰富的文化意义。能够识读繁体字，不仅有利于了解汉字的发展历程，有利于阅读古文献，也有利于对中国传统文化智慧结晶的把握乃至传承。

对繁体字采用识繁用简的做法，对旅游景区在牌匾、楹联、碑铭、题刻上使用的繁体字，导游首先要能够"识繁"即辨认。在有些情况下，除能够辨认外，往往还要求导游读正确并且能够讲清楚。

在一些旅游景区，常常会有繁体字的辨读与解释的讲解需求，成为导游讲解的一个重要内容。如昆明大观楼公园《滇池大观楼联》：

图 2-1　滇池大观楼联及牌匾

五百里滇池，奔來眼底，披襟岸幘，喜茫茫空闊無邊。看：東驤神駿，西翥靈儀，北走蜿蜒，南翔縞素。高人韻士，何妨選勝登臨。趁蟹嶼螺洲，梳裹就風鬟霧鬢；更蘋天葦地，點綴些翠羽丹霞。莫辜負：四圍香稻，萬頃晴沙，九夏芙蓉，三春楊柳。

數千年往事，注到心頭；把酒淩虛，歎滾滾英雄誰在？想漢習樓船，唐標鐵柱，宋揮玉斧，元跨革囊；偉烈豐功，費盡移山心力，盡珠簾畫棟，卷不及暮雨朝雲，便斷碣殘碑，都付與蒼煙落照；只贏得，幾杵疏鐘，半江漁火，兩行秋雁，一枕清霜。

第二节　汉字文化的旅游功能

一、汉字旅游景观的核心功能与辅助性功能

（一）汉字旅游景观的核心功能

在相关旅游景观中，汉字旅游景观的核心功能可以从两方面理解。一是汉字文化资源独立构成旅游景区，使汉字景观成为专门性旅游景观，完全发挥着旅游景观的核心功能。二是汉字作为旅游景观的重点或亮点，相对地发挥着旅

游景观的核心功能。

汉字文化资源独立构成的旅游景区，有中国文字博物馆、仓颉庙等。

中国文字博物馆位于河南省安阳市人民大道东段北侧，由字坊、广场、主体馆、仓颉馆、科普馆、研究中心、交流中心等建筑组成，是一组具有现代建筑风格和殷商宫廷风韵的后现代派建筑群。字坊取甲骨文、金文中“字”的字之形。主干道两旁，是由28片极具代表性的青铜甲骨片组成的碑林，隐含了殷商时期最具代表性的两种元素——甲骨文和青铜器。青铜甲骨片背面则为这些甲骨卜辞的释义。28片向上天卜问吉凶祸福的甲骨片又代表着28星宿，象征人与自然密切相连，是中国古典哲学中“天人合一”思想的生动体现。中国文字博物馆建筑造型包含了殷商时期的高级宫殿建筑形象的基本要素，采用殷商时期的饕餮纹、蟠螭纹图案浮雕金顶。造型定位采取殷商甲骨文、金文所概括的最富有哲理、最经典、最神圣的建筑形象——象形文字的“墉”字进行设计。

中国文字博物馆作为中国第一座以文字为主题的博物馆，展品涉及甲骨文、金文、简牍和帛书、汉字发展史、汉字书法史、少数民族文字、世界文字等多个方面，反映了中国文字发展史的基本脉络，被誉为“一部让世人领略中华文明的景观式文字大典”。

仓颉庙，位于陕西省白水县，是国内唯一仅存的纪念传说中的文字发明创造者的庙宇。庙宇北屏黄龙山，南临洛河水，现存建筑以明、清风格为主。主体建筑依中轴线由南向北排开，分别为照壁、山门、前殿、报厅、献殿、寝殿。紧贴后殿为仓颉墓冢和墓园。仓颉庙内历代碑石众多，现保存的有18通，陈列于前殿之内，年代从东汉至今，从不同角度反映了仓颉创造中华汉字的历史。其中仓圣鸟迹书碑，至今字与碑均保存完好。

除上述汉字文化资源独立构成的旅游景区外，还有一些景区汉字作为旅游景观的重点或亮点，也相对地发挥着旅游景观的核心功能。如西安碑林博物馆、天涯海角游览区等。

西安碑林博物馆，位于西安市三学街，是在西安孔庙旧址上扩建而成的一座以收藏、研究和陈列历代碑石、墓志以及石刻造像为主的艺术博物馆。由孔庙、碑林、石刻艺术室、书法四部分组成，设七个陈列室、六条游廊和一个碑亭。收藏自汉代至今的碑石、墓志4000余件，数量为全国之最，藏品时代系列完整，时间跨度达2000多年。碑林中早期石刻有宋代摹刻的秦《峄山刻石》，原碑为秦国丞相李斯所书。运笔坚劲畅达，线条圆润，结构匀称，点画粗细均匀，既具图案之美，又有飞动之势。《曹全碑》（东汉中平二年，185年）是全国汉碑中保存比较完整，字体比较清晰的碑刻，为汉碑中的精品。隶书刻写，书法工整精细，秀丽而有骨力，风格秀逸多姿，充分展现了汉隶成熟的艺术风格。《汉熹平石经〈周易〉残石》保存了中国最早的《周易》文句，相传是当时著名学者、大书法家蔡邕以隶书书写，方挺严整，为汉隶之典范。唐代颜真卿的《颜勤礼碑》《颜家庙碑》《多宝塔感应碑》等，气势雄浑，苍劲有力，是标准的"颜体"。柳公权的《大达法师玄秘塔碑》(《玄秘塔碑》)，楷书书法，笔力遒美瘦挺，劲如削竹，结构峻整，神足韵胜，是"柳体"中典型的代表作。著名草书家怀素的《千字文》，笔意奔放，流利洒脱，为世所珍。此外，宋代赵佶的《大观圣作之碑》(瘦金体)和清代翻刻的《宋淳化秘阁帖》等，也是稀有的珍品。

因"天涯""海角"刻石而成名的天涯海角景区，位于海南省三亚湾和红塘湾之间的岬角上。景区海滨沙滩上岩石耸立，"日月"石、"南天一柱"石、"天涯"石与"海角"石突兀其间。康熙五十三年(1714 年)的"海判南天"是天涯海角最早的石刻。清雍正五年(1727 年)，崖州知州程哲在巨石上题刻"天涯"。清宣统元年(1909 年)，崖州知州范云梯题刻"南天一柱"。抗日战争时期，国民党琼崖守备司令王毅将军在"天涯"石相邻巨石之上题刻"海角"。1961 年，郭沫若在"天涯"石另一侧题写"天涯海角游览区"七字。

(二)汉字旅游景观的辅助性功能

除汉字文化资源作为重要因素构成的旅游景区中的汉字发挥着核心功能外，在地文景观、水域风光、生物景观、天象与气候景观、遗址遗迹、建筑与设施景观、旅游商品景观、人文活动八个主类景观(参见国家质量监督检验检疫总局颁布的中华人民共和国国家标准《旅游资源分类、调查与评价》)中，一些汉字文化景观也占有重要地位，发挥着对相关旅游景观的装饰与解说的辅助性功能，为人们进一步提供了丰富的旅游资源。

汉字对相关旅游景观的装饰与解说，不仅体现在人文景观中，也在一定程度上体现在自然景观之中，其牌匾、楹联、碑铭、题刻中的汉字往往成为景观亮点，甚至成为特定景观的灵魂。

需要强调的是，这部分"汉字旅游景观的辅助性功能"可以与本章第三节"旅游景区牌匾、楹联、碑铭、题刻等汉字书法景观中汉字的艺术变化"内容互相参照。

如泰山石刻、曲阜碑林、焦山碑林等景观系列。

泰山石刻，以石刻形式形象地展现了汉字形体演变甚至汉字书法史的发展历程，展示了中国书法艺术一脉相承的发展脉络。泰山石刻，大部为自然石刻，少量为碑碣。现存碑刻 500 余座、摩崖题刻 800 余处，碑刻题名之多冠中国名山之首，具有很高的艺术价值和史料价值。秦《泰山刻石》立于始皇二十八年（前219年），是泰山最早的刻石，也是汉字史上第一次使用的小篆字体。原分为两部分：前半部系公元前219年秦始皇东巡泰山时所刻，共144字；后半部为秦二世胡亥即位第一年（前209年）刻制，共78字，两刻辞均为李斯所书。现仅存秦二世诏书10个残字，即“斯臣去疾昧死臣请矣臣”，又称“泰山十字”，位于岱庙东御座一座门式碑龛内。泰山刻石中最大的是《纪泰山铭》，全文996字，是唐开元十四年（726年）唐玄宗李隆基东封泰山时所刻。字体带有“唐隶”特点，笔画粗壮富态，出现“蚕头燕尾”的形体。泰山现存的碑刻、摩崖石刻可称得上是集中国书法艺术之大成，真草隶篆各体俱全，颜柳欧赵各派毕至，可谓中国历代书法及石刻艺术的博览馆。

曲阜碑林，位于山东省曲阜孔庙内，集各代碑石2000多块。庙内碑刻上至两汉、下迄民国，真草隶篆，各家书法俱备，巨者逾丈，小者不盈尺，有唐、宋、金、元、明、清、民国所立石碑53座，碑文多是祭孔、修庙的记录，除汉字外，还有满文和八思巴文，是中国大型碑林之一。著名的汉代碑刻有刻石《史晨碑》《乙瑛碑》《孔庙碑》《礼器碑》《孔谦碑》《孔君墓碑》《孔彪碑》《孔褒碑》《谒孔庙残碑》等17块，汉碑集中存数居全国首位。如《史晨碑》又名《史晨前后碑》，其“前碑”全称《鲁相史晨奏祀孔子庙碑》。碑文记载当时鲁相史晨及长史李谦奏祭祀孔子的奏章。其“后碑”全称《鲁相史晨飨孔子庙碑》。《史晨碑》为东汉后期汉隶走向规范、成熟的典型之作。其书法含蓄蕴藉，健劲遒逸，结构左右顾盼，上下启承，疏密匀称，提按得法，风韵自然跌宕，飞彩凝晖，法意俱全。再如《礼器碑》，全称《汉鲁相韩敕造孔庙礼器碑》。汉永寿二年（156年）刻，是一件书法艺术性很高的作品，历来被推为隶书极则。书风细劲雄健，端严而峻逸，方整秀丽兼而有之。一向被认为是汉碑中的经典之作。

焦山碑林，位于江苏省镇江市东吴路焦山东麓的宝墨轩内。由摩崖石刻与碑林陈列组成。摩崖石刻环集焦山西侧峭壁，气势磅礴，存有六朝以来刻石百余方，传为南朝陶弘景创作的楷书书法作品《瘗鹤铭》原址即在此处。摩崖唐刻《金刚经偈句》、宋刻《米芾摩崖题名》《陆游踏雪观瘗鹤铭》等均弥足珍贵。《瘗鹤铭》，其内容是一位隐士为一只死去的鹤所作的纪念文字，署名“华阳真逸”撰，“上皇山樵”书。《瘗鹤铭》代表了南朝楷书的风格，为焦山碑林第一名碑，享有“大字之祖”“书家冠冕”的盛誉，对后世影响很大，为隋唐以来楷书典范之一。

再如青岛崂山、苏州剑池、北京颐和园、昆明滇池大观楼联、潍坊云门山摩崖“寿”字、黑龙江抚远黑瞎子岛“东”字雕塑等景观系列。

中国道教名山青岛崂山有一蟠桃峰，上书朱红“瑶池”二字，于1980年10月竣工。“瑶池”每字高7.3米，宽6.2米，二字共占近90平方米，据说是国内诸山中面积最大的刻石。

苏州剑池，是苏州市著名景区虎丘中最引人入胜的名胜古迹，相传为吴王阖闾墓的剑池。从千人石上朝北看，“别有洞天”圆洞门旁刻有“虎丘剑池”四个大字，浑厚遒劲，传为唐代大书法家颜真卿儿子颜頵（jūn）所书。圆洞内石壁上另刻有“风壑云泉”，笔法潇洒，传为宋代四大书法家之一米芾所书。崖左壁有篆文“剑池”二字，传为大书法家王羲之所书。

北京颐和园保存有大量的牌匾、楹联、碑铭、题刻作品。如东宫门外的一座传统牌楼，正反两面分别题写“涵虚”“罨秀”，可谓概括了颐和园的园林精髓。

云南昆明滇池大观楼楹联被誉为“古今第一长联”，全联共180字，上联描绘了滇池风光，下联历数了云南历史，使人在欣赏湖光山色中细细品味历史的变迁。

摩崖巨刻“寿”字，位于山东潍坊青州市城南云门山主峰北壁崖上，刻于1560年，为明朝嘉靖三十九年（1560年）九月初九，衡王府内掌司冀阳周全所献书，寓意为“寿比南山”。“寿”字通高7.5米，宽3.7米，仅“寿”字形下的“寸”字就高2.3米，目前是中国岩石上雕刻的最大“寿”字。

黑龙江抚远市黑瞎子岛“东”字雕塑——黑瞎子岛位于中俄边界黑龙江和乌苏里江的交汇处，四面环水，是中国最东端“鸡形”版图上的鸡冠位置。东极广场上矗立的汉字金属雕塑“东”字极为引人注目。

二、旅游景区牌匾、楹联、碑铭、题刻等汉字七种形体辨认

汉字形体的辨认，主要是甲骨文、金文、篆文、隶书、楷书、草书、行书等七种。

（一）汉字七种形体演变对照

汉字七种形体的演变对照，通过举例来说明。见下面汉字形体演变对照示例图。

图 2-2 “虎、象、鹿、鸟、鼎、鬲、壶、尊、受、兴”七种形体演变对照图

图 2-3 “日、月、车、马”形体演变对照图

图 2–4　“马”“为”“乘”甲骨文、小篆、隶书、楷书演变对照图

（二）旅游景区中汉字七种形体的辨认

在旅游景区中，比较多见的是篆体字、隶书、行书、草书，在导游讲解过程中，往往需要导游对有可能以甲骨文、金文、篆文、隶书、楷书、草书、行书七种字体呈现的匾额、楹联、碑铭、石刻等内容读诵与讲解，这就必须要求导游能够辨认、读对、讲清楚。达到这样的要求的前提是能够辨认汉字的七种形体。

以北京颐和园昆明湖畔的《金牛铭》篆体字为例：

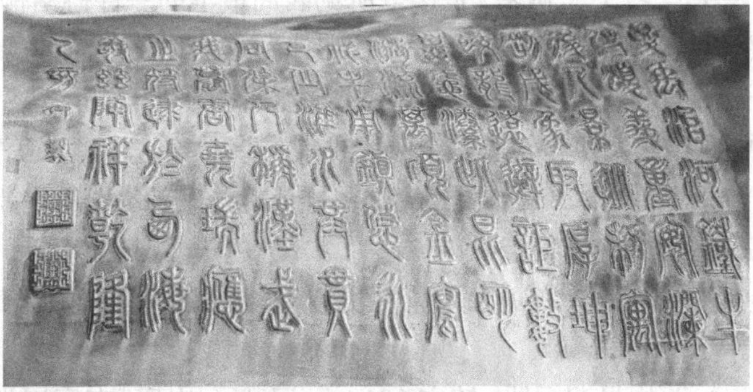

图 2–5　颐和园《金牛铭》（丁海秀　摄）

铭文如下：

夏禹治河，铁牛传颂。义重安澜，后人景从。

制寓刚戊，象取厚坤。蛟龙远避，讵数鼍鼋。

溙此昆明，潴流万顷。金写神牛，用镇悠永。

巴邱淮水，共贯同条。人称汉武，我慕唐尧。

瑞应之符，逮于西海。敬兹降祥，乾隆乙亥。

总之，甲骨文、金文、小篆、隶书、楷书、草书、行书等汉字形体的艺术变化是由历史发展形成的，在旅游景观中的主要作用是艺术欣赏。

三、汉字形体的书法艺术特点及其代表作

这部分内容与第一章第二节“汉字形体演变”相关内容互有交叉，可以互相参照。

（一）金文

从甲骨文到金文，特别是金文开始，汉字已具有了书法艺术之美。

金文的发展促进了书法艺术的发展。周人继承了商人的金文书法，使之发展成具有独特风格的金文书法艺术，西周时期的金文已成为一种很成熟的书法艺术，一向为书法史家所重视。

商代的金文书法是在甲骨文的基础上产生的。字数不多，字体瘦长，笔道遒劲雄美，行气疏密有致，结构严谨，情势凝重，各有风韵。

一般归纳为两种风格：一种是笔势雄健，形体丰腴，笔画起止多露锋芒，间有肥笔；另一种则是运笔有力，形体瘦筋，笔画多挺直，不露或少露锋芒。

西周早期金文，风格质朴平实，多挺拔的悬针笔法，仍带有甲骨文的影响。如武王时的《利簋》和《天亡簋》（或称《大丰簋》），字体平易古朴，笔画方圆兼备，具有凝练平直之气。《利簋》是迄今所见西周最早的一件铸铭铜器，开创了西周金文书法的先例。其后日渐成熟。其书体和书法风格的总体特点是字距、行距疏朗开阔，字形波磔明显，结构紧密严谨，行款章法自如。

西周中晚期，金文书法风格成熟，从线条、造型、笔势、章法等方面表现出圆满、和谐、协调的整体风格。凝练奇古，雄伟挺拔，遒劲华丽，端庄厚重，显示出金文书体的独特艺术特点。

周朝金文主要代表作有:《大盂鼎》《史墙盘》《曶鼎》《毛公鼎》《散氏盘》《虢季子白盘》等。

《大盂鼎》，西周早期铜器。铭文 291 字，记载了周康王在宗周训诰盂之事。此器铭文笔画粗细不等，字形、布局质朴平实，文字端严凝重，形态生动，是西周早期金文书法的代表作，为成康之世金文书法造诣最高一品，其拓本摹本至今尚被书法大家所珍视。

《史墙盘》，西周早期铜器，墙盘体形巨大，底部铸有铭文 284 字。此铭文中笔画横竖转折自如，粗细一致，笔势流畅，有后世小篆笔意。

《曶鼎》，西周中晚期青铜器。该鼎铭文共 24 行，现存 380 字，文字茂密

朴实，厚重凝练，有古拙雄伟之气。

《毛公鼎》，西周晚期毛公所铸青铜器，鼎内铭文499字，其书法为成熟的西周金文风格，气象浑穆、圆劲茂隽。

《散氏盘》，西周晚期青铜器，因铭文中有“散氏”字样得名，内底铸有铭文19行，凡357字。此铭文结构奇古，线条圆润凝练，字迹草率，字形扁平，已开“草篆”之端。

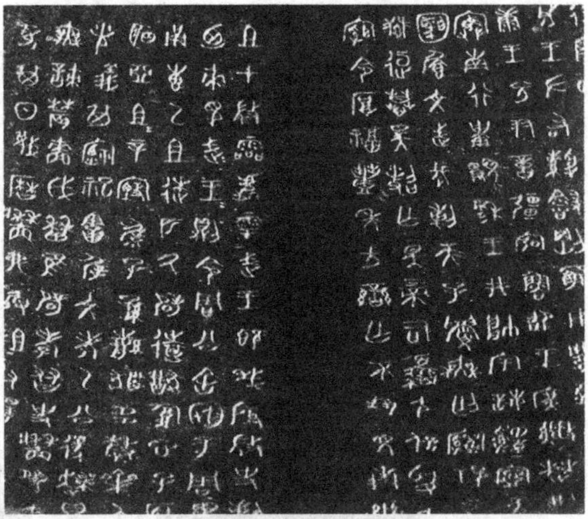

图2-6　西周《史墙盘》内底的铭文

《虢季子白盘》，西周晚期青铜器，盘内底部有铭文111字，铭文语言洗练，字体端庄，是金文中的书家法本。

《虢季子白盘》与《毛公鼎》《散氏盘》并称西周三大青铜重器。

（二）小篆

汉字形体发展到具有划时代意义的长圆方整的小篆，其书法艺术性方面已经具有了较强的装饰性特征。

小篆书法作品主要是以秦始皇东巡七大刻石为代表，有山东泰安《泰山刻石》、山东青岛黄岛区《琅琊刻石》、山东邹城市《峄山刻石》、山东烟台《芝罘刻石》、山东烟台《东观刻石》、河北昌黎县《碣石刻石》、浙江绍兴《会稽（kuàijī）刻石》。

以泰山最早的刻石《泰山刻石》的小篆字体为例，其书法艺术特点是：字形整饬，笔画圆健，法度严谨，端庄浑厚，疏密有度，沉稳朴拙。《会稽志》引李嗣真评李斯小篆称“古今妙绝，犹千钧强弩，万古洪钟，岂徒学者之宗匠，亦是传国之遗宝”。

《泰山刻石》作为秦代小篆书法艺术的代表作，在中国书法史上占有重要的地位，具有极高的文物和史料价值以及艺术价值。

（三）隶书

出土简牍表明，隶书始创于秦朝，上承篆书传统，下开魏晋、南北朝，对后世书法有不可小觑的影响，书法界有“汉隶唐楷”之称。

隶书——波磔分明的隶书，作为书法艺术的一个类型已逐渐成熟，东汉时期已经出现了风格不同的书法艺术流派。

其两汉石刻汉隶字体风格特点在“隶书”部分已有陈述，下面重复列举。

A. 工稳端庄类：如《华山庙碑》《礼器碑》《史晨碑》《乙瑛碑》《韩仁铭》《熹平石经残石》

B. 方劲古朴类：如《张迁碑》《鲜于璜碑》《西狭颂》《校官碑》

C. 秀丽飘逸类：如《曹全碑》《孔宙碑》《刘熊碑》《赵宽碑》

D. 宽博厚重类：如《衡方碑》《鲁峻碑》《封龙山颂》

E. 雄放恣肆类：如《石门颂》《杨淮表记》《夏承碑》

F. 古拙雄浑类：如《鄐君开通褒斜道刻石》《裴岑纪功碑》《郙阁颂》

图 2–7　隶书《张迁碑》

图 2–8　隶书《石门颂》

（四）楷书

楷书，作为汉字形体发展的极致，其书法艺术风格已经具有极高的美学价值，唐宋楷体书法著名的四大家唐欧阳询、唐颜真卿、唐柳公权、宋末元初赵孟頫的书法风格对应的欧体、颜体、柳体、赵体对中国书法美学的发展具有重大意义。

唐欧阳询书法熔铸了汉隶和晋代楷书的特点，又参合了六朝碑书，广采各家之长。欧阳询代表作，其楷书法度严谨，笔力险峻，被称为“唐人楷书第一”。如《九成宫醴泉铭》《皇甫诞碑》《化度寺碑》（全称《化度寺故僧邕禅师舍利塔铭》）《虞恭公温彦博碑》等。其行书有《仲尼梦奠帖》《行书千字文》等。

唐颜真卿书法彻底摆脱了初唐风范，创造了新的时代书风，大气磅礴，多力筋骨，具有盛唐气象。其楷书结构方正茂密，笔画横轻竖重，笔力雄强圆厚，气势庄严雄浑。其中年作品以《郭虚己碑》《多宝塔碑》等为代表，老年作品以《颜勤礼碑》为代表，晚年作品则以《麻姑山仙坛记》等为代表。

唐柳公权，吸取颜真卿、欧阳询之长，融会新意，自创独树一帜的“柳体”。其楷书“书贵瘦硬方通神”，清健遒劲，结体严谨，笔法精妙，笔力挺拔，较之颜体，则稍均匀瘦硬，故有“颜筋柳骨”之称。影响较为突出的代表作有《玄秘塔碑》《神策军碑》《金刚经》等。

元赵孟頫书法，藏露结全，笔道停匀，笔画圆秀，端庄流动。其楷书圆润清秀，含蓄严谨，代表作有《玄妙观重修三门记》《道德经》《洛神赋》等。

（五）草书

草书书法在中国书法史上具有非常重要的地位。其最明显的整体特点就是以其浪漫主义风格与动荡激烈的技法创造出了书法形式上的无限表现空间，以最明显的方式赋予了书法艺术以生命意识，使草书形体成为一种高妙的书法艺术表现形式。

有代表性的草书书法家与其代表作品简列如下：

东汉张芝，被誉为“草书之祖”，代表作有《淳化阁帖》等。

唐张旭，世称“张颠”，与怀素并称“颠张醉素”，代表作有《前发帖》《断千字文》等。

唐怀素，史称“草圣”，代表作有《自叙帖》《小草千字文》《圣母帖》等。

此外，还有三国东吴书法家皇象《急就章》、东汉史岑《出师颂》、传西晋书法家索靖《月仪帖》等。

（六）行书

行书，包含了书法艺术中的气韵、笔势、力度、气蕴、神采、筋骨血肉的审美范畴，融进了刚柔、方圆、虚实、黑白、疏密等形式，对比统一的基本规律。

建立了不朽丰碑的三位杰出的书法家王羲之、颜真卿、苏轼的行书代表作分别是《兰亭序》《祭侄文稿》《黄州寒食诗帖》，被誉为“天下三大行书”，在中国文化史上占有不可忽略的重要地位。再如东晋书法家王珣的《伯远帖》、东晋书法家王献之的《鸭头丸帖》等。

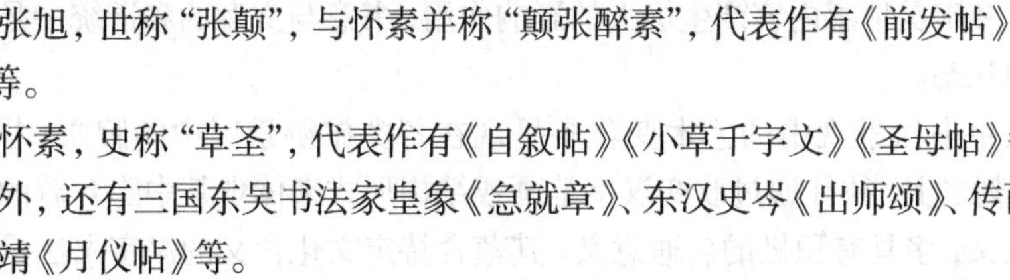

图 2–9　苏轼《黄州寒食诗帖》

第三节　旅游景区牌匾、楹联、碑铭、题刻等汉字书法景观中汉字的艺术变化

汉字的艺术变化，主要体现在汉字书法艺术之中。中国书法作为中国文化的重要组成部分，以其特立独行、源远流长而在世界文化中占有重要地位。辉煌的汉字书法艺术，反映出的不仅是赋予人们感官上的美感享受，更多的是书法美学中所蕴含着的“字里有乾坤”的艺术哲学理念。

汉字书法艺术形象是“形”“势”“义”统一的文字造型形象。其“形”是以汉字形体为基础的抽象形象。汉字形体具有丰富多样的造型审美条件，书法文字形象是具象与抽象的统一体。其“势”决定了书法形象的时序性的定向连续空间。其“义”使书法形象成为形、义兼备的综合审美形态，字义因素对书法造型形式和审美情感内容产生极大的影响作用，书意与文意的和谐统一是书法美的理想状态。

汉字书法景观中的艺术变化多呈现在各类旅游景区中的牌匾、楹联、碑铭、题刻之上，往往通过改变汉字笔画或结构形式来体现其中隐含着的深厚的文化意义，多具有积极的启迪意义。其蕴含特定文化含义的汉字书法景观与蕴含相关文化含义的汉字书法艺术性“错别字”，对相关旅游景观具有不可或缺的装饰与解说功能，往往成为景观亮点，成为游客光顾的热点。

需要强调的是，这节内容可以与本章第二节“汉字文化的旅游功能”相关内容互相参照。

一、蕴含特定文化含义的汉字书法景观

蕴含特定文化含义的汉字书法景观多以刻石题刻形式呈现，下面通过简述相关例证加以说明。

①广西桂林龙隐岩有清人王静山题刻有草书“佛”字，以形似神通取胜。运笔走势对汉字笔画与结构进行夸张变形，形似一位老婆婆烧香拜佛并伴有香烟缭绕。其草书形体把汉字书意与文意的和谐统一阐释得淋漓尽致。

②山东泰山中天门下云步桥南的泰山石刻“鼠”字题刻，其草书犹似“鼠”样造型，其上款是“辛酉春三月”，下款题“李和谦游山乐”。据说为目前泰山石刻中最具魅力的一处刻石，其字形有多种解读：一说是“山”字，二说是“乐”字，三说是“如”字，四说是“如意”二字，五说是“如此好山”或“大好河山”四字。

据说泰山景区管理部门认为是"如"字。可谓仁者见仁，智者见智。这一汉字草书造型充分显示了汉字书法"形""势""义"的统一和谐，给游览增添了极大的乐趣。

二、蕴含相关文化含义的汉字书法艺术性"错别字"

蕴含相关文化含义的汉字书法艺术性"错别字"，通过简述相关例证加以说明。

①河北承德避暑山庄正宫上悬有一方康熙皇帝御笔亲书的"避暑山庄"匾额。"避"字的"辛"部上多写了一横。康熙皇帝为何要将"避"字多写一横，当地流传着许多版本的说法。一说康熙不是不会写，而是有意多写一横，寓意他的江山更稳；一说康熙忌讳"避"字有"逃避"之意，认为不吉利，于是加上一横。

图 2-10　避暑山庄匾额（丁海秀　摄）

其实，康熙的"避"字在古代也可以说是规范书写。关于"避"字，东汉许慎《说文解字》释为："回也。从辵、辟声。"因此，"避"是"辟"为声符的形声字。同时，"辟"还是"避"的古本字。关于"辟"，《说文解字》释为从卩、从辛、从口的会意字，可知"辛"是"辟"的义符。再看"辛"字，《说文解字》释为："辛承庚，象人股。"指出"辛"的字形像人的大腿。从字形演变角度分析，"辛"的甲骨文、金文字形结构比较简单，竖画两侧有后来演变为一横的尖斜画；大篆则在"辛"的竖画上加了一个粗圆点，小篆又将这个粗圆点变为一横。在隶变中出现了分化，"辛"的隶书竖画上或为一横，或为两横。前者是正字，后者为俗字。因"辛"字有了正俗之分，"避"字也就有了两种不同的写法。

图 2-11　"花港观鱼"碑

此外，康熙所题"避暑山庄"的"避暑"有其渊源，在号称"天下第一楷书"的唐代欧阳询《九成宫醴泉铭》中，起首句即有"避暑"二字。可以看出，康熙所题"避暑"二字与之颇为神似，显然他于《九成宫》下过一番功夫。

②康熙皇帝御笔杭州西湖"花港观鱼"碑之"鱼"繁体"魚"字四点变三点。传说"鱼"字少一点是"有意写错"，也可以说是繁体字"鱼"成就了这

图 2-12 “天下第一关”木制匾额（原件，丁海秀 摄）

一字的巧妙之错。

传说康熙信佛，有好生之德，题字时想到“鱼”字下面有四个点，四点代表“火”，代表鱼在火下烤。于是有意少写一点，三点成“水”，含有鱼能在湖中潇洒畅游的寓意。

③秦皇岛市山海关“天下第一关”之“第”，竹字头变草字头“苐”。此匾乃明代著名书法家萧显所书楷体，笔力遒劲雄厚，与城楼规格浑然一体，给人以大关雄壮平稳感，堪称古今巨作。

其匾长 5 米多，高 1.5 米，每个字 1 米有余。“天下第一关”从东向西逐渐增大，在笔画的处理上，把第一的“第”字改写成草字头的“苐”，使笔画减少，视觉上的分量减轻，以使繁体的关字显得更加笔画凝重、粗壮有力，大有牢牢压住似乎将要翘起的城楼西端之势。

图 2-13 山西恒山悬空寺“壮观”（丁海秀 摄）

④山西恒山悬空寺山石上的题刻“壮观”，其“壮”字多出一点。传说是诗仙李白为悬空寺的精妙绝伦而书。其理由妙趣横生，据说常规的“壮”字不足以表现李白自己的感受，于是在“壮”字上又重重加了一个“点”画，意为悬空寺比壮观还要多一点。这一传说运用双关手法，使“一点”具有表里两层意思，其表层意思是指汉字笔画的一“、”，而表意重心却是其深层的悬空寺比壮观还更壮观。

⑤南京明太祖朱元璋的明孝陵，有一方明孝陵保护碑，其“明孝陵”写成了“眀孝陵”。在陵墓宝顶正南面的石砌墙体上有“此山明太祖之墓”七个字，其中的“明”也写成了“眀”。前者是著名书法家武中奇的“有意

图 2-14 南京明太祖朱元璋的“明孝陵”保护碑（丁海秀 摄）

错”，后者则是民国初年所题。

“明”这个“错”字很有来历，东晋大书法家王献之著名的小楷楷书代表作《洛神赋十三行》（别名《洛神赋》《十三行》）帖中，“明”字便写成了“明”。一种说法认为“明”表示内心清明，心眼相通，所以是目字旁。再如成都武侯祠的“明良千古”匾额。济南市大明湖牌楼上的“明”字，同样写成了“明”。另一种说法是在清代，把“明”写成“明”的现象很多。清代文字狱严重，当时人们不敢直书大明王朝中的“明”，但又不能绕过此字，于是把“日”易为“目”。

图 2–15　成都武侯祠的“明良千古”匾额

第四节　汉字结构特点产生的联边、析字、图示等修辞手法在导游讲解中的应用

汉字特点产生的修辞手法，主要是指以汉字形体、偏旁部首等汉字构件、标点符号、简单图形和符号等作为手段进行修辞的方法。

利用汉字的上述条件对导游语言表达进行加工润色，较多地出现在书面语导游词中，但是如果形象显明，也可以运用于口语导游词中。

另外，汉字结构特点产生的联边、析字、图示等用例常见于古代文学作品与旅游景区牌匾、楹联、碑铭、题刻之中，导游词创作中可以不失时机地纳入，使导游词内容更加丰富，使现场讲解更具吸引力。

下面主要看联边、析字、图示等修辞手法。

一、联边

联边，是连用至少三个偏旁部首相同的汉字进行表达的修辞手法。

联边，有词语联边和句子联边两小类。典型的句子联边多呈现为楹联形式。请看例句：

①昔人已乘黄鹤去，此地空余黄鹤楼。黄鹤一去不复返，白云千载空悠悠。晴川历历汉阳树，芳草萋萋鹦鹉洲。日暮乡关何处是？烟波江上使人愁。（唐·崔

颢《黄鹤楼》)

②车马店楹联：迎送远近通达道；进退迟速游逍遥。

③船户楹联：江海河湖波浪涌；远近遐迩逍遥遊。

④旧时海神庙楹联：浩海汪洋波涛涌溪河注满；雷霆霹雳霭雲雾霖雨雱霏。

例①的“芳草萋萋”，四个带“艹”头的字连在一起使用，比较浓烈地渲染出鹦鹉洲青草茂密的情景，美化了意境。例②、例③是传统车马店和船户的楹联，用“辶”偏旁部首的字，表达了车来船往，迎送远近的情景，同时也传达出了深层的“通达”“逍遥”的意境，很有行业特点。例④是旧时海神庙楹联。楹联中对海神的描写不着一字，而满目的“水”和“雨”却塑造了海神叱咤风云，呼风唤雨的形象，给读者以丰富的艺术联想。

联边，充分利用汉字以形表意的特点，将相同偏旁部首的文字连用，形式上具有一种结构美、形貌美，能够比较有效地造成美感鲜明的视觉形象。这里再举一些三字、四字联边的词语：汹涌澎湃、崇山峻岭、芙蓉芍药、魑魅魍魉、远近遐迩、镀金镶银……这些联边词语成串连用，往往可以有力地增强语言表达效果。

在导游讲解过程中，一是可以在导游词中巧妙运用联边的修辞手法进行讲解。二是有时候联边也成为导游词的一个讲解内容或一个讲解点，清晰明了地进行解说，有助于加深游客对游览内容的进一步理解。

二、析字

析字，也叫拆字，是利用汉字笔画或偏旁部首的结构特点，离合字形或减损、增加笔画或变化字形，使汉字发生变化并产生新义的修辞手法。

根据析字所“析”的不同特点，分为离合字形、减增笔画与变化字形两小类。

(一)离合字形

离合字形，是把字拆开，或者运用拆开部分的意义表达，或者再组合起来进行表达。

①玉漏迢迢尽，银潢淡淡横。梦回宿酒未全醒，已被邻鸡催起怕天明。臂上妆犹在，襟间泪尚盈。水边灯火渐人行，天外一钩残月带三星。(宋·秦观《南歌子》)

②何处合成愁？离人心上秋。纵芭蕉不雨也飕飕。都道秋凉天气好，有明月，怕登楼。年事梦中休，花空烟水流。燕辞归，客尚淹留。垂柳不萦裙带住，

漫长是，系行舟。（宋·吴文英《唐多令》）

③韶山的“韶”，拆开来看，是“音”旁加一个“召”字。音召，音召，音召召来了什么呢？相传上古时候，舜帝南巡到此处，奏乐助兴，引得百鸟翔集，凤凰来仪。音召为“韶”。这山也便缘于“韶”，得名为“韶山”。

④骑奇马，张长弓，琴瑟琵琶八大王，王王在上，单戈成战（戰）；伪为人，袭龙衣，魑魅魍魉四小鬼，鬼鬼犯边，合手即拿。

例①的“一钩残月”即指“心”字的钩，“三星”即指钩边的三点，合成“心”字。例②主题是表达秋思离愁，将“愁”拆成“心”和“秋”，巧妙地表达了身处异乡的离愁别绪。例③将“韶”拆成“音”“召”。例④的析字楹联，据说上联是挑战书，下联是应战书。上联字里行间充满着不可一世的挑衅之意，下联字里行间充满了必胜的信念和满腔的正气。上联析“骑”“张”“琴瑟琵琶”“战”；下联析“伪”“袭”“魑魅魍魉”“拿”，构思巧妙，匠心独运。

此外，平常人们常表达成的“弓长张”“立早章”“止戈武”“木子李”“耳东陈”等，也是离合字形的用法。日本也常用汉字来表示耄耋老人的岁数。例如，米寿是88岁，白寿是99岁和100岁，茶寿是108岁等。

（二）减增笔画与变化字形

减增笔画，是减去或者增加字形的一些笔画，用减去笔画或者用增加笔画后的字形表情达意。变化字形是通过笔画变形以改变字形，用变化后的字形表情达意。

①与国咸休，安富尊荣公府第；同天并老，文章道德圣人家。（清·纪昀《孔府大门联》）

这副《孔府大门联》，上联中“宀”是“富”的减损笔画，“富”字上有意少写一个“丶”，寓含“富贵无头”之意。下联对“章”变化笔画，“章”字一竖通到上面的“立”字，寓意“文章通天”。可谓独具匠心，寓意深刻。

②泰山东路斗姥宫附近，有块摩崖石刻，刻以“虫二”。一般都认为，这是运用拆字手法寓意“风月无边”。有人把这两个词的拆析追溯到唐代李白。在黄鹤楼三楼檐柱上，刻有一副落款为“长庚李白书”的楹联：“水天一色，风月无边。”另有一则与此相应的传说是此楼木壁上，本来曾有三个隐约可见字迹“一”“虫”“二”。人们不解其意。唯有李白看出这是一副字谜楹联，即“水天一色，风月无边”，并当即书写了这副楹联。李白即运用拆字手法解读“虫二”。

这一例通过减损笔画将“风月”的边框减省掉，剩下没有边框的“虫二”。“虫”是繁体字“風”减去边框，“二”字是“月”字减去边框，寓意“风月无边”，使其文字附加上了浓厚的文化色彩。可谓用意巧妙，匠心独运。

上述析字各例，都是利用汉字的形体本身与其字形的可分合性进行表情达意，收到了生动形象、含蓄委婉的表达效果。

析字，在中国古代诗词曲赋、楹联、民谣、谜语、隐话中经常运用，现代比较广泛地运用于各种体裁的作品之中。在导游讲解中，析字常常成为导游词的一个讲解内容或一个讲解点，宜根据表达需要，切合语境，讲解到位。

三、图示

图示，是用字形、字母、符号或简单图形等代替文字表情达意的修辞手法。图示，多用于书面语，在字形、字母、符号、简单图形等类型中，字形这一种比较常用，多限于比较简单的汉字字形。

在现场讲解的导游词中，用图示意义清晰明了的汉字字形信手拈来表情达意的用例也是比较多的。

实际上，人们在口语表达中也常用简单字形示意，比如：十字路口、十字架、丁字路口、丁字尺、工字钢、人字墙、金字塔、一字步、品字脸、国字脸、目字脸、由字脸、甲字脸、八字脚，等等。下面请看例句。

①过仙岩脚下的白沙潭，竹筏始进入九曲。白云岩左边这座形似鼓的山峰，称鼓子峰。峰前这座山岩因形似乌纱帽，俗称纱帽岩。竹筏前行，回顾纱帽岩又形似笔架，继而又见三石分立，像<u>“品”</u>字，故又称品石岩。品石岩左边是环佩岩，岩上有一巨石像只小猫，正伸头扑食面前那块“猪肝”。浅滩将尽，大家看左岸边这块巨石，像头水牛把头栽进水中，仅露出一角一眼，俗称“牛牯石”，石下深潭称牛牯潭。过牛牯潭，岸右边这两块相叠在一起的巨石像磨墩，因而俗称磨墩岩。(《福建武夷山》)

②站在涧对岸小道上观瀑，瀑比人高的一段有百余米，好像此水源自蓝天；在人之下的一段又有数十米，天上之水似乎直接注入了大地深处。瀑崖因山势三曲三拐，朋友们看它像一个什么字？对，就像一个特大的草书<u>“之”</u>字，因此，顺崖而下的瀑便称作<u>“之字瀑”</u>。循着瀑流的泻下，让我们小心地探视深涧，瀑布跌处有碧水一湾，相传这里曾有仙鹤戏水，因此称作“洗鹤湾”。初到此地的游人无不为这巨瀑而惊讶，但是更使人称绝的景致还在后面呢……(《山东泰山天烛峰》)

③(长城)约每隔半里，有一个突出墙体的台子。一种是墙台，上有简单的房子，是戍卫军士暂避风寒的地方。另一种是敌台，结构很复杂，形式多样，一般上下两层，下层的设计有<u>“田”</u>字形、<u>“井”</u>字形、<u>“亚”</u>字形、<u>“回”</u>字形等，既能住人，又能起战斗防御作用。上层有楼橹和燃放烟火之处。(《北京导游》)

④八旗制度在清王朝的军事政治及社会制度、民事管理等很多方面都占有极为重要的地位，发挥着巨大的作用。十王亭在大正殿两侧，按旗位顺序，呈“八”字形，扇面排开，这是把透视学应用在宫殿建筑布局上的优秀范例。登上大正殿向南望去，十王亭排列错落有致，南宽北狭，似无穷尽，象征着后金的兵多将广，万世绵延。大正殿与十王亭构成了一组亭子式院落建筑，它是清入关前八旗制度在宫殿建筑上的反映，设计者从局部建筑直至整体布局，处处突出“八”字。这种把军政制度巧妙地融合在建筑艺术中的做法，真可算是构思独特，别具匠心。(《沈阳故宫》)

⑤在六和塔最高层凭栏远眺，还可以看到钱塘江在萧山富阳一段复杂地形的一角，江呈“之”字折叠形，所以钱塘江又名“之江”“浙江”。浙江省的省名就是由“折江”加上“氵”而来的。看到钱塘江，人们马上就会想到“八月十八潮，壮观天下无”的“钱江秋涛”。(《六和塔纪游》)

⑥南岳大庙的第三进又叫川门，大家看到的这三个半圆形的门就像一个“川”字，川门分为正川门和东西川门，它们全由青砖砌成，高达 15 米。门洞上，原有一栋造型别致，四周有棂窗的大阁楼，在 1944 年被日本侵略军炸毁。(《南岳大庙》)

⑦东岳庙气势宏伟，殿堂层叠，布局别致，整个庙宇由中、东、西三部分组成。中路正院以轴线对称的布局形式，将琉璃牌坊、洞门牌楼、瞻岱门、岳岱殿、育德殿等建筑依次排列在子午线上。进了瞻岱门，眼前是个四方正院。一条长长的神路把瞻岱门与岳岱殿连在一起，四周廊庑回环。特别是岳岱殿雄踞在长 25 米、宽 9 米的须弥座上，前后有抱厦。宏伟的岳岱殿与育德殿由一通廊相连，形成一“工”字建筑，故俗名“工字殿”，这是目前国内留存不多的具有元代建筑风格的建筑格局。阜财殿、广嗣殿上的“鸳鸯交首拱”是极为少见的斗拱形式，国内已属罕见。此外，另有东、西两跨院，共有殿宇 200 多间。东跨院还有两亩多地的花园，假山池水，绿荫笼罩，别有洞天，以助“静以清修”。(《古刹东岳庙》)

⑧(古纤道)是绍兴独有的水上奇观，是古人架设在水面上的一座座石桥连接而成的水上通道，由青石叠砌而成，东西向蜿蜒数十里，一直伸展到水天极目的尽头。……古纤道绵延近 80 公里，其主要地段在绍兴柯桥钱清一带，为古纤道的精华所在，它可分为实体纤道桥和石墩纤道桥两种。实体纤道桥平面略呈 S 形，以缓解波浪对纤道的撞击，同时也使纤道富有动感和美感。石墩纤道桥每隔二三米设一石墩，墩用条石以“一丁一顺”之法垒砌，墩与墩之间用三根石梁并列搁架，构成路面，通宽 1.5 米左右，似路又是桥，人徜徉其中，

犹如在镜中，别有一番诗情画意。(《绍兴》)

例①~例⑦是运用简单字形“品”“之”“田”“井”“亚”“回”“八”“之”“川”“工”等表意。例⑧运用字母“S”表意，突出了古纤道的形象上的特点。上述用例，造型明显，对其对象的象形描述清晰显豁，对其特点的揭示重点突出，能给游客留下深刻印象。

运用图示需要注意的问题：第一，用来作图示的字形、字母、图像、符号等都必须是表达的有机组成部分。第二，使用图示，一定要避免不解和误解，往往要在相关部分加上引号标示；或在其后加上“字”“形”“号”等字样；或者二者并用。

导游词中运用图示，其表达效果主要有四方面：一是醒目、直观，具有鲜明的形象感；二是形式简洁，节省文字；三是含义深厚，宜于表现用文字难以表达的复杂现象和心理；四是意味新奇，启发人联想。

上述由汉字结构特点产生的诸种修辞手法，充分展现了汉字结构变化的造型特点以及汉字的文化性特征，使其成为旅游景观的一个重要组成部分，不仅能为其增加文化性，也能为游客欣赏旅游景观增加知识性与趣味性。此外，这些内容同时也为导游词讲解提供了丰富的素材，恰当纳入导游词可以使讲解更加具有魅力。

第五节　导游工作中常见的难读与易误读汉字

一、日常生活用品等

毳 cuì	毇 huǐ	廛 chán	匜 yí
缶 fǒu	鬲 lì	鬳 yàn	䖒 xī
簋 guǐ	簠 fǔ	斝 jiǎ	珏 jué
㫃 yǎn	黹 zhǐ	緜 mián	囷 qūn
爨 cuàn	仝 tóng	䍃 yóu	埙 xūn
觚 gū	觯 zhì	角 jué	觥 gōng
兕觥 sìgōng	觞 shāng	爵 jué	卣 yǒu
盉 hé	罍 léi	瓿 bù	甑 zèng
甗 yǎn	鬶 guī	釜 fǔ	龠 yuè
辇 niǎn	辔 pèi	圭 guī	黺 fèn

合 gě	斛 hú	嘉量 jiāliáng	豊 lǐ
辂 lù	耒耜 lěisì	畾 léi	猋 biāo
麤 cū	畫 huà	鞮 dī	璧 bì
琮 cóng	珪 guī	璋 zhāng	璜 huáng
琥 hǔ	敦 duì	豆 dòu	盂 yú
鑒 jiàn	鐎 jiāo	鍪 móu	罂 yīng
鑴 xī	盨 xǔ	觳 hú	奁 lián
笈 jí	帻 zé	翥 zhù	缟 gǎo
杵 chǔ			

二、祭祀礼仪等

徵 zhǐ	弔 diào	缞 cuī	绖 dié
疐 zhì	奭 shì	釁 xìn	佾 yì
肸 xī	笏 hù	祜 hù	俎 zǔ
尞 liáo	祓 fú	壝 wé	瘗 yì
卤簿 lǔbù	跸 bì	祀 sì	舁 yú
雩 yú	禳 ráng	粢 zī	耤 jí
厝 cuò	匏 páo	匕鬯 bǐchàng	鬯 chàng
匕 bǐ	醴 lǐ	玦 jué	珩 héng
彝 yí	鼎 dǐng	瑚琏 húliǎn	

三、动物、植物、自然风光等

蛊 gǔ	蟲 chóng	鱻 xiān	羴 shān
槑 méi	赑 bì	黾 měng	含 zhěn
枭 xiāo	隹 zhuī	雎 jū	翟 dí
雔 chóu	鳍 qí	彖 tuàn	豭 jiǎ
豕 shǐ	彘 zhì	豚 tún	豯 xiǎn
羼 chàn	骉 biāo	夔 kuí	刍 chú
尗 shū	秫 shú	艸 cǎo	柰 nà
瓜 yǔ	蓏 luǒ	瓠 hù	嵒 yán
攸 yōu	杲 gǎo	砅 lì	杳 yǎo
圮 pǐ	垚 yáo	嵏 zōng	畋 tián
潟 xì	虺 huǐ	峚 mì	埊 dì

蓍 shī	瓞 dié	砗磲 chēqú	秬 jù
薏苡 yìyǐ	粟 sù	黍 shǔ	

四、宗教、民俗等

伽蓝 qiélán	跏趺 jiāfū	锤鍱 chuíyè	寮 liáo 房
身 yuān 毒	旃 zhān 檀佛	旃（zhān）檀	闼 chù
萨埵 duǒ	曼荼 tú 罗	祇 qí	乾闼婆 gāntàpó
窣堵坡 sūdǔpō	斋醮 jiào	筮 shì	谶 chèn
合卺 jǐn	馓 sǎn	傩 nuó	

五、人体、服饰、建筑、制度等

耎 ruǎn	詈 lì	頫 fǔ	厷 gōng
彳 chì	帔 pèi	衮冕 gǔnmiǎn	舄 xì
韨 fú	黼 fǔ	宕 dàng	戗 qiàng 脊
天贶 kuǎng 殿	甃 zhòu	壸 kǔn 门	辐辏 còu
扉 fēi	刖 yuè	剕 fèi	劓 yì
拶 zǎn	阋 xì	磔 zhé	笞 chī
脔 luán	趺 fū	钺 yuè	

六、地名、姓氏、人名等

地名：

歙 shè 县	婺 wù 源	醴 lǐ 陵	嵊泗 shèngsì
太姥 mǔ 山	冠豸 zhì 山	缙 jìn 云山	肇 zhào 庆
雅砻 lóng 河	妫 guī 水	衢 qú 州	阆 láng 中
日喀 kā 则	芮 ruì 城	酃 líng 县	郕 chéng
郾 yǎn 城	北邙 máng	燕 yān 国	临淄 zī
郢 yǐng 都	邺 yè 城	姑臧 zāng	汴 biàn 州
西泠 líng 印社			

复姓：

令狐 línghú	尉迟 yùchí	万俟 mòqí	长孙 zhǎngsūn
澹台 tántái	夏侯 xiàhóu	皇甫 huángfǔ	宰父 zǎifǔ
亓官 qíguān	鲜于 xiānyú		

姓：

朴 piáo	仇 qiú	单 shàn	解 xiè
区 ōu	查 zhā	繁 pó	牟 móu
瞿 qú	句 gōu	员 yùn	能 nài
缪 miào	阚 kàn	秘 bì	都 dū
乜 niè	华 huà	任 rén	那 nā
过 guō	应 yīng	曲 qū	訾 zī
哈 hǎ	佘 shè	要 yāo	钻 zuān
蒯 kuǎi	逄 páng	靳 jìn	邢 xíng
胥 xū	厍 shè	钮 niǔ	钭 tǒu
栾 luán	桓 huán	逯 lù	昝 zǎn
麴 qū	璩 qú	郏 jiá	郤 xì
郗 xī	殳 shū	禤 xuān	歆 xīn
夔 kuí	蓟 jì	毋 wú	郜 gào
邴 bǐng	邬 wū		

人名：

嫘 léi	罽 jì 宾人求那跋摩		昙无谶 chèn
程颢 hào	姜夔 kuí	米芾 fú	艾提尕 gǎ 尔
奕劻 kuāng	博果铎 duó	奕䜣 xīn	奕䜣 zhǔ
奕譞 xuān			

七、少数民族等

羌 qiāng：中国西部少数民族之一。主要分布在四川省阿坝藏族羌族自治州的茂县、汶川、理县、松潘、黑水等县以及绵阳市的北川羌族自治县。

僰 bó：古代部落名称。僰人，即濮人，是先秦时期北方中原人对西南诸民族的统称。"僰" 同史书记载的 "濮"。中原人将其西南诸族统称为 "濮"，又称 "百濮"。

荤粥 xūnyù：司马迁在《史记·黄帝本纪》《史记·匈奴列传》中记载的上古称呼。《史记集解》则引晋灼语。晋灼云："尧时曰荤粥，周曰猃狁，秦曰匈奴。"

猃狁 xiǎnyǔn：同 "玁狁"。中国古代北方的一个民族。

瓦剌 là：史上建立过多个国家，用托忒文。元朝称斡亦剌惕，明朝称瓦剌，清朝称卫拉特，后来也称漠西蒙古等。

回鹘 hú：也作“回纥（hé）”。隋唐时代中国西北部的一个民族。有 15 个部落，以游牧为主。

八、其他

遹 yù	猷 yóu	乂 yì	迓 yà
裛 yì	焙 bèi	抟 tuán	陟 zhì
旰 gàn	搢 jìn	讦 jié	怋 mín
钜 jù	昫 xù	歆 xīn	绺 liǔ
氤氲 yīnyūn	馫 xīn	龘 dá	飝 fēi
鱻 xiān	灥 quán	麤 cū	靐 bìng
飍 xiū	朤 lǎng	譶 tà	

第二编

旅游解说、导游语言与导游词

第一章
旅游解说及旅游景区解说

第一节　旅游解说

一、旅游解说的含义

旅游解说，是指针对旅游客体资源的特定内容及其文化含义通过语言文字、实物、多模态文本等形式向相关人群解释说明的系统。

二、旅游解说的分类

旅游解说的分类，可以从多个角度进行，如下面列举的四个角度。

(一)根据旅游解说范围，分为景区解说系统和非景区解说系统。

(二)根据旅游解说语言种类，分为单语解说系统、双语解说系统、多语解说系统。

(三)根据介质，分为印刷物解说系统与非印刷物解说系统。

(四)根据为游客提供信息服务的方式，分为向导式解说系统和自导式解说系统。

第二节　旅游景区解说

旅游景区解说系统有广义和狭义之分。

一、广义的旅游景区解说分类

广义的旅游景区解说系统，至少从两个角度再行分类。

(一)从景区解说系统所具有的不同解说层次角度分类

从景区解说系统所具有的不同解说层次角度分类，可划分为三类：

(1)第一解说，指旅游景区的直接解说。还可以继续下分为语言文字解说与非语言文字解说两小类。语言文字解说与非语言文字解说还可以继续分别下分为平面静态解说与立体动态解说。

(2)第二解说，指附载于公共汽车、景区专车、景区游览车乃至飞机等相关交通工具上的静态或动态文字解说。

(3)第三解说，指广告媒体等解说。还可以继续分别下分为语言文字解说与非语言文字解说。

(二)从景区解说系统的不同解说形态角度分类

从景区解说系统的形态角度分类，可分为语言解说与非语言解说。语言解说与非语言解说二者都还可以分别分为静态平面解说、动态口语解说两小类。

二、狭义的旅游景区解说分类

狭义的旅游景区解说系统专指导游语言文字解说，分为动态口语导游词解说和静态书面语材料解说。

动态口语导游词解说，还可以继续下分为向导式的导游与游客面对面的导游解说、自导式的智能语音导游解说。

静态书面语材料解说还可以继续下分为书面语导游词文本、旅游指南(手册、便览、览胜)、风物志、景区专题景观介绍等印刷物解说。

第二章
导游语言

第一节 导游交际特点

导游交际，特别是导游与游客的交际，是在面对面、同时同步、直接正反馈的双向交流沟通的交际语境中进行的，在这一语境中导游与游客的交际关系主要具有三方面的特点。

一、导游与游客的交际行为不同

在导游交际特别是导游词讲解过程中，导游与游客的交际面对面同时同步进行，导游以“说”为主，游客则以“听”为主，“说”与“听”在导游交际中互为补充地共同构成一个完整的交际过程。

这表明，在这种交际语境中，导游的“说”与游客的“听”具有同等重要的地位。“说”与“听”都应该收到理想的效果。

二、导游与游客的注意焦点不同

在导游交际过程中，导游与游客的注意焦点不同，并且呈交错状态展开。

导游边说边“看”，游客边听边“看”，但是二者的“看”却有不同的内容。导游“看”的重心在游客；而游客“看”的重心在景观。

这表明，导游在讲解过程中不仅要善于“看”游客，还要善于引导游客“看”。

三、导游与游客的交际地位不同

在导游交际过程中，导游与游客交际地位在形式与实质两方面具有反向倒置的特点。

在导游交际语境中，虽然导游占据形式上的主动地位——以“说”（表达）

为主，游客占据形式上的被动地位——以“听”（接收）为主，但是实质上真正左右交际活动的主角并不完全是导游，而往往是游客。

在导游交际语境中，表达与接收都占有相当重要的地位，但是，导游的“说”要依赖于游客的反应，或者说，游客的反应左右着导游的表达。导游词如果不被游客理解、接受，导游交际就收不到理想的效果。

第二节　导游语言分类

导游语言，分为广义与狭义两种。

一、广义的导游语言

广义的导游语言又分为两类：

（1）相对静态的语言，包括书面语导游词、旅游指南、风物志、专题景观介绍等。

（2）交际过程中的动态言语，包括导游交际过程中各个环节的言语，如称呼、问候、交谈、置疑、应对、拒绝、引导、讲解（导游词讲解）、告别等。

二、狭义的导游语言

狭义的导游语言专指导游词，包括书面语导游词和口语导游词。口语导游词包括向导式的导游与游客面对面的导游词及自导式的智能语音导游词。

第三章 导游词

第一节　导游词内容与语体角度分类

导游词的分类，至少可以从内容与语体两个角度进行，其目的是更加深入地了解导游词的相关特征。

一、导游词内容角度分类——自然景观导游词和人文景观导游词

从导游词内容角度划分，导游词可分为自然景观导游词和人文景观导游词。

国家质量监督检验检疫总局颁布的中华人民共和国国家标准《旅游资源分类、调查与评价》将旅游资源分为地文景观、水域风光、生物景观、天象与气候景观、遗址遗迹、建筑与设施景观、旅游商品景观、人文活动八个主类景观。

实际上有些旅游景区景观类型的呈现往往不是单一类型的，而多是两种乃至更多种主类景观类型的综合，只是有所侧重，以某一特定景观类型为主，以其他类型为辅。

二、导游词语体角度分类——口语导游词与书面语导游词

从导游词语体角度划分，导游词分为口语导游词与书面语导游词。

口语导游词，主要是指用于导游与游客面对面导游交际过程中的讲解词，也指自导式智能语音导游词。

书面语导游词，一般是指根据实际游览景观，按照特定游览路线以及特定游览顺序进行导游讲解的最接近游客实地游览状况的导游词。

第二节　自然景观导游词和人文景观导游词

一、自然景观导游词

自然景观导游词主要是关于地文、水域、生物、天象与气候等景观的导游讲解词。具体如名山峻岭、江海湖泊、崖窟洞穴、花草树木、鸟兽鱼虫等内容都属于这一范围。

自然景观导游词主要采用描绘、叙述、衍释发挥等方法讲解。

(一)描绘

描绘，即描写、描画。一般讲描绘是一种形神兼备的表述方法，是写景、记人、叙事类文章的主要表述方法之一，多给人以栩栩如生、身临其境之感。

导游词运用描绘方法讲解，主要是指用生动形象的语言“说”景状物，把相关游览对象的特征形象地表现出来。

如果有效运用，可以充分体现导游词语言的美感性特点，在生动形象、动态立体、绘声绘色的讲解中使游客得到鲜明的美感体验。

需要强调两点：一是其描绘方法既可用于自然景观导游词，也可用于人文景观导游词，只是自然景观导游词运用得较多而已。二是在导游词中，常常综合运用各种方法加以讲解，不太可能一种方法独挑大梁。只是一些导游词讲解或偏重描绘或偏重叙述而已。

下面请看偏重描绘的导游词用例。

从桂林到阳朔，有八十三公里水程。这段漓江景色碧水青峰，非常秀丽。田园似锦，江山如画，(编者注：比喻)处处都在“几程漓江曲，万点桂山尖(编者注：对偶)”(编者注：引用—暗引—董必武《游阳朔》诗句)的诗情画意之中。今天我们可以一饱眼福，尽情欣赏。游览漓江，不同的天气有不同的特点：晴天，看青峰倒影；阴天，看漫山云雾；雨天，看漓江烟雨(编者注：三句排比)。所以如果碰上阴雨天，那实在是您的运气。阴雨绵绵之时，但见江上烟波浩渺，群山若隐若现，絮状的浮云(编者注：比喻)穿行在万点奇峰之间，轻纱般的雨雾(编者注：比喻)笼罩着秀水青山，将一幅幅烟雨漓江，诗意极浓的泼墨山水画(编者注：比喻)推(编者注：比拟—拟人)到您的面前。(编者注：晴天阴天雨天对比。兼用比喻)这八十三公里旅程，我们将要看到清澈萦回的流水，苍翠奇特的山峰，巨幅雄伟的石壁，千姿百态的钟乳石，(编者注：排比)尤其是象山穿月、桃园挂月、碧莲叠翠（编者注：排比）等景致，更蔚为壮观。相信一定会给您极大的美的享受，使您游兴无限，流连忘返。（《漓江导游词》）

这段自然景观导游词运用描绘方法，主要是通过使用多种修辞手法，使导游词呈现出非常鲜明的描写性语言风格。主要运用了排比、对偶、引用、比喻、比拟等多种修辞手法，使其导游词句式匀称，节奏和谐，气势连贯，感情奔放。所透溢出的轻柔秀美的格调，正像游客面前的漓江一样美感强烈，自然也会给游客带来愉悦的美感享受。

（二）叙述

在自然景观导游讲解中，常常运用叙述的方法陈述与被游览客体相关的人物活动，或者事物发生发展过程、前因后果、来龙去脉等。

其讲解内容除主要涉及景观本体渊源外，还往往涉及与景观本体直接相关联的神话传说、民间故事、历史掌故、风土人情等内容。

其讲解过程的叙述呈现出与游览过程或游览路线密切相关的顺序性与持续性。

实际上，叙述方法，既可以用于自然景观导游词，也可用于人文景观导游词，只是自然景观导游词有所侧重而已。

下面请看导游词用例。

① 各位游客，我们的船正顺江而下，不久就会看到黄牛峡景观了。现在，我给各位简单介绍一下漓江的概况。"桂林山水甲天下"，而漓江又是桂林山水的集中体现。这条美丽的河流发源于兴安县猫儿山，流经桂林、阳朔、平乐、梧州，汇入西江，注入南海，属珠江水系，全长426公里。从桂林到阳朔的83公里，是漓江的精华，因而有"百里漓江，百里画廊"之称。这一地段是岩溶地貌发育最典型的地区，集山青、水秀、洞奇、石美于一体，这里的山光水色交相辉映，我们随着行船缓缓观景，就好像在我们游船的两岸徐徐打开了山水画的长卷，沿途景致，美不胜收。（《漓江导游词》）

② 天池湖水清澈碧透，晶莹如玉，周围自然环境幽美，格局别致，给人以神秘的感觉，常使人深思，引人遐想，自古以来流传着许多关于天池的神话传说。

传说3000多年前，周穆王带着大队人马，驾驭着日行万里的八匹骏马，载着无数金银财宝，不顾路途艰辛，风尘仆仆地从中原大地赶到天池湖畔，来领略仙境，拜会美丽多情的西王母。西王母为他设宴对歌，并赠给他昆仑美玉。欢聚数月，依依不舍，并相约明年此时，穆王旧地重游。但时间一天一天过去了，不见穆王返回的身影，忧郁的西王母只能对着幽静的湖水向着远方惆怅地叹息，唐代诗人李商隐在《瑶池》一诗中写道："瑶池阿母绮窗开，《黄竹》歌声动地哀。八骏日行三万里，穆王何事不重来？"（编者注：引用手法）

还有传说天池是西王母举行蟠桃盛会的地方。如今正是蟠桃成熟的季节，我们大家也可以在这仙境般的地方举行蟠桃盛会，当一回神仙。（编者注：运用设身处地的讲解方法）

又有传说天池是西王母梳妆台上的银镜，又说是西王母的淋浴池，天池缭绕的云雾是西王母的霓裳羽衣。看这天池的云雾不像庐山那样娇羞缠绵，而是具有西北高原特有的粗犷与明快。（编者注：对比）波状的低云笼罩着天池，站在岸边放眼望去，只见滔滔云波雾浪翻腾滚动，犹如大海波涛汹涌，座座山峰似孤岛时隐时现、时沉时浮，好似远洋战舰在击浪前进。还有馒头样的白云顺山滚动，酷似那万头攒动的羔羊在山间游戏。更有那片片浮云薄雾随风飘荡，掠过湖面，绕过山岭，使人有置身瑶池仙境之感。（编者注：文中多处运用比喻手法）（《天池》）

例①基本采用叙述性语言对漓江概况进行讲解，与"描绘"部分的"漓江导游词"的描写性语言风格有很大不同。对漓江概况叙述从漓江流向、长度、漓江精华的83公里及其特点展开，层次清晰，条理井然。此外，导游词中的引用"百里漓江，百里画廊"的比喻，"好像在我们游船的两岸徐徐打开了山水画的长卷"的比喻，"山青、水秀、洞奇、石美"的联用等描写性语言增加了叙述的形象性、美感性。例②的导游词，以天池为背景大力渲染周穆王和王母娘娘的爱情神话传说，并且运用引用手法（明引唐朝诗人李商隐咏叹这段情感的诗句），使这个神话传说更有亲和力，能够更容易使游客受到感染。

（三）衍释发挥

自然景观讲解中的衍释发挥，就是对景观进行因物象形的延展性解说。其因物象形多聚拢与之相关的文化因素，包括神话传说、民间故事、历史掌故、风土人情等内容。

与"叙述"中涉及的与景观本体相关联的神话传说、民间故事、历史掌故、风土人情等内容的讲解方法稍有不同，衍释发挥重在因物象形基础上的延展发挥，当然，有时这两种方法也往往熔于一炉，相辅相成。

下面请看导游词用例。

①（在石室岩洞前）

请各位团友跟我坐船进去一起参观离星湖最近的石室岩洞。（边游船边讲解）诸位，七星岩，岩岩有洞，而开辟最早、最有价值的当推石室洞了。这个洞叫石室洞。石室岩古称菘台，溶洞贯通南北，晋代时就成为名胜。石室洞最珍贵的是历代的摩崖石刻。自宋朝至当代，时历千载，先后刻有李绅、宋之问、俞大猷、屈大均、汤显祖、黄遵宪，甚至包青天包拯的手迹，所以称为“千年诗廊”和“碑刻书法艺术博览馆”。这块嵌在洞口崖石上的李邕《端州石室记》，则是我国书法艺术的珍品。这个碑又叫“马蹄碑”。相传在唐开元十五年，李邕路经端州，见到七星岩奇景秀丽，要“下马观花”。谁知马的冲力太大，一时收勒不住缰绳，直至这个石室洞口，才停了下来，于是在洞口这里深深地踏下了一个马蹄印。(指马蹄印处)那么李邕《端州石室记》写的什么呢？就是写他入石室所见到的奇观和感受。(广东肇庆七星岩)

② 现在我们来到了风洞北洞，它就像北开迎风的窗子，故名北牖洞。

传说原先叠彩山上无“窗”也无风。东汉初年伏波将军马援南征平定交趾叛乱，在此山南侧的伏波山与交趾国师赌箭退兵。马伏波射出的箭被交趾国师所施妖风逼得团团转，眼看就要反射向马援之时，国师得意地吼叫：“快快投降，免尔一死！”马援怒目一睁，仰天长啸：“男儿当死于边野，以马革裹尸还葬！”其忠烈之情惊天地、泣鬼神。这时只听得一声惊雷，仙鹤峰化成一只展翅九万里的仙鹤，长嘴一啄，叠彩山壁被啄穿一个大洞，振翅高鸣：“风来，风来，风来！”顿时一股劲风穿洞呼啸而过，将马援之箭直带到两国边界，途中还穿透了漓江沿岸的三座大山。交趾兵吓退了，马援得胜凯旋。瞧！清代刘心源在北牖洞刻下了“风来”二字，还故意将二字歪刻，以示风之强劲。(广西桂林叠彩山)

例 ① 根据石室岩洞中的一个马蹄印的造型，衍释出李邕坐骑踏出马蹄印的传说，使游客对石室岩洞中的这处马蹄印留下了深刻印象。例 ② 依据北开迎风的窗户的形象，延伸出仙鹤驰风相助伏波将军所射之箭的传说，突出了北牖洞的景观特色。

这一类对自然景观进行因物象形的衍释发挥的内容，特别是常常将自然景观的外形特征赋以神话故事、民间传说，这种衍释发挥方法主要依靠想象，可以说基本不受什么限制，导游具有一定的自由发挥空间。但是因物象形的衍释发挥，要注意不能施之过滥，否则，就会使导游讲解流于庸俗，也会使游客感到单调乏味。

需要说明的是，有些景观是自然景观与人文景观综合于一体的，其讲解往往兼有衍释发挥与本体阐释以及相关征引多种方法，讲解过程中可根据其综合性特征进行灵活调整。

二、人文景观导游词

人文景观导游词主要是关于遗址遗迹、建筑与设施、旅游商品、人文活动等景观的导游讲解词。

(一)人文景观导游词的知识性特征

人文景观主要包括名胜古迹(故里、故居、遗址、纪念场馆)及其建筑、文物遗踪、宗教寺庙类景观及其相关的神物建筑等、地方概况、风土人情、风物特产等,也涉及特定景观的绘画、雕塑、音乐等相关的文化遗产等。

在上述各类人文景观中都包含大量的知识,其导游词应该能够给游客传递与被游览客体有关的种种适量的知识信息,其知识传递要严谨、准确,以达到激发游客兴趣、使适量知识信息巧妙传播的目的。

(二)人文景观导游词传递知识的原则

在人文景观讲解中,导游词一般以传递相关知识内容为主,其传递知识的原则是适量。

这一原则,实际上也适用于自然景观导游讲解中相关知识内容的传递。

这一原则是由人文景观的特征决定的。人文景观种类很多,范围相当广泛,往往是从古到今,上天入地,无所不有。但是其相关知识信息量的传递原则要适度,即以游客不感到有负担、不感到枯燥厌烦为宜。

其要求是导游词中所涉及的特定的知识信息的传递应在气氛轻松、话题有趣,游客好奇心被激发起来之后,传递给游客,使导游词知识信息的传递具有潜移默化、轻松愉快、显明而又易于理解乃至接受的特征。

(三)人文景观导游词讲解要点

人文景观的导游词讲解有两个要点,实际上也是两点要求。

(1)对历史背景、人物生活年代、事件过程等内容的讲解要确凿无误。

(2)其讲解要注意遵循引发、融入、指点的基本思路,引导游客感受、欣赏。

比如在对宗教寺观的讲解中,首先应该将各个宗教寺观的基本建筑格局、分布以及各位神祇的基本功能、大致来源、象征意义讲清楚。因为不论是什么地方的佛教寺庙和道教道观都大同小异,抓住这一重点,再突出特定景观的某些特点就能收到理想的讲解效果。再如其他方面景观的文化内容,可以根据特定景观所承载的特定的文化内涵进行发掘梳理,使讲解内容重点突出,个性鲜明。再如:

以上我们看到的,是以墓道为中轴的陵园主要建筑,在墓道的东侧,还有不少著名的资产阶级民主革命家的陵墓。现在我们从墓寝的左边走,迎面的这棵松树,是孙中山先生在1912年陵园建成时亲手种植的。当年植树4棵,这一棵保存至今。(编者注:寻踪式,突出名人效应)1981年又补种3棵。在松树前面,是潘达微先生的墓地。潘达微生于1881年,是广东番禺人,1907年参加同盟会，1911年与友人在广州创办《平民报》，1929年病逝于香港，第二年移葬于黄花岗。墓碑背面是潘达微写于1912年的《自述》全文，追记了他收殓烈士遗骸的经过。当年烈士的遗骸被清政府暴尸在谘议局前的旷野，惨不忍睹。潘达微冒着生命危险，以《平民报》记者身份多方奔走，并以房契作抵押，购得东郊红花岗，安葬了72烈士。葬后，潘达微以《谘议局前新鬼录，黄花岗上党人碑》为题，将安葬烈士的情况在报纸上作了报道。由于他认为“红花”不及“黄花”一词雄浑优美，因而在报道里将红花岗易名为黄花岗。潘达微平时喜吟“残菊犹有傲霜株”诗句，把红花岗改名为黄花岗，是以秋日黄花喻革命烈士不屈的品格。从此以后，黄花岗之名沿用至今。大家看，现在陵园内到处都栽种了开放黄花的植物，有黄素馨、黄穗冠、黄芍药、黄菊、黄梅、桂花以及黄夹竹桃等，四时黄花盛开。黄花映浩气！相信大家也能领会潘达微先生的良苦用心。(《广州黄花岗七十二烈士墓》)

这例介绍潘达微先生的墓地的导游词，重点介绍其墓碑背面所刻潘先生写于1912年的《自述》全文。主要内容有二：一是潘达微先生收殓烈士遗骸的经过；二是将“红花岗”改为“黄花岗”的缘由。其中相关知识内容确凿无误，有案可稽，并且注重引发，其知识内容的讲解娓娓道来，不仅使游客了解到了黄花岗烈士们被安葬的艰难历程，而且使游客深刻领会了“黄花岗”的“黄花”所具有的丰富内涵，对眼前的陵园内到处栽种的开放黄花的植物有了更加深厚的感情。此外，这段既平实又生动的导游讲解也充分展现了人文景观导游词寓教于导游讲解的魅力。

(四)人文景观导游词讲解方法

人文景观导游词讲解方法有两种：一是本体阐释；二是相关征引。

其知识内容的讲解角度有两种：一是以导游思路为主的直接表述；二是从游客思路角度进行的假托表述。

1. 本体阐释

本体阐释，就是对被游览景观自身所蕴含的知识进行必要的、得体的解释。

本体阐释方法，在人文景观导游讲解中运用频率相当高，涉及范围也相当广泛。

如寺庙类景观所蕴含着的宗教相关教义以及相关的神物、宗教建筑等；如文物古迹中所蕴含着的历史、地理、伦理、哲学、文学、建筑等方面的知识；又如绘画、雕塑、音乐等相关的专题知识等；再如当地地方概况、风土人情、风物特产及文化特征等。

下面请看导游词用例。

请看这岸边，由窄到宽，豁然开朗，连天光也格外明亮了，这里就是漓江彩塑。你们看，悬壁上，色彩斑驳，就像一幅幅的画卷，那浓墨重彩的，是油画；那清淡润透的，是水粉画；那黑白单彩的，是水墨画。画面的内容，任你想象，观赏这类彩崖画，是“不想不像，越想越像”。(编者注：自然景观衍释发挥)山川人物，风花雪月，无所不有。为什么这里的石崖会出现这么多的彩画呢？(编者注：设问——从游客思路角度进行的假托表述)

原来这是大自然综合动力的结果。这一带的钟乳石在它们自然生长的同时，由于光照的影响，一些微生物或者藻类、苔藓就附在石头上生长。这些生物具有趋向阳光的特性，就使得含有碳酸氢钙的水溶液沿着石钟乳向光的侧面渗流沉积，加速结晶，于是这些结晶体就形成了颜色各异的崖壁彩绘(编者注：知识的本体阐释通俗易懂)。大自然的妙笔神功在这里可见一斑。

这一例导游词通过设问引出对漓江石崖自然彩画的相关知识的介绍，从游客思路进行的假托角度的表述使这一知识点自然引出，具有提醒游客注意相关知识点的积极效果。

这类对被游览客体本身所蕴含的知识进行解释说明的导游词，一般的要求是简明扼要，点到为止，使游客在观赏景观的同时自然而然地把握相关的知识。

2. 相关征引

相关征引，是适当援引与被游览客体相关的史料、历史掌故(事件陈述、过程记叙、渊源追述)、相关诗文、名人足迹记述、风土人情、民间传说(附会式、寻踪式等)以及各种相关材料，以使导游讲解内容更加广博，更加有说服力。

下面请看导游词用例。

①橘子洲风光秀丽，自古以来，过往商船及迁客骚人无不在此停留，橘子洲也因此成了一个集人文景观和自然景观于一体的旅游胜地。西晋时，因为岛上多种植橘树而有“橘洲”或“橘子洲”的美名。(编者注：溯名——追溯“橘子洲”名称来历)唐宋时，橘子洲已成为当时的名景胜地，吸引着八方游人。初唐至唐末五代的300年间，骆宾王、孟浩然、杜甫、韩愈、柳宗元、张九龄等著名诗人均在此吟咏，留下了千古流传的诗文，并形成了橘子洲文化的雏形。南宋时，著名理学家朱熹、张栻经常取道橘子洲，往返于岳麓、城南两大书院，进一步丰富了橘子洲文化。(编者注：人文景观名人足迹记述寻踪，突出名人效应)如今，橘子洲不仅以秀丽风光著称于长沙，还由于它与伟人毛泽东的密切联系而蜚声海内外(编者注：人文景观名人足迹记述寻踪，突出名人效应)。受地势的影响，中国众多的河流中，大多数河流的流向都是由西向东、由北向南流。

而唯有湖南的母亲河——湘江，却是少数几条由南向北流的河流之一。因此，橘子洲面向湘江来水的南端被称为“橘子洲头”，而朝着湘江流去的北端被称为“橘子洲尾”。整个橘子洲从南到北布满了亭台、游廊、花坛，和矗立的岳麓山遥相呼应，将北去的湘江装点得如诗如画；毛泽东诗词碑、“谁主沉浮”“指点江山”等景点（编者注：点出相关诗文，突出名人效应），掩映在橘林和花卉之中，形成了独特的亭台相望、曲径相连、绿茵成片的风景景观。（《长沙橘子洲头》）

例①的这段人文景观导游词主要运用“相关征引”的方法，恰当记述了与橘子洲相关的历朝历代的名人足迹，使橘子洲的讲解内容更加生动形象，更有吸引力。导游词中列举了从唐宋到当代在橘子洲吟咏的名人骆宾王、孟浩然、杜甫、韩愈、柳宗元、张九龄，都留下了千古流传的诗文，形成橘子洲文化雏形。在朱熹、张栻等人频繁往返之中不断发扬光大。直到毛泽东，其青年时代的词作《沁园春·长沙》将橘子洲文化推向极致。在人文景观导游词中常常以名人足迹达成名人效应，但是这段橘子洲导游词借助历史上如此多名人的真实足迹与诗作有效地强化了橘子洲的文化形象，突出了橘子洲的独特个性，对游客产生的深刻影响是不言而喻的。（编者注：附毛泽东《沁园春·长沙》：“独立寒秋，湘江北去，橘子洲头。看万山红遍，层林尽染；漫江碧透，百舸争流。鹰击长空，鱼翔浅底，万类霜天竞自由。怅寥廓，问苍茫大地，谁主沉浮？　携来百侣曾游，忆往昔峥嵘岁月稠。恰同学少年，风华正茂；书生意气，挥斥方遒。指点江山，激扬文字，粪土当年万户侯。曾记否，到中流击水，浪遏飞舟？”）

②进入故居的院落，我们看见一棵枝叶茂密的酸子树，每片叶子迎风摇曳，向我们表示欢迎（编者注：用比拟的修辞手法设身处地，直接将酸子树与游客联系起来）。有游客可能会问酸子树是什么树？有什么特殊之处吗？这棵酸子树是孙中山先生从美国檀香山带回家乡，并亲手栽种的，至今也有100多年的历史了。酸子树花期很长，它的花可以用来晒干泡水喝，有生津止渴的功效。每年二三月份会结籽，也叫酸豆，用来做佐餐小菜，十分开胃（编者注：阐释酸子树花饮用食用的相关知识）。孙中山先生虽然离开了家乡，但他给父老乡亲留下了这棵珍贵的酸子树，也留下了我们受用无穷的一笔精神财富。（《广东中山市孙中山故居》）

例②从游客思路进行的假托表述来阐释酸子树相关知识，借助比拟的修辞手法，将酸子树直接与游客联系起来，既使游客了解了酸子树的相关知识，又十分有效地拉近了游客与讲解对象的距离。

上述两例导游词，通过对与被游览景观有密切关系的史料、典故、名人、诗文、传说以及各种相关资料进行征引和说明，对与其相关联事物的各方面知识进行巧妙而得体的传播，使游客在潜移默化之中得到中国传统文化的熏陶，使游客对特定景观的认识与理解上升到一个新的高度。

需要强调的是，人文景观导游词的相关征引，与自然景观中衍释发挥的方法互有关联，基本点是对蕴含在景观中的相关神话传说、民间掌故、历史故事、风俗人情等内容进行巧妙的发挥，都可以有效地增加导游讲解的吸引力。

第三节　书面语导游词与口语化转换技巧

书面语导游词，一般是指根据实际游览景观，按照特定游览路线或特定游览顺序进行导游讲解的最接近游客实地游览情况的导游讲解词。

一、书面语导游词特点

书面语导游词具有发生方式笔头化、交际方式间接化、语言规范化、现场感强、运用场合多样化等特点。

(一)发生方式笔头化

书面语导游词采用书面发生方式，以书面语言形式进行交际。因为采取笔头发生方式，书面语导游词在创作过程中具有更多的空间。

(1)创作者与游客的交际是间接的，有充分的条件预设读者的种种相关情况，通过合理预测间接控制交际环境，使书面语导游词针对性更强。

(2)创作者可以有充分的选择机会，有便利的修改条件，使书面语导游词遣词用句更加规范。

下面请看导游词用例。

①延安面积3.76万平方公里，人们说，它比台湾岛还要大出一圈儿。悠久厚重，浑朴旷远，凝重苍雄，丰富壮美(编者注：整句——排比)。延安人祖祖辈辈巍然于这块古老而神奇的土地上，面向黄土背朝天，他们要昭示自己的生存与价值，要倾诉胸中的喜怒哀乐，要同大自然进行抗争，要作生命的呐喊，在这种本真的生命活动中随着世间沧桑，逐渐积淀和丰富形成了独特的黄土风情文化，构成了一道灿烂绚丽的风景线。其表现形式时而雄风扑面，时而高昂野逸(编者注：整句——对偶)；有的简练古朴，有的清新典雅(编者注：整句——对偶)；或说，或唱，或舞，或艺；有文学创作中的浑厚、切实和浓郁的黄土气息；有书画描绘上的朴拙雄强、沉着痛快和纵笔所如的潇洒；有粗犷矫健、扑朔迷

离的民间鼓舞；有高亢悠长、魅力四射、刮遍大江南北的“西北风”信天游；有工细纤巧、寓意含蓄、独树一帜的民间手工艺；有做工精细、营养丰富、强身健体的风味食品（编者注：整句——排比）……这一切的一切都见情见性并蕴含着传统文化的骨血。加之延安人稳重、实在、厚朴的民风，自尊、强悍、豪放的气质，综合构成古老而年轻、瑰丽而丰富，植根民间生活的延安黄土风情文化。（《延安》）

②沿着锦绣谷的游览步道往前走，一会儿便来到“鹃岛”。在这方圆近两平方公里的小山岗和谷望中，生长着清一色的杜鹃乔木和杜鹃小灌木，其间的杂树、茅荆极少。而集生成林的杜鹃花树，有十几个品种，大部分都是名贵的“猴头杜鹃”。每当春夏之交，各种杜鹃争相怒放，呈现出一片色彩绚丽、风姿婀娜、飞红溢翠的花海（编者注：比喻），与四周的青山绿水相映，恰似绿涛无垠的大海中浮动着的一座花的岛屿（编者注：比喻）。令人叫绝不已！（《龙潭》）

例①的导游词多用整句，以句式整齐谐美为主，十分讲究调节互相对称的句子的音步节奏，下画双横线处分别对偶，下画单横线处为排比，使其解说句式匀称，节奏和谐，气势连贯，感情奔放，能给游客带来愉悦的美感享受。例②的导游词多用散句描述“鹃岛”，下画双横线部分采用比喻的修辞手法，十分形象地描绘了色彩绚丽、风姿婀娜、飞红溢翠的杜鹃花花海形成的花岛——“鹃岛”。

（二）交际方式间接化

在书面导游交际方式中，创作者与游客的交际方式是间接的。表现在两方面：一是借助文字这一媒介与读者或者“游客”发生间接关联；二是通过实地游览之前的推测或测定，间接控制交际环境。

书面语导游词创作者主要面对的是读者，在与其进行间接交际的过程中只能根据预测或推定的读者或“游客”的种种具体情况，进行创作。

（三）语言规范化

（1）书面语导游词的规范化特征与其笔头发生方式密切相关。因为是笔头发生方式，创作者有充分的时间进行修改，可以字斟句酌，反复推敲，使其表达具有较强的规范性。表现在对词语的选择、句式的调整、结构的安排、修辞手法的使用等方面，可以充分地灵活调遣，自如运用。这不仅会使导游词的规范性较强，也会使其表达及其风格的延伸效果更加明显。

（2）书面语导游词的规范主要是指其语言本体的规范。要求使用普通话和规范汉字。

普通话是以北京语音为标准音，以北方方言为基础方言，以典范的现代白话文著作为语法规范的通用语。

体现在书面语导游词中，首先是遣词、用句符合普通话规范标准，其次还应该延伸到表达的准确明白、周密严谨，风格协调统一。

（四）现场感强

现场感是指在书面语导游词中所营造出的此时、此地、此景、此情的现场语境感。主要通过运用现场感强的词语、现场导引语、现场操作提示语、副语言调动提示语、体态语调动提示语等手段突出现场感。

其作用是：一方面可以使书面语导游词最大限度地接近现场导游语境，另一方面也对导游现场相关运作具有提示作用。

1. 现场感强的词语

现场感强的词语主要是指现场感突出的时间名词、时间副词以及近指代词等。

时间名词，主要有现在、今天、刚才、此时此刻等。

时间副词，主要有刚、刚刚、正在、立刻、马上、将要等。

指示代词主要使用近指代词，如"这""这里""此""此处""这会儿""这么""这样""这么样"等。

下面请看导游词用例。

现在，我们所在的这座美丽的山城称为"茨坪"，是井冈山革命遗址中最为集中的区域。茨坪是五百里井冈山的中心，海拔826米，过去是井冈山最大的一个村庄，当年毛泽东率领秋收起义部队上井冈山，首先就在这里落脚，后来成为井冈山革命根据地，党、政、军领导机关和红军后方机关所在地。新中国成立以后，这里逐步建设成为井冈山的政治、经济、文化中心。来井冈山游览、参观的游客大多下榻这里的酒店。（《井冈山革命博物馆》）

例中画线的"现在""这里"等词语明显地营造出了此时、此地、此景、此情的现场感。

2. 现场导引语

现场导引语主要是指面对游客的引导或提示游客的一些用语，比如"现在请大家进……""请大家往上看""请大家顺着我手指的方向看""现在大家看到的是……""现在我们所处的位置是……""我们面前的……""映入我们眼帘的就是我们神驰已久的……"等。此外，还有引导游客参与的导引语，如"请大家试着……""现在请大家猜一猜……""哪位朋友愿意（做）……"等。

下面请看导游词用例。

现在请大家进堂屋参观。这里就是前面提到的两家共用的堂屋，它的前面是摆酒席、宴请客人的地方，这里的方桌和板凳都是原物。这是神龛，是供奉神佛、祖宗的地方。当年，毛主席由时任公安部部长的罗瑞卿、湖南省委书记的周小舟等人陪同回来时，就曾对神龛作了揖，并风趣地对他们说："这是我小时候初一、十五工作的地方。"（《韶山毛泽东故居》）

例中画线部分的导引语的使用，使此情此景、此时此刻、此地此人的游览现场特征更加突出，既有对游客的引导与提醒作用，又使导游词呈现出十分鲜明的现场感。

3. 现场操作提示语

现场操作提示语就是附着在导游词中的具有指示作用或指导导游现场操作作用的说明用语。

下面请看导游词用例。

各位游客，你们好！欢迎大家前来我馆参观（手指向院门西侧墙上馆名），我馆的全称是：中国共产党梅园新村纪念馆。这是前国家主席杨尚昆题写的，笔力苍劲，正体现了中共代表团成员不畏黑暗艰险的革命本色。从1946年5月3日到1947年3月7日，以周恩来、董必武为首的中共代表团为中国的民主、自由、和平、统一，在这儿坚持战斗了十个月零四天，在中国近代史上留下了重要的一页。解放后，为了不忘这段历史，教育后人，1954年开始对代表团办公旧址进行调查保护，同时征集有关文物资料。1960年开始筹建纪念馆。1990年1月，国共南京谈判史料陈列馆对外开放，7月1日落成了周恩来全身铜像。我馆由铜像、陈列馆、旧址三部分组成：一是标志，二是图文说明，三是景物展览。让我们首先来瞻仰周恩来铜像。（《南京梅园新村纪念馆》）

例中画直线部分是指导导游进行操作的提示性建议，画浪线部分是现场导引语，具有极强的现场感。

4. 体态语调动提示语

成型的书面语导游词一般都会在导游词文本中以括号形式提示导游相关体态语的运用。提示导游在现场导游讲解过程中，随着讲解内容与讲解节奏的变化而调动体态语。

以手势为例，在导游讲解时，导游恰当得体的手势可以成为讲解的重要组成部分，可以强调并帮助游客捕捉相关信息，可以加深游客对讲解内容的理解。一般手势分为象形手势、指示手势、象征手势、情意手势、号召手势五种。其导游的讲解手势分为三种：情感手势、指示手势和象形手势。导游讲解过程中，其手势运用要尽量简练明快，一定要避免喧宾夺主影响表达。

下面请看下例加横线的手势使用提示语。

沿着长堤走过去，我们看到了七座山，最远的是阿坡岩，(从左到右)左边是仙掌岩，像仙人的掌；蟾蜍岩；天柱岩；石室岩，也就是我们等会儿参观的主要的一个岩洞；玉屏岩；最后一座是阆风岩。七座山岩真像是北斗七星一般。哪座是北斗星哟？(指最远处)对了！当然是最远最大的那座山峰——阿坡岩。(《广东肇庆七星岩鼎山湖》)

(五)运用场合多样化

对游客来说，书面语导游词有当时当地和异时异地两种运用场合。

1. 当时当地

用书面语导游词进行当时当地的现场导游，就是指游客运用书面语导游词自己进行游览现场导游，换句话说，就是游客一边游览一边使用书面语导游词进行自我导游。在这种形式的导游中，游客自身具有一定的自主性，可以不受时间的限制，也可以不受团队集体行动的约束，可以完全根据自己的游览计划或者实际游览需要随时随地进行旅游活动。但是，这种导游形式不可能体现出旅游接待服务的优势，游客不可能成为旅游接待服务中的直接受益者。

2. 异时异地

用书面语导游材料进行异时异地导游，就是指人们在非游览地、非游览时间阅读该景观的导游词或介绍。严格地说，对阅读者来说，这并不是真正意义上的旅游，所进行的阅读只是一种对景观介绍文字或景点的欣赏，最多也只能算是一种神游。实际上这种阅读与其他的阅读没有本质上的差别。

二、书面语导游词口语化转换技巧

一般情况下，成型的并且符合现场讲解要求的书面语导游词往往比较容易直接用于现场口语讲解。即便如此，有些书面语导游词也往往需要根据游览现场或游客的具体情况需要加以适当调整。在导游交际过程中，存在可预见的和不可预见的各种变项，导游即使掌握成型的书面语导游词，也必须要根据特定导游交际环境中的各种特定的需要进行必要的调整，以适应与游客面对面的口语导游讲解需求。

(一)书面语导游词口语化内涵

书面语导游词最重要的一个特征就是口语化。

书面语导游词创作的最终目的是要在现场直接讲解给游客听，而现场讲解采用口头传播方式，所以书面语导游词必须口语化，才能满足现场讲解的相关需要。

书面语导游词的遣词、用句等经过仔细斟酌和修饰润色，往往结构严谨，条理清楚，但却难以体现出现场口语导游讲解的各种动态特征，所以书面语导游词不经过口语化转换往往难以直接用以现场讲解。

书面语导游词经过口语化的转换，既要有书面语导游词准确规范、准确明了、周密严谨的特征，又要具有口语通俗易懂、生动活泼、亲切自然的特征。

（二）书面语导游词口语化转换方式

1. 语音方面

语音方面，其转换内容是使导游词具有口语独特的灵活的音步和轻快的节奏。

要达到这一要求，不仅要利用重音、语调等手段，而且还要利用音节的恰当搭配以及音步的灵活调整。比如，为了使节奏平稳，常常采取增加音节或缩减音节的方法进行调整，使音步节奏和谐匀称。

下面请看导游词用例。

①这个瀑布为什么起名叫黄果树瀑布，而不叫其他别的什么瀑布呢？据民间传说，是因为瀑布边上有棵高大的黄桷树，按当地的口音，桷与果读音相同，所以人们就习惯称之为黄果树，这是一种说法。还有一种说法是，传说很久以前瀑布附近有很多黄果树。黄果树结的果子跟橙子比较像，冬天结果，果实黄色，味道微酸，当地人称黄果。于是以树给村子命名，瀑布坐落于黄果村旁，黄果树瀑布的名称就是这样被叫起来了。(《黄果树瀑布导游词》)

②水府旅游区有一片桃花盛开的地方，那就是桃花岛了。阳春三月，整个岛屿就像是一片花的海洋，“春光似海，盛世如花”。更有趣的是，岛上的居民都姓刘，无一杂姓。据老人们说，他们的先辈叫刘祖，在岛上靠砍樵卖柴为生。天上的桃花仙子在观赏桃花的时候，与刘祖一见钟情，两人成亲后男耕女织，生儿育女，过着幸福的生活。后人编写的戏剧《刘海砍樵》就是根据这个故事写成的。桃花岛是一片神奇的乐土，恋人闻一闻岛上的桃花香就会一往情深，忠贞不渝；吵架的夫妻在桃林里散散步就会恩恩爱爱，白头偕老；老人吃了岛上的仙桃就可以健康长寿；小孩吃了岛上的仙桃就会变得更加聪明伶俐。(《韶山》)

例①基本是口语语言表达风格，节奏轻快，朗朗上口。例②在以散句为主的叙述中，巧妙地采用了略微整齐的句式（下画双横线的部分）总括桃花岛对各种游客的神奇影响。散句与整句互相谐配，整齐中仍然富于口语轻快的节奏，自然松散中仍然间有齐美匀称的节奏。

上述两例在调整节奏方面的努力，使特定表达的音步节奏自然轻快、流畅自如，适合于导游现场讲解。

2. 词语、句法方面

词语方面，应该大量转换浅显易懂的基本词汇、常用词汇、口语词汇，以及一些为人们所喜闻乐见的成语、惯用语、歇后语、谚语、格言警句，要杜绝使用生冷艰涩的词语。

现场的游客，一般情况下主要是“听”，大多数情况下没有文字材料可以参考，转换为浅显易懂的词语有助于游客最大化地接收导游讲解内容。

句法方面，口语化的导游词，在运用现代汉语一般句法规则时往往表现出极大的灵活性和变通性，其句法格式应不拘一格，灵活多变。

下面请看导游词用例。

①有些宫观依山傍岩，借助山势，逐层而上，层层叠叠，参差有别，形成居高俯视的气势；有些宫观建在皇城都市，与深院官衙为伴，与寺庙佛塔相傍，连片成桓，各显气派；有些宫观外观虽不起眼儿，但却可能受过皇封，得过敕命，保留有前代祖师传戒修道的圣迹，享受祖庭的声誉，这些是我们观瞻的重点。(《中国寺庙宫观导游》)

②不过民间关于亭名的由来另有一种说法。据说当年江南才子袁枚曾专程来岳麓书院拜访山长罗典，但罗典这时已经名满天下，根本不屑于见这样的后起之秀，袁枚也不言语，转身上了山，在岳麓山上，袁才子诗兴大发，见一景题一诗，唯独到了这红叶亭，他只抄录了杜牧的《山行》诗，还漏了两个字，后两句抄成了“停车坐枫林，霜叶红于二月花”。罗典听说后，也跟着上了山，一路上，他见袁枚的诗才华横溢，便赞不绝口。到了红叶亭，一见这两句，他一下子全明白了：这是在变着法儿说我不“爱晚”呢，不爱护晚辈呀。得了，这亭子就改名叫“爱晚亭”吧。于是红叶亭就这样变成了爱晚亭。(《爱晚亭》)

例①的叙述风格基本是介于口语与书面语之间，亲切自然，十分流畅，特别是其中的“不起眼儿”等口语词语的运用，使对宗教建筑内容的解说变得更加轻松。例②使用日常谈话语句式，揭示罗典的内心活动，使对民间关于“爱晚亭”名称由来的传说的叙述更加通俗、生动，也使游客更加乐于倾听。

3. 句式方面

书面语导游词，一般周详严谨，往往整句多，长句多。现场讲解，一般情况下，导游不可能一口气说出很长的句子，游客也难以接收过长的句子，需要进行相应调整。

其调整方法是：或多用短句、散句，或整句散句相间；或长句短句交错；或书面语风格句式与口语风格句式错综。

下面请看导游词用例。

①在这张普通的破旧办公桌上，当年主席曾写下了多少“指点江山”的论著。这张桌子还曾被当作花轿，为杨家岭的农民迎回了一位新娘。杨家岭有一位老小伙子叫杨志孝，父母早亡，因家里穷，30多岁还娶不起媳妇，好不容易说上了一位媳妇，娶亲那天新娘子因没有花轿而不换衣服，不过门。杨家束手无策，急得团团转。主席知道了这件事情，沉思了一阵，高兴地说“有主意了”。他让身边的同志把这张办公桌搬出来，四条腿朝天，绑上椽子，围了一圈红布，不一会儿，一顶漂亮的花轿做成了，新娘子高高兴兴被迎进了家门，两口子过上了甜蜜的生活。这件事杨志孝激动得逢人便讲：“毛主席为我娶回了新娘子。”（《杨家岭旧址》）

②各位游客：大家好！欢迎来到长沙，橘子洲的确是一个值得来的地方。“荻花秋，潇湘夜，橘洲佳景如屏画。碧烟中，明月下，小艇垂纶初罢。水为乡，篷作舍，鱼羹稻饭常餐也。酒盈杯，书满架，名利不将心挂。”这是唐末李珣的诗句（注：明引），描写了1200年前橘子洲的江景。千百年来，物换星移，而风景依旧。（注：散句）春日橘洲，芳草萋萋，可踏青放风筝；夏日橘洲，浓阴蔽日，可避暑击水，浪遏飞舟；秋日橘洲，漫江碧透，可观层林尽染；冬日橘洲，银装素裹，则可尽赏“江天暮雪”。（编者注：整句——四季对比）（《长沙橘子洲头》）

例①主要是运用短句、散句进行解说，散而有序，层次井然，把当年毛主席曾写下“指点江山”论著的“破旧办公桌”兼用过“花轿”的故事讲得生动活泼。例②采用整散相间的句式进行解说，下加单横线的部分基本是散句，下加双横线的部分基本是整句，这种整散句式相间的句式，使表达在整齐中见变化，于匀称中有参差，可以收到既生动活泼又气势连贯的效果。

实际上，口语化转换后的实际用例宜从音频形式转写文本中摘录。目前国内这类公共资源与资料严重缺乏，所以上述书面语导游词口语化转换的语音、词语、句法、句式等方面的用例仍以书面语导游词文本用例为主，重点是在理论层面说明其中的原理。

第四节 导游词表达基本要求

一、注重主次主题的挖掘与深化

（一）主题挖掘

导游词解说主题，分为主解说主题和次解说主题。主解说主题是指关于景区全局的总主题。次解说主题是指景区内具体景点的分主题。

两种层次的解说主题的共同特征包括：所有解说主题都必须以景区资源的重要特征为基础，向游客展示景区资源多重的重要的中心内容，把景区资源与大部分游客的观点、社会主流价值观意义、信仰和价值联系起来，善于将各层次的游客与导游词解说主题沟通。

主题挖掘主要有以下两个方面。

1. 民族精神内涵的挖掘

旅游资源中蕴含着深厚的民族精神，需要通过对主题的深化加以挖掘。

科学地凝练和升华景区主题，要善于使导游词讲解主题回归到历史文脉的人文精神中，融入“和而不同”的地域文化中，使其讲解具有独特和鲜活的生命力。要善于将旅游资源的本色、原生态历史感和沧桑感等民族精神内涵融入导游词讲解过程中，突出其特殊性。要善于将导游词讲解主题与绿色旅游、人文旅游等民族文化内涵结合起来，满足不同层次游客的需求。

2. 人文精神内涵的挖掘

人文精神是诸文化要素的复合体，如认知方式、语言文字、风俗习惯、宗教信仰、处世哲学、道德意识、审美情趣、人格理想、价值观念、政治信念、爱国主义等，上述的方方面面成为构成一个民族人文精神系统的重要因素。导游词要注重在上述的各个方面整合当地历史文化脉络，展现历史文化发展的传承性和地域文化的独特性，有针对性地挖掘特定旅游景观的人文精神内涵，使其特定的文化特征得以彰显。

（二）主题深化

一般来讲，主题深化是指导游词在对景区或景点的讲解过程中，针对特定讲解景观，多运用剖析内涵、升华概括等方法进行切合主题的讲解，使景观或景点的内涵及其个性化得到突出。

下面对其主题深化的剖析内涵、升华概括等方法进行举例说明。

1. 剖析内涵

剖析内涵的方法，主要是指对景观本身所蕴藏的深刻内涵进行深入分析与剖析，加以巧妙点化，以揭示其中的深刻含义，从而引起游客的思索，并给游客以启迪。

下面请看导游词用例。

大家看山上的那座纪念碑，那是1988年威海市政府为纪念北洋海军成军100周年而建的"北洋海军忠魂碑"。整个纪念碑呈剑形刺向天空，象征着中华民族自立之剑永握在手，永远不屈服于外来侵略。同时也愿我们每个炎黄子孙能矢志不忘国耻，奋发努力，自强不息，使中华民族早日屹立于世界民族之林。(《山东威海刘公岛中国甲午战争博物馆》)

这一例，对为纪念北洋海军成军100周年而建的"北洋海军忠魂碑"的造型所蕴含的深刻含义进行解释与分析，使游客对这一景观内容的理解更加深刻。

可见，在导游词中要注重对景观自身所蕴含的深刻含义进行剖析，充分揭示特定景观的一系列特点。这些特点本身都具有一定的知识性，不仅使游客在潜移默化之中得到了中国传统文化的熏陶，而且使游客对特定景观的了解上升到一个新的层次，使游客的认识更加深入。

2. 升华概括

升华概括，就是对特定景观中所蕴含的特定理念、道理或情感进行发挥、引申，使游览景观的个性特征得到突出。

根据发挥引申的对象不同，可以分为理念升华和道理升华两类。

先看理念升华的例子。

各位朋友，现在请大家听我说说昆仑山的美玉吧！

在中国几千年的传统文化中，人们对玉似乎有一份偏爱。文人雅士将它作为珍品收藏，皇帝贵族将它作为权力和身份的象征。早在夏商时期，玉就成为原始部落的图腾而被加以膜拜。在阶级社会，玉变成了皇权的象征，皇帝往往要用上好美玉做玉玺显示自己的权力；儒家思想将其人为地加上了五德："仁、义、智、勇、洁"。认为玉是圣洁的、脱俗的，是与人性相通的。拥有美玉的人自然也是聪明、睿智、深明大义的人。玉渐渐变成了吉祥、幸福、安康、美德的象征。

……

昆仑玉深藏在昆仑山和喀喇昆仑山之间，古人难以登山挖采。但单是每年山洪冲入河中的玉石就数不胜数，沿河的乡民只要守河待玉就可以了。所以和田一带是新疆玉石的主要产地。昆仑玉有红、青、黄、碧、黑、白数种颜色。而最上品则是质地细腻、手感温润、色如羊脂的羊脂白玉。昆仑玉质地坚实，外表晶莹光洁，性质温润浑厚。用这种玉石雕刻的工艺品，白的洁净如雪，绿的青翠如水，黄的光亮纯正，黑的素雅古朴，令人爱不释手……（《新疆昆仑玉》）

上例中，下加横线的部分是对特定景观中所包含的特定内涵的升华，一方面突出了特定游览对象或特定讲解对象（如"玉"）的个性特征，对于游客全面把握其特点、深刻理解其内涵起着至关重要的作用；另一方面借助可感知的具体景观或特定讲解对象，使其相关深刻的理念能够得到形象而生动的演绎，也会使其讲解内容变得更容易理解和接受。

再看道理升华的例子。道理升华，主要是导游根据游览景观的特点，对其中所包含的人文道理进行恰当的主观发挥。比如：

女神峰是三清山十大绝景之冠，是天造地设的世界罕见绝景。地处海拔1180米，相对高度128米。女神端坐锦椅山前，长裙垂地，秀发齐肩，宽广的前额和下颏，丰满的体态，双手放在膝上，掌中捧着两株可爱的小青松。那天然造化的神态，仿佛把无限的母爱倾注在双双幼苗身上，是典型的东方女性慈母型形象。也使人想起西方神话中圣母和圣子的艺术造型，给人以圣洁和母爱的象征。女神峰，不假任何雕塑，显得更典型、更真实，使人更加敬仰和爱戴！

传说女神是远古时神农帝的女儿，东皇太乙公主。她跟着父亲走遍中国，推行"耕种五谷以粮为食，用苎麻织布穿上衣裳，采集草药治疗疾病"三大功业。后来神农帝积劳过度死于湖南茶陵。东皇太乙继续东行，推广"三大功业"，选择三清山归隐。三清教祖封她为掌管春天的女神，让人间花常开，树常绿，五谷丰登，年年有春天。她手中捧着小青松，实际上就是显示天机：人与自然的生死存亡关系，人要爱绿、种绿、护绿才会永久生存下去，否则就要受到自然的惩罚。毁灭了绿色的花草树木，就是毁灭人类自己！（《江西三清山》）

这一例，从女神峰女神手捧着小青松的造型升华出保护自然生态环境的道理，贴切自然，生动传神。

可见，道理升华，睹物生情，抒发对社会、对人生的良多感慨，往往情真意切，生动感人，可以引发游客进行深一层次的思考，具有积极的正面引导以及教育意义。

但是，这种道理升华在导游讲解中要水到渠成，恰到好处，不能牵强附会，也不宜过多，否则就会有说教的嫌疑。

二、讲究材料数据的可靠与准确

(一)材料来源可靠，引用得当

导游词材料来源，多采用引用的修辞手法。

引用就是在导游讲解过程中，积极地、创造性地引用他人话语、诗文等，或引用格言、警句、俗语等，以对所讲解的景观内容进行印证、补充，或进一步说明的方法。

引用的要求是：准确可靠，有案可稽。

引用，根据其引用形式，可以分为明引、暗引、意引三类。

1. 明引

明引，是直接引用原文，并在讲解中用明确的方式说明或注明出处。

下面请看导游词用例。

①“荻花秋，潇湘夜，橘洲佳景如屏画。碧烟中，明月下，小艇垂纶初罢。水为乡，篷作舍，鱼羹稻饭常餐也。酒盈杯，书满架，名利不将心挂。”这是唐末李珣的诗句（编者注：明引），描写了1200年前橘子洲的江景。千百年来，物换星移，而风景依旧。春日橘洲，芳草萋萋，可踏青放风筝；夏日橘洲，浓阴蔽日，可避暑击水，浪遏飞舟；秋日橘洲，漫江碧透，可观层林尽染；冬日橘洲，银装素裹，则可尽赏“江天暮雪”。(《长沙橘子洲头》)

②井冈山不仅革命遗址众多，而且风景非常秀丽。雄伟的山峦，怪异的山石，参天的古树，神奇的飞瀑，瑰丽的日出，奇异的溶洞，令人心旷神怡，流连忘返。这里夏无酷暑，冬无严寒，气候宜人，是观光浏览、避暑疗养、科学考察、历史研究的好去处。难怪中国当代文豪、著名历史学家郭沫若同志在瞻仰革命遗址，浏览龙潭风景区后，发出“井冈山下后，万岭不思游”的慨叹。(《井冈山龙潭导游词》)

例①明引唐朝李珣词作，虽其主题是表达以隐逸为乐的词人的旷达超脱，但对长沙橘子洲秋夜荻花临风的如画美景的赞美却余韵悠悠。另外，将橘子洲的四季进行对比，进一步突出了橘子洲如诗如画的美景。例②明引郭沫若诗句，盛赞了井冈山汇雄、奇、险、峻、秀、幽于一体的四季宜人的瑰丽景观。

2. 暗引

暗引，是在讲解过程中，直接使用原文，不注明出处。虽然不直接注明出处，但仍然要有据可依。一般多是暗引人们比较熟悉的相关说法。

下面请看导游词用例。

①乾隆在清漪园中建造这艘巨大的石舫，就是将“水能载舟，亦能覆舟”

的典故形象化，勉励自己，励精图治。游人在参观石舫时，细看一下，会发现石舫的头对着岸边，船尾对着昆明湖，这表示航船已由远方驶到此岸，稳稳地停在岸边，象征着清王朝的政权像石舫一样稳固。(《颐和园六十景》)

②“山不在高，有仙则名；水不在深，有龙则灵。”岳麓山上虽然没有仙人，风景名胜却比比皆是，仅列为省级以上重点文物保护单位的就有15处。岳麓寺之古，岳麓书院之深，云麓宫之清，黄兴、蔡锷墓之烈，无不令人神往。但整个岳麓山风景至幽至美的所在，还首推我们就要见到的爱晚亭。(《爱晚亭》)

例①、例②所暗引的“水能载舟，亦能覆舟”与“山不在高，有仙则名；水不在深，有龙则灵”等，虽然读者未必一定能确切道出它们是出自《荀子》和刘禹锡的《陋室铭》，但是，这两段文字本身，大家一般都比较熟悉，耳熟能详。所以，虽然是暗引，没有注明出处，但是引用的这些内容仍然具有名人效应，仍具有很强的说服力，使讲解简洁凝练，具有十分明显的表达效果。

3. 意引

讲解内容中不直接引用原文，而是直接引用原意，或者将原文经过一定的变化而化用到表述之中。可以注明出处，也可以不注明出处。意引的化用一般也多是人们比较熟悉的相关说法。

下面请看导游词用例。

①参观完祠堂、文庙之后，现在我们来到今天要参观的岳麓书院的最后一个部分——百泉轩园林。……在百泉轩园林，当清晨来临，您呼吸一口衡岳湘水的清新空气，披着朝阳从这里沿曲径拾级而上，可以到达著名的爱晚亭，在岳麓山寺的晨钟声中，您可以纵情舒展身体，也可以踱步吟诵古诗。再在碧绿的池沼前面欣赏一下迎风带露的荷花和鱼翔浅底的佳境，是不是有一种逝者如斯夫，不舍昼夜的感觉？好了，各位朋友，欣赏到这里，您一定会叹服这的确是儒人雅士修身养性的最好去处，您一定会认为岳麓书院是读书治学的最好学府。(《岳麓书院导游》)

②最后要介绍的是爱晚亭的古趣。围绕爱晚亭有许多趣闻逸事。前面提到的罗典趣改亭名的故事便是一例，当然那只是传说。但是毛泽东当年曾频频登临此地却是千真万确的事情。毛泽东同志从1913年到1923年，在长沙学习、工作了十年。在十年的生活中，青年毛泽东曾多次携挚友蔡和森、罗学瓒、张昆弟等人畅游湘江，攀登岳麓，就在这里指点江山，激扬文字，一方面锻炼了身体，另一方面探究了真理，同时还增进了彼此友谊，真可谓一举三得。(《爱晚亭》)

例①，直接将毛泽东诗词中的名句“鱼翔浅底”以及孔子语录“逝者如斯夫，不舍昼夜”化用到了讲解之中。例②，将毛泽东的诗句“指点江山，激扬文字”糅进讲解，虽然重点在于取其意义，而且也没有注明出处，但是由于所意引的原文为人们所熟悉，所以人们仍然能够体会出其妙处所在。

在导游讲解中，引用这一手法运用的频率很高。如果运用得当，一方面能够使导游讲解材料来源可靠，更加具有说服力；另一方面也能够使表达更加具有文采。

运用引用的修辞手法要注意三点：一是要注意引文要与表达本意具有密切关系，不可生拼硬凑；二是要注意引文应该是第一手材料，不能人云亦云；三是相关引文要相对完整，不可掐头去尾，断章取义。

另外在导游讲解中，不论是明引、暗引还是意引，内容都要通俗易懂，简洁明快。否则，游客会难明底细，反而达不到对所表达的内容进行补充说明并加强其说服力的目的。

（二）自然数据准确，文化数字运用巧妙

在导游讲解过程中，各种相关数据是构成导游讲解的一项重要内容。相关数据可分为自然数据与文化数据两类。

1. 自然数据准确

导游词中经常涉及的自然数据主要有背景纪年、度量衡、数量统计三类。①背景纪年数字方面，多采用朝代年号与公元纪年并用的方法。②度量衡数据方面，主要是用于计量物体长短（度）、体积容积（量）、轻重（衡）的数字。③数量统计数据方面，主要是汇总有关讲解内容的相关数据。上述三类都要精细准确，依据充分。

这三类数据所具有的客观性要求讲解运用时必须真实可信，有案可稽。导游讲解中多采用有定论的数据。对有争议的数据宜采用主流说法，或者使用“约”“大约”等词语表达概略约数。另外，导游讲解中所用的数据毕竟不同于自然科学数据，其主要功能是使讲解内容更加细致，使叙述陈述更加可信，使绘景状物更加传神。

下面请看导游词用例。

①莫高窟，俗称千佛洞，坐落在敦煌城东南的鸣沙山东麓的崖壁上，前临宕泉，东向祁连山支脉三危山。莫高窟与云冈石窟、龙门石窟、麦积山石窟并称为中国四大石窟。

莫高窟始建于东晋十六国前秦（<u>351—394年</u>）时期。北魏（<u>386—534年</u>）、西魏（<u>535—556年</u>）和北周（<u>557—581年</u>）时期发展较快。隋唐时期，随着丝绸之路的繁荣而更加兴盛。北宋、西夏和元代，莫高窟渐趋衰落。元代以后敦煌停止开窟。明嘉靖七年（1528年）封闭嘉峪关。清乾隆二十五年（1760年）改沙州卫为敦煌县，敦煌经济开始恢复。

莫高窟，现存历代营建洞窟735个。分为南、北两区，其南区是礼佛活动场所，各朝代壁画和彩塑洞窟492个，彩塑2415尊，壁画4.5万平方米，唐宋时代木构窟檐5座，民国初重修的莫高窟标志的九层楼1座。是世界上现存规模最大、内容最丰富的佛教艺术圣地。

②卢沟桥，亦称芦沟桥，横跨在北京市西南丰台区永定河上，是北京市现存最古老的石造联拱桥，也是中国古代北方最大的石桥，桥全长约266米，宽约8米。有桥墩10座，共11个桥孔，全以白石建造。卢沟即永定河，古来交通要津。卢沟桥始建于金大定二十九年（1189年），建成于金章宗明昌三年（1192年），名广利桥。意大利著名的旅行家马可·波罗在《马可·波罗游记》中称卢沟桥"是世界上最好的、独一无二的桥"。

现在在卢沟桥的东西两端各有御碑一通，东端为清代乾隆帝于乾隆十六年（1751年）御书"卢沟晓月"碑，背面阴刻有乾隆书其所作《卢沟晓月诗》。西端是清康熙帝于康熙三十七年（1698年）为记述重修卢沟桥而竖的御制碑。这是矗立在卢沟桥头东端的"康熙重修卢沟桥碑"。

据金代《明昌遗事》所载，"燕京八景"始于金章宗年间，分别是太液秋风、琼岛春阴、金台（道陵）夕照、蓟门飞雨、西山积雪、玉泉垂虹、卢沟晓月、居庸叠翠。"卢沟晓月"景观位于上浮青天下嵌白石的卢沟桥处，周围涧水如练，西山似黛，每当黎明斜月西沉之时，月色倒影水中，在卢沟桥上，甚至可以欣赏到"一天三月"的旷世奇景。于是"卢沟晓月"美景闻名遐迩。

卢沟桥桥上两侧共有1.48米高的望柱281根。两柱之间由刻着花纹的栏板相连。每个望柱顶端都有一个大狮，大狮身上雕着许多姿态各异的小狮子。民间有歇后语"卢沟桥的狮子——数不清"，可见桥上石狮数量之多。其确切数量目前有两说法：一种说法是桥头《卢沟桥简介》石碑上镌刻有"桥上大小石狮共计501只"。另一种说法是经考古工作者勘察，桥上石狮，包括桥东端代替抱鼓石的两个大狮，华表莲座上四个座狮，281根望柱的大狮及198个大狮子身上的小狮子，总数为485个。看来还真是应了民间歇后语"卢沟桥的狮子——数不清"的说法了。大家只要记得卢沟桥上的石狮子大约有500只就行了。

例①对莫高窟现存洞窟、壁画、彩塑等数量方面的统计数据，例②对卢沟桥长宽、桥墩、桥孔、望柱、石狮子的统计数据，精细准确，除反映了数量的真实性外，还突出了莫高窟作为"世界上现存规模最大、内容最丰富的佛教艺术圣地"、卢沟桥"是世界上最好的、独一无二的桥"的精微之处，能够有效加深游客对莫高窟、卢沟桥的认识与感受。

此外，例①、例②对莫高窟开窟建窟时间、卢沟桥修建与重修时间的朝代年号与公元纪年并用。实际上在导游词中，往往会涉及各种数据，对讲解内容中各种数据综合于一处的情况，导游要精细准确，不出差错。另外，关于卢沟桥石狮子的数量采用两种比较权威但又不相一致的说法，两种说法都有案可稽，都有充分依据，最后归结到民间歇后语"卢沟桥的狮子——数不清"就水到渠成了。

2. 文化数字妙用

文化数字，至少包含两部分内容：一是指数字本身所蕴含的中国传统文化内涵；二是指运用一定的修辞手法，如数概、换算等，使相关数字产生特定的文化意义。

另外，需要说明的是，自然数据一经换算，往往也就带有了明显的文化含义。

（1）数字所蕴含的中国传统文化内涵

中国传统文化中的数字文化几乎涉及了中国传统文化的方方面面，蕴含着中国传统文化的丰厚内涵。导游讲解过程中常常涉及相关的传统数字文化，所以导游要深刻认识到传统数字在中国传统文化中的意义和价值，认识到数字文化在中华传统文化中的深厚积淀和独特魅力，以在讲解过程中汲取其中的丰厚宝藏，使导游讲解内容更加丰富多彩。

传统文化中用一些数字表示的特定的含义，如"九"，为阳数的极数，多用"九"这一数字来附会帝王，与帝王有关的事物也多与九有关。"九五之尊"——中国古代把数字分为阳数和阴数，奇数为阳，偶数为阴。阳数中九为最高，五居正中，因而以"九"和"五"象征帝王的权威，称之为"九五之尊"。与九有关的还有：青铜器有"九鼎"，皇帝周围要设"九卿"，朝廷命官设"九品中正"，京师置九门等。

此外，"九"和"五"两个数字在建筑上的使用也是非常符合美学原则的。如故宫的建筑与"九"和"五"两个数字有关联。天安门城楼，其城台设五个门洞，面阔九间，进深五间。故宫里还有许多建筑物的开间也多为九间或五间。再有皇家园林、行宫的大门，装饰着"九路钉"，每扇门的门钉纵横各九个，共81个钉。还有皇帝敕建寺庙，金佛的斤数也以九数铸成，或81斤或72斤；铸佛数量，也以九计，如乾隆四十五年（1780年）为庆祝皇帝70寿辰，共造佛像2299个"九"，合计为20 691尊佛像。

无论是在自然景观还是人文景观中，涉及相关传统数字文化的例子不胜枚举。

(2)文化数字的数概和换算手法

在导游讲解过程中，文化数字方面的修辞手法运用得比较多的主要是数概、换算等。

第一，数概。

数概是把分列的各个项目用能反映其特色的词语加以概括，再标上跟分列项目相等的数字，构成一种临时性的节缩形式的修辞手法。例如：

①“居庸天险列峰连，万里金汤固九边。”清乾隆帝的这两句诗，道出了居庸关的雄伟险要。……它是长城的一个重要关口，古代北京西北的屏障。……周围遍植苍松翠柏，重峦叠嶂，碧波翠浪，景色非常优美。因此，金章宗（完颜璟）钦定此为燕京八景之一——“居庸叠翠”。清乾隆（弘历）曾亲笔题有“居庸叠翠”四字。从金代经元、明、清700余年，燕京八景第一胜景就是居庸叠翠。传说中的“关沟七十二景”，恐怕这也是首屈一指吧！（《博览长城风采》）

②朋友们，黄山的美不仅仅在于它的奇峰多，还在于它把中国各大名山的独特之处都集中到自己的身上。像泰山的雄伟，华山的险峻，衡山的烟云，庐山的瀑布，雁荡山的巧石，峨眉山的清凉……你都可以在黄山看到、感受到。特别是奇松、怪石、云海、温泉，被誉为黄山“四绝”，谁见了都会止不住地赞叹。……在“四绝”之外，黄山的瀑布、日出和晚霞，也是十分壮观和奇丽的。(《黄山》)

例①在介绍“居庸叠翠”时提到“燕京八景”，必然会使人联想到燕京的具体八景：居庸叠翠、蓟门飞雨、卢沟晓月、玉泉垂虹、西山积雪、琼岛春阴、太液秋风、金台（道陵）夕照等。例②将黄山的“奇松、怪石、云海、温泉”概括为黄山“四绝”。

数概，这种修辞手法的概括性极强，在导游讲解中如果用得巧妙，能使表达收到简洁明了、要点突出、活泼生动的效果。

第二，换算。

换算，是把抽象数字换算成具体可感的事物的修辞手法。例如：

①保存至今，仍然完好的长城，绝大多数是明朝修建的。需要提醒的是，在中国的历史上不光是秦、汉、明等统治者修筑长城，像北魏、北齐、北周、东魏、金等少数民族的统治者也都修筑过长城，而且金朝修筑的长城长达2500公里，是少数民族修筑长城最长的朝代。细算起来，从春秋战国到明朝经过2000多年的时间，先后有20多个诸侯国和封建王朝修筑过长城。这些长城长短不一，纵横交错，分布在中国的17个省、自治区、直辖市。如果把历朝历代修筑的长城加起来，总长度可达10万余里。真可谓“上下两千年，纵横十万里”。

有人做过粗略的计算，假如将各个朝代修筑长城所用的砖石、土方堆起来，修成一道高 5 米、厚 1 米的大墙，那么这道大墙可绕地球 10 周有余。(《八达岭长城》)

②西太后政治上专制残暴，生活上穷奢极欲……她平日每餐饭菜有百种左右，据记载，有一餐所列的菜达一百多种。燕窝一菜，便有燕窝万字金银鸭子、燕窝寿字五柳鸡丝、燕窝无字白鸽丝、燕窝疆字口蘑肥鸡汤。除要有“万寿无疆”这种吉祥摆设菜外，还有什么燕窝鸡片、燕窝炒鸭丝等，还有熊掌、鹿筋、鱼翅、海参等山珍海味，而她真能吃下肚的不到全菜的百分之一。她的每日餐费可供当时 5000 个贫苦农民吃一天。真是“一餐代价万人饥”呀！（《古今北京》)

例①将各个朝代修筑长城所用砖石、土方堆起来的数字概念，换算成高 5 米、厚 1 米、可绕地球 10 余周的大墙，使读者对修筑长城的总土石方量有了十分清楚而准确的认识。例②将慈禧太后一顿饭的开销折算成 5000 个贫苦农民吃一天的费用；这个例子，生动形象而又入木三分地揭露了封建统治者的荒淫无度以及骄奢淫逸。

这些换算，都是把抽象、枯燥的数字转换成了具体而形象的事物，引发了游客无限的想象，使讲解收到了十分明显的效果。

运用换算，可以收到相当理想的讲解效果，它能将枯燥无味的数字具体化、形象化，叙述清晰明了，状物准确鲜明，能够有效地唤起游客的想象力。

三、追求讲解章法的顺序与条理

导游词讲解顺序要追求章法井然，下面主要分析讲解的逻辑顺序和总分式顺序。

(一)讲解的逻辑顺序

导游讲解的逻辑顺序是指其讲解内容按照空间顺序、时间顺序、事物发生发展顺序、相关事理顺序等各种相关顺序依次展开的次序。

其讲解的逻辑顺序分为单线式顺序和多线式顺序两种。

1. 单线式顺序

单线式顺序是指导游讲解按照时、空、事理等顺序单线依次展开。这类单线式讲解顺序多是导游词最基本的逻辑顺序。从特定景区的导游词整体来看，基本都是根据预设好的景区游览路线展开讲解。特定景区的游览路线可能有多个，游客的选择可能有多种，但一旦进入游览过程，其游览路线就是相对固定的，其讲解顺序也是相对稳定的。

下面请看导游词用例。

（八大如意宝塔）

和很多寺庙的情况相同，塔尔寺的各组建筑建成的年代也不尽相同。我们眼前的这一组八大如意宝塔建筑年代就比较晚，是覆钵式佛塔，建于公元1776年，是根据佛经中对佛祖释迦牟尼的记载为纪念佛祖一生中的八大业绩而建。

从东向西，这第1座塔叫莲聚塔，是为纪念释迦牟尼的诞生而建。传说，佛祖释迦牟尼是从他母亲摩耶夫人的右肋下降生的，下地就会行走，共走了7步，每走一步均现出一朵莲花般的云彩，即所谓“步步生莲”，七朵祥云烘托着刚诞生的灵婴——佛祖，故名莲聚塔。

这第2座塔叫菩提塔，是为了纪念释迦牟尼修行成佛而建。释迦牟尼出生于帝王之家，父亲期望他继承大业，但王子天性聪慧，悟性极高，深感俗世的痛苦，最后终于弃家出走。经过艰难的苦修不得解脱之后，释迦牟尼在一棵菩提树下静坐，经过七七四十九天的思考，在天朗风清之际参悟了六道轮回，终于成佛。有些佛经中常以“菩提”比喻成佛。

第3座塔是初转法轮塔，是为了纪念释迦牟尼大彻大悟成为佛陀以后，去寻找跟从他又中途离开他的五个侍从，找到他们后向他们宣讲皈依佛法、修行解脱，待来生进入极乐世界的初次宣讲佛法活动而建。

第4座塔是降魔塔，佛经中常将不同于佛理的见解和作为称为“外道邪魔”。在佛教的形成发展过程中经历了长期同各种反对思潮的斗争，佛教最终拥有了广泛的信徒，成为世界三大宗教之一。降魔塔就是为纪念这一过程而修建的，并有欢庆佛教获得胜利的寓意。

第5座塔叫作降凡塔，相传释迦牟尼出生之后3天，其生母即故去，他由姨母抚养长大。因此，他成佛后升入天界，为了感谢对他有养育之恩的姨母，又一次降临人间，继续弘扬佛法并超度其姨母。这座塔就是为纪念佛祖再次降临人间普度众生而修建。

这第6座塔叫息诤塔，也叫和平塔，我们前面提到过，佛教在整个形成和发展过程中，教徒内部时常出现有关“正道”的争论，而这座塔正是为了纪念佛祖释迦牟尼以大慈大悲之心平息僧人内部争端的功德而修建的。

第7座塔叫祈寿塔，也叫胜利塔，是为纪念佛祖在广严城中测算自己的寿数，而信徒弟子祈愿他长生不老，佛法永存而修建此塔。

这最后一座塔叫涅槃塔，为纪念释迦牟尼涅槃而修建的。释迦牟尼得道后传教45年，于80岁时在拘尸那迦城圆寂。佛祖圆寂前知道自己寿命将尽，泰然处之，告诫弟子们:“有生必有死，精进无懈怠。”万念俱灭，转入涅槃，不生不灭。

这8座如意宝塔均属方形底座圆身、尖顶的典型喇嘛塔，因其形状像瓶，所以也叫“瓶塔”。这种塔普遍见于藏传佛教庙宇的进门部位，通常内部是空的，装进成千上万个小小的泥佛像，但是塔尔寺的这8座塔内埋着该寺历代高僧的衣冠。各地信徒常来这里绕塔参拜，虔诚有加，这也是塔尔寺佛塔颇有特色的一个景观，是塔尔寺最具代表性的建筑之一。大家请在此留影纪念。(《塔尔寺导游词》)

这一例按照八大如意塔的空间顺序从东向西依次讲解，对八座宝塔在佛经中所代指的佛祖释迦牟尼一生的八大业绩一一展开讲解，顺序井然，条理清晰。

2. 多线式顺序

多线式顺序是指导游讲解按照时、空、事理等顺序多线综合展开讲解。这类多线式综合顺序多用于讲解内容较为复杂的相关景点的导游词。

多线式顺序，其讲解内容的展开往往呈现多线复合式的层层深入式的逻辑顺序，其讲解内容也往往会根据游客的具体情况或者游览的具体情形而进行或详细或简略或深入或浅显或多量或少量的调整。

下面请看导游词用例。

女士们、先生们，大家好！现在我们来到了藏传佛教格鲁派六大寺院之一的塔尔寺。塔尔寺所在的这个镇在藏语里称为“鲁沙尔”，汉语地名是“湟中”，意思是地处湟水的中游。藏传佛教俗称喇嘛教，是发源于古印度的佛教传入西藏地区之后形成的一个佛教支派，由于藏传佛教寺庙中取得佛学学位的僧人在藏语中被称为“喇嘛”，所以喇嘛教这个称呼就传开了。“格鲁”是藏语译音，意思是“善规”。佛教自7世纪传入西藏到最后形成藏传佛教，经历了几百年风风雨雨的变迁和改革。格鲁派是15世纪才出现的藏传佛教的一支派别，因它的教规对僧人要求十分严格，故得名“善规”；又因该派僧人在做法事时戴黄色的帽子，所以更多的人称它为黄教。虽然黄教在藏传佛教中出现最晚，但是由于管理最严，深得信徒崇敬，因此规模越来越大，在藏族地区信徒居其他教派之首。黄教寺庙更是随处可见，其中最著名的6座是西藏的色拉寺、甘丹寺、哲蚌寺、扎什伦布寺，甘肃的拉卜楞寺以及我们现在参观的塔尔寺。(《塔尔寺导游词》)

这一例关于青海塔尔寺的导游词，表达内容的展开呈多线综合顺序，层次分明，井然有序。全段围绕“现在我们来到了藏传佛教格鲁派六大寺院之一的塔尔寺”这一总括句展开，讲解内容按照空间（塔尔寺地理位置）与事物发展（藏传佛教）的多线总顺序展开。其下对藏传佛教的介绍又按照藏传佛教总教派—分教派格鲁派—格鲁派六大寺院的单线系属到下位种类的逻辑顺序依次展开，既符合讲解内容脉络展开的要求，也符合游客理解的思路，容易给游客留下深刻印象。

（二）讲解的总分式结构

总分式讲解结构，大致有先总后分式与先分后总式两种不同的结构方式。

（1）先总后分式，这种讲解结构在导游词中用得比较多。先总括后分述，先提纲挈领，总体述说，然后再按特定逻辑顺序分别讲解。上述多线式讲解顺序的"青海塔尔寺的导游词"采取的正是这种总括+分述的讲解方式。"先总后分式"还可以变化为"总—分—总"的结构。总与分之后，最后再总括，使讲解逻辑更加严密，条理更加分明，中心更加突出。讲解内容较为复杂的导游词常常采取这种方式。

（2）先分后总式，把所要讲解的内容分成若干部分或侧面，从不同角度渐次展开解说，最后再进行归纳，收束全文。

请看下面导游词用例。

①鸣沙山月牙泉风景名胜区，由月泉湾、响沙坡、沙丘链、浅丘、戈壁、沙丘试验区六大景观区组成，以宏大、广阔的风积地貌、奇特的金字塔形沙丘和月牙泉奇观为主体景观，以"神、奇、旷、奥、古"为景观特征，以响沙之谜和悠久的历史为文化内涵，以资源保护传播、休闲活动为主要功能，是代表敦煌自然景观特色并具有世界自然遗产价值的国家级风景名胜区。（编者注：整体介绍鸣沙山月牙泉风景名胜区）

鸣沙山月牙泉以山称奇，以泉叫绝，因沙动成响冠雄，因沙抱月泉显奇，景区内有被誉为天下沙漠第一泉的月牙泉；有世界最大的金沙卧佛山——鸣沙山；有天下罕见的金字塔形沙丘链等大漠奇观。敦煌鸣沙山和月牙泉是大漠戈壁中一对孪生姐妹，"山以灵而故鸣，水以神而益秀"。给人以"鸣沙山怡性，月牙泉洗心"之感。可谓春赏风沙卷成刃，夏乘骆驼探奇险，秋听胡杨诉情泉，冬览雪景成一色。四季鸣沙、四季月泉，不同的季节，不一样的感受。（编者注：范围缩小到鸣沙山月牙泉）

鸣沙山，东枕西北明珠敦煌莫高窟，连绵起伏，宛如两条沙臂张伸围护着月牙泉。鸣沙山景观以神、奇、旷、奥、古而彰显其独特的个性。（编者注：范围再继续缩小到鸣沙山——总括鸣沙山神、奇、旷、奥、古的特点）神，以鸣沙山为代表的敦煌景观资源都具有神话般的色彩和美丽的传说。鸣沙山瑰奇多彩的神话传说，与沙山、月牙泉互相依附，相得益彰，使其山水之间流动着巨大的魅力。奇，巨大的沙山伴以一湾新月状水面，这种刚柔、阴阳的巧妙组合与鲜明对比，让人惊叹大自然的造化神工。旷，鸣沙山以其绵延40公里的巨大体量，百余米的相对高差，在自然风力的作用下，塑造着金字塔沙丘的不灭神话。在巨大的空间背景下，几千年来重复演绎着沙山的组合、叠加，形成奇妙的大地艺术。奥，鸣沙山的成因、月牙泉的成因、响沙之谜等众多的谜团，既有科学的解释，也有传说的演绎，月牙泉的堂奥令人称叹，风景名胜区的科研价值深奥而博大，科普教育的意义宏奥无穷。古，鸣沙山已经形成3000多年，关于鸣沙的记载也由来已久。汉代称沙角山，又名神沙山，晋代始称鸣沙山。唐朝，出现了大量文字记载，赞叹鸣沙山"流动无定，俄然深谷为陵，高岩为谷，峰危似削，孤烟如画"。(编者注：具体分述鸣沙山神、奇、旷、奥、古的特点)

②总统府位于南京长江路292号，是南京中国近代史遗址博物馆。最初此地为明朝汉王府。清代为两江总督署和康熙、乾隆行宫，太平天国时期为洪秀全的天王府，清朝后期，仍为两江总督署；中华民国时期为国民政府和总统府。1912年元旦，孙中山在此正式就任临时大总统。1948年5月20日，蒋介石在此就任总统，故名"总统府"。(编者注：总括，总体介绍)

总统府参观分中轴线、东线和西线。中轴线主要有中式官衙建筑、西式建筑以及民国公共建筑等，是过去国民政府的主要办公场所。东线主要有假山、池塘、著名碑碣和中式园林建筑，是典型的江南古典园林。西线主要是历史展览和场景复原，再现了总统府历史的沧桑变化。(编者注：总括，总体介绍中、东、西三线建筑布局)

总统府的大门建于1929年。门楼仿欧式凯旋门式样，是西方古罗马建筑风格。门楼共有三券拱门，拱门安装有两扇西洋黑色铸铁镂空花门，门上方为拱心石和西方风格的装饰线条。门两侧共立八根爱奥尼克柱，门楼上方为马头墙，楼顶为升旗平台。门楼正中悬挂着"总统府"三个金色大字，这是1948年5月20日蒋介石当选总统时，由国民政府资政周钟岳题写。1949年4月24日，中国人民解放军登上门楼，升起红旗，从此门楼成为中国近代史结束的标志性建筑。(编者注：分述中轴线大门)

进入大门，穿过院落，我们现在看到的是清朝两江总督署的大堂。太平天国时期为天王洪秀全的天王府荣光大殿旧址。曾国藩统率湘军攻克太平天国天京后，仍为清朝两江总督署大堂；中华民国时期，大堂是举行重大礼仪活动的场所。(编者注：分述中轴线大门内院落)

大堂正中上方悬挂着一块孙中山先生手书的"天下为公"匾额，是为了纪念孙中山曾在此就任中华民国临时大总统这一伟大的历史事件。大堂四壁还悬挂了六幅油画，它们分别是：天国风云、赐洽两江、共和肇始、国府西迁、国共和谈、煦园曙光，再现了总统府六个不同时期的历史风云人物。(编者注：分述

大堂。导游词下文继续分述出大堂后的国民政府礼堂、二堂、子超楼、行政院、复园等景点)(南京总统府导游词)

上述两例都属于单线式总分式讲解结构，先总后分，分别围绕主题加以分述，顺序井然，条分缕析，首尾呼应。

第五节　导游词表达艺术——修辞艺术、讲解艺术、篇章艺术

一、导游词修辞艺术

（一）文字方面的修辞手法——联边、析字、图示

文字方面的联边、析字、图示修辞手法在文字部分已经讲过，见第一编第二章第四节“汉字结构特点产生的联边、析字、图示等修辞手法在导游讲解中的应用”。

（二）语音方面的修辞手法——顺口、叠音

语音方面的修辞手法，主要介绍顺口、叠音两种。

1. 顺口

顺口，是通过运用比较整齐押韵的段子来简练地描述某种现象的修辞手法。顺口在民间流传较广的“现成话”中很常见。请看用例。

①灶王爷到底姓甚名谁？……我前年春节去辽东农村，曾问过一位老大娘，老大娘叫过来她的一个穿开裆裤的小孙子，给我唱了一首听起来就觉得遥远的歌谣：“灶王爷，本姓张，骑着马，挎着枪，上上方，见玉皇。”可见，灶王爷在沈阳地区姓张。张姓乃国内第一大姓，于是，质朴的沈阳人就让灶王爷姓张了。(《沈阳掌故》)

②蓝采和的故事盛行于唐代。传说他是赤脚大仙降生，化为乞丐。……这位仙气十足的乞丐叫什么名字，没有人知道。……很多人都认为蓝采和不是这位仙丐的本名。有人说他就是唐末五代著名的道士陈陶。陈陶本来出于儒业名家，很有学问，可惜生不逢时，只得入山隐居，每日上山采药，以卖药为生。卖了药回来便喝酒，喝完酒便起舞唱歌。他唱的歌是：“篮采禾，篮采禾，尘事纷纷事更多。莫如卖药沽酒饮，归去深岩拍手歌。”这首歌是他根据山里的民歌重新填的词。“篮采禾”一句可能是民歌中原有的，意思是提着篮子拾柴火。久而久之，人们便称呼陈陶为篮采禾，后来就变成了蓝采和，不少装疯道士的事迹

也就附会到他身上。传说蓝采和为人机智敏捷，百难不倒，而且喜欢唱歌，看来是有点根据的。(《中国寺庙宫观导游》)

顺口这种修辞手法大多以顺口溜形式出现，在民间则大多是民谣。例①用一句顺口溜简练地道出了辽东农民对灶王爷姓氏的认知。例②是关于八仙中蓝采和传说的顺口溜。这些顺口溜都具有较强的诠释性和概括性，在导游词中恰当运用，能给游客留下具体而深刻的印象。

顺口这种修辞手法，文字简洁凝练，读来朗朗上口，内涵丰富，表现力极强，在导游讲解中宜经常使用。

2. 叠音

叠音的修辞手法，就是运用叠音形式的词语表情达意。

汉语叠音形式词语主要有两大类：一是由汉语词语构词形态形成的叠音词语，又有全部重叠式（AA 式和 AABB 式）和部分重叠式（ABB 式和 AAB 式）；二是由汉语语法构形形态变化形成的语法重叠形式（AA 式、AABB 式、ABAB 式）。

这些形式的叠音词语都以音节的复叠萦回造成繁复的音响效果，可以极大地加强表达效果。

在导游词中能巧妙使用，会使其对旅游客体的描绘更加生动形象，从而收到理想的修辞效果。请看用例。

①杳杳寒山道，落落冷涧滨。啾啾常有鸟，寂寂更无人。淅淅风吹面，纷纷雪积身。朝朝不见日，岁岁不知春。(唐・寒山《杳杳寒山道》)

②杭州孤山中山公园（西湖清代行宫花园）“西湖天下景”古亭亭柱上悬有一副用行书和草书相间写成的叠字楹联：“水水山山，处处明明秀秀；晴晴雨雨，时时好好奇奇。”（此联为陇右黄文中题，任政书）

这副楹联，只用十个通俗易懂的单字，重叠起来，再经巧妙排列，即道出了西湖四时景色，点景生情，饶有风趣。更奇妙的是，这副楹联当有 12 种读法，不论哪一种方法，读起来都自然流畅，各有一番诗情画意。

一是逐字顺读：“水水山山处处明明秀秀，晴晴雨雨时时好好奇奇。”

二是将行书和草书分开读：“水山处明秀，晴雨时好奇。”

三是将叠字拆开读：

③“水明山秀，水山处处明秀；晴好雨奇，晴雨时时好奇。”

④“水处山处，水山明明秀秀；晴时雨时，晴雨好好奇奇。”

⑤“水处明，山处秀，水山明秀；晴时好，雨时奇，晴雨好奇。”

⑥“水山明，水山秀，处处明秀；晴雨好，晴雨奇，时时好奇。”

四是跳读：

⑦“水处明，山处秀；晴时好，雨时奇。”

⑧“水水处明秀，山山处明秀；晴晴时好奇，雨雨时好奇。”

⑨“水水明，山山秀，处处明秀；晴晴好，雨雨奇，时时好奇。”

五是停顿读：

⑩“水水山山处处明，明秀秀；晴晴雨雨时时好，好奇奇。”

⑪“水水山山，处处明明秀秀；晴晴雨雨，时时好好奇奇。”

六是运用回环手法倒读：

⑫“秀秀明明处处山山水水，奇奇好好时时雨雨晴晴。”

例①的“杳杳”“落落”“寂寂”是构词叠音，“啾啾”“淅淅”既是叠音又是拟声，“纷纷”“朝朝”“岁岁”则是语法重叠，有“每一”的意思。这些叠音形式音节复沓，和谐连贯，把分散的各种景致组织成一个整体，回环往复，连绵不断。例②这副楹联如此巧妙地利用叠音手法来表情达意的例子，可以视作运用叠音手法的典范。

叠音至少具有两方面的修辞效果：其一能增强语言表达的音响效果，使表达朗朗上口，和谐悦耳，具有鲜明的节奏感和旋律美；其二词语音节重叠萦回所造成的繁复的音响效果，能够丰富声势情态，增加形象色彩。用于表情达意，则情深意切；用于描物状形，则较为传神尽态。

（三）词语方面的修辞手法——双关、数概、借代、比拟

词语方面的修辞手法，主要介绍双关、数概（见第二编第三章第四节“文化数字妙用”）、借代、比拟等修辞手法。

1. 双关

双关是利用词语同音或多义的条件，使一个语言片段同时兼有表、里两层意思，并以里层意思为表意重点。双关，有谐音、谐义两种。

双关，言在此而意在彼，含而不露地巧收一箭双雕之效，给人以较大的回味余地。请看用例。

①肉圆，其形状为圆形，有团圆之意，而“圆”与“缘”谐音，又有结缘和睦亲邻的意思。所以，送肉圆结缘成为长汀客家人的风俗习惯，已有几百年的历史。迄今，结婚架床吉日、生儿三朝（俗称报外婆），男家就做肉圆送女家，女家再分送亲戚朋友与邻居结缘；生儿子做满月，也把肉圆当作首菜。（《长汀》）

②您看牌楼对面的房屋是渠家主人的养心斋，主人在屋檐下的雕刻是建筑上比较罕见的“垂帘柱”，它在“养心斋”的心字底下雕有一片大荷叶，荷叶上有一把古琴，两边有两棵白菜，合起来讲为一清二白，说明渠家家史清白，为

官清廉；中间是缠枝，意思是绵延不断；两边是葡萄，葡萄百子，多子多福。这组雕刻把主人的愿望和寄托体现得淋漓尽致。(《山西晋商文化》)

例①谐音双关，巧妙利用同音词语，用"肉圆"谐"团圆、结缘"，既讨口彩又讨吉利。例②用"一把古琴，两棵白菜"谐音"一清二白"，用"缠枝"谐义"绵延不断"，用"葡萄"谐义"多子多福"。

中国民俗旅游资源十分广泛，民俗文化内容也异常丰富，各种用谐音谐义双关手段表现的生活内容必然地反映在语言表达中。比如，颐和园内的乐寿堂的园子里摆设的铜鹿、铜鹤、铜花瓶，谐音为"六合太平"，皇宫园林中多栽植玉兰、海棠、牡丹等植物，谐音的意思是"玉堂富贵"。再如，很多传统年画的主题，往往以双关手法作为主要表意手段。谐音双关如喜上眉（梅）梢、福（蝙蝠）从天降、连（莲）年有余（鱼）、事事（柿子）如意、祝（竹）报平（瓶）安等。谐义双关如花开富贵、松鹤延年等。在中国文化中，这一类谐音现象十分普遍，如果在导游词中巧妙地加以利用，不仅能够使讲解增色，而且还能够将一些民俗知识巧妙地传达给游客，从而生动形象地反映当地的民俗风貌，给游客留下深刻印象。

2. 借代

借代，是不直接说出人或事物的本来名称，而是借用与该名称密切相关的其他名称来代替表达的修辞手法。

借代的结构，由本称（体）和代称（体）两部分构成。本称（体）就是本来的名称，代称（体）是借用来代替的名称。一般情况下，本称（体）和代称（体）同时都出现；特殊情况下，本称（体）不出现，只出现代称（体）。请看用例。

①泸沽湖因南北长，东西窄，状似一曲颈葫芦而得名。泸沽湖湖面海拔2680米，面积50平方公里，平均水深45米，最深处达93米，是我国最深的淡水湖之一。在黄肥绿瘦的季节来到这水清如碧的泸沽湖，真是惊诧于她的美，水美、果美、人美。(《千娇百媚泸沽湖》)

②楚天千里清秋，水随天去秋无际。遥岑远目，献愁供恨，玉簪螺髻。落日楼头，断鸿声里，江南游子。把吴钩看了，栏杆拍遍，无人会，登临意。休说鲈鱼堪脍，尽西风，季鹰归未？求田问舍，怕应羞见，刘郎才气。可惜流年，忧愁风雨，树犹如此！倩何人唤取，红巾翠袖，揾英雄泪？（宋·辛弃疾《水龙吟·登建康赏心亭》）

③萦心事，惹恨词，更那堪动人秋思。画楼边几声新雁儿，不传书摆成个愁字。(元·吴西逸《双调·寿阳曲·四时》)

例①以秋季的颜色特征"黄肥绿瘦"来代替秋天。例②以女子服饰"红巾翠袖"代指女子，使慷慨呜咽之情的抒发别具深婉的韵致。例③是字代，在行文中，借某一个字或几个字来代替所要表达的丰富的内容，言简意赅，耐人深味。此例以雁儿摆成的“愁”字代替闺中少妇悲秋伤离的思绪。雁儿不传书信，却又使人联想到“愁”字来增人烦恼，怨极而责，是主人公孤情愁怀的表现。

借代具有至少三方面的修辞效果：①有助于突出事物的特征，强调表达重点，可以十分有效地增强语言表达的形象性和简洁性；②文笔简洁凝练；③表达富于变化，委婉细腻。

在导游词讲解中可从借代角度切入分析相关诗词、游记、楹联、碑铭等作品的用例。在导游词创作中要遵循明确性、鲜明性、恰当性等原则妥帖运用。

3. 比拟

比拟，是通过联想直接把物当成人、把人当成物，或者把此物当彼物来拟写的修辞手法。根据所比拟的内容，可以将比拟分为拟人和拟物两类。

拟人，是临时赋予物以人的某种品格、行为，把物当作人来写。

拟物，是把人当作物来写，或把甲事物当乙事物来写，包括把非生物当作生物来写，把生物当作非生物来写，把抽象事物当作具体事物来写。

请看用例。

①黄河远上白云间，一片孤城万仞山。羌笛何须怨杨柳，春风不度玉门关。(唐·王之涣《凉州词》)

②春未老，风细柳斜斜。试上超然台上看，半壕春水一城花。烟雨暗千家。寒食后，酒醒却咨嗟。休对故人思故国，且将新火试新茶。诗酒趁年华。(宋·苏轼《望江南·超然台作》)

③南湖秋水夜无烟，耐可乘流直上天？且就洞庭赊月色，将船买酒白云边。[唐·李白《陪族叔刑部侍郎晔及中书贾舍人至洞庭五首(其二)》]

④春雨足，染就一溪新绿。柳外飞来双羽玉，弄晴相对浴。楼外翠帘高轴，倚遍栏杆几曲。云淡水平烟树簇，寸心千里目。(唐·韦庄《谒金门》)

例①拟人。将“羌笛”人格化，赋以“怨”的特征，将征人的孤危表达得深沉含蓄，耐人寻味。例②拟人。把人的情态“未老”赋予“春”，显得春意盎然，生机蓬勃。例③拟物。将“月色”拟作能够“赊欠”的他物，使人与自然有了亲切娓娓的对话，这一别出心裁的拟物手法，铸语独到，启人逸思。例④拟物。将适用于他物的词语“染”直接移用到“春”，突出了春雨的形象，使画面显得鲜灵活泼，动态飞扬。

比拟具有十分鲜明的修辞效果。用比拟手法抒情，可以将感情表达得强烈动人，情景交融。用比拟手法叙述事物，描写景物，议论事理，可以使表达或生动形象，或简洁凝练，或幽默风趣。不仅精致巧妙，而且以少胜多。

（四）句式方面的修辞手法——排比、对偶、层递、对比、设问、比喻、夸张、换算、引用

句式方面的修辞手法，主要介绍排比、对偶、层递、对比、设问（见第二编第三章第五节“导游词表达艺术—导游词讲解艺术—与游客面对面设问”）、比喻、夸张、换算（见第二编第三章第四节“文化数字妙用”）、引用（见第二编第三章第四节“材料来源可靠，引用得当”）等修辞手法。

1. 排比

排比，又称排语、排句、排叠。排比是成串地排用三个或三个以上结构相同或相似、意义相互关联、语气相对一致的语言单位来表达特定内容的修辞手法。

请看用例。

①清夜无尘，月色如银。酒斟时、须满十分。浮名浮利，虚苦劳神。叹隙中驹，石中火，梦中身。 虽抱文章，开口谁亲？且陶陶、乐尽天真。几时归去，作个闲人。对一张琴，一壶酒，一溪云。（宋·苏轼《行香子》）

②凌波不过横塘路，但目送，芳尘去。锦瑟年华谁与度？月台花榭，琐窗朱户，只有春知处。 碧云冉冉蘅皋暮，彩笔新题断肠句。试问闲愁都几许？一川烟草，满城风絮，梅子黄时雨。（宋·贺铸《青玉案》）

③南岳峰峦，各有特色，有的青翠欲滴，郁郁葱葱；有的繁花似锦，四季飘香；有的掷雪飞花，泉水叮咚；有的神奇缥缈，云遮雾障；有的怪石嶙峋，嵯岈互异。它们各以自身的挺拔峻秀、娇丽婀娜呈现在游人眼前，给人以境界清幽、胸怀开阔、风趣横生的美感。（《天下南岳》）

例①“隙中驹，石中火，梦中身”是“叹”的宾语的排比，三个比喻构成对人生须臾即逝的博喻，表明了诗人对人生的感慨和严肃的思索。“一张琴，一壶酒，一溪云”是“对”的宾语的排比，表明了诗人对清高恬淡、陶然行吟的归隐生活的向往。例②实际上是并列复句中的分句排比同时兼博喻兼列锦等手法，以“一川烟草，满城风絮，梅子黄时雨”与“试问闲愁都几许”构成设问答语，将其“闲愁”表现得惆怅至极，清幽深远。例③前半部是以“有的”为提挈语的分句排比，后一句是由“境界清幽、胸怀开阔、风趣横生”构成的句子成分的排比。

排比所具有的明显的修辞效果，是与其特定的语言形式分不开的。由于排比句式整齐匀称，语气通畅一致，气势强劲奔放，所以排比的主要作用在于加强语势，增强表达的旋律美。

用排比状物叙事写人，可以使表达层次清楚，深刻细腻。用排比抒发情感，可以使表达情深意切，热烈奔放，淋漓酣畅，给人以一泻千里的美感享受。用排比阐述事理，进行议论，可以使表达条理清楚，周详严密，收纵自如。

2. 对偶

对偶，又称对仗、俪词。对偶是把两个字数相等或相近，结构相同或相似，意义相互关联的句子或词组对称地排列在一起的修辞手法。

对偶，是汉语言文学所喜闻乐见的一种修辞手法，特别是在古今韵文中更是广泛采用，因此，很早就有人对对偶进行研究，其分类也十分细微。这里只介绍几种普遍采用的分类。

一种是根据对偶上下句之间的意义联系的特点，分为正对、反对和串对。

一种是根据对偶的自身形态，分为一般形式对偶和特殊形式对偶。一般形式对偶主要有正对、反对、串对等形式；特殊形式对偶主要有鼎对、自对、互对、倒对、扇面对、借对、蹉对等形式。

一种是根据对偶的结构形式是否严格遵守规则，分为严对、宽对。严对，也叫工对，它对上下句各方面的要求都比较严格，不仅要求上下两句字数相等、结构一致，而且要求词性一致、平仄相谐，并且一般不重复用字。严对多见于严格讲究韵律的诗词曲赋之中。宽对，其要求不如严对那样严格，只求字数相等或相近，结构相同或相似，意义互相关联就行了。在词性与平仄方面也没有严格的要求。宽对，多用于现当代作品。

上述三个不同角度对对偶的分类，落实到具体用例上是相互交叉的。请看用例。

①城阙辅三秦，风烟望五津。……海内存知己，天涯若比邻。（唐·王勃《送杜少府之任蜀州》）

②接天莲叶无穷碧，映日荷花别样红。（宋·杨万里《晓出净滋寺送林子方》）

③龙庆峡，既有江南的妩媚秀丽，又有塞北的粗犷雄浑。游人曾撰联赞美："小三峡，胜似三峡，山比三峡险；小漓江，赛过漓江，水较漓江清。"（《八达岭、龙庆峡、康西草原五日游》）

以上三例是正对用例，对偶两句为并列关系。正对的上句和下句的意义相同或相近，只是表达角度有所不同。例①的两组正对，前一组属地名对，极其壮阔而又精整。后一组对偶奇峰突起，概括周延，自铸修辞，成为千古名句。此外"天涯若比邻"还运用了比喻的修辞手法。例②的正对色彩艳丽，视野开阔，令人心旷神怡。例③的正对描绘了龙庆峡所具有的三峡之俊、漓江之秀的两个特点，盛赞了龙庆峡的壮丽风光，鲜明地展示了龙庆峡的诸多特征。

④野径云俱黑，江船火独明。（唐·杜甫《春夜喜雨》）

⑤红日从洞庭湖中水淋淋地升起，夕阳在洞庭湖里火辣辣地落下。（《话说

长江》)

⑥墓碑上刻着“宋岳鄂王墓”。……墓门上一副楹联:“青山有幸埋忠骨；白铁无辜铸佞臣”。隽永而深刻，令人反复吟诵咀嚼，颇能启发人们的思绪。(《杭州旅游指南》)

以上三例是反对用例，对偶两句为并列关系。反对的上句和下句的意思相反或相对。例④“黑”与“明”的对比，写诗人所见，夜雨正浓，天地朦胧一片，更显出江船上灯火的明亮。例⑤上下两句意思相对，描述了洞庭湖的日月轮回，生息衍变。例⑥上下两句从相反角度进行比较，表达了鲜明的爱与憎。这些例句相反相对，相映成趣，使表达生动鲜明，事理饱含，哲理深寓。

⑦白日依山尽，黄河入海流。欲穷千里目，更上一层楼。(唐·王之涣《登鹳雀楼》)

⑧渭城朝雨浥轻尘，客舍青青柳色新。劝君更尽一杯酒，西出阳关无故人。(唐·王维《送元二使安西》)

⑨水光潋滟晴方好，山色空蒙雨亦奇。欲把西湖比西子，淡妆浓抹总相宜。(宋·苏轼《饮湖上初晴雨后》)

以上三例是串对用例。串对，又叫流水对、走马对。前两类对偶，不论正对、反对，上下两句都是并列关系。而串对上下两句可以是连贯、因果、假设、条件等多种关系。例⑦“欲穷”句与“更上”句可理解为假设关系或条件关系。例⑧的“劝君”句与“西出”句是因果关系。例⑨的“欲把”句与“淡妆”句多理解为因果关系。

对偶在表达中具有十分明显的修辞效果。对偶，充分利用语言形式上的对称美来表情达意。其形式整齐醒目，结构匀称美观，语意相互映衬，音律和谐悦耳，不仅便于记忆传诵，而且还能够比较鲜明地揭示事物的内在联系，反映事物之间的对立统一关系。因此恰当、妥帖地运用对偶，能够引起审美共鸣，收到理想的表达效果。

3. 层递

层递，又称递进、层进、渐层。层递是将三个或三个以上的语言单位，根据事物的逻辑关系，按照大小、多少、轻重、高低、深浅、远近等顺序依次排列的修辞手法。

层递，根据其逻辑顺序上的排列方向不同，可以分为递升和递降两类。

递升是三个或三个以上的语言单位，按照由小到大、由浅到深、由低到高、由轻到重、由近到远、由窄到宽、由短到长等逻辑顺序进行排列。

递降是三个或三个以上的语言单位，按照递升的相反顺序进行排列，即由大到小，由深到浅，由高到低，由重到轻，由远到近，由宽到窄，由长到短等。

请看用例。

①少年听雨歌楼上，红烛昏罗帐。壮年听雨客舟中，江阔云低，断雁叫西风。　　而今听雨僧庐下，鬓已星星也。悲欢离合总无情，一任阶前，点滴到天明。（宋·蒋捷《虞美人·听雨》）

②柳在北方算是最先报春的树木。"五九六九沿河看柳"，在料峭的春寒里，还隐现着冬的残影，岸边的柳条像是探春的姑娘，轻歌曼舞地喧闹起来。当你在烟色迷蒙之中找春意的时候，柳会最先映入你的眼帘，柔和的柳条吐出鹅黄，婀娜依依在冲你点首。你还来不及观赏，柳已抽出绿苞，转眼间结出淡黄色的小花。你想多看她几眼，可是一扭脸，她已结子成果，在春风荡漾的天空中，她变成白色如雪的柳絮，翻飞迷蒙，使人徒增几分凄迷恍惚的情思。（《柳》）

③田野上的春天，是随着欢快的布谷鸟来的。山林里的春天，是随着多彩的杜鹃花来的。泸沽湖的春天，是随着摩梭人的脚步来的。心灵深处的春天，是随着甜蜜蜜的爱情来的。（《泸沽湖》）

例①是按照"少年、壮年、老年"的人生发展顺序递升的，形象地概括了从少到老在环境、生活、心情等各方面所发生的巨大变化。同时兼有对比的修辞手法，将一个人的"少年、壮年、老年"的不同境遇加以对比。例②是按照柳树生长的顺序递升的。例③在范围上从"田野"到"泸沽湖"再到"心灵深处"，由大到小地加以递降缩小，由具体到抽象地加以深入。同时所递降的四句三个层次兼有排比的修辞手法。

层递在表达中的修辞作用非常明显。层递，不论是递升还是递降，都以事物之间的逻辑联系为依据，在表意上层层深入，从而使表达一环紧扣一环，一步紧接一步，条理清楚，层次分明；使人们的认识逐层深化，使特定的感情逐步升华，给人的印象也逐步深刻。恰当地运用层递，不仅可以使表达层次清楚，重点突出，而且还可以极大地增强表达的感染力与凝聚力。

4. 对比

对比，是将两种相互对立的事物或几种不同的事物，或同一事物的不同方面放在一起进行比较、对照的修辞手法。

根据其构成方式，对比又可以分为多体（多物）对比和一体（一物）多面对比两类。

多体对比是把具有相反相对关系或不同的事物放在一起，进行比较。可以从特征、时间、空间、数量等方方面面进行比较。一体多面对比是将一个事物的两个方面或多个方面放在一起进行比较。请看用例。

①少年不识愁滋味，爱上层楼，爱上层楼，为赋新词强说愁。 而今识尽愁滋味，欲说还休，欲说还休，却道天凉好个秋。（宋·辛弃疾《丑奴儿·少年不识愁滋味》）

②中国园林北派以皇家园林为代表，布局博大庄严，中轴对称，富有宫殿气派，细部装饰采用琉璃瓦，雕龙画凤，金碧辉煌；南派则多以私家花园面目出现，布局小巧玲珑，楼台亭阁，曲径回廊，细部装饰采用青砖小瓦，色泽朴素而又淡雅。（《上海导游词》）

例①时间“一体”的今昔对比，寓悲壮于闲适之中，意境淡漠，感慨深沉，有较强的艺术感染力。例②多体对比。将南、北园林的不同风格放在一起加以对比，使二者的特点都进一步得到了突出。

对比具有明显的修辞效果。不论是多体对比还是一体多面对比，都能使对比各方相反相成，相得益彰，使对比各方的特征都能得到进一步的强调。对比说理，思路清晰，表述周全，富于哲理，可以使表达深刻蕴藉。

5. 比喻

比喻就是打比方。它是以两类不同事物的内在相似点为依据，用相对来说比较具体形象或通俗浅显的事物与道理，来比方较为复杂抽象的另一事物或道理的修辞手法。

一般来讲，结构上比较完整的比喻，通常由本体、喻词、喻体三部分构成。本体就是被比喻的事物，修辞学上常常称作“甲”；喻词就是标明比喻关系的词语；喻体就是用来比喻的事物，修辞学上常常称作“乙”。

但是，在具体语用中，由于表达上的需要，比喻的三部分的隐现情况也很灵活。有时本体、喻词、喻体都出现；有时省略本体；有时省略喻词；有时本体、喻体倒置；有时甚至用本体去修饰或映衬喻体。

根据本体、喻体、喻词三部分的异同和隐现情况，比喻分为明喻、暗喻、借喻三种基本类型。

明喻的特点有两个：一是本体、喻词、喻体三部分缺一不可。二是喻词用“如”字类比喻词，如像、如、似、犹、犹如、如同、好像、好比、比方、仿佛等。

暗喻，又叫隐喻。一般情况下，暗喻也有两个特点：一是本体、喻体、喻词三者必备。二是喻词用“是”字类比喻词，如是、成、为、成为、做、变成、等于、当作等。有比喻词的暗喻常构成一种判断句。它比明喻的语气要肯定一些，结构也紧凑一些。

借喻，可以说是一种省略性比喻。在借喻中，没有喻词，本体也常不出现，直接用喻体代替本体。

请看用例。

①情似游丝，人如飞絮。泪珠阁定空相觑。一溪烟柳万丝垂，无因系得兰舟住。　　雁过斜阳，草迷烟渚。如今已是愁无数。明朝且做莫思量，如何过得今宵去。(宋·周紫芝《踏莎行》)

②水是眼横波，山是眉峰聚。欲问行人去那边？眉眼盈盈处。　才始送春归，又送君归去。若到江南赶上春，千万和春住。(宋·王观《卜算子·送鲍浩然之浙东》)

③有人说天池是天山告别戈壁沙海、轰然耸入霄汉留给瘦地的一个笑靥，一个酒窝；有人说天池是挣脱悲寂苍凉、飘然遁入空蒙镌在荒野的一轮明月，一潭碧水。(《天山拾翠》)

④绿叶阴浓，遍池亭水阁，偏趁凉多。海榴初绽，朵朵蹙红罗。乳燕雏莺弄语，有高柳鸣蝉相和。骤雨过，珍珠乱撒，打遍新荷。(元·元好问《骤雨打新荷》)

例①的两个明喻，前喻情之牵惹，后喻人之漂泊，比喻新颖，落笔生动，栩栩欲动。例②的暗喻十分巧妙，眼波流动，眉峰攒聚，将离别之情寄托于眉眼般的山水。另外，“欲问行人去那边？眉眼盈盈处”运用了设问中自问自答的修辞手法。“才始送春归，又送君归去。若到江南赶上春，千万和春住”运用了比拟中的拟人手法。新雅脱俗，生动活泼。例③的暗喻，用“是”等暗喻词以及“笑靥”“酒窝”“明月”“碧水”等一系列生动优美、形象传神的喻体对“天池”“江南”进行了深情的讴歌与赞美，给人以强烈的美感享受。例④的“骤雨过，珍珠乱撒，打遍新荷”是此曲中一段绝妙的好辞，喻体“珍珠”直接代替本体“雨”，因为有上文“骤雨过”的背景，直接出现的喻体“珍珠”仍然使本体形象特征跃然纸上。

比喻，可以说是使用频率最高、应用范围最广、表现力极强的一种修辞手法。运用比喻刻画人物或事物的形象，可以收到贴切自然、活灵活现的表达效果，从而给人以如闻其声、如见其人、如临其境之感，所描绘的形象都给人以呼之欲出的感觉。运用比喻描绘事物与景物，不仅能够突出描绘对象的特征，而且能够使表达栩栩如生，气象万千。运用比喻说明事理，不仅能够使抽象的事物具体化，使复杂深奥的道理变得浅显易懂，而且能够使说理生动活泼，富有情趣。

6. 夸张

夸张，是巧妙、刻意地言过其实，也就是在生活真实的基础上对事物的某些特征、某些方面进行艺术性的扩大或缩小的修辞手法。

从表达内容角度划分，夸张可以分为夸大、夸小两类。

请看用例。

①噫吁嚱，危乎高哉！蜀道之难，难于上青天！蚕丛及鱼凫，开国何茫然！尔来四万八千岁，不与秦塞通人烟。……（唐·李白《蜀道难》）

②秦腔唱腔慷慨激昂，苍凉悲壮，要求用真嗓音演唱，一般不用假声，保持了原始、豪放、粗犷的特点。“唱戏吼起来”为陕西十大怪之一。尤其是唱花脸的演员，更是扯开嗓子大声吼，当地人称之为“挣破头”。外地人开玩笑说：“唱秦腔要具备三个条件，缺一不可。一是舞台要结实，以免震垮了；二是演员身体要好，以免累病了；三是观众胆子要大，以免吓坏了。”这些说法尽管过分，但吼上两句戏，对于老陕来说，无论唱的人或是听的人都是很乐意的。……所以有人说秦腔、西凤白酒、长线辣子、大叶卷烟、牛羊肉泡馍已成为陕西人生命中的五大要素。（《陕西秦腔》）

③自李冰父子开凿都江堰以来，川西平原旱涝保收，不知饥馑。肥沃的田土、温良的气候，使得四川人无须终日为衣食而奔劳，加之云横巴山，水阻江峡，艰难蜀道，鞭长莫及，朝廷苦于征调，蜀人乐得自享。天府之国的升平画卷尽展示在川西坝子大大小小的茶铺里。（《成都茶馆文化》）

例①是夸大夸张。借助比喻对蜀道之难进行夸张，以感情强烈的咏叹点出主题，为全诗奠定了雄放的基础。例②是夸大夸张。用“一是舞台要结实，以免震垮了；二是演员身体要好，以免累病了；三是观众胆子要大，以免吓坏了”等说法夸大了秦腔“唱戏吼起来”的豪放、粗犷的艺术审美特征。同时所列的一二三之间也兼有排比的修辞手法。例③夸小夸张，“天府之国的升平画卷尽展示在川西坝子大大小小的茶铺里”突出了川西坝子大大小小的茶铺浓缩着天府之国民俗风情的鲜明特征。

夸张的修辞效果是十分明显的。首先，夸张可以强烈地表明表达者的感情态度。肯定、否定、褒扬、贬抑等态度都在夸张的运用中鲜明地表现出来，并使表达者的感情得到艺术的渲染，从而激起接收者的强烈共鸣。其次，巧妙地运用夸张，有利于突出事物的本质特征。最后，夸张还可以极大地丰富人们的联想，使表达更加生动、贴切，增强语言的艺术感染力。

二、导游词讲解艺术

导游词讲解艺术方面，主要是运用面对面设问、设身处地、引导游客参与、巧设悬念等方法进行讲解，目的是缩短导游与游客之间、游客与被游览客体之间的心理距离。实际上还有一些有效的方法可以运用于导游词实地讲解，在现场讲解中可以灵活运用发挥。

(一)面对面设问

与游客面对面的设问，位于导游词开头或中间的设问，或者自问，或者顺着游客的思路，一般是导游自问自答；也可以将问题直接问向游客，或者导游自答，或者请游客回答后再总结性解答。位于导游词末尾的设问，可答可不答。若不答可将答案留给游客思考。

导游词中，根据面对面设问对象的不同，一般分为导游自问式设问、顺着游客的思路设问、直接面向游客设问三类。

下面请看导游词用例。

①说起黄山“四绝”，排在第一位的当然是奇松。黄山松奇在什么地方呢？首先是奇在它有无比顽强的生命力，你见了不能不称奇。一般来说，凡是有土的地方就能长出草木和庄稼，而黄山松则是从坚硬的花岗岩石里长出来的。黄山到处都生长着松树，它们长在峰顶，长在悬崖峭壁，长在深壑幽谷，郁郁葱葱，生机勃勃。千百年来，它们就是这样从岩石迸裂出来，根儿深深扎进岩石缝，不怕贫瘠干旱，不怕风雷雨雪，潇潇洒洒，铁骨铮铮。你能说不奇吗？其次是，黄山松还奇在它那特有的天然造型。从总体上来说，黄山松的针叶短粗稠密，叶色浓绿，枝干曲生，树冠扁平，显出一种朴实、稳健、雄浑的气势，而每一处松树，每一株松树，在长相、姿容、气韵上，又个个不同，都有一种奇特的美。人们根据它们不同的形态和神韵，分别给它们起了贴切自然而又典雅有趣的名字，如迎客松、黑虎松、卧龙松、龙爪松、探海松、团结松等。(《黄山》)

②大家可能要问王昭君真的埋葬在这里吗？事实上这只是昭君的衣冠墓，因为北方少数民族贵族死后都采取秘密下葬的方式，墓不立碑，似若平地。其实，昭君埋葬在哪里并不重要，重要的是她为国家的和平作出了贡献。现在大家看，墓中间刻有“青冢”二字，“青冢”就是绿色的坟墓，是昭君墓的别称，因为每年秋季，附近的树木都已枯黄，而昭君墓四周却依然绿草青青，所以叫作“青冢”。(《内蒙古昭君墓》)

③雨花台素有金陵“南大门”之称。各位要问为什么叫“雨花台”？（留一点时间，请游客回答，然后总结）大家都说得很好！我先从地质特征讲。雨花台原是长江水道，数百万年前，地壳变动，江道北移，砾石沉积成岗，地质上称“雨花石层”，雨花石呈卵状，质含玛瑙，光彩晶莹，五色斑斓，纹路旖旎，雨花台因石而得名。现在从民间传说讲。相传南北朝梁武帝时佛教盛行，有位高僧云光法师在雨花台上设坛讲经说法，讲得精彩，听得入神，数日不散，虔诚所至，感动神明，落花如雨。从此便得名雨花台。(《雨花台》)

例①是导游自问式设问。例②是顺着游客思路的设问。例③是直接面向游客的设问。

上述例子表明，导游讲解中的设问具有重要作用：可以提醒游客将注意力相对集中，启发并引导其进行重点思考；还可以使表达速度、语流节奏放慢，给读者一定的思考时间；同时还能使平铺直叙的叙述变得跌宕起伏，形成波澜或悬念。

（二）设身处地

游客角度的设身处地，实际上包含两层含义：一是指在导游交际的各个环节，导游要始终站在游客的角度，设身处地地去思考问题，应对问题，解决问题。二是讲解艺术中的设身处地。

（1）在导游交际的各个环节，导游要始终站在游客的角度，设身处地地去思考问题，应对问题，解决问题，目的是为游客提供高质量的服务。例如：

某旅游团由成都乘大巴前往九寨沟观光。途中，汽车抛锚，前不着村，后不着店，深秋的气温又很低，四个多小时过去了，车仍然没有修好。天色渐晚，游客们又急又饿，有些游客甚至气急败坏地发牢骚，气氛紧张得几乎到了一触即发的程度。这时一直千方百计地帮助司机修车的导游立即停止忙碌，开始不失时机地安慰大家。他说："大家请注意，我很理解大家的心情，我和大家一样也是又急又气，我也没有吃饭，可是我不能发火，不仅不能发火，而且还要忙着解决问题，还要一直想着怎样安慰大家。我也不愿意车坏，如果您是导游，您会怎样做呢？我现在已经是黔驴技穷了，请大家给我出出主意吧。……我觉得我们的当务之急是怎样摆脱眼前的困境。看来车是一时修不好了，我们应该想办法让大家尽快离开这里。我的安排是这样的：大家分批搭乘别的旅游车到九寨沟，全陪导游随第一批游客搭车走，赶到九寨沟，调救援车来救援。我将搭乘往我们这里开来的那辆摩托车到前面的小镇给大家搞一些吃的东西来。其他游客回到车上等候，请注意保暖。请大家都忍耐一下，都克制一下，只要我们密切配合，今天晚上大家就都能到达九寨沟，当然我将是最后一个到达的人。如果能够得到大家的理解和配合，我将衷心地感谢。"

这是运用双向设身处地的方法解决问题，摆脱困境。面临困境，首先是说服游客保持冷静，并取得游客的理解和配合。导游能够比较容易地说服游客，最主要的原因是他将自己与游客紧密联系起来，既把自己放在游客的位置上，又把游客放在自己的位置上，真诚地向游客求得解救的方法，这样导游的各种相关建议就容易被理解并接受了。事实上，导游运用了解释、安慰、说服等各种表达技巧，使其双向的设身处地取得了良好的效果，得到了游客由衷的理解，也得到了游客真诚的支持。

(2)讲解艺术中的设身处地，主要是直接把游客放到游览景观中，把游客与被游览客体直接联系起来，可以有效地缩短游客与被游览客体之间的心理距离。

下面请看导游词用例。

①女士们，先生们，我们面前这座古色古香的门，就是避暑山庄的正门，叫丽正门，是清代皇帝进出的门。……门的两边有两尊石狮，以显示皇帝的威严。门前有御道广场，青石铺路，广场东西各立一块石碑，上面用满、蒙、藏、汉四种文字刻着“官员人等至此下马”，所以又叫它下马碑。广场南边有一道红色照壁，使这座皇家园林与外界隔开。关于红照壁，传说里面藏有从鸡冠山飞来的金鸡，在夜深人静之时，轻叩照壁，金鸡就会发出咕咕的叫声。如果哪位想考证一下的话，就请夜里到这里来听一听。好了，今天就请大家当一回皇帝，进去享受一下当年皇帝的生活。(《避暑山庄》)

②参观完仁寿殿，一直向北就来到了被称为“后山后湖”的地方。沿着幽静的小路向右拐，路过一棵苍劲的白皮松之后，就来到一座城关式的建筑面前。门洞的两侧上方分别写着“紫气东来”“赤诚霞起”之句。“紫气东来”出自传说中老子过函谷关的故事。函谷关的官员登上城楼时看到东方有紫色的云气，认为要有圣人由此经过。果然老子骑着青牛缓缓地来到此地。今天有没有圣人来呢？请大家看一下东方便知道了。我想大家都是贵客，所以一定会看到吉祥的云彩吧！（《北京览胜》)

上述两例，都是将游客直接纳入游览景物之中，例①把游客说成“皇帝”，同时也引导游客直接参与；关于金鸡的传说也有巧设悬念的方法。例②推测面前的贵客会看到吉祥的云彩。

设身处地，充分把握到游客微妙的心理，用明快的穿插语言把游客与被游览客体巧妙地联系到一起，使主客融为一体，使景物之中有游客，游客心中有景物。最后，值得强调的是，在导游讲解过程中，有很多现成的情景可以随时巧妙地设身处地地与游客联系在一起，导游的这种意识一定要十分明确，否则就会白白地放过很多能够有效增强表达效果的机会。

(三)引导游客参与

引导游客参与，包含两方面的内容：一是引导游客直接参与到讲解之中；二是引导游客亲自参与，直接融入与被游览客体相关的活动之中。

引导游客参与讲解，往往是结合讲解内容设问，引导游客应对并将游客的应对、思路等纳入讲解之中，使游客的应对成为讲解的有机组成部分。引导游客亲自参与，就是根据讲解内容，不失时机地让游客参与，亲身体验所讲解内容。

下面请看导游词用例。

①这座小巧玲珑的桥就是状元桥，它建于清代。您可别小看它，当时非得是状元或者显贵才能悠悠然地从桥上信步而走过。为什么呢？原来桥的设计者和建造者赋予了桥特殊的意义。您看桥栏杆采用汉白玉石料建成，上边雕刻有麒麟、鸿鹄、鲤鱼跳龙门、双凤朝阳、福星、鹿（禄）、仙鹤（寿）、莲花等吉祥图案。桥面用青石铺设而成，在青石上雕刻着精美的云彩，人踏上去便寓意着青云直上，因此又有人称它为“青云桥”。您不妨上去走走，体会体会平步青云的感受，没准正中了当地人的祈愿：老年人过了状元桥益寿延年；后生过状元桥前程远大，事业发达；娃娃过状元桥就能金榜题名噢！（《广西兴安灵渠》）

②需要特别一提的是，这台面中心的“天心石”，也就是皇帝恭读祝文所站立的位置。它会产生一种奇特的声学现象，在这里“读祝”时声音特别洪亮，犹如加装了扩音器一般，使皇帝在黑暗寒冷的环境中不显孤单，从而更加自信，更觉神秘。至今这种声学效果仍不减当年。您不妨站在“天心石”上，亲自试一试，也像古代皇帝那样，把自己的美好愿望和想法向上天表述一下，体会一下那奇特的效果。（《天坛》）

例①、例②引导游客亲自参与到特定游览活动中，使游客有机地融入被游览景观之中，有效地缩短游客与被游览客体之间的心理距离。

总之，引导游客参与，是将游客放在第一位，发挥游客的主观能动性，使游客享受到被真诚接待、被信任的乐趣，使导游讲解得以高质量、高效益地进行。

（四）巧设悬念

巧设悬念，就是在导游讲解过程中，结合具体讲解内容，将一些较有意义或饶有趣味的问题提出来，但不做解答，先留给游客观察、思考，在合适的时间或导游讲解即将结束时，再将答案揭晓。

下面请看导游词用例。

进门我们看到的这块半人高的石头，非常珍贵，传说宗喀巴的母亲生前背水途中常靠着它休息。现在成了信徒朝拜的圣物。石头上面贴着的钱币是怎么回事呢？原来是信徒对佛的一种虔诚的表示，实际上是对寺庙的布施。都是信徒和游客的一份心意。据说只有心中有佛的人才能够将布施贴在石头上，否则佛就不收。有心的人可以试一下自己的诚意，我可以告诉大家这里面有个小小的窍门，以后再告诉大家，好吗？现在大家可以试试。

……

女士们，先生们，今天我们参观塔尔寺到这里就结束了，在和大家告别之

前，首先让我来解答那个贴钱币的秘密，那是因为在石头表面涂满了酥油，有朋友猜对了吗？……（《青海塔尔寺》）

这一例将贴钱币的奥秘留下悬念，同时也运用了面对面设问中的自问式设问，还运用了引导参与的方法。

导游词讲解艺术中，与游客面对面设问、于游客角度设身处地、引导游客积极参与、讲解过程巧设悬念以及各种相关讲解方法，实际上只有一个根本目的——有效缩短导游与游客、游客与被游览客体之间的心理距离。在于强化一种此情、此景、此人的意境，使游客真正地亲身体验，亲自感受，使游览过程充满情趣，充满魅力，使游客在与游览景观的交汇融合中，体验旅游带给他们的美好感受。

其悬念的设置，在引起游客欲穷究竟的兴趣的同时，也能够引起游客对游览景观的极大的关切，使其能动地融入游览景观之中，有效地加深对游览景观的印象以及对讲解内容的理解。

三、导游词篇章艺术

导游词篇章艺术，主要是把握导游词结构特点，使其内部各个部分之间以及部分与整体之间形成内在联系与外部形式有机统一的艺术。

关于导游词篇章艺术，下面主要讨论文体综合性、结构相对完整性两种。

（一）文体综合性

导游词篇章艺术的文体综合性，是指一篇特定的导游词虽以叙述或说明为主，但同时也含有议论等相关文体因素的特征。只是特定的导游词，或侧重呈现某一种文体特征，或同时呈现多种文体特征。

下面请看导游词用例。

阳关，位于河西走廊的敦煌市西南南湖乡古董滩上。因地面曾暴露大量汉代文物，如铜箭头、五铢钱、石磨、陶片等而得名古董滩。阳关与玉门关南北呼应，因坐落在玉门关之南而得名阳关。

史料记载，阳关始建于汉武帝元鼎年间（约前116—前111年）（编者注：在书面语导游词中采用的朝代年号与公元纪年并用的方法，行文上一般以“括号”形式体现，在现场讲解过程中宜转换为“即”“就是”“也就是”等词语加以标记性提示，以引起游客注意，有利于游客对讲解内容的理解），西汉时为阳关都尉治所，魏晋时在此设置阳关县，唐代设寿昌县。宋元以后随着丝绸之路的衰落，阳关也因此被逐渐废弃。

阳关在河西“列四郡、据两关”，占有“一夫当关，万夫莫开”的险要地势。

阳关凭水为隘，据川当险，是古代兵家必争的军事战略要地。既是汉王朝防御西北游牧民族入侵的重要关隘，又是通往西域的门户，更是丝绸之路上中原通往西域及中亚等地的南道重要关口。旧《敦煌县志》把玉门关与阳关合称为“两关遗迹”，列敦煌八景之一。(《阳关》)

这一例导游词，先是以说明为主，介绍阳关的地理位置、得名原因、治所历史以及险要地势与战略地位。然后对阳关的“险要地势”“战略要地”“重要关隘”“重要关口”“敦煌八景之一”等进行议论评析，解释说明与议论评析相辅相成，具有较强的说服力。

(二)结构相对完整性

导游词的结构相对完整性，是指有关特定景区全局的导游词或只涉及某一特定景点的导游词在结构上相对完整。大多包括称谓语、开场白、正文、结束语等部分。

导游词结构的各个部分之间、部分与整体之间具有内在联系和外部形式的统一。其相对完整的结构是导游词谋篇布局的手段，也是直接运用讲解材料反映讲解主题、布置讲解内容的载休。

下面以开场白、正文、结束语等部分为例加以说明。

1.开场白

(1)开场白的作用

导游词中，在称谓语之后，一般情况下都要有一段开场白。导游词中的开场白具有导通连接双方关系、承上启下、蓄势待发、使导游讲解顺利进行的重要作用。

(2)开场白的类型

开场白的类型，从表达功能角度划分，可以分为接团开场白和景区或景点讲解开场白两类；可以分为完整式和简略式两类。完整式开场白大致包括问候、寒暄、自我介绍、欢迎、良好祝愿、明确游览目的等内容；简略式开场白至少要有问候、明确游览对象两项。从游览过程角度划分，有预设开场白和现场开场白两种。从表达角度划分，有叙述式开场白和抒情式开场白两类。请看用例。

女士们、先生们：你们好！欢迎您光临天坛。(自我介绍之后)非常高兴能有机会陪同各位一道欣赏领略这雄伟壮丽、庄严肃穆的古坛神韵。让我们共览这“人间天上”的风采，共度一段美好的时光。

这一例是比较完整的导游讲解现场叙述式开场白，包含了问候、欢迎、自我介绍、祝愿、游览目的等诸多内容。

2. 正文

正文是导游词中的主体部分，在导游词创作中这一部分需要重点经营。其创作既要遵循创作的一般规律，又要注意把握导游词创作的特殊规律。一般来讲，导游词创作至少要达到下列要求：提炼主题，准确恰当；突出重点，个性鲜明；适当发挥，自如征引；熟悉政策，尊重习俗。

（1）提炼主题，准确恰当。导游词正文是其主题的主要载体。一篇导游词总是针对某一特定景点或景观而创作的，而特定景点或景观的游览内容往往十分繁复，这样就要根据具体情况或特定要求提炼或主或次主题。具体陈述见“第四节导游词表达基本要求”的“注重主次主题的挖掘与深化”。

（2）突出重点，个性鲜明。一篇导游词中的重点是有层次的，特定景观的特色，即个性，就是导游词重点，必须得到显明突出。可以说，特色和个性是旅游景观的生命，特色和个性越鲜明，游览价值就越高，文化地位就越稳固。所以，在导游词创作中一定要注意挖掘特定旅游景观的特色和个性。如果把握准确，挖掘深刻，视角新颖，表达巧妙，就往往会成为一篇导游词中的亮点，使导游讲解上升到一个新的意境，使游客因受到特定启示而产生一种深刻的文化的顿悟。

例如，北京故宫的导游词宜较为全面地突出其“世界上最大的古代木结构宫殿建筑群”“中轴对称、左祖右社的建筑格局”“左祖的位置现在是什么”“右社的位置现在是什么”等。其实故宫导游词有很多版本，但却没有一个版本能把故宫的各个特点进行比较全面的总结与发挥。再如长城，需重点强调其军事防御功能等。再如宗教寺庙，除挖掘一定的宗教文化价值、建筑艺术特色外，还要重点挖掘一些其他寺庙所不具备的特色。此外，在突出主重点的前提下，还要注意把握并安排好次重点。次重点也是导游词的有机组成部分，可以按照游览路线或游览顺序一一分别展开，做到层次清楚，详略得当，布局合理。

（3）适当发挥，自如征引。在导游词中，可以依据相关资料或具体内容进行征引或插叙或发挥。如征引，就是结合具体讲解内容，根据讲解的需要，进行来源、出处、史料以及相关提法、相关知识等方面的旁征博引，以使解说具有较强的说服力。再如插叙，是使用叙述性语言，利用包含在游览内容之中的神话故事、民间传说、历史掌故、风土人情等素材，在导游讲解中进行巧妙的穿插与发挥，使讲解内容更加具有感染力。再如发挥，是对蕴含在游览景观中的道理或情理进行引申。如：

景泰蓝又名珐琅，是北京的传统工艺品之一，是用细扁铜丝在铜胎上掐成各种富于民族风格的图案花纹，充填珐琅质的色釉烧制，然后磨光，镀金而成。……明景泰年间（1450—1457年），景泰蓝工艺得到了高度发展，艺术手法、制作技术质量等方面都有新的提高。器物造型仿瓷器和古铜器，制品端庄古雅，规模远远超过前代。……由于景泰蓝初盛于明朝景泰年间，这一时期的工艺品制作的数量多，技艺精美，制品又大多以质地纯真犹如宝石一般的蓝釉作地，根据这些特色，这种工艺品就被称为景泰蓝。

这一例是对景泰蓝的名称来源进行征引，使游客对景泰蓝名称的由来原因印象深刻。

(4)熟悉政策，尊重习俗。熟悉政策，是要求导游词创作人员以及讲解人员对国家的一系列法律、法规，特别是旅游法规要有相当的了解；对与旅游有关系的各项政策也要有一定的把握能力；对一些事物的看法以及一些观点的阐述要采用一般性的意见，切忌主观盲目评论，武断置词。

尊重习俗，是指在针对风土人情或少数民族风情进行介绍的导游词中，对特定的风俗习惯要给予充分的尊重，不能随意进行长短优劣的评论。如果评论，也只能采用有定论的看法或大家都能接受的观点。

3. 结束语

导游词的结束语具有总结游览内容、突出强调游览要点、表达对游客的依依惜别之情的作用。恰当的结束语往往能够画龙点睛，情趣横生，给游客留下无限的回味余地。

结束语可以分为送团结束语和景区或景点结束语两类。其内容大致包括感谢、征求意见或建议、总结游览内容、追问游客感想、祝愿、再次相约、与游客约定集合时间等。这些内容不一定全部具备，可根据具体情形进行增减裁夺。如：

南华寺已经游览完了，诸位朋友发现南华寺与一般寺庙的不同之处了吗？(留下时间给游客自由回答，让游客畅所欲言，导游再做总结)大家都说了很多，看来都不枉此行了，因为大家已经找到了答案。那就是：第一，南华寺阶梯式沿山而建的建筑形式与众不同；第二，除了供奉释迦牟尼之外，南华寺还供奉着中国佛祖——禅宗六祖慧能大师的真身。各位游客，今天有机会为大家服务，用佛家的话来说就是有缘，据说凡是缘分都得之不易，所以我很高兴，也很珍惜，在以下的行程里我一定尽心尽力地为大家服务。最后，非常感谢各位这么认真地听我讲解，现在我们告别南华寺，到下一个景点参观。(《韶关南华寺》)

这一例通过发动游客参与讲解总结南华寺的特点，突出强调游览内容，并且信手拈来地点出佛家的缘分之说。结束语表达了与游客幸运相识的拳拳之情，具有较强的感染力。

第三编
旅游文学

第一章

旅游文学知识

第一节 旅游文学概述

旅游文学是对旅游资源中的自然美、艺术美、人文美的综合呈现，其中既包括对地文景观、水域风光、生物景观、天象与气候景观等自然旅游资源的反映，还包括对遗址遗迹、建筑与设施景观、旅游商品景观、人文活动等人文旅游资源的写照，是旅游观赏过程中的有机组成部分，对促进旅游业的发展具有重要意义。

一、文学与旅游文学的含义以及二者的关系

文学指用语言塑造形象以反映社会生活，表达作者思想感情的艺术。是一定社会生活在人们头脑中的反映的产物。旅游文学是文学的一个分支，“旅游文学”这一概念是20世纪80年代初提出的，关于其含义，目前学术界还没有统一的定义。大体来说，旅游文学是指反映旅游者的旅游生活，从旅游观赏的角度描述旅游对象，通过对山川风物等自然景观以及文物古迹、风俗民情等人文景观的描绘，表现旅游过程中的所见、所闻、所思、所感的文学。

二、旅游文学的产生

人类社会发展到一定阶段，旅游才会产生。旅游活动是旅游文学产生的基础。旅游文学是随着文学发展到一定时期，随着旅游生活的展开而萌芽、发展、成熟的，经历了一个漫长的孕育过程。

在《穆天子传》中，有关于公元前1000年左右的周穆王西游路线和故事的记载：

季夏丁卯，天子北升于舂山之上，以望四野，曰：“舂山，是唯天下之高山也……舂山之泽，清水出泉，温和无风，飞鸟百兽之所饮食，先王所谓县圃。”

虽说周穆王行程三万五千里的记载真实性存疑，穆王会见西王母也带有神话性质，但其中已经涉及与春山景色有关的游赏活动。

《论语·先进》中：

莫春者，春服既成，冠者五六人，童子六七人，浴乎沂，风乎舞雩，咏而归。

这段描写，抒发了春日出游的感受及逍遥自在的生活理想，充满诗情画意。

《论语》中还记载了孔子的“山水比德”观念：

知者乐水，仁者乐山。(《论语·雍也》)

孔子看重山水所体现的精神气质，他从中发现了山水与人的契合之点，并认为人可以从中得到启迪、陶冶性情，使人格美和自然美高度契合。“山水比德”说对大自然的审美认识强调道德价值、情感价值、理性价值，在中国文化史上产生了很大影响。

《诗经·郑风·溱洧》描绘了三月三上巳节的游春盛况，男女青年也借此互诉衷曲，具有了旅游文学的雏形：

溱与洧，方涣涣兮。士与女，方秉蕑兮。女曰观乎？士曰既且。且往观乎？洧之外，洵訏且乐。维士与女，伊其相谑，赠之以勺药。

溱与洧，浏其清矣。士与女，殷其盈矣。女曰观乎？士曰既且。且往观乎？洧之外，洵訏且乐。维士与女，伊其将谑，赠之以勺药。

在《楚辞》中，有大量自然景物的描写，但即便其中有“行旅”的成分，还谈不上真正意义上的旅游活动。

从总体上来看，先秦两汉时期，旅游观赏一般还只是作品中的一个组成部分，还不算是成熟的旅游文学作品。山水主要是抒情言志的手段。在这一发展过程中，人们的旅行活动逐渐进入文学的描述范畴，游赏的成分逐渐增加。建安十二年（207 年）曹操所作《观沧海》被认为是中国现存第一首完整的山水诗。到魏晋南北朝时期，旅游文学才真正产生并日臻成熟。

三、旅游文学的主要发展阶段

(一)诗

1. 魏晋南北朝：形成阶段

旅游文学的产生有其思想背景。汉武帝推行“罢黜百家，独尊儒术”的文化政策，之后党同伐异之弊显现。东汉末年又发生党锢之祸、军阀混战，儒家“三纲五常”教义维持的秩序被打破，士人们因此怀疑儒家文化的现实价值，转而向道家文化找寻安身立命之道，遁世、远祸、清谈的结果形成了风靡魏晋思想界的玄学。魏晋玄学以老、庄、易为思想源泉，以无为适性为理论指南，以自然与名教的关系为研究主题，其人格理想的本质特征是：以超脱世务为表征，以满足内心为旨归，以审美愉悦为实质。这种审美型理想人格的出现和确立，成为“魏晋风度”的核心。乱世而求全生，这种紧迫的人生需要是魏晋玄学风靡天下的心理基础，玄学的风靡，在文学上表现为玄言诗大行其道，而山水诗就是脱胎于玄言诗。山水自然被看作自然无为的理想人格的象征，文人们为庄子的“逍遥游”理想落实了现实的场所——自然，人与大自然空前亲和，自然山水成了文人的精神家园，于是山水诗大行于世。

魏晋南北朝时期是旅游文学的形成阶段。山水旅游诗的创作以谢灵运（也称“大谢”）、谢朓（也称“小谢”）为代表。谢灵运大力模山范水，力求从山水中发现理趣，成为山水诗开山之祖。如《石壁精舍还湖中作》，紧扣题中的“还”字，写一天的行踪，从石壁游览的乐趣，写到归来时所见晚景，最后写从一天游览中得到的理趣。脉络井然，诗熔情、景、理于一炉，前两层虽是写景，但皆能寓情于景，景中含情。《登石门最高顶》描写石门风光，表达自己隐居独赏的心态。整首诗分三个层次，第一层点题，写晨登夕栖。第二层写宿山之所见、所闻。第三层即景抒情，结出诗旨。他的山水诗富丽精工，开创了山水旅游文学的新天地。

南齐诗人谢朓是继谢灵运之后又一位山水诗人。他的诗模山范水，抒情写意，以清新简约的文笔洗去大谢繁缛精丽的词采，创出不同于谢灵运的清丽山水。南齐明帝建武二年（495 年）的春天，谢朓出任宣城太守，从金陵出发，溯流而上，写下了《之宣城出新林浦向板桥》。诗中用清淡的水墨染出了一幅长江行旅图，“天际识归舟，云中辨江树”，隐隐离舟、淡淡江树中，融入了对故乡的无限怀恋之感，情韵无限。谢朓之后的唐代山水诗景中情、情中景的融合，提供了成功的艺术经验。谢朓出任宣城太守时还作有《晚登三山还望京邑》，“余霞散成绮，澄江静如练”是其中的名句。李白赞叹谢朓“蓬莱文章建安骨，中间小谢又清发”（《宣州谢朓楼饯别校书叔云》，一作《陪侍御叔华登楼歌》），“解道澄江净如练，令人长忆谢玄晖”（《金陵城西楼月下吟》）。

2. 唐代：鼎盛阶段

唐代是山水旅游诗发展最辉煌的时期，各个阶段名家辈出，表现出不同的特点和成就。

“初唐四杰”初步摆脱了南朝诗风的影响，扩大了山水旅游诗的表现范围，显示出开阔的情思，富于神韵和意境。如王勃《山亭夜宴》写秋夜自然景色，写景细腻逼真，回味悠长。

盛唐时期是山水旅游诗发展的高峰，出现了大量的名家名作。孟浩然是盛唐山水旅游诗的代表作家之一。他的诗和谐、自然、朴素，具有独特的情韵美、意境美。如《晚泊浔阳望庐山》："挂席几千里，名山都未逢。泊舟浔阳郭，始见香炉峰。尝读远公传，永怀尘外踪。东林精舍近，日暮空闻钟。"未做具体、清晰的勾画，却创造出能引起读者想象和回味的意境。

盛唐山水旅游诗的另一位杰出代表是王维。王维精通音乐，又擅长绘画，在描写自然山水的诗里，创造出"诗中有画"的境界。如《山居秋暝》描绘了秋雨初晴后黄昏时分山间的旖旎风光，表现了诗人寄情山水田园、怡然自得的满足心情："空山新雨后，天气晚来秋。明月松间照，清泉石上流。竹喧归浣女，莲动下渔舟。随意春芳歇，王孙自可留。"《终南山》从远景到近景，写山之高远以及山行之所见，极富意蕴："太乙近天都，连山到海隅。白云回望合，青霭入看无。分野中峰变，阴晴众壑殊。欲投人处宿，隔水问樵夫。"《汉江临泛》描绘苍莽的湘楚平野和浩瀚的汉江："楚塞三湘接，荆门九派通。江流天地外，山色有无中。郡邑浮前浦，波澜动远空。襄阳好风日，留醉与山翁。"通过错觉的描写，展示汉江浩荡宽阔的景象，实中有虚，虚中有实。

李白"一生好入名山游"（《庐山谣寄卢侍御虚舟》）。他的山水旅游诗有着丰富的想象，大胆的夸张，清新自然的语言，放浪纵恣的风格。大自然的壮大、雄奇在他的诗歌中有最鲜明的体现。他写庐山和长江是："登高壮观天地间，大江茫茫去不还。黄云万里动风色，白波九道流雪山。"（《庐山谣寄卢侍御虚舟》）写黄河是："西岳峥嵘何壮哉，黄河如丝天际来！黄河万里触山动，盘涡毂转秦地雷。荣光休气纷五彩，千年一清圣人在。巨灵咆哮擘两山，洪波喷箭射东海。"（《西岳云台歌送丹丘子》）都非常有气魄。

杜甫虽不似王维、孟浩然以山水旅游诗著称，但他的山水旅游诗在数量和质量上仍占有一席之地。杜甫将更丰富的社会生活及儒家精神融入山水诗，拓展了山水旅游诗的题材和内涵，风格沉郁顿挫。如《蜀相》和《登岳阳楼》，都是这方面的代表作。

中唐时期也是山水诗的繁荣时期。韦应物的《滁州西涧》等作品在清淡空明方面接近王维、孟浩然，而在表现寂寥冷落、形成清雅高古的情调方面又自成一派。白居易、元稹等人的诗歌以通俗的语言绘山绘水，虚实相生，有着亲切的美感。韩愈、孟郊等人善于描写山水或奇绝或险怪的特色，在艺术上有新的探索。处于同时期的刘禹锡、柳宗元的山水旅游诗作也各有特色，柳诗常于山水之景中表达孤独高傲之情。

晚唐时期，受时代氛围的影响，山水旅游诗的作者不再能发出高亢激昂的"盛唐之音"。杜牧、李商隐、温庭筠、许浑、皮日休、韦庄等人以各自的风格延续着山水旅游诗的创作。

3. 宋代：开拓创新阶段

就题材和内容看，宋代山水旅游诗较唐代有所发展。宋人的山水旅游诗多借写新奇秀美的景致，表达自己的哲理体验与审美感悟，开辟了新的艺术境界。如苏轼就是其中的大家，他“身行万里半天下”（《龟山》），每到一处“且餐山色饮湖光”（《浣溪沙·九月九日二首（其一）》），写山水游赏的诗作颇多，以生动的形象传达独特的思考，表现自由潇洒的精神，体现出对自然的妙悟和与山水的契合。如《题西林壁》：“横看成岭侧成峰，远近高低各不同。不识庐山真面目，只缘身在此山中。”由庐山变化多姿的面貌说开去，借景说理，体现出浓厚的理趣。

4. 明清：发展后期

明清时期，高启、顾炎武、王士祯、陈维崧、朱彝尊、袁枚、赵翼、蒋士铨等作家钟情山水、寄情山水，既表达了对自然山水的热爱，也体现了对人生的感悟和对社会现实的深刻思考。他们的作品或寄寓兴亡之叹，或独抒“性灵”，把游览山水当作个人的审美活动，率真自然地表达自己的真情实感，表现了独特的山水情趣。这些成就，使山水旅游诗呈现出“中兴”的景象。

（二）词

1. 唐代：形成期

唐代山水词中，张志和的《渔歌子》（西塞山前白鹭飞）塑造了洒脱自适的渔夫形象，是其中的佳作。山水、白鹭、桃花，景色如画，相映成趣，境界悠远。白居易的《忆江南》组词分别吟咏江南、杭州和苏州，也是脍炙人口的名作。

2. 宋代：发展、成熟期

山水旅游词在宋代得到发展。如柳永积极开拓山水旅游词的题材范围，突出地体现在对都市风光和城市风物的描绘上，如他咏杭州的《望海潮》（东南形胜）是流传已久的名作，其他如咏汴京的《木兰花慢》（拆桐花烂漫），咏扬州的《临江仙》（鸣珂碎撼都门晓），咏苏州的《瑞鹧鸪》（吴会风流），咏成都的《一寸金》（井络天开）等，也都能够将“承平气象，形容曲近”（陈振孙《直斋书录解题》）。苏轼是山水词大家，除了《念奴娇·赤壁怀古》等代表作外，他在山水田园词的创作方面也有突出成就。如作于徐州的《浣溪沙·徐门石潭谢雨道上作五首》，作于海南的《减字木兰花·立春》等，描写村野风光，表现质朴的农家生活，表达对百姓甘苦的关切，意蕴丰富而深远。

3. 明清时期：进一步发展期

明清山水旅游词的创作以吴伟业、朱彝尊、陈维崧、纳兰性德等为代表，特色鲜明，风格各异，时而带有历史的沧桑和厚重感，别具韵味，为山水旅游词的发展增添了新的时代光彩。

(三)游记

游记属于散文的一种，是记述山川景胜之文。它以生动的描写，记述旅途中的见闻，展现某地的山川景物、名胜古迹、风土人情、社会生活、政治生活等，并表达作者的思想感情。

在汉魏以前的散文中，并不是没有对自然景物的描写，如作于战国时期至西汉初年的《山海经》中，有带一定神话色彩的对大自然的描述。但景物描写只是作品内容的附庸，并没有真正独立、完整的游记散文。

1. 汉魏六朝：初创时期

中国的游记初创于汉魏六朝时期。

汉代辞赋中出现了模山范水的段落。如枚乘《七发》中观涛一段："其波涌而云乱，扰扰焉如三军腾装；其旁作而奔起也，飘飘焉如轻车之勒兵。"可以与宋代周密的《观潮》对读，看出其铺张扬厉的手法对后世游记的影响。东汉马第伯《封禅仪记》记录作者随汉光武帝登泰山行祭天大礼的仪式，其中有对山势险峻、山行艰难的生动反映。

魏晋南北朝时期，时世动乱，政权更迭剧烈，文人多移情于山水，游记开始产生。这时大量出现记写山川胜景的书信。鲍照的《登大雷岸与妹书》描写作者途经大雷岸和庐山等地时所见自然景色和内心感受，文章色彩瑰丽，笔力矫健雄奇，情意酣浓。吴均的《与朱元思书》(一作《与宋元思书》)、陶弘景的《答谢中书书》文辞清丽、风格淡雅，影响了后代的山水小品。魏晋士大夫为全身远祸，除纵情山林外，还喜谈玄说理，这种风尚也波及山水游记。东晋孙绰的《游天台山赋》、王羲之的《兰亭集序》在写景中寄寓玄理。作为地理学著作，郦道元的《水经注》也有精彩的山川描述。其博采兼载的内容体例，为陆游《入蜀记》、徐弘祖《徐霞客游记》提供了借鉴。南北朝时期，佛教大盛，北魏杨衒之作《洛阳伽蓝记》，历叙洛阳佛寺兴废经过，兼及风俗景物、人物故事，描写细致生动。

总的来说，这一时期的作品还带有初创阶段的痕迹，但已为后世的游记发展奠定了基础。

2. 唐代：成熟期

游记趋于成熟是在唐代，在内容的抒写和文体表现的探索方面趋于完善，在思想内涵、艺术手法等方面表现出丰富性、创新性。

有些游记以意境优美清新取胜。如王维的《山中与裴秀才迪书》写蓝田辋川景色，闲适宁静，与他的诗歌一样富于画意："北涉玄灞，清月映郭。夜登华子冈，辋水沦涟，与月上下。寒山远火，明灭林外。深巷寒犬，吠声如豹。村墟夜舂，复与疏钟相间……当待春中，草木蔓发，春山可望，轻鲦出水，白鸥矫翼，露湿青皋，麦陇朝雊。斯之不远，倘能从我游乎？"

有些游记寄托了较浓郁的现实情结。如柳宗元因积极参加王叔文集团的"永贞革新"而遭贬永州。在永州期间，他探幽览胜，以敏锐的观察力，刻画永州地区的山水，创作了古代游记中的珍品——"永州八记"。这八篇包含一定连续性的记游之作，以简洁清隽的语言，描摹了他被贬永州司马期间，所到西山、钴鉧潭、袁家渴等处的奇山胜水，并透露出独特的身世遭遇和心境。柳宗元写景状物，善于精雕细刻，绘声绘色，动静互见，虚实相间，生动传神。再如元结的《右溪记》，记叙了在道州刺史任上对道州城西一条风景秀丽的小溪加以整治的前后经过，状物记事的同时，蕴含了感慨人生、体恤民生的深远情思。情景交融，形神俱备。白居易被贬后作《三游洞序》，借三游洞长期不为人所知的状况，抒写怀才不遇的感叹。作者用一连串贴切的比喻描写怪石奇水，使景观生动逼真。

3. 宋代：发展期

与唐代相比，宋代游记有了新的发展，开始出现了借景说理、借景议论的倾向，名家荟萃。唐代诗歌重"兴象"，以富于艺术想象和饱满的感情见长，唐代游记的浓厚的抒情性即与此相关。而到了宋代，在诗歌创作中往往有议论化的倾向，以富于"理趣"见长，这一变化也影响了游记的面貌。

范仲淹《岳阳楼记》是叙事、写景、议论、抒情融合的典范，通过写景状物，表达了"先天下之忧而忧，后天下之乐而乐"的"仁人之心"。欧阳修《醉翁亭记》将与民同乐、乐民所乐才是最大乐事这一思想寄寓于写景记游中。王安石《游褒禅山记》从入山探洞写起，借题发挥，包含了治学乃至从事任何事业都应不畏险远、全力以赴的深刻道理，启人深思。苏轼《石钟山记》通过作者探访石钟山奥秘的经过，表达了对获得真知途径的认识。这些游记以议论得当、说理透彻取胜，而且理从景出、理从情出，理趣生动、情景俱佳。

南宋时期，日记体游记数量猛增，不乏质量上乘之作。陆游的《入蜀记》，范成大的《吴船录》，王质的《游东林山水记》，将一路风光按行程、游踪逐日记下，既有文学性，又包含着史料价值。

4. 明清：繁荣期

明清时期是游记文的繁荣期。作品丰富，流派众多。各派的游记风格往往与其文学主张相关，是明清游记文学的特点。明代复古派王世贞《张公洞记》

语言省净，句法古朴，不事雕琢。唐宋派归有光的《宝界山居记》直抒胸臆。主张“独抒性灵”的公安派袁宏道的《虎丘记》《满井游记》个性突出。竟陵派钟惺的《浣花溪记》幽深孤峭。张岱的《西湖七月半》《湖心亭看雪》笔触精致，意境明净，是晚明山水小品的代表作。徐弘祖历时三十年左右，遍游名山大川，后人将其篇幅宏大的旅游日记辑为《徐霞客游记》，是继《水经注》之后地理著作的高峰。清代神韵派王士祯的《登燕子矶记》写出了金陵燕子矶的气势和性格。朱彝尊的《游晋祠记》旁征博引，显示了其学者之长。性灵派袁枚的《游桂林诸山记》中表现出追求自由的倾向。桐城派姚鼐的《登泰山记》雅正严谨。阳湖派恽敬的《游庐山记》布局讲究，状物生动，富于情趣。清末龚自珍的游记则反映出鸦片战争前后的现实，政论性很强。如《己亥六月重过扬州记》即表现出变革现实的强烈愿望。他的很多游记，反映了社会变革的要求，也体现出对游记思想内容的创新，开辟了近代游记的新阶段。林纾的《记九溪十八涧》《游栖霞紫云洞记》是近代游记中的名篇。

（四）楹联

楹联源于对偶语言艺术和古代桃符悬挂形式，是具有中国传统文化特点的艺术形式，多悬挂、张贴或镌刻在自然山川和人文胜境中的楼、台、亭、阁、殿、堂等的楹柱、门户、墙壁或摩崖石壁上，描绘山水景物、抒写山水情怀及山水审美体验，往往集优美的文辞意境、精湛的书法镌刻艺术于一体，与环境美景交相辉映、珠联璧合。

1. 先秦至唐代：孕育期

秦代以前，中国民间已有悬挂桃符的习俗，将传说中的降鬼之神“神荼”和“郁垒”的名字分别书写在两块桃木板上，悬挂于左右门上，来驱鬼压邪。这种习俗持续了1000多年。

隋唐时期，随着格律诗的成熟，诗人们对对句倾注了很大的热情，形成“摘句欣赏评品”的时风，比如宋之问的“楼观沧海日，门对浙江潮”，李白的“三山半落青天外，一水中分白鹭洲”，杜甫的“三顾频烦天下计，两朝开济老臣心”等，都是脍炙人口的著名对句，也是描写风景、古迹的名联。在诗人们的参与下，楹联艺术基本孕育成熟了。

五代时，人们开始在桃木板上题写联语。原来驱魔除鬼的字牌，就变成一种用来表达某种主题思想的特殊文体。因为多用于春节，表达人们除旧迎新的喜悦与期盼，所以被称为春联。后蜀君主孟昶令学士辛寅逊题桃符板于寝门，题曰“新年纳余庆；嘉节号长春”，是中国现在已知最早的一副春联。由于春联的出现和桃符有密切的关系，所以古人又称春联为“桃符”。后蜀时期描述御花园百花潭的“十字水中分岛屿；数重花外见楼台”是流传下来的最早题写园林景物的楹联。

2. 宋元：发展期

宋元时代，楹联的应用范围逐渐扩大。不仅在新年，友人之间的日常交际也经常用到楹联，张贴楹联成为习惯。王安石《元日》一诗中写道：“爆竹声中一岁除，春风送暖入屠苏。千门万户曈曈日，总把新桃换旧符。”描绘了家家户户挂桃符、喜过新年的景象。赵庚夫《除夕即事》说：“桃符诗句好，恐动往来人。”说明当时楹联的普遍性。题联的范围也有所扩展，楹联普遍成为名胜古迹、寺院道观不可缺少的装饰品。著名文人王安石、苏轼、朱熹等都写有不少楹联。北宋元符三年（1100 年），苏东坡被贬到海南儋州，途经广州真武庙题联：“逞被发仗剑威风，仙佛焉耳矣；有降龙伏虎手段，龟蛇云乎哉。”这副楹联赞叹道教所信奉的真武君的雄姿，抓住塑像的外在和内在特征，写来生动豪迈，栩栩如生。朱熹为福建漳州开元寺书舍所题“鸟识玄机，衔得春来花上弄；鱼穿地脉，挹将月向水边吞”，运用拟人和象征手法，阐明哲理，启迪士子，是联语、意境俱佳的山水名胜楹联。尤其是用上联的一个“弄”字与下联的一个“吞”字相对，把鸟在花木间戏耍、鱼在水中遨游的情景描绘得活灵活现。

到了元代，由于异族统治，汉族文人地位较低，楹联的创作较之前朝显得冷落，流传下来的作品不多，但也有佳作出现。像赵孟頫题西湖灵隐寺联“龙涧风回，万壑松涛连海气；鹫峰云敛，千年桂月印湖光”，对仗严谨。“连”“印”二字，把处于灵隐山麓的灵隐寺前有冷泉亭和飞来峰的状貌特点描绘得层次分明，犹如一幅气势雄浑的山水画卷。

3. 明清：鼎盛期

明代上自君王将相，下至普通文人，皆好联语，出现了不少脍炙人口的名联佳对。明太祖朱元璋非常喜欢写楹联，下诏令要求家家户户在春节时张贴春联，极大地推动了楹联的发展。后来解缙、祝允明、文徵明、唐寅等江南才子，又把楹联推向了一个新的高潮。

清代出现了郑燮、纪昀、何绍基、梁章钜、彭玉麟、林则徐、张之洞、谭嗣同、章太炎、康有为、梁启超等一批撰联高手，以春联、寿联、挽联、门联、厅联、名胜联、商业联、游戏联等为形式的楹联文化已成为社会生活的组成部分。楹联内容的范围逐渐扩大，凡是记述、抒情、议论都可入联，在楹联的数量、质量和种类上，也都超过了前代。文人学士以楹联赠答，用楹联做文字游戏，成为一时风尚。如彭玉麟的《广州镇海楼联》：“几千劫危楼尚存，问谁摘斗摩霄，目空今古；五百载故侯安在？只我凭栏看剑，泪洒英雄。”描写了镇海楼雄镇海疆的雄伟气势，吊古抒怀，看剑伤今，赞古人的凌云壮志，表达对国事的牵挂和神伤，其无奈的悲壮与凄凉淋漓尽致地传达出来。慷慨悲壮，撼人心弦。

再如左宗棠题乌鲁木齐昭忠祠的楹联："日暮乡关何处是；古来征战几人还。" 此联为集唐诗句。上联集崔颢《黄鹤楼》句："日暮乡关何处是？烟波江上使人愁。" 下联集王翰《凉州词》句："醉卧沙场君莫笑，古来征战几人回。" 乌鲁木齐的昭忠祠是入疆作战的湘军将领刘锦棠为收复新疆的死难将士所建，建好以后请左宗棠撰联。左宗棠集唐人诗句，将沙场将士们忠心报国、慷慨赴死的勇敢无畏精神和他们思念家乡亲人的情感淋漓尽致地表达出来。其中也能品读出左宗棠年迈戍边、为收复失地殚精竭虑，对来自家乡湖南的子弟兵赴疆作战的牵挂和神伤。此联上下两联都是疑问句，不但强化了对作者情怀的表现，也加深了读者的共鸣。

这个阶段出现了前所未有的长联形式，比如孙髯所撰《滇池大观楼联》开长联之先河，被誉为 "古今第一长联"。随着楹联的兴盛和发展，还出现了一些汇集、研究楹联的专家学者著作，比如梁章钜在楹联的创作、研究方面贡献颇大，被视为楹联学开山之祖，他的《楹联丛话》，给后人留下了宝贵的资料。

（五）碑铭

1. 先秦时期

刻石的碑文，是从商周时期铸器刻字转化来的。春秋战国时期，刻石遗留较少，多在钟鼎器物上铸字以歌功颂德，处于偏僻之地的秦国留下了石鼓文。

石鼓文，是中国现存最早的刻石文字。石共 10 枚，形状似鼓，唐初发现于陕西凤翔，每石各刻有一首四言诗。由于形状接近于碣，记述的又是帝王狩猎之事，唐初学者称其文字为 "猎碣文"。而绝大多数金石学家因为它们形状更似鼓，便称作石鼓文。石鼓文是中国碑刻的鼻祖，是传世石刻的第一古物。石鼓文字体为秦始皇统一以前的大篆。从书法上讲，石鼓文凝重而不失流畅，浑厚而不失挺拔，起笔、收笔又都是藏锋，用笔有一种雍容大度、端庄稳重的气象。

2. 秦汉时期

秦始皇统一中国后东巡，喜刻石以记功颂德。当时曾刻石七块，名为《峄山刻石》《泰山刻石》《琅琊刻石》《芝罘刻石》《碣石刻石》《东观刻石》《会稽刻石》。刻石所用字体都是秦代小篆，相对于大篆，离象形的意味已越来越远，引线更加抽象、凝练，在圆浑流畅中又表现出刚劲沉涩。现存原刻石仅有《泰山刻石》（旧时立在泰山岳顶的玉女池上，后放到山下岱庙）、《琅琊刻石》（原存于山东诸城的海神庙内，后移至北京，藏于原历史博物馆，现中国国家博物馆）两块，也已成残骸。其他五石在唐以前就已亡佚。这七方刻石的形制为碣。

碣的形状是上小下大，上圆或上锐，下平，周身为圆。也有的是椭圆或方圆，文字环刻于周身。

和东汉相比，西汉刻石还不盛行，至今所发现的刻石都较小，字体也大多沿用篆书。但由于隶书已深入人心，所以汉代刻石的篆书也具有隶书的意味，较为方正简约，如《群臣上寿刻石》《五凤刻石》（现存于山东曲阜孔庙）。作为隶书，西汉最有名的刻石是《麃（biāo）孝禹刻石》，因其已有碑的形制，亦称《麃孝禹碑》（现存于山东省博物馆）。

东汉时期，刻碑形成风气，现今传世的东汉碑刻多达数百种，如《三老讳字忌日记》《石门颂》《曹全碑》（现存于西安碑林）《张迁碑》等，呈现出多种风貌。但总的来说，风格多样的东汉碑刻整体上呈现大气磅礴的气象，显示着东汉隶书登峰造极的辉煌。

3. 魏晋南北朝时期

魏晋统治者一直不提倡树碑，所以和汉朝相比，碑刻数量大大减少。至今发现的南朝碑刻也十分稀少。而北朝无此禁忌，出现了被后世誉为“北碑”的碑刻艺术的又一高峰期。

从碑铭的书法角度看，魏晋南北朝是中国历史上书法发展的自觉时期。楷书在隶书的基础上完全成熟，形成了与汉石刻隶书并称的北朝石刻楷书的高峰。

北朝书法在形制上主要分为摩崖、碑版、造像和墓志四大类。《石门铭》（现存于汉中博物馆）是北魏摩崖的名作。魏碑中最为著名的有《张猛龙碑》（现存于山东曲阜孔庙）。此碑冷峻刚健，在魏碑中地位很高。魏碑中造像以洛阳龙门石窟最为著名。造像本是为祈佛保佑的佛事，造像题记本是为记载造像佛事的缘由，却为后世留下了率意、大气、古朴的书法艺术遗产。《孙秋生造像》《始平公造像》《杨大眼造像》等是其中的代表作。北魏墓志石刻现多藏于洛阳博物馆和西安碑林。《元桢墓志》（现存于西安碑林）等是北魏较有影响的墓志。

4. 隋唐时期

隋朝碑刻与北魏一脉相承，但已表现出南北兼容的趋势。《龙藏寺碑》（现存于河北正定）是隋碑中的代表作，在用笔上既有魏碑的方峻劲挺，也有南朝书风的温文尔雅，字体统一规整，刻工较为精细。

唐代碑刻灿若群星，行楷皆有。欧阳询书《虞恭公温彦博碑》（现存于陕西醴泉昭陵），褚遂良书《雁塔圣教序碑》（现嵌于大雁塔底层南门门洞两侧的两个砖龛中），颜真卿书《多宝塔感应碑》（现存于西安碑林），柳公权书《玄秘塔碑》

（现存于西安碑林）等在书法艺术及碑刻艺术史上都占有重要地位。

5. 宋元明清时期

宋元明清诸代，出现了众多既是书法家又是文学家的书碑者。韩琦书《韩恺墓志》（现存于河南安阳），欧阳修书《泷冈阡表》（现存于江西永丰），苏轼书《表忠观碑》（现存于浙江杭州），黄庭坚书《七佛偈刻石》（现存于江西庐山），米芾书《文宣王赞碑》（现存山东曲阜孔庙），赵孟頫书《龙兴寺碑》（又称《帝师胆巴碑》，现存于北京故宫），《敕赐玄教宗传碑》（现存于江西贵溪）等，都是其中著名的作品。

第二节　旅游文学基础知识

要想成为一名高水平的导游，就应该具备丰富的旅游文学知识和较高的鉴赏水平，培养审美能力，增强表达能力，提升精神境界。导游服务是旅游服务的核心和纽带。在旅游活动中，导游起着向导作用。因此，导游应具备较高的综合素质。在其应学习、具备的诸多文化艺术修养中，旅游文学知识应是其中重要的部分。除了必须熟悉景点的地理特征、历史沿革、文化传统之外，导游还应掌握相关旅游文学知识，包括诗、词、游记、楹联，碑铭的含义、特点、分类、结构等，并能够分析相关作品。

一、诗

（一）含义

诗是文学的一大样式。它按照一定的音节、声调和韵律的要求，用凝练的语言、充沛的情感、丰富的想象，高度集中地表现社会生活和人的精神世界。

（二）特点

（1）凝炼性。体现在用高度概括的艺术形象、极其精炼的文学语词，最集中地反映社会生活和表达思想感情。

（2）跳跃性。诗在结构上具有突出的跳跃性特征。它遵循想象和情感的逻辑，又常常超越时间的藩篱、空间的鸿沟。

（3）节奏韵律性。在各种文学样式中，诗是最强调节奏性的。诗句中长短、强弱不同的音有规律地变化，形成起伏交替的节奏，促进情感的抒发和意境的创造。

（三）分类

中国历代诗歌从形式上可以分为三类：古体诗、近体诗和现代诗。

（四）结构

古体诗又称“古诗”或“古风”，是一种自由体或半自由体的诗，除了押韵之外不受任何格律的束缚，句数没有限定，不要求对仗，不讲求平仄，既可以押平声韵，也可以押仄声韵。

近体诗也称“今体诗”，同古体诗相对而言，是唐代形成并定格的律诗和绝句的通称，由南朝齐永明时沈约等讲求四声、八病等声律、对偶的新体诗发展而来。句数、字数、平仄、用韵等都有严格规定。

律诗是近体诗的一种，用韵、平仄、对仗，都有许多讲究。由于格律严密，所以称为律诗。律诗有以下特点：每首 8 句，五律共 40 字，七律共 56 字，每首超过 8 句者，则为排律；押平声韵，一韵到底，中间不换韵；律诗中两句相配，称为一联，分别称为首联、颔联、颈联、尾联。作为律诗，中间两联需要对仗，首尾两联不用对仗。颔联和颈联的上句叫作“出句”，下句叫作“对句”。

绝句即“绝诗”，也称“截句”“断句”，定格仅有四句，比律诗的字数少一半，故名。以五言和七言为主，简称“五绝”“七绝”。绝句有古绝、律绝两类。古绝可以用仄韵。即使是押平韵的，也不受近体诗平仄规则的束缚。律绝是律诗兴起以后才有的，古绝远在律诗出现以前就有了。律绝跟律诗一样，押韵限用平声韵脚，并且依照律句的平仄，讲究粘对。

现代诗一般不拘格式和韵律。

二、词

（一）含义

词是形成于唐代的文学样式，最初称为“曲词”或“曲子词”，这是由词的入乐性质而起的。由于它参差错落、长短不齐的句式特点，词又称“长短句”。又因为被视为诗的别体，也被称为“诗余”。

（二）特点

（1）词是依谱歌唱的，每首词都有一个表示音乐性的词调，每种词调都有特定的名称，叫做“词牌”。一首词一定有词牌，但是可以有表明词意的题目，也可以没有。词牌与题目用“·”隔开，有时还写上一段小序。

（2）不同的词调（词牌）在句数、每句的字数、平仄、用韵上都有相应规定及格式要求。

（3）词的句式参差不齐，基本上是长短句。

（三）分类

词按字数可分为小令、中调和长调三种。58字以内为小令；59到90字为中调；91字及以上为长调。最长的词达240字。

（四）结构

词一般分两段（分别叫做上、下片或上、下阕），也有少数不分段（称“单调”）或分两阕（片）以上的（称“三叠”“四叠”）。

三、游记

（一）含义

游记属于散文的一种，是记述山川景胜之文。它以生动的描写，记述旅途中的见闻，展现某地的山川景物、名胜古迹、风土人情、社会生活、政治生活等，以抒发作者的思想感情，表达一定的观点，抑或传播科学知识。

（二）特点

（1）以纪游为基础，在此基础上表达作者的思想感情或思考认识。

（2）以叙述和描写为基本表达方式。

（3）优秀的游记往往能折射出时代特征，体现出较深刻的社会意义或文化内涵。

（三）分类

根据题材内容，游记大体可分为以记录行程为主的记叙型游记，以抒发感情为主的抒情型游记，以描绘景物、景观为主的写景型游记以及通过记录游踪来讲述一个道理的说理型游记。

（四）结构

游记往往根据表达主题的需要，以时间的推移、地点的转换、思想感情的变化等来组织文章结构。也不乏以上几个方面综合表达的结构方式。

四、楹联

（一）含义

楹联也称对联，是写在纸、布上或刻在竹子、木头、柱子上的对偶语句。楹联对仗工整，平仄协调，是一字一音的中华语言独特的艺术形式。

（二）特点

（1）字数相等，断句一致。除有意空出某字的位置以达到某种效果外，上下联字数必须相同，不多不少。

（2）平仄相合，音调和谐。传统习惯是“仄起平落”，即上联末句尾字用仄声，下联末句尾字用平声。

（3）词性相对，位置相同。一般称为“虚对虚，实对实”，就是名词对名词，动词对动词，形容词对形容词，数量词对数量词，副词对副词，而且相对的词必须在相同的位置上。

（4）内容相关，上下衔接。上下联的含义应该相互关联，但又不能重复。

（三）分类

楹联文字长短不一，类型多样，根据语意关系，可分为正对、反对、串对（也叫流水对）等；根据用途，可分为春联、喜联、寿联、挽联、装饰联、行业联等。

（四）结构

对联的结构，即联句的搭配和排列，也就是上下联的文法结构必须相互照应，相互对称，即主谓结构对主谓结构，动宾结构对动宾结构，偏正结构对偏正结构等。

五、碑铭

（一）含义

碑铭，也叫碑文、碑志，指刻在石碑上的文辞。铭，是铭刻的意思。志，是记载、记录的意思。

（二）特点

（1）碑多立于庄重的场合，或记功颂德从而流芳千古，或刻石叙哀以志其勋，经过认真选石，借金石之坚美，以使勋德传布后世。

（2）碑文风格往往质朴凝重、用语典雅。

（3）具有重要的史料价值。

（三）分类

碑铭按照其内容和用途大致可以分为三种：记功碑、宫室庙宇碑和墓碑。

记功碑是记述功德的碑文，所以也称功德碑。如秦代李斯颂扬秦始皇功业所撰《泰山刻石文》，抑扬顿挫，铿锵有力，风格质朴、清峻，被鲁迅评价为“质而能壮，实汉晋碑铭所从出也”，对后世影响深远。

宫室庙宇碑也称作庙碑，是指在宫室、庙宇兴建、改建时，或为开山、浚河、筑池、修桥，建碑纪事而写的碑文。李世民御撰的《大唐三藏圣教序》是庙碑名篇。碑文记述了法门领袖玄奘法师取经宣教、百折不回的意志力，对于佛教的复苏和发展起到了极大的推动作用。

墓碑分为埋于地下的和立于地上的两种。前者称墓志铭，后者称墓表文。

韩愈的《柳子厚墓志铭》是墓碑名篇。文中记述柳宗元一生的行迹，称述了他的才学、文章、道德，并对柳宗元罹祸遭贬、备受排挤的坎坷经历深表叹惋，既栩栩如生地刻画了柳宗元的高风亮节，也鲜明地传达了作者本人的个性。

（四）结构

碑铭一般分为序文和铭文两部分。有韵的碑文叫做“铭”。

掌握关于诗、词、楹联、游记、碑铭等旅游文学的相关知识，是理解作品的基础。导游应能够了解、熟悉和掌握景点所涉及的旅游文学作品相关知识，运用生动、形象的语言及艺术化的手法向游客传达与旅游景点相关的作品特征，这样才能引导旅游者对胜迹有更深入的了解、更深刻的体会，使他们能够更好地欣赏自然风景、感受人文精华。如果导游对相关旅游知识知之甚少，则不可能带动游客去感知千姿百态的自然景观与丰富多彩的人文景观，进行高品位的旅游活动。

第三节　旅游文学的特征

政治性、审美性和知识性是旅游文学的主要特征。

一、政治性

旅游文学作品的政治性是旅游文学作品的灵魂，是作家的世界观、政治修养、思想倾向的反映。旅游文学作品在对自然景观和人文景观的描写中，反映了作家对于现实和生活的思考、认识，体现出鲜明的爱憎。好的旅游文学作品，应该弘扬爱国思想，提振精气神，集聚正能量。

（一）传承文化，弘扬爱国情怀

旅游文学作品通过对于祖国大好河山、悠久历史的描写，体现以爱国主义为核心的民族精神。如萨迎阿《黄鹤楼联》描绘了黄鹤楼特有的自然景观和人文景观，揭示了黄鹤楼所承载的楚文化内涵，传达出百川汇集、包容宇宙、涵盖古今的浑厚风范，蕴含着中国传统文化的精髓。

（二）关怀现实，担负社会责任

旅游文学作品具有强烈的现实品格和浓郁的政治情怀。无论是忧国忧民的情绪，济时救世的抱负，还是对民族团结的维护等，都包蕴着深刻的社会内容。如杜甫《蜀相》抒发了诗人对诸葛亮才智品德的崇敬和功业未遂的感慨，既有对历史的评说，又有现实的寓托，表达了诗人对国家命运的关切。

（三）积极向上，体现正能量

旅游文学作品表现出作者博大的胸怀，崇高的思想境界，百折不挠的奋进精神，传递正面、积极的力量，给人带来激励和鼓舞。如寇準《咏华山》一诗，突出了华山的高峻陡峭，写出了华山高耸入云、独立天外、称雄天下的气势，气概不凡，带给人刚勇进取的精神力量。

二、审美性

在对旅游的有关界说中，著名美学家王朝闻、叶朗都强调旅游活动首先是一种精神审美，旅游过程就是一个追求美的过程。而文学本身就是一种给人以美感的艺术形式，所以旅游文学更是以发现美、表现美为其重要特征。美丽的山水、美好的风俗人情、美妙的故事传说，都给旅游者以美的感受，旅游者用文学语言表达出来，就成为具有丰富美感的作品。

（一）绚丽多姿的审美对象

旅游文学作品主要以自然景物或对自然美的欣赏为反映对象，表现山水的自然美，反映风情民俗的社会美，表现建筑、雕塑、书法、绘画的艺术美等，在旅游文学作品里都能得到充分的反映，体现出不同的审美格调。如同样面对山，因个人性格和情趣的差异，则景象虽似而实不同：陶潜是"悠然见南山"（《饮酒》其五），杜甫笔下的泰山是"造化钟神秀，阴阳割昏晓"（《望岳》），李白是"相看两不厌，只有敬亭山"（《独坐敬亭山》），杜牧看到的是"白云生处有人家"（《山行》），不同的山各有其面貌，每个人都见到了山的不同侧面的美。

（二）情景交融的美学意蕴

旅游文学创作中，触景生情是最普通、最常见的一种审美情感活动。刘勰的《文心雕龙》说："物色之动，心亦摇焉。"审美主体由于感受到不同的、变化着的自然景色，从而产生变动的、内容相异的情绪和情感活动。诗人在观赏自然景物时，会"联类不穷"，形成丰富的联想和想象，同时也会"情以物迁"，引起复杂的情感。如杜甫《蜀相》一诗，诗人凭吊成都郊外武侯祠，这里柏树成荫、高大茂密的景象，呈现出一派静谧肃穆的气氛，柏树那伟岸、葱郁、苍劲、朴质的形象特征，使诗人联想到诸葛亮的精神，令人肃然起敬。诗人受此触发，既缅怀先贤，也表达对国家命运的关切与期盼。情景交融，寄托遥深，意境深沉。

（三）丰富多样的审美体验

旅游文学作者在观赏景物、游览胜迹时，总有一种审美体验渗透其中。这种感受因景物而生，但又受时代氛围及旅游者自身生活经历、艺术修养及写作个性的影响。所以面对同样的景观，无论是自然景观还是人文景观，都会引起作者不同的触动，产生不同的审美体验。有的作者在游览山水景观、历史胜迹之时，抒发一种对于现实社会的政治关注与面向历史的深思幽怀，忧患意识与审美的结合，体现了中国古代旅游文学作品崇高、悲壮、沉郁的格调，有强烈的美感力量。如顾炎武《嵩山》诗，通过描绘山势、山景，引述神话传说，写出了中岳嵩山古老神奇的风貌，表达诗人在明末清初那个大动荡时代背景下匡时救世的志向和高洁的品格，充满了慷慨悲壮之音。有的作者则从山水中体会闲适之趣，注重体会山水中的性灵精神，他们面对山水时往往会抒发一种与自然相融合的愉悦情感。如白居易《冷泉亭记》描绘了从冷泉亭宜人景色中获得的逍遥自适的审美趣味，富于情趣。

三、知识性

旅游是人们获取知识的途径之一，以旅游现象、旅游生活为题材的旅游文学，能为人们提供丰富的社会科学、人文学科及自然科学知识，起到传播知识的重要作用，体现了旅游文学作品的知识性特征。

（一）社会科学知识

社会科学以社会作为研究对象，其目标在于认识各种社会现象并尽可能找出它们之间的关联。旅游文学作品能给读者提供与观赏客体有关的种种社会科学知识与信息，包括经济学、政治学、行政学、军事学、伦理学、社会学、管理学、公共关系学、民族学、民俗学等方面的丰富内容。如赵藩的《成都武侯祠联》“能攻心则反侧自消，从古知兵非好战；不审势即宽严皆误，后来治蜀要深思”，从“攻心”和“审势”的角度，对诸葛亮用兵和施政的经验做了辩证的、实事求是的高度概括，让人们回顾诸葛亮治蜀的往事，思索治国的道理，其中即包含着社会学、政治学、管理学的内容。

（二）人文学科知识

人文学科是主要研究人本身或与个体精神直接相关的信仰、情感、心态、理想、道德、审美、意义、价值等的各门科学的总称。旅游文学作品中，即包含丰富的文学、历史学、哲学、艺术等人文学科知识。如吕维祺《龙门山色》一诗，追溯龙门的千龛佛像的开凿历史，回顾当年大禹治水时为凿通伊水而成的神奇功绩，并提及洛阳的文化名人邵雍与白居易，展示了洛阳的人文历史。朱彝尊的《游晋祠记》详于晋祠周围山水地形的介绍和有关历史事件的旁征博引，记述简约而知识丰富。读了本文，见晋祠概貌，长历史知识。再如郑振铎的游记《云冈》，详细介绍了云冈石窟的起始衰落和大小洞窟的艺术风格，使读者读后能够更加清楚地了解这一雕刻博物馆的石窟艺术，给读者带来丰富的传统文化知识。

（三）自然科学知识

自然科学以自然作为研究对象，而自然山水是旅游文学的重要描述对象之一，因此在旅游文学作品中包含着作者游踪所及的具体、多样的自然科学知识。如宗学义的《题敦煌鸣沙山月牙泉联》：“沙岭晴鸣，百丈金峰开绣壤；月泉晓澈，千秋玉镜照灵岩。”即描述了沙漠或者沙丘中，由于各种气候和地理因素的影响，造成众多沙粒在气流中旋转，发出响声的鸣沙现象，以及月牙泉在千百年的流沙横飞中竟然安然无恙，与鸣沙山长期共存的奇幻景色。再如徐弘祖的《徐霞客游记》主要按日记述作者旅行观察所得，对地理、水文、地质、植物等现象，均做了详细记录，是系统考察中国地貌地质的开山之作，在地理学方面有重要价值。

当然，正如就具体学科而言，出现跨领域的状况并不鲜见，如心理学是自然科学和社会科学的交叉，历史学是社会科学与人文学科的交叉。旅游文学作品，在提供的知识领域方面也会有交叉。如《徐霞客游记》即被认为是一部跨学科的著作。其中不仅有山形地貌、水文分布、江源探寻等自然科学知识，还有对于当时政治情势的深入反映。徐弘祖记录了游踪所及看到的晚明整体政治风气的败坏、藩镇的巧取豪夺、土司制度的紊乱、人民生活的困顿以及边关军事防卫的松弛。他的游记登录许多书院、古迹、碑碣、辞匾以及少数民族的特殊文化等，对于文化古迹方面的记录保存发挥了很大的作用。另外，徐弘祖对于各地的宗教信仰、道观寺庙也多有记载，为儒、释、道教在各地的传播情形留下了历史的轨迹。这些都有利于读者增长知识、开阔眼界。

第四节　诗、词、游记、楹联、碑铭等旅游文学作品鉴赏方法

一、诗、词

旅游诗、词的鉴赏方法有相通之处，主要注意以下几个方面：

（一）把握旅游诗词的思想内涵

在鉴赏旅游诗词时，应了解作者的生活经历、思想倾向、政治主张、志向追求、人生感悟、感情体验等，能够总结作品的思想内涵，把握思想感情的类别、载体、性质等。如在品读杜甫的《登岳阳楼》时，体味到杜甫“戎马关山北，

凭轩涕泗流”的家国情怀；在吟诵杨慎的《人月圆·泛大理海子》时，浸润于作者创造的“小蓬瀛”仙境，达到荡胸涤虑、宠辱两忘的境界……则更能深化旅游的意义，领会景点的文化蕴含。

应能够鉴赏旅游诗词中的抒情主人公形象及意象。旅游诗词中的“形象”既包括抒情主人公，即诗人自己的形象，也包括其中的景物形象，即情中景。诗人一般借意象来表现自我，诗人作为主体，往往与意象这个客体合而为一。如曾巩《大明湖》一诗，描述大明湖上景观：“湖面平随苇岸长，碧天垂影入清光。一川风露荷花晓，六月蓬瀛燕坐凉。”湖面芦苇繁茂、清波碧天倒影，意象幽雅宜人。夏日的清晨、清风、晨露、荷香，令人心神清爽，显得清新隽永。同时反映出诗人在当地当时对大自然和乡土的热爱，传递出对济南山川人文的情有独钟。

（二）了解旅游诗词的审美特征

大体来说，旅游诗词在审美方面具有高度的概括性、生动的形象性、强烈的抒情性、鲜明的音乐性等特征，以富于节奏和韵律感的语言，描绘华夏山川的风光，汇成千古江山的历史艺术画卷，抒发了诗人的思想情怀。它濯心灵，冶性情，蕴蓄着宝贵的审美价值。

同时，不同的诗人有不同的创作个性，不同的个性决定了思想和艺术上的不同风格，体现出不同的审美特征，如陶渊明的闲静淡远；李白绝句的清新俊逸，歌行体的雄奇奔放；杜甫的沉郁顿挫；苏轼的旷达豪迈等。不同的作品风格各异。如顾炎武《嵩山》慷慨悲壮；李白《望庐山瀑布》豪放俊逸；李商隐《瑶池》含蓄委婉等。

（三）掌握旅游诗词的表达技巧

表达技巧指诗人在借助语言文字塑造艺术形象时，灵活运用一般创作规则和方法所表现出来的具体而又特殊的艺术手段。主要掌握以下几个方面。

1. 抒情方法

抒情方法包括直接抒情（直抒胸臆）和间接抒情。间接抒情的主要手段有借景或物抒情、借人或物言志、融情于景、怀古伤今和即事感怀等。如杜甫的《蜀相》即为怀古伤今之作。诗篇将人们带到战乱不已的三国时代，在广阔的历史背景下，刻画出一位忠君爱国、济世扶危的贤相形象。怀古正是为了伤今。此时，安史之乱尚未平定，国家分崩离析，人民流离失所，这使诗人忧心如焚。他渴望能有忠臣贤相匡扶社稷，整顿乾坤，恢复国家的安定。正是这种忧国思想凝聚成诗人对诸葛亮的敬慕之情。

2. 表现手法

对表现手法可以从如下几个方面进行把握：前后照应、欲扬先抑、正反对比等构思技巧；白描（简笔勾勒、突出特征）与细描（精雕细刻、浓墨重彩）相结合、以动写静、乐景写哀、虚实结合、小中见大、点面结合、想象联想、象征寄托等写作手法；色彩的搭配、空间的勾勒、声音的模拟；典故的来源、含义及用典的作用；明辨修辞手法，分析修辞的艺术效果等。如朱之蕃的《盘山道中》尾联“极目雄关环帝阙，可知奇奥在屏幽”，运用双关的修辞手法，含蓄表达出诗人对盘山护卫京畿的战略地位的重视，以及居安思危的忧患意识。

二、游记

（一）了解游记的审美特征

我们的祖国地域辽阔，历史悠久，大好河山千姿百态，背景各异，因此，游记的审美内容也必然是丰富多彩、魅力万千的。但总的来看，游记在审美特征方面依然具有某些共同之处。这些方面，也就是古代游记的文化内涵和审美价值所在。

1. 浓郁的人文色彩

游记所描述名山胜水中的文物古迹，是历史、地理、社会、宗教、哲学、艺术、政治的百科总汇；古人览物抒怀，其中往往蕴含着独到、深刻的思想内涵，可以开阔我们的心胸，提升我们的精神境界。游记为我们展开了一幅幅山水画卷，使我们尽享卧游之乐。阅读姚鼐的《登泰山记》，郦道元的《巫峡》，范成大的《峨眉山行记》，王世贞的《张公洞记》等，跟随古人的游踪，五岳（泰山、恒山、华山、衡山、嵩山）四渎（长江、黄河、淮河、济水），佛教四大名山（五台山、峨眉山、九华山、普陀山），道教福地洞天（武当山、青城山、崂山）……尽收眼底。而千古文章，凡记游山水之作，又不只是状写景物而已。阅读古代游记，是接受文化传统教育的极佳途径。游记中所表现的各地域不同的社会思想、文化生活、风俗习惯、山川风貌等，既是该地区旅游资源特征的真实表现，同时也可以成为人文旅游资源开发与建设的重要依据和参照。

2. 情景交融的意境

从美学意义上讲，景与情、物与我、客观与主观浑然相融的意境，是游记的重要审美特征。游记以模山范水为特征，但如果舍情言景，孤立地去堆砌一些景物，那么这些景物就只不过是一些没有生命的“死景物”，文章也就会索然寡味。另外，在游记中，情若离开景，也就无所附丽。情感的表现必须通过可以知觉的对象呈现出来，化无形为有形。孤立或直露的情是缺少韵味的。以张岱的《湖心亭看雪》为例，作者描写“大雪三日”“人鸟俱绝”的西湖中的景致是：“雾凇沆砀，天与云与山与水，上下一白，湖上影子，惟长堤一痕、湖心亭一点，与余舟一芥、舟中人两三粒而已。”没有一字直接言情，但作者精心选用几个“一”字，以及几个表示微量的量词，营造了一份纯美的意境，孤独者与孤独者的感通、孤独者与天地自然的感通见于言外。

3. 脉络清晰的结构

从大的方面来说，游记作家对山水素材进行布局、剪接、组合的形式主要有两种。一是以游踪为线索，移步换形。如袁宏道的《由水溪至水心崖记》，按照游览顺序，描写桃源山水“又十余里，至倒水岩”“又半里，至渔仙寺”“又数里，至穿石”“又十余里，至新湘溪”，各见形胜，井井有条。二是将景物进行分类后加以描绘。如元好问的《济南行记》，作者把在济南所游融贯于心，以济南大明湖为中心，将泉城风光按照亭（历下、环波、北渚、岚漪等）、山（巨山、栗山、华不注山、千佛山等）、泉（爆流泉、金线泉、珍珠泉等）的类别，分组进行描绘。优秀的古代游记，无论采取哪一种布局形式，总能将丰富的内容安排得层次清晰，达到“写景如在目前”的效果，使读者产生身临其境的感受。

4. 如诗如画的语言

文学是以语言为表现工具的艺术，优秀的作家必然表现出他们出众的驾驭语言能力。旅游是一项审美活动，游记的语言也应以体现美为宗旨。游记语言的基本特点为形象生动、色彩丰富、节奏鲜明，表现出形象美、绘画美、音乐美。如吴均的《与朱元思书》描绘富春江两岸景色：写水色，用白描，“水皆缥碧，千丈见底”；写水流，用夸张和比喻，“急湍甚箭，猛浪若奔”；写山势，用拟人，“负势竞上，互相轩邈”，表现出山水的生气。篇中工整的对偶，加上叠音词的运用，“泉水激石，泠泠作响；好鸟相鸣，嘤嘤成韵”，产生和谐的声韵美。

（二）掌握游记的表现手法

1. 白描手法以及修辞手法的运用

游记作家除运用最常见的白描手法，以准确的语言描摹景物外，还往往借助比喻、夸张、拟人、顶真、对比等修辞手法，使景物逼真生动，增强了语言的感染力。如柳宗元的《钴鉧潭西小丘记》以拟人手法写山石突起的样子：“突怒偃蹇，负土而出，争为奇状。”以动写静，神态活现。袁枚的《浙东三瀑布记》中用博喻手法形容瀑布奇观：“尽化为烟，为雾，为轻绡，为玉尘，为珠屑，为琉璃丝，为杨白花。”变化多端，令人目不暇接。

游记中所涉及的表现手法还有很多。如元代麻革的《游龙山记》在正面描写龙山之游前，先作反面衬托，写自己饱游历览而厌倦的心情，写对龙山被盛赞的将信将疑的心理，从而在文章的开篇造成了悬念，达到了先抑后扬的效果。

2. 详略得当，重点突出

优秀的游记作家往往善于把握景点的个性特征，做到详略得当，重点突出。如范成大的《峨眉山行记》所涉及景物虽多，但作者尤其重笔描绘的是号称“峨眉奇观”的佛光现象。作者用细腻的生花妙笔，将“小现”“大现”“清现”等变幻多端的景象，犹如万花筒般呈现出来。假如作者在写作中不注意把握轻重缓急，则“佛光”景观就不会给读者留下那么深刻的印象。

3. 结构清晰，层次分明

游记作者对篇章结构、层次组织的把握也值得借鉴。作家对山水之美的领悟，是移步换景式的动态的游赏。因为登山临水，视野开阔，而景有远近，色有浓淡，依据自己的感官印象将其纳入“镜头”，使笔下的景物具有鲜明的空间感和错落有致之美。如郦道元《水经注·河水》中《华山》一篇，记述了古代攀登西岳华山的路线。文中对地理空间的描写，错落有致，极具章法。从下庙到中祠、南祠、天井、百丈崖、胡越寺、百丈岭直至山顶，相关地理环境、山川走向、彼此距离等都简洁而清晰地描绘出来，有条不紊，使读者了然于心。

三、楹联

(一)了解楹联的形式要求

楹联的形式要求包括对仗、平仄、节奏、辞藻、书写形式、制作载体等。

其中，对仗是楹联的最大特点，也是基本要求。楹联要求做到上下联字数相等，出句与对句词性相同(名词对名词、动词对动词、形容词对形容词等)，结构一致(主谓结构对主谓结构、动宾结构对动宾结构、偏正结构对偏正结构等)，节奏相同(二二式对二二式，二二一式对二二一式等)，平仄相谐(一联之中平仄相间，上下联之间基本上平仄相对等)，从而形成节奏分明、声调和谐、抑扬顿挫的声律美。

楹联无论是咏物言志，还是写景抒情，都要求作者有较高的概括力与驾驭文字的本领，才可能以寥寥数语，做到精巧凝练、文情并茂、神形兼备，给人以思想和艺术美的感受。

(二)熟悉楹联的历史背景

常见的名胜楹联、贺联、挽联等往往都含典故，或人物(如籍贯、经历、官职、业绩等等)，或地理，或史实，或传说，不可不详察。鉴赏要以了解为基础。如以风景为主的名胜联，对名胜地所处的位置、名人遗迹、历史传说不能一无所知；以人物为主的名胜联，则要对这位历史人物有所了解，如他的出身、经历、主要业绩、功勋、古今评价等。名胜如是宗教所在地，如佛寺道观的楹联，还要懂得一些佛教道教常识、佛道术语，以及这个寺院道观不同于其他寺院道观的独特之处。如登封的少林寺，因达摩曾在此面壁修行，被认为是禅宗祖庭；鹿邑太清宫，是老子家乡为纪念他而建的道教建筑等。

（三）熟悉楹联的艺术手法

楹联中蕴含着丰富的艺术手法：从内容构成的逻辑关系讲，如并列、转折、递进、分总、连贯、因果、选择、假设等。从组句技巧讲，如串组、换位、重言、两兼、连珠、拆词、回文、顶针等。从修辞手法讲，如比喻、比拟、双关、夸张、借代、设问、映衬、隐切、假称等。从用字手法讲，如拆字、隐字、嵌字、同旁、同韵、叠字、飞白、拟声等。有些手法前文已叙述，此处不再详述。

举例来说：

分总。亦称“总分”，是楹联中叙述某些事物既有分述又有总述的手法。分总有先总后分、先分后总等类型。运用分总格式可使联语表意明确，凝括工练。如叶昌炽的《天水麦积山石窟联》：“夏无酷暑，冬不祁寒，四季得中和景象；南倚雪山，西连星海，九州灵岳渎根源。”上下联分别运用了“分总”手法，先分述，再总述，先分列其不同季节的特点，再归纳为“中和景象”；先罗列不同方位的地理特征，再总结为“岳渎根源”。

重言。重言也称为反复，是在上下联同位处多次使用某个字或某些词语，使之重复在联中出现，以取得某种效果的手法。根据联中使用的某个字或某些词语的位置分类，有连续重言、间隔重言和交错重言。运用重言可突出语意，加强语气，产生妙趣。如佚名《青海湖拟日月山石碑联》：“日上山，月上山，山上日月明；青海湖，水海湖，湖海青水清。”运用重言法，上联重复“上”字，下联同样位置重复“海”字，即上下联同位各重，节奏明朗，趣味横生。

比拟。如王树枏《说园联》：“萃天山南北异果奇花，重编塞国群芳谱；教绝域人民男耕女编，三复豳风七月诗。”以明代王象晋《二如堂群芳谱》撰叙的各类植物，比拟试验场的瓜果等农作物，富于诗情画意。

双关。如“未出土时便有节；及凌云处尚虚心”一联，表面写竹，语义双关，暗含对“有节”“虚心”的品格的推崇。

夸张。如廖鸿熙《桂林独秀峰联》：“撑天凌日月；插地震山河。”夸张强调独秀峰的巍峨气势。

借代。如一副中秋联：“轮影渐移花树下；镜光如挂玉楼头。”飞轮、明镜，都以其圆、亮的特点替代月亮，轮影代月影，镜光代月光，使表达收到形象突出、特点鲜明、具体生动的效果。

设问。是为了引起别人的注意，故意提出问题然后再自己作答，或对提出的问题不需确定答案而不作答的方法。设问有问而不答、上问下答、自问自答三类。设问可在联语的开头、中间、末尾，也可连连设问。运用设问可引起读者的注意，启发思考，或引发下文，提示本联主题。能加强语气，加深读者印象。如窦垿《岳阳楼联》开篇先发问，接着自答："一楼何奇？杜少陵五言绝唱，范希文两字关情，滕子京百废俱兴，吕纯阳三过必醉。"发人深思。

映衬。又叫衬托。是为了突出主要事物，先描写与之有关的事物，作为陪衬烘托的一种修辞格。按主要事物和衬托事物之间所呈现出来的不同关系，分为正衬、反衬两类。正衬即陪衬事物和主要事物朝着相同的方向变化，反衬即陪衬事物和主要事物朝着相反方向变化。运用衬托可突出主要事物的特点，增强语气，使旨意鲜明。如佚名《松山风雨亭联》："松风送抱，正荡胸怀，近看镜海光波，莲峰岚影；山雨欲来，且留脚步，遥听青洲渔唱，妈阁钟声。"上联写视觉印象，下联写听觉印象，动静结合、互相衬托，使楹联产生强烈的艺术效果，诗情画意倍增。

示现。是通过想象，将并不在眼前的——或者过去的，或者未来的，或者想象中的——人与事物，描绘得如闻如见的手法。按示现所写对象分类，示现有追述、预言和悬想三类。运用示现修辞能使读者感觉身临其境，如见其人(物)，如闻其声，如临其境，从而增强联语的说服力和感染力。如刘蕴良《贵阳甲秀楼联》中，"想秦通僰道，汉置牂牁，唐靖苴兰，宋封罗甸，凄迷风雨。叹名流几辈，留得旧迹千秋"一句，运用"示现"格，以一个"想"字带动思绪，追溯历史，如闻如见。

嵌字。又称嵌名，是把人名、地名、事物名称等嵌入联中一定位置，并保持相对独立性的修辞格。题赠、庆贺、哀挽、谐讽等楹联，皆可巧嵌名称。根据古代诗词嵌名规律，楹联嵌字有鹤顶、燕颔、鸢肩、蜂腰等格。楹联常用嵌字取得独有的创意效果，使意中有意，言外有言。拟题嵌字联要根据需要，不可生硬嵌入，切忌文字游戏，嵌入的字要自然妥帖，不露斧凿痕迹，而且要融入句中，使文意贯通，浑然一体。如《武夷山一览台联》："一览无余，独占地势；四时皆适，乐与天游"，巧妙运用嵌字格中的魁斗格，即将所需要镶嵌的字"一览"和"天游"，嵌在上联的联首和下联的联尾，暗隐一览台和天游峰，妙在自然妥帖，意外有意。

拆字。把一个字拆成几个字。如"踏破磊桥三块石；分开出路两重山"一联，上联拆"磊"字，下联拆"出"字。

合字。把几个字合成一个字。如佚名《青海湖拟日月山石碑联》："日上山，月上山，山上日月明；青海湖，水海湖，湖海青水清"，上联"日""月"合而为

"明",下联"青""水"并而作"清",既表现出了当地山水特点,又使人感受到了汉字趣味横生的强大魅力。

四、碑铭

(一)欣赏碑铭的书法美

从书法的角度而言,历代碑刻是书法艺术的宝库,在中国书法史上占有重要地位。由于年代久远,有些朝代、有些名家的书迹只有从碑刻中才能够见到。洋洋大观的碑刻艺术,展示着不同时期、不同流派、不同风格的书法艺术的辉煌成就及渊源流变,是美的形象展示。如《泰山刻石》和《琅琊刻石》所用字体都是秦代小篆,端庄浑厚,沉稳朴拙。

(二)欣赏碑铭的内涵美

总体而言,如陆机所说,铭文"博约而温润"(《文赋》)。所谓"博约",就是记叙功德要简约;所谓"温润",就是文辞要温雅圆润。从内容的角度而言,记功碑文、宫室庙宇碑文、墓碑文各有其不同的写作目的,因此鉴赏角度不同。如鉴赏记功碑文,着重体会其颂扬功业的特点,如何概括一代帝王、一个时代的丰功伟业,如何体现高屋建瓴、气吞山河的笔力。如前人评李斯《泰山刻石》文是"其词铺张尽致""文字雍容肃穆"。

导游要以富于表现力和感染力的语言去激发游客的兴致,使游客获取知识,增广见闻,享受美感。如果导游语言贫乏,表达不到位,游客的收获就会大打折扣。而旅游文学中多样的艺术表现手法,对于导游来说具有很高的参考价值。古代旅游文学作品中丰富的艺术手法,需要导游在学习中深思体味,为游客进行恰当的介绍,并借鉴和灵活运用于自己的导游工作中,去辅助突显景点的魅力。

第二章
旅游文学在导游工作中的作用

第一节　审美作用

日本著名画家、作家东山魁夷到中国旅游后说："谈论中国风景之美，同时也是谈论中国民族精神之美。"(《中国风景之美》)而优秀的旅游文学作品，可谓与大自然相辅相成的民族精神的审美课堂。它不仅能助游兴，还能丰富景观的审美内涵，提高旅游者审美水平。

一、诗、词

从孔子提出"乐山乐水"的"仁智说"，庄子弘扬"逍遥游"的诗意人生境界以来，文人雅士逐渐将自然山水作为观赏、寄情、明道的对象。尤其是魏晋以后，山水走进了人们的日常生活，成为人们观赏、吟咏、寄情、言志与神游的对象，大量的旅游诗、词不仅是中国的文化瑰宝，也是滋养国人山水意识、审美意识，塑造民族文化心理结构的源泉，同时它还丰富了自然山水、旅游景观的深厚文化内涵、审美趣味，是推动中国旅游文化建设的重要动力。

旅游诗、词的审美作用主要体现在以下三个方面。

(一)呈现画境美

诗人、词人对景物中蕴蓄的美有独特的敏感，在游览中，随着时转步移，眼前的景物不断变化，诗人、词人描摹水光山色，铺叙景物，营造出富于色彩感和空间感的诗境、词境，生动再现了景物的面貌，形象逼真，景象鲜明，令人赏心悦目。如《敕勒歌》中的大草原"天苍苍，野茫茫，风吹草低见牛羊"，杜甫的《旅夜书怀》"星垂平野阔，月涌大江流"，开阔苍茫，无不给游览者以形象鲜明的审美感受，使人增加了豪情，平添了勇气。

(二)营造意境美

无论是写景状物，还是写景抒情，诗人、词人游踪所至，目为景触，心为景动，神为景思，因此在作品中必然融入作者的情绪，营造出客观景物与诗人、词人主观情怀相交融的意境。诗、词中生动的山川草木，正是诗人、词人胸襟中蓬勃气韵的生命力的寄托物。清纯高远而富于审美质感的山水形象，含融着兼得于生活美和人格美的主体意兴。如王维的《山居秋暝》"空山新雨后，天气晚来秋。明月松间照，清泉石上流"，描绘了秋雨初晴后傍晚时分山中的旖旎风光，表现了诗人在山水田园之间怡然自得的满足心情，创造出优美的意境。诗人将自己的观察、体验，借用各种艺术手段，把景物的典型形象美再现出来，把景物的诗情画意传达出来，并让人体会到景中之情、情外之情。

（三）传达理性美

旅游诗、词中除反映形象、恰到好处地写出景物的千姿百态外，有的还由景物自然延伸到对人生、社会的认识和议论，蕴含一定的哲理，表达诗人、词人得之于山水的智慧，使人得到理性的启迪，增生出创意的奇崛和巧慧。当登上庐山，在云雾缭绕中吟诵"不识庐山真面目，只缘身在此山中"（苏轼《题西林壁》）时，当经历了暴风雨后，感叹"依旧青山绿树多"（朱熹《水口行舟》）时，景物的哲理内涵美便彰显出来。在旅游诗、词中，还有许多怀古作品，或吊古伤今，或借古喻今，借古讽今，饱浸着历史的沧桑感，深深打动读者，激发意气。如苏轼的《念奴娇·赤壁怀古》，杜甫的《蜀相》，戴叔伦的《题三闾大夫庙》等。这类作品感性与理性相融，饱含对历史的思考，使中国人文化心理结构中积淀的浓厚历史意识得到观照，提升了旅游的文化价值。

二、游记

（一）包含宝贵的审美体验

在古代游记中，包含着宝贵的旅游审美经验。如关于审美心境，柳宗元谈道："心凝形释，与万化冥合。"（《始得西山宴游记》）苏舜钦说："形骸既适，则神不烦；观听无邪，则道以明。"（《沧浪亭记》）高濂指出："若能高朗其怀，旷达其意，超尘脱俗，别具只眼，揽景会心，便得其趣。"（《四时幽赏录》）以上都说明，恰当的审美心境，是真正领略山水之美的前提。关于审美视角，柳宗元说："凡是州之山水有异态者，皆我有也。"（《始得西山宴游记》）以奇特不俗为美。袁宏道论山之通病说："凡山深僻者多荒凉，峭削者鲜迂曲，貌古则鲜妍不足，骨大则玲珑绝少，以至山高水乏，石峻毛枯：凡此皆山之病。"（《天目》）也就是说，山水自然之美，没有一定之规，但仍有格调高下之别。关于鉴赏方法，如袁中道说："江声滂湃，听宜远；溪声涵淡，听宜近。"（《三游洞序》）指出山水各具个性，其玩味的方法、角度也应因景而异。

（二）营造独特的美学意境

游记在自然或生活图景的描绘中，渗透着作者的主观情思，将山水与自我统一于意境营造之中，打动欣赏者的心灵，从而发挥其审美作用。如苏舜钦《沧浪亭记》中，描写购亭后得以与水竹、风月为伴的雅趣："澄川翠干，光影会合于轩户之间，尤与风月为相宜。予时榜小舟，幅巾以往。至则洒然忘其归。觞而浩歌，踞而仰啸，野老不至，鱼鸟共乐。""澄川翠干"，色彩宜人，"鱼鸟共乐"，不乏生机，写景如在目前，景中有趣，景中含情，景中有理，表达了淡泊忘机的心境，意境浑融。

（三）呈现精妙的语言

旅游是一项审美活动，旅游文学则要以艺术的手段使这种美感更强烈、更集中、更具体、更可把握。游记的语言美，对于调动旅游者的审美感知和审美想象大有裨益。游记通过其情感真挚、形象生动、色彩丰富、节奏鲜明的语言，表现出形象美、绘画美、音乐美。如白居易《冷泉亭记》连用四个"可"字，从春、夏两季，坐、卧不同，写了冷泉亭周围景色之宜人，强调它对人情趣、情操的熏染作用，点明了它"最余杭而甲灵隐"的原因，句式既有长短错落，也有对偶整饬，语言优美婉丽。

现当代游记是中国现当代社会发展的记录和反映，与古代游记的审美特征有明显不同，更具有强烈的时代感、广泛的社会性和鲜明的现代性。现当代游记的文体特征和语体特征均与古代游记有别。从文体上，现当代游记除以纪实性叙述、描写和抒情为主的纪游散文外，还增加了书信、特写、报告文学、小品、随笔等新的文体。语体上的变化更为突出。现当代游记以白话代替了文言，语言表达更加明白晓畅、自然生动，许多现代汉语的表达方式诸如各种修辞格的巧妙运用，给现当代游记带来了新的面貌。同时，现当代游记中大量借鉴西方现代派艺术表现技巧，如意识流、蒙太奇、变形夸张等，大大丰富了游记的审美意蕴。

三、楹联

（一）楹联的仪式感特征具有审美价值

它可以参与重要节日、重要场所的创作活动，以及审美教育活动，这些都为传统文化的增值奠定了基础。楹联的仪式感可以借助载体来体现，如纪念性建筑、优美的园林景点、特定的宗教场所，以及家庭的门厅等，这就使得楹联有了外在的审美条件。此外，楹联仪式感还形成了雅俗共赏的文化现象，诗意色彩、书法表现和与建筑物相关的工艺水准等艺术内容都能够给受众带来美的享受。

（二）楹联深远恢宏的内容具有审美价值

内涵是联语的灵魂，其形式上短小、灵活而典雅，能以小见大，政治、经济、军事、历史人物、山川名胜等，无所不包。诗言志，诗缘情，而联亦然。优秀联作不但能够状难摹之境如在目前，使人神往，还能充分地表现出作者的思想、情操和胸襟。楹联要求在非常精粹的语句中表达丰富的内容，既要写出客体的风貌、特征，还要融入自己独特的感受、审美的表达、历史或人文的知识；既要忠实于自己面对的风景或名胜，又要有思想的感悟与超越。如佚名《武夷山一览台联》："一览无余，独占地势；四时皆适，乐与天游。"寥寥数笔，甚至没有直接写景，却能给人留下想象的空间，去尽情感受其高峻，言简意赅，气势豪迈，节奏鲜明有力，能使读者获得美的体验和感悟。

四、碑铭

碑铭本身就是可供欣赏的景物，同时，它又是文字与实物、艺术和景物的结合体，具有审美价值，体现出审美情趣。

（一）书法的审美价值

历代碑刻是书法艺术的宝库，在中国书法史上占有重要地位。由于年代久远，有些朝代、有些名家的书迹只有从碑刻中才能够见到。洋洋大观的碑刻艺术，展示着不同时期、不同流派、不同风格的书法艺术的美，体现了审美理想。以东汉碑刻为例，《三老讳字忌日记刻石》（现存于杭州西泠印社）典雅圆柔，《石门颂》（现存于陕西汉中博物馆）纵横不羁，《曹全碑》（现存于西安碑林）秀美飘逸，《张迁碑》（现存于山东泰安岱庙）方正古拙。但总的来说，风格多样的东汉碑刻整体上呈现大气磅礴的气象。再如唐代《雁塔圣教序碑》一出，学者如堵。书法家褚遂良以其疏朗大方、婉丽飘忽、气韵丰足的风格，不仅成为当时风尚，而且形成后代书风趋向的一大主流，是对后世书法产生深远影响的楷书正统。宋元以后的众多高手，都是褚书后学。

（二）文章的审美价值

碑铭作为一种应用广泛的文体，历来受文学家所青睐，融入了文人的价值取向与审美趣味，经典作品繁多，体现出丰富多样的审美格调。如李斯《泰山刻石》颂扬秦始皇统一天下的功业，篇章布局平衡简明，语言通俗简洁，风格浑朴古质，辞气清峻庄严、强健有力，体现出秩序美和法度美。苏轼《九成台铭》，思接千载，视通万里，体现出开阔深厚之美。

第二节　认识作用

文学是对社会生活的形象反映，旅游文学同样如此。旅游文学能丰富人们的知识，拓展人们的视野，提高认知水平，起到认识社会、认识人生、认识自然的作用。

一、认识社会人生

旅游文学作品中，包含丰富的经济学、政治学、社会学、管理学、民族学、民俗学、语言学、文学、历史学、哲学、宗教学、考古学、艺术等社会科学、人文学科知识，起到对社会人生的认识作用。

在旅游文学作品中，作者于特定的环境、特定的时间描画山水景物、记述旅途见闻，往往会反映出一定的社会现实。不少作者借景抒情，寓物言志，常常会触及其所处时代的历史背景，流露出作者对社会问题的思考和品评。如杜牧《过华清宫绝句》(其一)颇有深意，含蓄地揭露了皇帝为讨宠妃欢心无所不为的荒唐，朴素自然而寓意精深，揭示出历史过程的规律性，引发对于历史兴亡的联想和思考。佚名《雷琼道大堂联》，不仅是一段历史文化的记载，也是地方的施政大纲，表达了安定四方、治理教化之宗旨，是一副有情怀的楹联佳作。吴丈蜀《访莫高窟》形象传达了莫高窟作为古典艺术宝库的辉煌成就，称颂莫高窟在艺术上的成就，呈现出莫高窟的认识价值。再如碑刻中往往保存着一些珍贵的史料，可以作为游客了解历史的补充。如唐德宗建中二年(781年)立的《大秦景教流行中国碑》(现存于西安碑林)，记录的是唐太宗时景教(基督教聂斯脱利派)从大秦(罗马帝国)传入中国，并在长安建寺和宣传教义的情况。碑下和两侧有古叙利亚文题名，是研究古代中西交流史和基督教史的珍贵资料。所有这些，都为认识和研究不同时期的社会历史文化提供了借鉴。

旅游文学还能起到对人生信仰、情感、心态、理想、道德等方面的认识作用，加深对于人生的理解。

如《夜入瞿塘峡》一诗，白居易歌颂了夔门雄伟险峻的气势，渲染了夜上瞿塘峡的艰险，由此诗人自然联想到自己的遭遇，已到暮年，而壮志未酬。一语双关，委婉地表达了诗人对人生的喟叹。弦外有音，耐人寻味。通过阅读这类旅游文学作品，可以更深入地了解旅游景点的人文背景，感受文人心态和入世情怀。

二、认识自然

旅游文学作者翻山越岭，涉水穿林，借旅行观察，去探究自然之奥秘，精详记录其行踪履迹、所见所闻，以及沿途考察实况和科学发现。这些作品传播了作者的科学发现、探究或对自然奇观的认知。如大理苍山云弄峰下蝴蝶泉边，每年蝴蝶会时，成千上万的蝴蝶从四面八方飞来，在泉边漫天飞舞，蔚为奇观。在旅游文学作品中，这一景象得到了鲜明具体的反映。如徐弘祖《徐霞客游记》中的相关描述："泉上大树，当四月初即发，花如蛱蝶，须翅栩然，与生蝶无异。又有真蝶千万，连须勾足，自树巅倒悬而下，及于泉面，缤纷络绎，五色焕然。游人俱从此月群而观之，过五月乃已。"彭祜《蝴蝶泉联》则云："蝴蝶舞翩跹，为万紫千红飞去飞来，前生疑似庄周化；青山留胜迹，有层峦叠嶂宜晴宜雨，此地重吟道韫诗。"结合典故，发挥想象，将蝴蝶泉的神韵魅力渲染得淋漓尽致，令人心醉神迷。

第三节　教育作用

一、爱国主义教育作用

旅游文学描写的主要的对象就是大自然，是万里江山、风景名胜，这是"祖国"这一词的最直观形象的体现。祖国的大好河山，会激发起读者的爱国热情。旅游文学作品中鲜明生动的形象，有助于激发旅游者的爱国情感。这是直接、形象地给予人们爱国主义的教育。在曹操《观沧海·步出夏门行》，李白《望庐山瀑布》，杜甫《望岳》，施闰章《钱塘观潮》等篇章中，吞吐日月的大海，雄伟壮丽的泰山，秀丽神奇的庐山，排山倒海的潮水……尽收眼底。我们可以从中"卧游"祖国山河，民族自豪感油然而生，深化对祖国的真挚、深沉的感情。

二、文化传统教育作用

旅游文学所描述名山胜水中的文物古迹，是历史、地理、社会、宗教、哲学、艺术、政治的百科总汇。古人览物抒怀，其中往往蕴含着独到、深刻的思想内涵。如吴丈蜀《访莫高窟》，宋之问《灵隐寺》，崔颢《黄鹤楼》等，都能使游客们增加对各地历史掌故、风土人情、博物特产等的了解，受到直观而深刻的文化传统教育。

三、情操的陶冶教育作用

旅游文学培养了人们亲近自然、热爱生活、积极对待人生的态度。作品中描绘的自然风光，让人在欣赏中，愉悦身心，修身养性。其中展现的作者的高尚情怀，还能够发挥启发和引领作用。如读寇準《咏华山》一诗，从华山的高峻中自然会受到感染和熏陶，提升精神境界。

第四节　宣传作用

一、扩大景点的知名度和影响力

旅游文学往往在客观上起到对于景点名声的传播作用。经过旅游文学对景观的渲染，往往能增加景点的吸引力，起到激发旅游者热情的积极作用。苏轼的《饮湖上初晴后雨》，给人们提供了无限的想象空间，令人对西湖心驰神往。白居易《钱塘湖春行》把春天的西湖写得生机盎然。如果没有白居易、苏轼等文学名家对于杭州西湖的赞咏，西湖不一定如此蜚声海内外。寒山寺因唐代诗人张继的《枫桥夜泊》二十八字而长留胜迹。长期名不见经传的雁荡山因为沈括的揄扬并载入《梦溪笔谈》中才得以闻名遐迩。

二、提升景点的文化内涵

旅游文学作为特殊的人文旅游资源，对于本民族来说，是不可多得的；对于其他民族来说，是不可复制的。旅游文学在相当的程度上，提高了这些景观的文化品位和审美价值。如窦垿《岳阳楼联》以问句始，以问句终，向读者提出了许多发人深思的问题，寄语天下游客，岳阳楼不光是登临胜地，更是感时怀事、忧国忧民的绝佳场所，内涵丰富。

第五节　对旅游的发展与开发作用

一、发展作用

（一）提升旅游资源的价值

风景名胜与旅游文学作品彼此辉映，相互增色，是中国许多旅游胜地的文化特色，也是发展旅游业的一大优势。灵山秀水往往因文人骚客而彰显：“山川之秀，实出人才；人才之出，益显山川。显之维何？盖莫过于文。”（王鏊《洞庭西山赋》）“僻在荒陬，不经名贤游览遂寂寥无闻，江阴诸山是矣。”（朱德润《游江阴三山记》）“吴越山川……以忠臣逸士而增秀。”（王叔承《武林富春游记》）都强调了“人杰”对于山水之美的弘扬作用。优秀的文学作品可以为山河增辉，使山川之美更具有人文色彩：“一代文章万古希，山川赖尔亦增辉。”（屠隆《寄题清泉寺函三阁》）“天子之贵，不能与匹夫争荣，而词人墨客之只词，有时为山川之九锡也。”（袁宏道《游骊山记》）

九华山因李白而名满天下就是一个典型的例子。安徽青阳县九华山，以天台、莲花、天柱、芙蓉等九座山峰为最著名，古称陵阳山、九子山。天宝十三载（754年），李白来游九华山，见“九峰如莲花”，遂“削其旧号”，改名九华山（李白《改九子山为九华山联句》序）。李白还作《望九华赠青阳韦仲堪》诗：“昔在九江上，遥望九华峰。天河挂绿水，秀出九芙蓉。”从此九华山名声大振，与山西五台山、浙江普陀山、四川峨眉山并称中国佛教四大名山。

（二）丰富旅游资源的文化内涵

根据旅游文学描写的内容，以及从与旅游文学相关的传说中得到的启发，可以充分利用现有旅游资源，发展当地的文物古迹游，使旅游者获得高雅的审美情趣。如安徽境内，仅是与李白有关的文物古迹就有上百处，著名的有当涂李太白墓，马鞍山采石矶太白楼与捉月台，天柱山谷口诗崖，桃花潭踏歌岸阁等。进行合理规划，进一步发展这些文化旅游线路，能够提高旅游者的人文素养，推动旅游业的发展。

二、开发作用

中国有十分丰富的旅游资源，尚有许多自然景观、人文景观至今没有得到充分开发，但已在旅游文学作品中得到了不同程度的反映，提供了开发的价值和信息。因此，为了更好地开发和利用旅游资源，发展旅游事业，应该充分重视、整理和研究旅游文学作品。

（一）为开发新景观提供有利条件

湖北黄冈市西北江滨的赤鼻矶，本与三国古战场赤壁毫无关系，但自从苏轼在此写了前后《赤壁赋》和《念奴娇·赤壁怀古》后，名声大振，甚至超过了蒲圻赤壁，被称作“东坡赤壁”或“文赤壁”，成为旅游胜地。宋人赵汝驭的《罗浮山行记》记述了作者前后两次游罗浮山的经历，介绍了本来荒凉萧条、湮没无闻的罗浮山大放异彩的过程，对开辟前和开辟后的山中景色作了鲜明对比，给人留下判若两山的深刻印象。宋代文学家洪迈在《通天岩记》中提到自开天辟地以来即有通天岩，但生长在英州的人，在英州为官者，以及来游历或贬官到这里的人，却都没有一句话提到这里的景色，以致此处奇妙绚丽的景观长期湮没无闻。作者对此表示深深的遗憾和慨叹。这些都可以给后人很大启示。有助于旅游部门规划旅游景点，宣传旅游文化遗产，开展好旅游路线业务。

（二）为复原旅游景观的历史面貌、恢复失传的旅游活动形式打下基础

旅游部门可以根据古代的描写记载，发掘不为现代人所知的旅游资源等，丰富旅游资源的自然载体和文化内涵。有些旅游景点之所以逐渐成为闻名全国的风景名胜区，就是由于受到历代吟咏这里的旅游文学作品的启发，进行大力开发及建设规划的结果。桃花源、花果山等景区，都是在现实的自然景观的基础上，参照文学作品《桃花源记》《西游记》中的描写开发出来的，是根据旅游文学作品创造出来的新的旅游资源。

总之，旅游文学无论是在陶冶人们的情操方面，在提供认识世界的途径方面，还是在宣传名胜景点、激发旅游热情方面，以及在促进现代旅游事业的发展方面，都具有重大的价值。一方面，要借鉴旅游文学中所蕴含的旅游美学思想、观念，指导旅游文化活动的组织与开展，促进现代旅游事业的发展。另一方面，要为旅游文学的进一步发展繁荣创造更好的现实条件，从而促进旅游业的发展，满足人们的文化和精神需要。

第四编

诗、词、元曲、游记、楹联、碑铭作品选

第一章
了解篇目

一、诗、词、元曲

盘山道中

明·朱之蕃

盘山盘泉盘崖壁，百折①犹难望岭头。
鸟乐菁林②山果熟，客停飞旆③野云流。
绿阴遮屋浑忘暑，白叟歌田不解④愁。
极目雄关环帝阙⑤，可知奇奥在屏幽⑥。

【作者】朱之蕃（1558—1624年），字元升，祖籍金陵（今江苏南京），明代人。书画家，工书法，善画山水花卉，传世作品有《君子林图卷》等，另有文集传世。

【题解】盘山位于天津蓟州城区西北，主峰挂月峰被誉为“京东第一山”。关于盘山的记载始见于汉，兴于唐，极盛于清，是自然山水与名胜古迹并著，佛家文化与皇家文化共融的旅游休闲胜地。历史上众多帝王将相、文人墨客竞游于此，清乾隆皇帝先后巡游盘山数十次，留下了歌咏盘山的诗作千余首，并有“早知有盘山，何必下江南”的感叹。

【注释】①百折：形容曲折之多。此处形容盘山的盘桓曲折。②菁（jīng）林：茂盛的树林。菁：本义是指韭菜的花，引申泛指盛开的花，也引申指事物最美好的部分。也有“华彩”的意思。此处“菁”兼有“最美好的部分”和“华彩”的意思。③飞旆（pèi）：此处指酒旗。旆：古代续于旗尾成燕尾形的旗。也指旗的总称。④解：理解，懂得。⑤帝阙：指皇城之门，也可指京城。⑥屏幽：运用双关的修辞手法含有表里两层意思。表层指密林遮挡，环境幽深，深层指幽州作为“帝阙”的屏障。幽州，据《周礼·职方》载：“东北曰幽州。”其范围大致包括今河北北部及辽宁一带。曾作为军事重镇的幽州原是河北平原北端陆路交通的枢纽。屏：屏风，即室内挡风或遮蔽视线的东西。引申为屏障，捍卫。

【简析】这首《盘山道中》，首联出奇制胜，运用换义的修辞手法，使“盘”的名词和动词的用法各显神通，既凸显了盘山泉瀑秀水溅玉喷珠、澎湃山谷的胜景，又紧扣了盘山层峦叠嶂、峰奇石怪的石胜美誉。颔联和颈联极写盘山的清幽与清凉、雄险与奇奥，展现了一幅幅山深林茂、景色清幽的田园写意画，虽着墨不多，却十分传神。尾联运用双关的修辞手法透露出诗人对盘山护卫京畿的战略地位的重视，以及居安思危的忧患意识。

题云冈石窟寺

唐·宋昱

梵宇①开金地②，香龛③凿铁围④。
影中群象⑤动，空里众灵⑥飞。
檐牖⑦笼朱旭⑧，房廊挹⑨翠微⑩。
瑞莲生佛步⑪，瑶树挂天衣⑫。
邀福功虽在，兴王⑬代久非。
谁知云朔⑭外，更睹化胡⑮归。

【作者】宋昱（？—756年），籍贯不详。唐代官员，唐天宝末官至中书舍人，知选事。安史之乱时为乱兵所杀。宋昱能诗，但《全唐诗》只存其诗3首。

【题解】云冈石窟，位于山西大同市武周山南麓高处，故称“云冈”。石窟始凿于北魏年间，由鲜卑族拓跋氏豪杰拓跋珪建立，距今1500多年。历代多次修缮，增建佛寺，尤以辽金两代规模最大。现存洞窟53个，石雕像5万余尊，以规模宏大、内容丰富而成为我国最大的石窟群之一。作为世界闻名的佛教艺术宝库、古代雕刻艺术宝库，云冈石窟以石雕造像气魄宏伟，内容丰富多彩见称，与敦煌石窟、龙门石窟、天水麦积山石窟并称为中国四大石窟。

【注释】①梵（fàn）宇：指佛教的寺庙，此处指云冈石窟。②金地：多义词。土地的美称。佛教谓菩萨所居以黄金铺地，借指佛寺。《释氏要览》上：“金地或云金田，即舍卫国给孤长者，侧布黄金，买祇太子园，建精舍，请之居之。”③龛（kān）：供奉神佛的小阁或柜子。④铁围：即铁围山，佛教用语。此处指武周山。⑤群象：指石窟中雕刻的佛传故事中的众多人物雕像。⑥众灵：诸神。指石窟中雕刻的佛传故事中的诸神。“影中群象动，空里众灵飞”两句总体写石窟中的雕像和藻井上的飞天形象。⑦牖（yǒu）：窗子。⑧旭：初出的阳光，天亮。⑨挹（yì）：此处是“牵引、引连”的意思，呼应上句的“笼”。⑩翠微：青绿色的山气。“檐牖笼朱旭，房廊挹翠微”写殿堂在阳光照射下显得明亮辉煌，寺廊与周围美丽的山色相连接。⑪瑞莲生佛步：“瑞莲”为佛门圣物，即象征吉祥之莲。

"佛步"指佛祖释迦牟尼的脚步。据云佛祖出生后"无人扶持，即行四方"，四面"各七步"，"步步举足"，处处都有瑞莲出现。⑫瑶树挂天衣：瑶树，传说为昆仑山上一种玉白色的树，因成树之美称。天衣，一说指佛教谓诸天人所着之衣。另一说喻指天空中飘浮的云。⑬兴王：即励精图治、勤政有为的君王，此处指北魏孝文帝拓跋宏。⑭云朔：为古代云州、朔州的并称，也泛指山西雁门关外北方边远地带。云：云中郡，故治在今山西大同。朔：朔州，今山西朔州市一带。⑮化胡：指高僧。化用"老子化胡"的传说。旧有老子出函谷关化胡说，谓老子西出函谷关，过西域、之天竺，化身佛陀释迦牟尼，对天竺人实行教化。

【简析】宋昱的这首《题云冈石窟寺》，又名《题石窟寺魏孝文所置》，在所有描写云冈石窟的诗作中，不仅时间最早，艺术水准也堪称最佳。诗文前两句勾勒出石窟的不凡气势，然后用相当大的篇幅细致描写石窟雕刻，将具有雄浑之美、力量之美的云冈石窟的雕刻描写得熠熠生辉，婉转流动，洒脱飘逸，气韵无穷。结尾四句，从佛教胜境回到人间，抒发了对时代更迭、物存世变的感慨。情感细微，想象丰富，意境深远，内涵深沉。

游悬空寺

清·邓克劭

石屏①千仞立，古寺半空悬②。
净土③绝尘境，岑楼④缀⑤远天。
一湾岩畔月，半壁画中禅⑥。
俯视行人小，飘然意欲仙。⑦

【作者】邓克劭，生平不详。清代文人。字如许，山西灵丘人。有《自适集》。

【题解】悬空寺，又名玄空寺，位于山西浑源县的北岳恒山金龙峡内西岩峭壁上，是国内仅存的佛、道、儒三教合一的且被称为中外建筑史奇迹的独特寺庙，其建筑特色可以概括为"奇、悬、巧"。悬空寺始建于1400多年前的北魏王朝后期，根据道家"不闻鸡鸣犬吠之声"的理念建造的悬空寺，是中国古代建筑精华的体现，一直被列为北岳恒山的第一奇观。悬空寺凌空悬挂在岩壁上，共有殿阁40间，利用力学原理半插飞梁为基，巧借岩石暗托梁柱上下一体，廊栏左右相连。寺下岩石上"壮观"二字，传说是唐代诗仙李白的墨宝。明代旅行家徐霞客称其为"天下巨观"。

【注释】①石屏：以山石为屏障，言悬空寺位于翠屏峰的悬崖峭壁之上。②半空悬：实写悬空寺靠木梁支撑，倚托在悬崖峭壁之上。当地有"悬空寺，半天高，三根马尾空中吊"的俚语。③净土：此处指悬空寺。净土是佛教用语。指诸佛佛国清净国土，一般也专指阿弥陀佛国土。其国众生皆行十善，身口意三业清净，无有众苦，但受诸乐。故又称极乐国土。④岑（cén）楼：高楼。此处指悬空寺。岑：小而高的山。⑤缀：此处意思为“连接”。⑥禅：表示与佛教有关的事物。也指禅房。此处指悬空寺。⑦俯视行人小，飘然意欲仙：运用夸张的修辞手法，极言悬空寺之高峻陡峭。

【简析】这首《游悬空寺》，首联写悬空寺的奇险，“千仞”“半空”突出了悬空寺层楼高悬、凌空危挂、斜梁飞架的险峻。颔联和颈联写悬空寺的空清，“净土”“岑楼”“禅”蕴含着悬空寺曲榭斜倚、廊腰缦回、叹为仙宫的仙境般景象。尾联运用夸张手法夸写悬空寺的险峻巍峨，渲染悬空寺飘飘欲仙的意境。诗作曲折出奇，虚实相生，想象丰富，共鸣强烈。

青冢

清·王循

怨魄①传青冢，灵风②此黑河③。
黄沙迷古渡④，翠霭⑤护烟螺⑥。
女子英雄泪，琵琶壮士歌。
一心争不朽，莫⑦谩⑧蹙双蛾⑨。

【作者】王循，生平不详。清代人。

【题解】青冢，即昭君墓，中国西汉王昭君的陵墓，也称之为特木尔乌尔琥（汉语意为铁垒），位于内蒙古呼和浩特玉泉区南郊大黑河南岸。“冢”指高大陵墓。青冢之义应为长着青草的陵墓。《归州图经》：“边地多白草，昭君冢独青。”传说周围的草木一到秋天就会凋零，唯有昭君墓上草木常青，所以又叫“青冢”。“青冢拥黛”被誉为呼和浩特八景之一。昭君墓最早的记载见于唐代杜佑的《通典》。王昭君曾对汉族与匈奴的关系改善起到过积极作用。现在青冢景区建有呼和浩特市昭君博物馆。

【注释】①怨魄：指昭君。王昭君，字嫱，南郡秭归（今湖北秭归）人。中国古代四大美女之一。西汉元帝时宫女。竟宁元年（前33年），匈奴呼韩邪单于入朝求亲，昭君向掖庭令请求远嫁。昭君在匈奴几十年，结束了长期以来汉同匈奴之间的战争局面，起到安定边疆，增进民族团结的进步作用。②灵风：指昭君英灵化成的风。③黑河：指昭君墓附近的大黑河。在内蒙古境内，黄河流向由西向东，大黑河干流由北东方向流来，形成对流格局，故称逆向支流。④古渡：指大黑河的渡口。⑤霭（ǎi）：云雾。⑥烟螺：此处喻指青冢——昭君墓。烟：云气，雾。⑦莫：表示否定。无，没有。有劝诫意味。⑧谩（màn）：徒然。

⑨蹙（cù）双蛾：皱眉头。蹙：减缩，收缩。也指聚拢，皱。蛾：蛾眉的省称，指女子长而美的眉毛。借指美女（运用借代手法代指美女）。

【简析】宋之前，题咏昭君的作品多以哀伤凄凉为主调。宋以后，昭君题材的作品开始出现悲壮慷慨的格调，如刘宰的《昭君曲》："岂余身兮惮殃，抗风沙兮万里。"再如周秀眉的《昭君》："琵琶弹马上，千载壮君名。"出塞的昭君不再悲苦忧郁，而是迎面风沙，勇往直前。王循的这首《青冢》也具有浩然之气。辽阔茫茫的草原，风尘漫漫的大漠，苍茫天地之间这一座墓草茸碧的青冢……景物独特，意象醒目，寓意深刻。颈联"女子英雄泪，琵琶壮士歌"的诗句，使琵琶曲高亢响亮起来，也使昭君这一位"一心争不朽"的奇女子的形象赫然耸立。

长相思

当代·鲁歌

山一弯，水一弯，山水相连窄复宽，诗情山水间。

兴正欢，酒正酣[①]，湖上风光且细看，舟行莫便[②]还。

【作者】鲁歌（1913—1988年），原名张肇科，安徽当涂人。鲁歌是当代诗人，也是我国著名学者，在古代文学和诗词研究等领域造诣颇深。

【题解】镜泊湖，古称忽汗海、湄沱湖、毕尔腾湖，位于黑龙江省宁安市南部，松花江支流牡丹江上游，是我国最大的山地堰塞湖。镜泊湖以湖光山色为主，湖身蜿蜒曲折，湖水深碧，湖中岛屿星罗棋布，有吊水楼瀑布、大小孤山、城墙砬子、珍珠门等八景。镜泊湖也兼有火山口地下原始森林、地下熔岩隧道等地质奇观，还有唐代渤海国遗址，是可供科研、避暑、游览、观光、度假和文化交流活动的综合性景区。叶剑英元帅1962年夏游览镜泊湖时题诗赞曰："山上平湖水上山，北国风光胜江南。"

【注释】①酣（hān）：酒喝得很畅快。此处指饮酒尽兴，畅快。②便：副词。就，随即。

【简析】长相思，词牌名，又名"吴山青""山渐青""相思令""长思仙""越山青"等。以白居易词《长相思·汴水流》为正体："汴水流，泗水流，流到瓜州古渡头。吴山点点愁。思悠悠，恨悠悠，恨到归时方始休。月明人倚楼。"

鲁歌这首《长相思》词作，用非常通俗的语言形象地描写了镜泊湖山中有水，水中有山，忽窄忽宽，变化多姿的秀丽风光。每句用韵，音韵婉然，情感也由热烈而渐趋和婉，一股引人入胜的吸引力飘逸在字里行间。

风入松[1]·一春长费买花钱

宋·俞国宝

一春[2]长费[3]买花钱，日日醉湖边。玉骢[4]惯识西湖路，骄[5]嘶过、沽[6]酒楼前。红杏香中箫鼓[7]，绿杨影里秋千。　暖风十里丽人天，花压鬓[8]云偏。画船载取春归去，余情付、湖水湖烟。明日重扶残醉[9]，来寻陌上花钿[10]。

【作者】俞国宝，生卒年不详。字不详，号醒庵，临川（今江西抚州）人。约宋宁宗庆元（1195—1201 年）初前后在世。江西诗派著名诗人之一。著有《醒庵遗珠集》十卷，《全宋词》辑其词五首。况周颐《蕙风词话》卷二谓俞词“第流美而已。顾当时盛传，以其句丽可喜，又谐适便口诵，故称述者多”。

【题解】西湖，位于浙江省杭州市区西面，中国大陆主要的观赏性淡水湖泊之一，中国十大风景名胜之一。西湖湖中被孤山、白堤、苏堤、杨公堤分隔，按面积大小分别为外西湖、西里湖（又称后西湖或后湖）、北里湖（又称里西湖）、小南湖（又称南湖）及岳湖五片水面，其中外西湖面积最大。孤山是西湖中最大的天然岛屿，苏堤、白堤越过湖面，小瀛洲、湖心亭、阮公墩三个人工小岛鼎立于外西湖湖心，雷峰塔与保俶塔隔湖相映，形成“一山、二塔、三岛、三堤、五湖”的基本格局。西湖在中国的历史文化和风景名胜中占有重要地位，2011 年 6 月 24 日，杭州西湖文化景观被列入《世界遗产名录》。

周密《武林旧事》记载：淳熙十二年（1185 年），德寿三殿游幸湖山。一日御舟经断桥旁，有小酒肆颇雅。舟中饰素屏书《风入松》一词于上，光尧驻目称赏久之，宣问：“何人所作？”乃太学生俞国宝醉笔也。上笑曰：“此词甚好，但末句‘明日重携残酒’未免儒酸。”因为改定云“明日重扶残醉”，则迥不同矣，即日命解褐（注：释褐 hè，脱去平民衣服，喻始任官职）云。

【注释】①风入松：词牌名。古琴曲有《风入松》，唐僧皎然有《风入松歌》，调名源于此。有双调七十二、七十三、七十四、七十六字四体，平韵。②一春：整个春天。③费：多用钱物。长费：指耗费很多。④骢（cōng）：毛色青白相间的马。⑤骄：马高大健壮的样子。⑥沽：买。引申为获取，猎取。又卖。⑦箫鼓：箫与鼓。此处泛指音尔的演奏。⑧鬓：脸两边靠近耳朵的毛发。鬓云：比喻女性鬓发浓美如云。⑨残醉：酒后残存的醉意。⑩钿：用金银等镶制成的花形首饰。

【简析】这首词作很有特点，至少可以从以下三方面分析：一是上阕注重泛写景物，下阕专注叙述中抒情。《古今词论》中引用毛稚黄的评论说：“前半泛写，后半专叙，盖宋词人多此法。”这首词作的一个特点正在于此。上阕泛写西湖景物，由词人自身、玉骢、西湖路、骄嘶过、沽酒楼的叙述进而描写出“红杏香中箫鼓，绿杨影里秋千”的美景，人与境、情与景高度融合。下阕通过景物的浓墨渲染抒发对西湖的拳拳留恋之情。由暖风到丽人，而特写鬓云，再由春归付余情以湖水湖烟，到残醉重扶再寻陌上花钿，游兴难尽，深情款款。二是上下阕过渡自然，衔接巧妙，浑然一体。上阕尾句“红杏香中箫鼓，绿杨影里秋千”与下阕首句“暖风十里丽人天，花压鬓云偏”，人与景交融，构成一幅春游西湖立体而动感的画面。三是善用修辞手法。如比喻中缩喻“鬓云”，用本体“鬓”修饰喻体“云”，结构更加紧凑，使本体“鬓”的特点更加突出而形象。再如比拟，“画船载取春归去”运用比拟（拟物）手法，把“春”当“可载之物”来写，物物交融，具有极强的感染力。

［黄钟］[1]人月圆[2]·兰亭

元·徐再思

茂林修竹[3]风流地，重到古山阴[4]。壮怀感慨，醉眸[5]俯仰，世事浮沉。惠[6]风归燕，团沙宿鹭[7]，芳树幽禽。山山水水，诗诗酒酒，古古今今。

【作者】徐再思（约1280—1330年），与张可久、贯云石为同时代人。字德可，因喜甜食，故号甜斋。今浙江嘉兴人。曾任嘉兴路吏。作品与当时自号酸斋的贯云石齐名，后人任讷将二人散曲合辑为《酸甜乐府》，收有徐再思小令100余首。

徐再思小令的主要内容集中在写景、相思、归隐、咏史等方面，也有一些赠答、咏物为题的作品。其写景之作工于炼字造句，意境高远奇巧；其写情之作多深沉娟秀；其咏史之作常小结兴亡，于感叹人生之时多流露伤感悲凉之情。

【题解】兰亭，位于浙江绍兴（古称山阴）柯桥区兰亭镇兰亭村，汉代驿亭所在，故名兰亭。兰亭是东晋书法家王羲之的园林住所。东晋永和九年（353年）三月初三，王羲之同孙绰、谢安等文人贤士在会稽山阴（今绍兴）兰亭修禊宴集，写下被后人誉为“天下第一行书”的《兰亭集序》（又名《兰亭序》《临河序》《禊帖》等），成就了流传千载的风雅胜事。

兰亭清代时在明代旧址上重建，布局以曲水流觞为中心，由鹅池、流觞亭、御碑亭、王右军祠、兰亭碑亭等古建筑和碑刻组成。现在的兰亭景致可以用“一序”“三碑”“十景”加以概括：“一序”即《兰亭集序》；“三碑”即鹅池碑、兰亭碑、御碑。“十景”包括鹅池、小兰亭、曲水流觞、流觞亭、御碑亭、临池十八缸、王右军祠、碑林、书法博物馆、之镇街区。兰亭是魏晋隐逸、名士文化的重要纪念地，是历史文化积淀深厚的书法圣地，具有相当重要的历史文化意义。

【注释】①黄钟：古代戏曲音乐名称。宫调之一。元·周德清《中原音韵》："大凡声音各应于律吕……黄钟宫富贵缠绵。"据《九宫大成南北词宫谱》所载，属黄钟宫的曲牌包括北曲和南曲，北曲黄钟宫联套的格式如［醉花阴］［喜迁莺］［出队子］［刮地风］［四门子］［古水仙］等较为常用。②人月圆：曲牌名。《中原音韵》入"黄钟宫"。用于散曲小令。原为词调，始于北宋王诜，因词中有"人月圆时"句，取以为名。自金代词人吴激以此调作词《人月圆·宴北人张侍御家有感》后，北曲以之为曲，成为曲牌。代表作品有元代张可久《人月圆·春晚次韵》等。③茂林修竹：运用引用中的暗引手法，引自东晋王羲之《兰亭集序》中"此地有崇山峻岭，茂林修竹，又有清流激湍，映带左右，引以为流觞曲水，列坐其次"。④重到古山阴：指自己追随当年东晋名士，来到当年王羲之《兰亭集序》中的"会稽山阴之兰亭"。⑤眸（móu）：瞳仁，眼珠。也有低头细看的意思。⑥惠：仁爱，宽厚；恩惠；柔顺，柔和，此文"惠风"指柔和的风；赐予，赠送。⑦鹭：水鸟名。又名鹭鸶、白鹭。唐温庭筠《利州南渡》诗有"数丛沙草群鸥散，万顷江田一鹭飞"诗句。

【简析】这是一首怀古之作，是作者游山阴兰亭时，就王羲之《兰亭集序》的题旨发挥而成。结构可分为三部分，起承转合，连贯自然，收结宏胜。

第一部分"茂林修竹风流地，重到古山阴。壮怀感慨，醉眸俯仰，世事浮沉"，叙写作者重游古山阴，抒发置身风流胜地目睹历史陈迹回首世事变换的无限感慨。东晋文学家、书法家王羲之在《兰亭集序》中描述了当时的胜事："永和九年，岁在癸丑，暮春之初，会于会稽山阴之兰亭，修禊事也。群贤毕至，少长咸集。此地有崇山峻岭，茂林修竹，又有清流激湍，映带左右，引以为流觞曲水，列坐其次。虽无丝竹管弦之盛，一觞一咏，亦足以畅叙幽情。"作者游览山阴兰亭，醉眼俯仰世事浮沉，神交往昔东晋名士，得享共鸣愉悦美感，所以一开篇就紧扣王羲之《兰亭集序》的题旨夹叙夹议加以发挥。

第二部分"惠风归燕，团沙宿鹭，芳树幽禽"描景绘物，以景寓情。"归燕""宿鹭""幽禽"众鸟还巢，以动归静，意境深幽。作者身处其境，心态趋于平和，于柔和静谧的景物描绘中寄寓着情感流淌起伏的心路历程。

第三部分以"山山水水，诗诗酒酒，古古今今"结尾，这叠音兼对偶的三句鼎对的结尾使全曲振起，音韵流美，曲尽婉转。不仅充分体现了元曲口语化通俗化格律宽的特点，而且描物状形传神尽态。同时兼有的鼎足对仗的这种元曲特有的句式将从自然到人文从当前到古往的一系列景象关联紧密，铺写细腻；语势贯联，语意突出；渲染淋漓，意态和谐。

综上，作者重到古山阴，畅游兰亭，"醉眸俯仰"，感慨万千。山水风流，诗酒风流，雅集盛事风流，古与今俱是风流，人与物依然风流。正如王羲之在《兰亭集序》中所言"后之览者"，怎能不有感于斯！

望庐山瀑布

唐·李白

日照香炉①生紫烟②，遥看瀑布挂前川③。
飞流直下三千尺④，疑⑤是银河落九天⑥。

【作者】李白（701—762年），字太白，号青莲居士，是屈原之后最伟大的浪漫主义诗人。有"诗仙"的美誉，在中国文学史上与杜甫并称"李杜"。李白诗作，诗风雄奇豪放，语言流转自然，音律和谐多变，善于从民歌和神话传说中汲取营养和素材，想象丰富，构成其特有的瑰玮绚烂的色彩，达到盛唐诗歌艺术的巅峰。存世诗文千余篇，后人辑有《李太白文集》等。

【题解】庐山，又名匡山、匡庐，位于长江以南，鄱阳湖西岸，隶属江西省九江市。长约25千米，宽约10千米，主峰汉阳峰，海拔1474米。山体呈椭圆形，典型的地垒式块段山。庐山以雄、奇、险、秀闻名于世，素有"匡庐奇秀甲天下"之美誉。是世界文化遗产、世界地质公园、国家重点风景名胜区、国家AAAAA级旅游景区。群峰间散布冈岭26座，壑谷20条，岩洞16个，怪石22处。水流在河谷发育裂点形成许多急流与瀑布，瀑布22处，溪涧18条，湖潭14处。庐山雄奇秀拔，尤以瀑布和云雾著称于世，名胜古迹遍布，夏天气候凉爽宜人，是著名的避暑和旅游胜地。

庐山作为一座文化名山，被认为是中国山水文化的历史缩影。自东晋以来，中国历代著名的文人、高僧、政治人物都在此留下过重要的历史印迹。

这首诗一般认为是唐玄宗开元十三年（725年）前后李白出游金陵途中初游庐山时所作。

【注释】①香炉：指庐山香炉峰。瀑布水雾蒸腾，峰顶似香烟缭绕。此处巧妙而形象地将"香炉"与阳光照射下的蒸腾水雾相联系，将香炉峰比作紫烟缭绕的香炉。②紫烟：紫色云气。此处指日光透过水雾，远望如紫色烟云。烟：云气。③川：河流。④三千尺：极言瀑布之长。⑤疑：好像。⑥九天：九重天，天的最高处。这里极言瀑布落差之大。

【简析】这首诗形象地描绘了庐山瀑布雄奇壮丽的景色，反映了诗人对大好河山的无限热爱。其主要艺术特点是：第一，富于浪漫主义色彩。首句从大处着笔，为瀑布设置了雄奇的背景，构成一幅绚丽壮美、栩栩如生的图景，渲染了气氛。第二，灵活运用各种修辞手法。①比拟。诗句"遥看瀑布挂前川"

中“挂”字运用比拟手法，化动为静，贴切形象地表现出遥看瀑布的视觉印象。②夸张。“飞流直下三千尺”，用夸张的手法，放大了瀑布的形象特征，写出了瀑布高空直落的特点，铿锵有力。③比喻。“疑是银河落九天”写瀑布在诗人心中造成的迷离恍惚的奇妙感觉，其中渗入了心理活动，又不失其生动、逼真之处。

诗作构思奇特，语言生动明快。苏轼以“帝遣银河一派垂，古来唯有谪仙词”给予其极高的评价。

游肇庆七星岩

当代・叶剑英

借得西湖水一圜[①]，更移阳朔[②]七堆山[③]。
堤边添上丝丝柳，画幅长留天地间。

【作者】叶剑英（1897—1986年），原名叶宜伟，字沧白。广东省梅县人。是党和国家领导人，中国人民解放军的创建人和领导人、军事家，十大元帅之一。

【题解】七星岩，位于广东省肇庆市东北4公里处，由七座峭立的石灰岩组成。岩峰布列如北斗，传说是天上的北斗七星坠落人间。七星岩周围碧波荡漾，湖光潋滟，映照出岩峰的倒影。岩壁之上，自唐宋以来，留下题咏石刻300余处。山上树木葱茏，亭台楼阁掩映其中，一处处岩洞更是美不胜收，为广东著名游览胜地。

【注释】①圜（huán）：同“环”。②阳朔：位于广西，有漓江流贯境内。风景秀丽，素有“桂林山水甲天下，阳朔山水甲桂林”之誉。③七堆山：也叫七星山，在阳朔东北部，七座秀丽的山峰临江而立，相传为七仙女下凡所化。

【简析】这首诗运用衬托和比喻的修辞手法，表现七星岩的山水之美：一、衬托。肇庆七星岩秀丽的湖光山影素有“桂林之山，杭州之水”之称，这首诗化用了这种赞誉，没有直接赞美七星岩本身，而是采取了衬托的手法，说七星岩是借来了美丽的西湖水，移来了秀丽的七堆山，用西湖水光、阳朔山色来衬托七星岩之美，形象含蓄，生动怡人，寓意深长，让读者有更广阔的想象空间来领会七星岩的美不胜收。二、比喻。“画幅长留天地间”一句，是在对沿岸早春的柳枝新发的丝丝嫩绿进行了细致刻画之后，以比喻中的借喻手法，水到渠成地把七星岩的山山水水比作一幅画卷，总结概括七星岩的美丽。其中本体和比喻词都没有出现，显得含蓄优美。

诗歌语言凝练自然，不以深奥华丽取胜，朴实而有情趣，读来音调和谐，节奏明快，朗朗上口。

人月圆[1]·泛大理海子

明·杨慎

好风雨日相迎送，渺渺[2]碧波平。玉几[3]云凭[4]，金梭[5]烟织，宝刹[6]霞明。邀散[7]神仙，寻闲洲岛，上小蓬瀛[8]。海流东逝，海天南望，海月西生。

【作者】杨慎（1488—1559年），字用修，号升庵，四川新都（今成都市新都区）人，祖籍庐陵（今江西吉安）。明朝著名文学家、理学家，明代三才子（杨慎、解缙、徐渭）之一。正德六年（1511年）状元，官至翰林院修撰、经筵讲官等。嘉靖三年（1524年），杨慎谪戍云南永昌卫，居云南30余年。后人论及明代记通之博、著述之富，推杨慎为第一。能文、词及散曲，论古考证之作范围颇广。其诗创作内容极为广泛，沉酣六朝，揽采晚唐，创为渊博靡丽之词，造诣深厚，独立于当时风气之外。著作达四百余种。后人辑有《升庵集》。

【题解】大理海子即洱海。海子，是一些地方对湖泊的称呼。洱海，古称叶榆泽、洱河、昆弥川，位于大理古城东侧。关于其得名，或说它"形若人耳"，或说它"如月抱珥"。"下关风、上关花、苍山雪、洱海月"构成"风花雪月"四景。

【注释】①人月圆：词牌名。②渺渺：水面辽阔。③玉几（jī）：玉几岛，位于洱海东南，形似玉几，故名。④凭：倚，靠。⑤金梭：金梭岛，位于洱海东面，形似梭子，故名。⑥宝刹（chà）：佛寺或佛塔的美称。⑦散：不受约束。⑧蓬瀛：指蓬莱、瀛洲，传说中的海上仙山。此处比喻前一句所寻找的闲适洲岛。

【简析】这首词景中含情，情中有景，营造了安谧娴静的意境。上阕写景，碧波渺渺，落霞满天，洱海上升起了明月，玉几、金梭隐现于烟雾之中，洱海笼罩在一片仙气氤氲的氛围中，宝刹像彩霞一样明丽。此处既借用"玉几""金梭"仿佛可"凭"可"织"的形象，又运用镶嵌的修辞手法，巧妙地嵌入两个小岛的名字，使洱海仿佛摇荡着仙姿幻影。

下阕抒情，洋溢着对美景的热爱、满足之感。诗人似乎和仙人一起悠闲地同游洱海，高原上的月色尤其澄莹，又与内地大不相同，简直进入了人间仙境。放怀其间，怡然若仙，顿觉荡胸涤虑，宠辱两忘，有超凡脱俗之感。在对洱海仙境的描写中蕴含惬意之情，暗含对仕途官场的厌倦与疏远。

贵阳甲秀楼

明·江东之

明河[1]表浅水悠悠，新筑沙堤接远洲[2]。
秀出三狮[3]连凤翼[4]，雄驱双骏[5]踞鳌头[6]。
渔郎矶[7]曲桃花浪，丞相祠[8]前巨壑舟。

此日临渊[9]何所羡，擎天砥柱[10]在中流。

【作者】江东之（？—1599 年），字长信，号念所，安徽歙县人。明代万历五年（1577 年）进士，贵州巡抚，有《瑞阳集》。

【题解】甲秀楼位于贵州省贵阳城南南明河鳌矶石上。当年，观音阁前的转折处潭深水急。明万历年间，巡抚江东之命人在河中修一座石矶以杀水势，使之洄澜为泽。此石矶成奋鳌之状，名之曰“鳌头矶”。为使这一带风景更加秀美，便在矶上修建一座阁楼，名曰“甲秀”，取“科甲挺秀”之意，祈愿黔中人才辈出，秀甲天下。甲秀楼是三层三檐四角攒尖顶阁楼。楼下有浮玉桥，桥上有涵碧亭，桥下有涵碧潭、水月台，桥南有翠微阁，构成遥相呼应的景观。是“贵阳八景”之一。清代，甲秀楼多次重修。现存建筑是清宣统元年（1909 年）重建的。2006 年，甲秀楼作为“文昌阁和甲秀楼”的组成部分，被国务院公布为全国重点文物保护单位。

【注释】①明河：南明河。②洲：水中陆地。这里指芳杜洲，甲秀楼前旧有芳杜洲，后没于水中。③三狮：甲秀楼阁有三重，每层瓦脊雕琢有狮子。④凤翼：这里指楼阁四角伸出的飞檐。⑤双骏：指甲秀楼下浮玉桥头两边的石雕骏马。⑥鳌头：即鳌头矶。⑦矶（jī）：指水中积石或水边突出的岩石、石滩。⑧丞相祠：甲秀楼边，明代曾在此建有武侯祠，是为纪念诸葛亮七擒孟获而建。⑨临渊：《汉书·董仲舒传》：“古人有言曰：‘临渊羡鱼，不如退而结网。’”诗中意为不需临渊羡鱼，只要付诸行动，自然能进入仕途，有所收获。⑩擎（qíng）天砥（dǐ）柱：指甲秀楼，它就像屹立在黄河急流中的砥柱山一样。比喻能在动荡艰难的环境中起支柱作用。擎：往上托，举。砥柱：山名，位于河南省三门峡东，屹立于黄河急流之中。常以“砥柱”比喻能坚守原则、支撑危局的人或力量。

【简析】这首诗围绕甲秀楼挺秀雄拔、擎天砥柱这一核心意蕴，层层深入，进行描写。

首联先写环楼景物：南明河碧波荡漾，景色旖旎。极目远眺，视野悠远，仿佛置身画境。通过外围描写起到了烘托主题的效果，由此渐入主旨。颔联集中写甲秀楼的突出，阿阁三重，飞檐高翥，挺然屹立于河中鳌矶之上，雄奇秀逸，成为山城的标志，给人强烈印象。颈联书写与地灵相匹配的人杰，表达对诸葛亮的敬仰之情，深化了主题。尾联上句直抒胸臆，抒写登楼感受，下句运用比喻手法，将甲秀楼比作中流砥柱，有气壮山河的力度。

自巴东舟行经瞿塘峡登巫山最高峰晚还题壁

唐·李白

江行几千里，海月[①]十五圆[②]。始经瞿塘峡，遂步巫山巅。巫山高不穷[③]，巴国[④]尽所历。

日边攀垂萝，霞外依穹石[⑤]。飞步凌绝顶，极目无纤烟。却顾[⑥]失丹壑[⑦]，仰视临青天。

青天若可扪[⑧]，银汉去安在？望云知苍梧[⑨]，记水辨瀛海[⑩]。周游孤光[⑪]晚，历览幽意多。

积雪照空谷，悲风鸣森柯[⑫]。归途行欲曛[⑬]，佳趣尚未歇。江寒早啼猿，松暝[⑭]已吐月。

月色何悠悠，清[⑮]猿响啾啾[⑯]。辞山不忍听，挥策[⑰]还孤舟。

【作者】见李白《望庐山瀑布》。

【题解】“巴东”指夔州（今重庆奉节）。瞿塘峡，长江三峡之一，在今重庆奉节东，巫山西。巫山位于重庆市巫山县东巫峡两岸，有十二峰，北岸六峰，沿江屹立，南岸六峰，仅见三峰，其余重叠于后。十二峰中，以最高峰望霞峰最为著名。此峰于缥缈云霞之中，宛若一位亭亭玉立、美丽动人的少女，故又名神女峰。相传巫山神女瑶姬居于此。神女峰闻名遐迩，一方面因得益于大自然的造化，另一方面，也得益于战国时文学家宋玉的《高唐赋》《神女赋》，赋中创造了“旦为朝云，暮为行雨”的巫山神女的形象。

【注释】①海月：此处指江月。②十五圆：指正逢月圆之日。③穷：极，尽。④巴国：古国名，今渝、鄂交界地带。⑤日边攀垂萝，霞外依穹（qióng）石：两句运用夸张的修辞手法极写巫山之高。萝：通常指某些能爬蔓的植物。穹石：巨石。穹：大，高。⑥却顾：回顾。却：回，返。⑦壑（hè）：山谷。⑧扪：触摸。⑨苍梧：苍梧山，即九嶷山，位于湖南省永州市宁远县境内。史籍载舜帝南巡，葬于此处。⑩记：识别。瀛海：指浩瀚的大海。⑪孤光：此处指日光。⑫森柯：茂盛的树枝。森：树木丛生繁密的样子。柯：草木的枝茎。⑬曛（xūn）：黄昏。⑭暝（míng）：昏暗。⑮清：这里指猿啼声凄凉。⑯啾啾（jiūjiū）：象声词，动物叫声，也指尖细凄切的声音。此处意思为后者。⑰策：拐杖。

【简析】诗写登上巫山最高峰时所见景色，极力渲染巫山之高峻，用丰富的想象、典故、神话故事，通过用典、比喻、夸张等手法，多角度、多层次地渲染巫山高峻雄伟的景色，写出游山的独特感受。意境阔大、气魄豪迈，体现了李白诗歌的浪漫主义风格。景中含情，情化景中。

全诗记叙登巫山的经过，结构清晰完整。从开始上山写起，继写登山时的感受与登上顶峰时所见到的景色，最后写下山及回船的过程，一气呵成。诗中借助夸张手法和大胆的想象渲染巫山之高峻宏伟，“日边”“霞外”等诗句充分体现出诗人的浪漫气质。

咏华山

宋・寇凖

只有天在上，更无山与齐。
举头红日近，回首白云低。

【作者】寇凖（961—1023年），字平仲，华州下邽（今陕西渭南市临渭区）人。北宋真宗朝三任宰相，谥号忠愍，是著名的政治家。寇凖为人刚直，因多次直谏为宋太宗重用。

【题解】华山又名太华山，古称西岳，位于陕西省西安市东华阴市境内。五岳中华山最高，海拔2154.9米，以雄伟奇险而闻名，有“奇险天下第一山”之美誉。这首诗据说是寇凖九岁的时候写的。

【简析】这首诗语言通俗易懂，缘境构诗，诗与境谐。诗中蓝天、白云、红日、群山相互映衬。“举头红日近，回首白云低”，运用夸张及对比的手法，突出了华山的高峻陡峭，写出了华山高耸入云、独立天外、称雄天下的气势。诗作风格朴素而又气概不凡，带给人刚勇进取的精神力量。

嘉峪关感赋（其一）

清・林则徐

严①关百尺界②天西，万里征人驻马蹄。
飞阁遥连秦树直，缭垣③斜压陇云低。
天山④巉⑤削摩肩立，瀚海⑥苍茫入望迷。
谁道崤函⑦千古险，回看只见一丸泥。

【作者】林则徐（1785—1850年），字元抚，又字少穆、石麟，福建侯官（今福州市）人。清代杰出的政治家、思想家和民族英雄。道光十九年（1839年），以钦差大臣身份赴广东，将没收鸦片于虎门销毁。该事件被认为是第一次鸦片战争的导火线。之后被构陷革职，遣戍伊犁。重获起用后任陕甘总督、陕西巡抚、云贵总督。道光三十年（1850年），受命为钦差大臣驰赴广西，行至广东潮州普宁逝世。谥号“文忠”。著有《林文忠公政书》。

【题解】林则徐被革职谪戍伊犁，途中经嘉峪关。他放眼河山，感慨万端，吐千古之豪情，写下《嘉峪关感赋》组诗四首，此为其中第一首。嘉峪关，古代

“丝绸之路”上的交通要塞，始建于明代洪武五年（1372 年），是明长城最西端的关口，曾被称为河西咽喉。地势险要，建筑雄伟，号称“天下第一雄关”。

【注释】①严：高峻，险要。②界：接界。③缭垣（yuán）：围墙，城墙。缭：围绕。④天山：指祁连山。汉时匈奴称“天”为“祁连”，所以祁连山也叫做天山。⑤巉（chán）：山势高险。⑥瀚海：戈壁沙漠。⑦崤（xiáo）函：崤山和函谷关的合称，相当于今陕西潼关以东至河南新安县地。高峰绝谷，峻坂迂回，形势险要。

【简析】这首诗首联总写嘉峪关巍峨耸立的雄姿，并交代了自己“征人”的身份；颔联突出雄关之高；颈联极写雄关之险；尾联再度极写关险，总括全诗。诗歌用语豪健，以“百尺”“万里”写空间之阔大，以“千古”写时间之幽远，格调开阔。运用多重修辞手法，如以陇地上空的云都显得低垂，来衬托蜿蜒于嘉峪关上的长城之气势；以夸小夸张手法，将崤函描写为一颗小泥丸，来衬托嘉峪关之壮伟及地势之险要，形象生动，感情浓烈，增强了艺术感染力，给人留下深刻鲜明的印象。这些手法从不同的角度展现了嘉峪关威严险固、形胜雄奇的画卷，烘托了林则徐质朴浑厚而又大气磅礴的精神世界，同时令人油然而生对祖国壮丽河山的热爱之情。清代林昌彝《射鹰楼诗话》中说林则徐“遣戍伊犁，出嘉峪关诗，风格高壮，读之令人唾壶击碎”。

二、游记

沧浪亭记[1]（节选）

宋・苏舜钦

予以罪废无所归[2]，扁舟南游，旅于吴中[3]，始僦[4]舍以处。时盛夏蒸燠[5]，土居皆褊狭[6]，不能出气。思得高爽虚辟[7]之地，以舒所怀，不可得也。

一日过郡学[8]，东顾草树郁然，崇阜广水[9]，不类乎城中[10]。并水[11]得微径于杂花修竹间，东趋[12]数百步，有弃地，纵广函五、六十寻[13]，三向皆水[14]也。杠[15]之南，其地益阔，旁无居民，左右皆林木相亏蔽[16]。访诸旧老[17]，云：“钱氏有国[18]，近戚孙承祐[19]之池馆也。”坳隆胜势[20]，遗意尚存[21]。予爱而徘徊[22]，遂以钱四万得之。构亭北碕[23]，号沧浪焉。

前竹后水，水之阳又竹，无穷极。澄川翠干[24]，光影会于轩[25]户之间，尤与风月相宜[26]。予时榜[27]小舟，幅巾[28]以往。至则洒然忘其归。觞而浩歌[29]，踞[30]而仰啸。野老不至，鱼鸟共乐。形骸既适[31]，则神不烦；观听无邪[32]，则道以明。返思向之汩汩荣辱之场，日与锱铢利害相磨戛，隔此真趣，不亦鄙哉[33]。

【作者】苏舜钦（1008—1048 年），字子美，梓州铜山（今四川中江县南）

人。提倡古文运动，善于诗词，风格豪健，甚为欧阳修所重。其诗与宋诗开山祖师梅尧臣齐名，合称“苏梅”。

【题解】沧浪亭，是苏州现存的历史最久远的古代园林。沧浪亭始为五代时吴越国广陵王钱元璙近戚中吴军节度使孙承祐的池馆。北宋庆历年间（1041—1048 年），苏舜钦“以罪废无所归”，买下废园，临水筑亭，有感于楚辞《渔父》中所歌“沧浪之水清兮，可以濯我缨；沧浪之水浊兮，可以濯吾足”，而题名沧浪亭，自号沧浪翁，并作《沧浪亭记》。沧浪亭历代屡有兴废。现在的亭园以康熙年间所修为基础。沧浪亭与狮子林、拙政园、留园并列为苏州宋、元、明、清四大园林。

【注释】①记：古代一种散文体裁，以叙事为主。可记叙、写景、状物、记人、议论、描写，抒发情怀抱负，阐述某些观点。有碑记、游记、杂记、记事等类型。②予以罪废无所归：《宋史·苏舜钦传》记载，苏舜钦于庆历年间因用卖故纸之公钱召伎乐、会宾客而遭弹劾除名，故曰“予以罪废”。无所归：无处可归。③吴中：原名吴县，秦始皇元年（前 221 年）建立。现为苏州市的中心区，文中指苏州一带。④僦（jiù）：租赁。指租用。⑤蒸燠（yù）：闷热如蒸。蒸：烘烤。燠：热，暖。⑥土居皆褊（biǎn）狭：土屋狭小。土居：土屋。褊，衣服狭小。泛指狭窄，狭小。狭：窄，与“宽”“广”相对。⑦虚辟：空旷开阔。⑧郡学：州府开设的官学，教授生员。此处指苏州府学宫，旧址在今苏州市南，沧浪亭之西。⑨崇阜广水：高山阔水。阜：土山。⑩不类乎城中：和城里不同。类：类似，好像。⑪并（bàng）水：依傍、沿着水流。并：通“傍”，依傍，靠近，临近。引申为沿着，顺着。⑫趋：奔向，奔赴。⑬纵广（guàng）函五、六十寻：纵横约 400~480 尺。纵：直，与“横”相对。广：横。函：包含、容纳。寻：古代长度单位。一般为八尺，也有说六尺或七尺为一寻的。⑭三向皆水：三面环水。⑮杠（gāng）：独木桥，小桥。一作“矼”（gāng），石桥，小桥。⑯亏蔽：遮掩。亏：欠缺，短少。蔽：遮挡，遮蔽。⑰访诸旧老：就弃地事访问老人。诸：之于。⑱钱氏有国：钱镠（852—932 年）于 907 年被封为吴越王（吴越武肃王），镠：音 liú。978 年钱俶（929—988 年）献国土，吴越亡。俶：音 chù。⑲孙承祐：五代杭州钱塘人。吴越王钱俶纳其姊为妃，因擢处要职，故称近戚。沧浪亭旧址即其别墅。⑳坳（āo）隆胜势：高下起伏，地势有利。坳：洼下的地方。隆：高。胜：美好，优美。势：形势，趋势。㉑遗意尚存：旧日遗留的形态、情趣还在。㉒徘徊（páihuái）：来来回回地走，回旋不进。㉓碕（qí）：曲折的堤岸。㉔澄川翠干：清川茂竹。澄：水静而清，引申为清澈，明净。川：河流。翠干：翠竹。翠：青绿色。㉕轩：窗户。㉖“尤与”句：尤以有风月之时，景色更为宜人。㉗榜（bàng）：船桨。引申为摇桨，划船。此处为引申的动词用法。㉘幅巾：束发用的丝巾。古代男子不戴帽子时，用一幅绢束发。㉙觞（shāng）而浩歌：饮酒放歌。觞：向人敬酒。也指自己饮酒。浩歌：放声歌唱。㉚踞（jù）：蹲，蹲坐。㉛形骸既适：身体既然畅快，（则神不烦）。形骸：人的躯体，躯壳。既：连词，既然。适：指满足，畅快。㉜观听无邪：看不见也听不到邪恶的声色。㉝返思向之汩汩（gǔgǔ）荣辱之场，日与锱铢（zīzhū）利害相磨戛（jiá），隔此真趣，不亦鄙哉：回想过去起伏于荣辱升沉的官场，每天与极微小的利害相磕碰，却与这种真趣相隔膜，不是很鄙琐的吗！汩汩：水急流的样子。锱铢：比喻极微的数量。古时重量单位。六铢为一锱，一锱为四分之一两，四锱等于一两。磨戛：摩擦撞击。

【简析】《沧浪亭记》（节选）叙写了作者觅地的经过、建亭的背景以及游赏的乐趣。就艺术手法而言，其特点有二：一是巧妙运用映衬手法。作者采用映衬中的反衬，开篇先写“罪废”带来的心情压抑，盛夏所挟来的天气蒸燠，居室狭窄所致的环境郁闷，总体上构成一种不得舒展的氛围。接着描写购亭后得以与水竹、风月为伴的雅趣。“澄川翠干”，色彩宜人；“鱼鸟共乐”，生机勃然；“形骸既适”，神清道明。以“不得舒展”反衬烘托其后的“洒然”“浩歌”，乃至神不烦，道以明。虚实相生，相反相成，言尽而意无穷，篇终而神自远。二是行文手法多样。前两段记叙，按时间先后次序来叙述，顺序井然。第三段先是描写景色，收纵自如；之后生发议论，寓情于景，寓情于理。总之，《沧浪亭记》（节选），语言笔调朴素简洁，自然流畅；叙事线脉清晰，条理井然；写景直观立体，宛若眼前，且景中有趣，景中有理；议论事理深刻，哲理透彻，表达了淡泊忘机的心境。

三、楹联

孟姜女庙联

宋・文天祥

秦皇①安在哉②，万里长城筑怨③；

姜女④未亡⑤也，千秋片石⑥铭⑦贞⑧。

【作者】文天祥（1236—1283 年），初名云孙，字宋瑞，又字履善。道号浮休道人、文山。江西吉州庐陵（今江西省吉安市青原区富田镇）人，南宋末政治家、文学家，爱国诗人，抗元名臣、民族英雄，与陆秀夫、张世杰并称为“宋末三杰”。

【题解】孟姜女庙，又称贞女祠，位于中国河北省秦皇岛市山海关区孟姜镇望夫石村，为秦皇岛市省级古建筑类文物保护单位。孟姜女庙的修建，是长城文化衍生出的民间民俗文化产物——民间故事“孟姜女哭长城”。孟姜女庙相传始建于宋朝以前。明代万历、崇祯年间、民国十七年曾三次重修。现存的孟姜女庙体现了明朝的建筑风格。这副楹联在前殿殿内，相传为文天祥所撰。

【注释】①秦皇：秦始皇。秦始皇是中国历史上第一位使用“皇帝”称号的君主。②安在哉：哪里还存在？反问否定，不存在。安：表示反问的代词，相当于哪里。③万里长城筑怨：指秦始皇奴役民众修长城，民疲而怨，民怨沸腾。怨：指心怀不满。④姜女：即孟姜女庙供奉的孟姜女。⑤未亡：即未死。此处指孟姜女的故事仍流传于世间。⑥片石：指孤石、一块石头。此处指石碑、刻石。⑦铭：动词，刻铭以记之。⑧贞：本指坚贞，有操守。此处指贞节，即孟姜女对丈夫忠贞的、坚贞的节操。“片石铭贞”的意思是：石碑上刻着孟姜女的坚贞节操的事迹。

【简析】这副楹联，上联以“秦始皇修筑长城筑怨”引出“孟姜女哭长城”的传说故事，下联歌颂孟姜女万里寻夫的坚贞事迹。运用对比的修辞手法，上下联反对，使上联的批判讽刺与下联的赞美颂扬形成鲜明的比照，相反相成，使批判讽刺与赞美颂扬的内容都得到了进一步的强调，惊警深刻，语意透辟。

内蒙古呼和浩特长白书院联

清·薛时雨

盛世本同文，合[①]左云右玉[②]封疆[③]，息马投戈[④]，沙漠浸成邹鲁俗[⑤]；
将军不好武[⑥]，萃[⑦]黑水白山[⑧]俊彦[⑨]，敦诗说礼[⑩]，边关长此诵弦[⑪]声。

【作者】薛时雨（1818—1885 年），字慰农、澍生，晚号桑根老人。安徽全椒人。著有《藤香馆诗删存》《扫叶山房丛钞》《西湖橹唱》《江舟欸乃词》等。

【题解】呼和浩特长白书院，位于绥远（今呼和浩特）书院街。清中期著名诗人薛时雨为长白书院题写本联。

【注释】①合：动词用法。会合，联合。②左云右玉：即左云县和右玉县。左云县：属大同市管辖，东靠大同，西接晋北大门右玉。右玉县：晋西北边陲，隶属于山西省朔州市。③封疆：名词用法，指疆界。与下联“俊彦”对仗。联中指绥远和山西共同的军事要地。“合左云右玉封疆”的意思是：聚合起左云右玉的区域。④息马投戈：战事平息。⑤浸成邹鲁俗：逐渐形成像邹国和鲁国那样重视文化的习俗。浸：浸泡，浸润。邹鲁：孔孟之乡。孔子生于鲁国，孟子生于邹国。“邹鲁”为旧时兴教重文之地的代称。⑥将军不好武：指的是定安将军，姓叶赫那拉，字静书，满洲镶黄旗人。此联称赞定安将军在边关兴建长白书院使学子接受文化润泽的功绩。⑦萃：聚集。⑧黑水白山：黑龙江、长白山的合称。泛指中国东北地区。⑨俊彦（yàn）：杰出之士，贤才。俊：优秀，才智出众。引申为才智出众的人。彦：有才德，贤士。⑩敦诗说礼：以诗、礼教化人。儒家主张诗教与礼教。敦：重视。⑪诵弦：诵读诗歌，引申为读书。此处概括指诗礼教化或学校教育。《礼记·文王世子》："春诵夏弦，大师诏之。"郑玄注："诵，谓歌乐也；弦，谓以丝播诗。"

【简析】这副楹联，既赞扬了定安将军兴建长白书院的功绩，又反映了归绥地区文化教育发展的景象。从"左云右玉"，到"黑水白山"，从大西北到大东北，其地理位置涵盖之广可见一斑，足见书院当时在整个北方的影响力。这副楹联最突出的特点是对当地民族团结、文化熏陶给予了大力的赞颂。这类反映边疆地区息武兴文、重教文治并呈现"长此诵弦"景象的楹联并不多见，所以尤为重要。

这副楹联中，上下联正对的"左云右玉"与"黑水白山""息马投戈"与"敦诗说礼"的对仗十分工稳巧妙。"左云""右玉""黑水""白山"先分别构成偏正词组，再分别合成联合词组。"息马""投戈""敦诗""说礼"先分别构成动宾词组，再分别合成联合词组。结构整齐，音韵和谐，使相关角度的寓意互相补充，互相映衬，相辅相成。

题太阳岛、松花江联

当代·门奎

遥看太阳岛，烟霞疏疏[①]，数百丈林荫藏秀阁琼楼[②]，隐隐现现，绿内缀[③]红，如此风光，蔚[④]为人间仙境；

放眼松花江，雾霭[⑤]淡淡，十里长波面荡彩船画舫[⑥]，往往来来，动中含静，这般景色，堪称水上洞天[⑦]。

【作者】门奎（笔名莫克），1957年生，黑龙江木兰人。中国楹联学会会员，黑龙江民间文艺家协会会员，哈尔滨楹联学会理事。

【题解】太阳岛是黑龙江省哈尔滨市松花江中的一个河岛，位于哈尔滨市松花江北岸，介于哈尔滨市新旧城区之间，与风景如画的斯大林公园隔江相望。岛区分为东区、中区和西区。有水阁云天、仙鹤群、母子鹿、长堤垂柳等20多个风景点，与附近诸岛和沙洲组成太阳岛风景区。太阳岛是中国目前最大的城市沿江生态区，有着国内罕见的城市中心江漫滩湿地景观，动植物资源十分丰富。

【注释】①烟霞疏疏：青烟般的霞光淡薄而朦胧。烟霞：霞光仿佛轻烟般笼罩的样子。疏疏：犹楚楚。服装鲜明整齐貌。也指稀疏。②秀阁琼楼：指太阳岛上的疗养院、水阁云天等休闲娱乐场所的建筑。秀：美丽，俊秀。琼：美玉。比喻美好的事物。③缀：此处意思为“联结”。④蔚：有文采，华美。⑤霭：云雾。⑥画舫：装饰华美专供游人乘坐的船。⑦洞天：道教用语，地上的仙山，指神道居住的名山胜地。

【简析】这副楹联主要采用借景抒情的方法描绘太阳岛、松花江的美景。上联通过遥看太阳岛，描写了烟霞、林荫、秀阁、琼楼等风光，下联通过放眼松花江，描写了雾霭、长波、彩船、画舫等景色。围绕太阳岛的景物特点，展现出一幅生动广阔的画面，情景交融出太阳岛美如“人间仙境”“水上洞天”的感慨，正如王国维所说“一切景语皆情语”，联语句句写景，而字里行间又都洋溢着对太阳岛的一片挚情。

寒山寺联

清·邹福保

尘劫历一千余年①，重复旧观②，幸有名贤③来作主；
诗人题二十八字④，长留胜迹，可知佳句不须多⑤。

【作者】邹福保（1852—1915年），字咏春，号芸巢。江苏元和（今属苏州）人。晚清翰林。著有《文钥》《读书灯》等。

【题解】寒山寺，见张继《枫桥夜泊》。清代邹福保题写的这副寒山寺楹联位于寒山寺碑廊。

【注释】①尘劫历一千余年：指始建于六朝梁武帝天监年间（502年）的寒山寺到作者题写楹联时已经有一千多年的历史。在这一千多年里寺院历经数代，先后5次遭到火毁（一说是7次）。以“尘劫”比喻人世间的变迁。尘劫：佛教称一世为一劫，无量无边劫为尘劫。后亦泛指人世间的变迁，也指尘世的劫难。②重复旧观：指清代光绪三十二年（1906年）重修寒山寺。之前寒山寺于清咸丰十年（1860年）毁于战火。③名贤：指光绪三十二年建钟楼殿堂的江苏巡抚陈夔龙。④诗人题二十八字：指张继《枫桥夜泊》一诗：“月落乌啼霜满天，江枫渔火对愁眠。姑苏城外寒山寺，夜半钟声到客船。”这首七言绝句共计二十八字。⑤可知佳句不须多：是作者对张继《枫桥夜泊》一诗的影响的高度评价。只有二十八字的《枫桥夜泊》扩大了枫桥和寒山寺两处名胜的影响，使之名声大显。

【简析】这副楹联，上联写寒山寺一千多年间多次被火毁又多次重建，下联写张继《枫桥夜泊》一诗的影响。其特色十分鲜明，首先，联语有叙述有议论。一是叙述了寒山寺历经劫难终得重修的千余年历史与诗人张继为寒山寺所作的二十八字《枫桥夜泊》诗。将寒山寺屡建屡毁再重建的波折劫难纳于“尘劫历一千余年，重复旧观”十一字之中，其言简意赅的浓缩功夫令人称奇。二是议论了“幸有名贤来作主”与“可知佳句不须多”。对有“作主”的“名贤”之幸的议论，蕴含着作者深深的感慨，其欣悦之情、感激之情溢于言表。对“可知佳句不须多”的议论表明了作者的文学主张，隐含了对张继《枫桥夜泊》的高度评价。其次，这副楹联上下联融为有机整体，并未直接写寒山寺的位置、建筑、景色，而是写它的历史沿革以及闻名于世的原因，寺以诗名，诗因寺扬，名胜与诗作两相结合，诗与景相得益彰，二者都更为彰著。最后，楹联所具有的历史、宗教内涵，使其意境更加深邃，情韵更加浓厚，更加令人回味无穷。

少林寺寺外门石柱联

佚名

地在天中①，四海名山为第一②；

心传言外③，十方④法教是祖元⑤。

【题解】少林寺，位于河南省郑州市嵩山五乳峰下，因坐落于嵩山腹地少室山茂密丛林之中，故名“少林寺”。少林寺是世界著名的佛教寺院，是汉传佛教的禅宗祖庭（达摩被奉为少林禅门之初祖），在中国佛教史上占有重要地位，被誉为“天下第一名刹”。唐初，少林寺僧众曾辅佐李世民打天下，有所谓“十三寺僧救唐王”的壮举，深得唐王朝恩赐，少林寺遂日趋鼎盛。少林寺历代武僧潜心研创并不断发展少林功夫使之名扬天下，素有“天下功夫出少林，少林功夫甲天下”之说。少林寺自北魏太和十九年（495 年）建寺以来，禅、武、医举世闻名，经久不衰，沉积了丰厚的历史内涵和文化底蕴。

【注释】①地在天中：少林寺在嵩山，嵩山为五岳之中岳，故有“天中”之说。②四海名山为第一：首先，嵩山古名又称外方、嵩高、崇高，《诗经》曰：“崧高维岳，峻极于天。”有学者认为中岳嵩山无论在自然地质还是文化遗存上，都堪称五岳之尊、万山之祖。此外，也指嵩山因有少林寺而成为天下名胜。少林寺是世界著名的佛教寺院，被誉为“天下第一名刹”。③心传：即以心传心。禅宗常用术语，指离开言说文字而以慧心相传授。《六祖大师法宝坛经·行由品》：“法则以心传心，皆令自悟自解。”④十方：佛教用语，原指十大方向，即谓东、南、西、北、东南、西南、东北、西北、上、下十个方位。也指上天、下地、东、西、南、北、生门、死位、过去、未来五维空间中的 10 个方向。也指佛教十方世界，即十方无量无边的世界。⑤祖元：指达摩。北魏孝明帝孝昌三年（527 年），释迦牟尼的二十八代传人菩提达摩在少林寺传授禅宗，佛教界称达摩为汉传佛教禅宗初祖。

【简析】这副楹联主要是赞颂少林寺这座世界著名的佛教寺院所具有的重要的地理位置、悠久的历史文化以及深远的影响。

上联写中岳嵩山有堪称五岳之尊、万山之祖的美誉。下联写少林寺作为汉传佛教禅宗祖庭的"天下第一名刹"使佛法广为弘扬的功绩。上联"天中""四海""第一"的巧妙夸张，下联"心传""十方""祖元"等佛教用语，自然而贴切的对仗，充分地营造并渲染了佛法无边，普度众生的阔大意境，使其对少林寺这座具有深厚文化积淀的寺院的赞颂充满了智慧与公信力。

庐山五老峰联

佚名

五老峰高，秀插云霄如玉笔；

三姑石①大，响传风雨若金镛②。

【题解】庐山，见李白《望庐山瀑布》。

庐山五老峰，是庐山胜景之一，游人必登之地。五老峰因山的绝顶被垭口隔断，分成并列的五个山峰，仰望俨若骈肩而立的五位老翁，故把这原本出于一山的五个山峰统称为"五老峰"。五老峰根连鄱阳湖，峰尖触天，山体高大险峻，虽高度略低于大汉阳峰，但其雄奇却有过之而无不及，是庐山最雄伟奇险的胜景。唐代诗人李白在《登庐山五老峰》诗中赞道："庐山东南五老峰，青天削出金芙蓉。九江秀色可揽结，吾将此地巢云松。"

【注释】①三姑石：位于江西省上饶市铅山县与福建光泽县交界处，属于武夷山脉，在其幔亭峰北换骨岩左侧岩巅上立有三块石头。三块石头峨眉凤目，蝉鬓迭云，形似三位亭亭玉立的少女。三姑石的名称来源于民间传说。②镛：大钟。

【简析】这副楹联的上联与下联都运用了比喻兼夸张的修辞手法，想象瑰丽，夸张奇妙，形象逼真，含蓄凝练。上联"五老峰高，秀插云霄如玉笔"描写庐山五老峰的峭拔俊美。将挺拔险峭、气势磅礴的五老峰比喻为插入云霄的俊秀"玉笔"，夸张地极写其高，生动鲜活，别具一格。其中"插"字极见功力，一是化静为动，惟妙惟肖地表现出五老峰雄奇峭拔的视觉形象，流露出对大自然神奇功力的赞颂。二是从观望角度而言，为由下向上仰望所见，五老峰的神采跃然纸上。下联"三姑石大，响传风雨若金镛"，将三姑石比作能发出与风雨雷电相关联的钟鼓般宏壮的音响的大钟，巧妙地与三仙姑兴雨救旱的传说相关联，夸张地营造出奔腾豪放、激情喷涌、矫健飞腾的意境。此外，运用镶嵌的修辞手法，上下联开头分别有规则地嵌入“五老峰”“三姑石”的名称，构思巧妙，布局奇特，鲜明地突出了楹联内容的地域性特征。

庐山简寂观联

明·李渔

天下名山僧占多，也该留一二奇峰，栖[1]吾道友[2]；

世间好语佛说尽，谁识得五千妙论[3]，出我先师[4]。

【作者】李渔（1611—1680年），初名仙侣，后改名渔，字谪凡，号笠翁，浙江金华府兰溪县夏李村人，生于南直隶雉皋（今江苏省南通市如皋市）。明末清初文学家、戏剧家、戏剧理论家、美学家。被后世誉为“中国戏剧理论始祖”“世界喜剧大师”“东方莎士比亚”，是休闲文化的倡导者、文化产业的先行者，被列入《世界文化名人录》。

李渔一生著述丰富，他的戏曲论著除戏曲理论外，还有饮食、营造、园艺等方面的内容。

【题解】庐山，见李白《望庐山瀑布》。

庐山简寂观是庐山历史上著名的道教宫观，今已不存。据说释道两家在庐山长期争斗，道观几乎全被富僧占去，信奉道教的李渔愤书一楹联挂在简寂观老君殿上，才保全了此一道观。

【注释】①栖（qī）：鸟类停留，歇宿。泛指停留，居住。也指栖息的地方。②道友：一起修仙学道的朋友。③五千妙论：五千字的精妙言论，此为老子《道德经》的代称，表达了对道教地位的推崇。《道德经》全文五千余字，故称。④先师：道教主要是奉太上老君为教主。老子是老君爷的第十八次世化身。度人无数，因其传下道家经典《道德经》，故称老君为道德天尊，也被道教奉为开山祖师，被尊为道教的教祖。

【简析】这副楹联，内容方面反映了当时道教的式微。这副楹联的特色有二。一是化用成句，巧妙说理。“世间好语书说尽，天下名山僧占多”，最早出自明朝万历年间《增广贤文》（《昔时贤文》《古今贤文》）。李渔增加了议论言辞，题为这副庐山简寂观楹联。说理浑然，笔力老到辛辣，多有反讽不忿之意。二是运用映衬的修辞手法，以佛教之盛反衬道教之衰，其手法力道高超。

广州陶陶居酒家联

佚名

陶潜善饮[1]，易牙善烹[2]，饮烹有度[3]；

陶侃惜分[④]，大禹惜寸，分寸无遗[⑤]。

【题解】广州陶陶居酒家，位于广州市荔湾区，是广州饮食业中的老字号之一。1933 年重开，2005 年 6 月被公布为广州市登记保护文物单位。历史上陶陶居酒家曾以其浓厚的文化和艺术氛围以及优质的菜点倾倒无数文人墨客。鲁迅、巴金、陈残云、刘海粟等名人曾到该店饮过茶。百多年来，历经几代人苦心经营的陶陶居，现已是一家可同时接待 1300 多人进餐的广州最著名的大型酒家之一。

这副楹联是经过修改了的。旧作两联的最后一句分别为“恰相善非座中宾客”“最可惜是杯里光阴”。

【注释】①陶潜善饮：陶渊明善于饮酒。陶潜（365 或 372 或 376—427 年），字渊明，又字元亮，自号“五柳先生”，私谥“靖节”，世称靖节先生。浔阳柴桑（今江西省九江市）人。东晋末至南朝宋初期伟大的诗人、辞赋家。是中国第一位田园诗人，被称为“古今隐逸诗人之宗”，有《陶渊明集》传世。“陶潜善饮”，虽不能算是典型的典故，但陶潜的善饮却有据可依。②易牙善烹：易牙擅长烹饪。易牙（狄牙），雍人，即指古代掌宰杀烹饪的人。烹饪技艺很高，又是第一个开私人饭馆的人，所以被厨师们尊为祖师。③饮烹有度：饮食应有度，有劝诫意。度：标准、限度。④陶侃惜分：陶侃（259—334 年），字士行（一作士衡）。本为鄱阳郡枭阳县（今江西都昌）人，后徙居庐江郡寻阳县（今江西九江西）。东晋时期名将。他做事谨慎勤恳，见贤思齐，珍惜时间，特别是把珍惜每一寸光阴的大禹作为榜样，把时间视作黄金一般珍贵。陶侃是陶潜（陶渊明）的曾祖父。⑤分寸无遗：一分一寸的光阴都不浪费。有劝诫意。分寸：一分一寸，比喻微小；或比喻时间短暂。遗：丢失，遗漏，抛弃。

【简析】这副楹联具有十分浓郁的文化色彩和深厚的意蕴。联语以其智慧箴言，规谏告诫，精警深刻，哲理深蕴。

其楹联具有十分鲜明的特色，至少可以从以下三个角度来分析。第一，用典自然贴切。由陶潜、易牙、陶侃、夏禹四个人名引出四个典故，即陶潜善饮、易牙善烹、陶侃惜分、大禹惜寸，巧妙地把酒家经营特色和技艺恰如其分地表达出来，成为一直传诵的经典楹联。第二，上下联分别采用前分后总的笔法，两两分而合之，错落有致，对仗工稳。第三，运用镶嵌手法，在上联与下联开头分别嵌入“陶”，使嵌入的两个“陶”字在特定形貌中可以单独连缀成酒家的名称“陶陶”。构思十分巧妙，表达自然流畅，造意相当含蓄。

桂林独秀峰联

清·廖鸿熙

撑天凌①日月；

插地震②山河。

【作者】廖鸿熙，清朝人，生平不详。

【题解】独秀峰位于桂林市中心靖江王城内，素有"南天一柱"之称。登306级石阶可至峰顶，峰顶有独秀亭。山的东麓有南朝刘宋时文学家颜延之读书岩，为桂林最古老的名人胜迹。颜延之曾写下"未若独秀者，峨峨郛（fú）邑间"的诗句，独秀峰因此得名。

【注释】①凌：超过。形容独秀峰之高大。②震：震动。

【简析】在桂林市诸山中，独秀峰孤峰独峙，唐诗人有"擎天一柱在南州"的描述，峰上刻有"南天一柱"的大榜书。本联以极其精练的语言，极其夸张的手法，用十个字，就摹写出独秀峰的磅礴气势，实属精彩惊人之笔，读来使人产生一种恢宏、豪迈之气概。在用词措句方面，本联粗看无一字写景，细看却字字有景。独秀峰在作者心中高峻无比，无比的高峻就应超出世间，作者用"撑天"来描写，引人注目，给人想象的空间，人们可以尽情地想象山峰的挺拔高峻，风光的壮丽，形胜的险要。又以"插地"强调其非凡气势，如洪钟巨响，铿锵有力，震天动地。"凌""震"绘出作者对独秀峰形态和气势的感受，显得气壮山河。夸张手法的运用，使得表达传神而有感染力。两个动词"撑""插"用得富于力度，与"凌""震"共同烘托出气壮山河的效果，写出豪放雄浑的精神。对仗工整，言简意赅，节奏鲜明，干脆利落。

郑成功纪念馆联

当代·郭沫若

开辟荆榛①，千秋功业；

驱除荷虏②，一代英雄。

【作者】郭沫若（1892—1978年），原名郭开贞，字鼎堂，号尚武，笔名沫若。出生于四川乐山沙湾，当代文学家、历史学家，新诗奠基人之一，中国科学院首任院长，中国科学技术大学首任校长。

【题解】郑成功（1624—1662年），明末清初著名民族英雄。郑成功于明代永历十五年（1661年）率兵二万五千人渡过台湾海峡，驱逐了占领中国台湾达三十八年的荷兰侵略者。

郑成功纪念馆位于福建厦门市鼓浪屿日光岩北麓。日光岩是郑成功屯兵之地，1962年于此建成纪念馆，纪念郑成功收复台湾三百周年，郭沫若撰写本联。

【注释】①开辟荆榛（zhēn）：本指拨开荆棘，开辟道路。现多指扫除重重障碍，克服各种困难。此处喻指郑成功收复台湾时克服了重重困难。郑成功《复台》诗云："开辟荆榛逐荷夷，十年始克复先基。"荆榛：丛生的灌木。荆：一种落叶灌木。榛：丛生的树木，树丛。②荷虏：指占领台湾的荷兰殖民者。虏，对敌人的蔑称。

【简析】此联赞颂民族英雄郑成功的事功，上下联各有侧重。上联写收复台湾时的艰难曲折，将其比作筚路蓝缕、开启山林般的困难重重，以借喻的手法，烘托郑成功的开拓之功，本体和喻词都不出现，因此显得深厚含蓄。下联写他将荷兰殖民者驱逐出台湾。上下联一为开辟天地，一是守卫山河，对郑成功进行了全面的肯定和颂扬。楹联对仗工整，用"千秋伟业""一代英雄"赞美郑成功彪炳青史的功绩，格调雄浑深沉。

武夷山一览台联

佚名

一览无余[①]，独占地势；

四时皆适[②]，乐与[③]天游[④]。

【题解】一览台位于武夷山天游峰顶。天游峰顶以胡麻涧谷口为界，分为高低两层，以西为上天游，其余为下天游。此为下天游峰顶南端，名一览台。

【注释】①一览无余：一眼望去就看得很清楚，毫无遗漏。一览：运用嵌字格，巧妙嵌入了"一览台"的"一览"二字，以双关手法一语双关，既指所嵌入的"一览台"景观，也有"一览无余"的语义。②适：适宜，畅快。③与（yǔ）：动词用法，跟随。与上联"占"呼应。④天游：武夷山天游峰位于武夷山五曲隐屏峰后。因巍然高耸，独出群峰，登其巅，观云海，犹如天上游，故云。同时这也是运用嵌字格，巧妙将"天游峰"的"天游"二字嵌入其中。

【简析】这是一副写景联，读来使人产生一种恢宏、豪迈之气概。此联为嵌名联，巧妙运用嵌字格中的魁斗格，即将所需要镶嵌的字"一览"和"天游"嵌在上联的联首和下联的联尾，暗隐一览台和天游峰，妙在自然妥帖，意外有意，一语双关。在措辞用句方面，没有直接写景，仅以"一""独"概言天游峰一览台的高耸，超出尘世之外，唯一可以和它相比肩的只有"天"，极言一览台地势优越，显得气势磅礴。而且给读者留下思绪的空间，去尽情想象其高峻。欣赏之情，溢于言表。联语言简意赅，节奏鲜明，对仗工整，雄伟豪迈。

贵阳甲秀楼联

清·刘蕴良

五百年[①]稳占鳌矶[②]，独撑天宇。让我一层更上[③]，眼界拓开。看东枕衡湘[④]，西襟滇诏[⑤]，南屏粤峤[⑥]，北带巴夔[⑦]，迢递[⑧]关河[⑨]。喜雄跨两游[⑩]，支持岩疆[⑪]半壁。恰好马撒碉隳[⑫]，乌蒙箐扫[⑬]，艰难缔造，装点成锦绣湖山。漫云筑国[⑭]偏荒[⑮]，难与神州争胜概[⑯]；

数千仞高陵牛渡[⑰]，永镇边隅。问谁双柱[⑱]重镌[⑲]，颓波挽住[⑳]。想秦通僰道[㉑]，汉置牂柯[㉒]，唐靖苴兰[㉓]，宋封罗甸[㉔]，凄迷风雨。叹名流几辈，留得旧迹千秋。对此云送螺峰[㉕]，霞餐象岭[㉖]，缓步登临，领略些画阁烟景。恍觉蓬洲[㉗]咫尺[㉘]，招邀仙侣[㉙]话游踪。

【**作者**】刘蕴良，生卒年不详，字玉山，号我真，书斋名壶隐斋。贵州贵阳人。有《壶隐斋联语类编》12卷，收录2300余联。

【**题解**】见江东之《贵阳甲秀楼》。

【**注释**】①五百年：甲秀楼自明万历年间始建，已有数百年历史。五百为约数。②鳌矶（jī）：南明河中形似奋鳌的巨石。矶，指水中积石或水边突出的岩石、石滩。甲秀楼即建于其上。③一层更上：化用王之涣《登鹳雀楼》"欲穷千里目，更上一层楼"诗意。④东枕衡湘：东边紧邻衡山和湘江。枕：把头放在枕头或其他东西上躺着，引申为临，靠近。衡湘：代指湖南。⑤西襟滇诏：西边连着云南。襟：以……为蔽障。滇诏：滇和南诏，古国名，即古滇国和南诏国，均在云南境内，代指云南。⑥南屏粤峤（jiào）：南边以广东、广西为屏障。屏：以……为屏障，粤峤：两粤和峤岭，代指广东、广西。⑦北带巴夔：北边与四川相连。带：以……为带，环绕。巴夔：巴郡和夔州，代指四川。⑧迢（tiáo）递：遥远。⑨关河：泛指关山、河流。⑩两游：两河，指长江、西江（珠江水系干流之一）。⑪岩疆：边远险要之地。⑫马撒碉隳（huī）：指明清时期朝廷镇压马乃和乌撒土司反抗的事件。碉：军事上防守用的建筑物，多为砖、石、混凝土结构。隳：毁坏。喻战乱结束。⑬乌蒙箐（jìng）扫：喻扫平叛乱，天下太平。乌蒙：指乌蒙山脉，为云岭分支。箐扫：竹林扫净。箐：竹木丛生的山谷。多用于地名。⑭筑（zhú）国：指贵州。贵州省会贵阳别称金筑。古代贵阳盛产竹子，以制作乐器"筑"而闻名，故简称"筑"，也称"金筑"。⑮偏荒：偏远荒凉。⑯胜概：美景，美好的境界。⑰牛渡：南明河下游，今水口寺一带，曾名牛渡河。甲秀楼其实位于南明河上游，用"牛渡"，以与"鳌矶"对仗工稳。⑱双柱：指甲秀楼前曾立的两根圆形大铁柱。清雍正十年（1732年）和嘉庆二年（1797年）铸，各长3米以上，六面有字并加盖。⑲镌（juān）：雕刻。⑳颓波挽住：制止住向下奔淌的水流。此处喻指稳定局势、安定边陲。颓波：水波向下奔流。颓：水下流。㉑秦通僰（bó）道：史传秦代始通僰道。大约在周朝，聚居在四川宜宾一带的僰人建立僰人国（或称僰侯国）。秦始皇统一中国后，下令修筑从四川宜宾到贵州的五尺道。历史上僰道是川、滇、黔交通枢纽和物资集散地。㉒汉置牂（zāng）柯：西汉元鼎六年（前111年）设置牂柯郡。㉓唐靖（jìng）苴兰：唐代平定苴兰。靖：平定，使安定。苴兰：古国名。㉔宋封罗甸：《贵阳府志》记载，宋开宝年间，普贵纳土归顺，受封为罗甸王。㉕螺峰：指贵阳市东门外的扶峰山，其山石多螺旋。㉖象岭：指贵阳市西北角黔灵山上的象王岭。㉗蓬洲：蓬莱、瀛洲，传说中的海上仙山名。㉘咫（zhǐ）尺：比喻长度短或距离近。咫：古代长度单位。周制八寸，合现在市尺六寸二分二厘。㉙仙侣：比喻超逸不凡的朋友。

【简析】这副楹联比“古今第一长联”的云南《滇池大观楼联》仅少6字，共174字，在艺术上具有以下特点：第一，时空交错，形成丰富、立体的画卷。上联以时间起笔，把读者带入历史的时空隧道，接着从空间角度描绘甲秀楼所处地理位置，风物景观。甲秀楼东靠湖南，西连云南，南邻两广，北接四川。而苗岭山脉贯穿贵州中部，是长江与珠江两大河流的分水岭，与从云南伸展而来的乌蒙山，遥相对峙。联语把贵州的美丽江山写得气势不凡。下联从空间写起，接着拓开境界，历数甲秀楼悠久历史，从秦代开始打通道路，汉代设置郡县，经唐、宋，一直到后世，呈现流传千秋的事迹。第二，“示现”格的运用。用一个“想”字，以“示现”手法，从眼前的美景自然过渡到历史，带动思绪，如闻如见，寄兴寓情。第三，采用排比句式，气势恢宏，挥洒自如，意蕴深邃，发自肺腑。能使读者从文字中得到情感的启迪和共鸣。

联因楼作，楼因联传。因刘蕴良此联，甲秀楼广为人知。如今，甲秀楼在人们心目中已成为贵阳市的标志。

天水麦积山石窟联

清·叶昌炽

夏无酷暑，冬不祁寒[①]，四季得中和[②]景象；

南倚雪山[③]，西连星海[④]，九州灵岳渎[⑤]根源。

【作者】叶昌炽（1849—1917年），字兰裳，又字鞠裳、鞠常，自署“歇后翁”，晚号“缘督庐主人”。清末著名金石学家、文献学家、收藏家。原籍浙江绍兴，后入籍江苏长洲（今属苏州）。曾担任甘肃学政。著有《缘督庐日记》《语石》《藏书纪事诗》等。

【题解】麦积山位于甘肃省天水市麦积区，是小陇山中的一座孤峰，高

142米，因山形酷似麦垛而得名。是世界文化遗产，国家AAAAA级旅游景区，国家重点风景名胜区，国家森林公园，国家地质公园，全国重点文物保护单位，与敦煌莫高窟、大同云冈石窟和洛阳龙门石窟并称中国四大石窟。麦积山石窟始建于384—417年，存有221座洞窟、10 632身各类造像、1000余平方米壁画，以其精美的泥塑艺术闻名世界，被誉为东方雕塑艺术陈列馆。

【注释】①夏无酷暑，冬不祁寒：言麦积山位于秦岭西端，气候冬暖夏凉。祁寒：大寒，严寒。祁，大。②中和：指不冷也不热。③雪山：指岷山，在四川省北部，绵延川、甘两省边境，与昆仑山相连。④星海：指星宿海，在青海省境内，为黄河散流地面而形成的浅湖群。⑤岳渎（dú）：高山大河。岳：高山。渎：大河，大川。

【简析】天水，人称"陇上小江南"。麦积山石窟坐落于此，虽地处西北，却不是人们想象中的苦寒之地。这里夏无酷暑，冬无严寒，四季分明，景色秀丽。此联即赞颂麦积山石窟地理环境优越，气候得天独厚，温和宜人，为万灵之地。地灵而人杰，这样一个风景优美、物产富裕的所在，自然可以想象悠久的历史所孕育的丰富而独特的天水古文化，可谓相得益彰。从结构上看，上下联分别运用了"分总"手法，先分述，再总述，先分列其不同季节的特点，再归纳为"中和景象"；先罗列不同方位的地理特征，再总结为"岳渎根源"，绘景状物，寄情于景，使联语表意明确，凝括工练。

青海湖拟日月山石碑联

佚名

日上山，月上山，山上日月明①；

青海湖，水海湖，湖海青水清。

【题解】青海湖，古称西海，位于青海省西宁市西，三面环山，是中国最大的内陆咸水湖。湖中有著名的鸟岛，仅0.11平方公里，每年春季有10多万只候鸟来此栖息，景象神奇壮观。

日月山坐落在青海省西宁市湟源县西南40公里，属祁连山脉，长90公里，是青海湖东部的天然水坝，史上有"西海屏风"之称。平均海拔4000米。日月山位于中国季风区与非季风区的分界线上，地处黄土高原与青藏高原的叠合区，是青海省内外流域的天然分界线，划分了农耕文明与游牧文明。日月山自古就是历史上"羌中道""丝绸南路""唐蕃古道"的重要通道。日月山曾经是会盟、和亲、战争以及"茶盐""茶马"互市等众多历史事件的见证。

【注释】①山上日月明：藏语称日月山为"尼玛达哇"，蒙古语称"纳喇萨喇”，都是太阳和月亮的意思。《山海经·大荒西经》云：“大荒之中，有山名日月。”

【简析】这副楹联构思十分精巧。从用字手法上讲，一是使用镶嵌手法，上联和下联分别嵌入“日月山”“青海湖”地名，既切题，又巧妙。二是采用析字手法，离合字形，上联将“明”先离为“日”“月”，然后再合而为“明”，下联将“清”离为“青”“水”，进而合为“清”。上联和下联分别运用了先分后合的分总方式，实际上是析字兼分合。分而又合，合中有分，既表现出了当地山水特点，又使人感受到了汉字趣味横生的强大魅力。从组句技巧上讲，运用重言法，上联各句重复“上”字，下联同样位置重复“海”字，即上下联同位各重，节奏明快。

说园联

清·王树枏

萃①天山南北异果奇花，重编②塞国③群芳谱④；

教绝域⑤人民男耕女编，三⑥复豳风⑦七月诗⑧。

【作者】王树枏（nán）（1852—1936年），字晋卿，号陶庐，河北省高碑店市人。清代方志学家、文学家，清末曾在新疆任布政使，他编纂的《新疆图志》是研究新疆地方史的重要资料。

【题解】说园故址在新疆维吾尔自治区乌鲁木齐市青年路。原为园林胜地，1907年王树枏在此倡建新疆农林试验场，1910年建成并增设实业讲习所。王树枏本着《易·系辞》中“穷事之理”的说法，要弄清道理谓之“说”，因此给农林试验场起别名叫“说园”。

【注释】①萃（cuì）：聚集。②重编：再次编写。③塞国：指中国边塞地区。④群芳谱：全称《二如亭群芳谱》，明王象晋撰，30卷，叙述各类植物种植、制用、疗法、典故、丽藻等知识。联中用以比拟说园中的农作物恰如《二如亭群芳谱》中各类植物之丰富奇异。⑤绝域：极其遥远的地方。⑥三：表示多次。⑦豳（bīn）风：《诗经·国风》之一，共七篇。豳：古地名，在今陕西彬州、旬邑一带。周始祖后稷的曾孙公刘由邰迁居于此，因此被视为周部族的发祥地、立国处。⑧七月诗：《诗经·豳风》其中一首，因首句是“七月流火”，故以《七月》为篇名。诗篇写农家春耕，妇女蚕桑，制作布帛衣料；写猎取野兽，采藏果蔬和造酒，直到收成完毕，一年一度的年终燕饮。真实反映了豳地的农家辛勤劳作及收获的生活情景。

【简析】这副楹联描绘了蜚声一时的园林胜地——说园，赞赏农林试验场的创建。上联用群芳谱比拟试验场的瓜果等农作物，“异”“奇”二字抓住了新疆物产的特异之处，将新疆的独特风光表现得淋漓尽致，诗情画意，美不胜收。在之后的战祸中，园内建筑和幽静环境都遭到破坏，只能从楹联中一窥曾有的设施建筑、奇花异草了。下联借《诗经·豳风·七月》描绘试验场工作人员的辛勤工作，勾画出劳作的充实和收获，显得祥和美满。记事抒情，遣词妥帖，引用古籍篇名，切合题旨。生动描绘了一个集中国古代建筑和新疆果园文化于一体，相映成趣、美不胜收的塞上园林。

青山禅院联

佚名

十里松杉藏古寺；

百重云水绕青山①。

【题解】青山禅院是香港三大古刹（青山禅院、凌云寺、灵渡寺）之首，古名杯渡禅寺，是香港新界最著名的古刹之一，坐落在苍松茂盛的青山东麓。建于东晋末年，历史悠久。1918年，高僧显奇发起重建。禅院包括护法殿、青云观、九德观、诸天宝殿、海月亭、居士林、地藏菩萨殿、石门等，四周苍松翠杉，环境宁静肃穆。

【注释】①青山：位于屯门墟青山半岛，古称“屯门山”，又名“怀渡山”“圣山”等，是新界西陲的最高峰。

【简析】这副对联巧妙运用了对比手法。上联的“十里松杉藏古寺”是近景、静景，写出了青山禅院四周苍松翠杉、连绵十里、松杉与古寺相辉映的动人景色。下联“百重云水绕青山”，写的是远景、动景，描绘了青山面对浩瀚伶仃洋，四周云雾缭绕、水波环涌的雄伟景观。上下联相互配合，近远相衬、动静结合，形成独特的艺术效果，增加了楹联的艺术魅力。此外还通过“用数”的艺术技巧，上联的“十里”与下联的“百重”相对，不仅对得工整，而且十分贴切。“十里”“百重”作为数量词并非实指，枯燥乏味的数字嵌入对联之中，产生意想不到的奇妙效果，形象地展示出禅院处于苍松翠杉之中，青山在云绕水环之间，景观的描写显得生动活泼，表现有力，读来朗朗上口。

松山风雨亭联

佚名

松风送抱①，正荡胸怀，近看镜海②光波，莲峰③岚影④；

山雨欲来，且留脚步，遥听青洲⑤渔唱⑥，妈阁⑦钟声。

【题解】松山风雨亭位于澳门半岛。半岛最高的小山岗上还有葡萄牙当年所建的松山炮台、灯塔等。现已建成澳门规模最大的松山市政公园，为澳门著名的旅游景点之一。

【注释】①松风送抱：风在松林间吹入人的怀抱。②镜海：形容大海水平如镜。③莲峰：山峰的美称，比喻其秀如芙蓉。④岚影：指山林树木在云雾笼罩中呈现出的奇异景色。岚，山林中的雾气。⑤青洲：长满青翠植物的水中陆地。洲：水中陆地。⑥渔唱：渔人唱的歌。⑦妈阁：澳门妈祖阁，又称妈阁庙。2005 年，包括妈阁庙在内的澳门历史城区被列入《世界遗产名录》。

【简析】这是一副嵌字联，对联将“松山”“风雨”嵌于上下联的联首，引领全联，呼应亭名，镶嵌自然，文通意顺，有浑然一体之功效。上联写海风从松树间扑入怀抱，散发出阵阵清香，荡漾着人的胸怀；无边的大海像一面镜子，在阳光照耀下波光粼粼，熠熠生辉；美丽的山峰，葱郁的树木，在云雾的笼罩下，变化莫测，气象万千。下联描绘的是山雨欲来、游人停步躲雨时的情景，从沙洲那边传来的优美渔歌和妈阁庙传出的嘹亮钟声交织在一起，组成了一曲渔歌互答、钟鼓和鸣的动人交响曲，令人心旷神怡。如诗如画的景象动静相生，产生了强烈的艺术效果。

四、碑铭

颐和园金牛铭

清·爱新觉罗·弘历

夏禹治河，铁牛传颂①。义重安澜②，后人景从③。

制寓刚戊，象取后坤④。蛟龙远避，讵数鼍鼋⑤。

潨⑥此昆明，潴⑦流万顷。金写神牛⑧，用镇悠永⑨。

巴邱淮水，共贯同条⑩。人称汉武，我慕唐尧。

瑞应之符⑪，逮于西海⑫。敬兹降祥，乾隆乙亥。

【作者】爱新觉罗·弘历（1711—1799 年），清乾隆皇帝，是中国历史上最长寿的皇帝，也是中国历史上实际掌权（执政）时间最长的皇帝（合共 63 年）。

【题解】颐和园，坐落在北京西郊，是中国清朝时期皇家园林，前身为清漪园，与圆明园毗邻。辽金时始建行宫，明代扩建为园林，清乾隆时改建为清漪园。光绪十年（1884 年），慈禧挪用海军 3000 余万白银，重建清漪园，并改名为颐和园，是我国现存最完整、规模最大的古都皇家园林。全国重点文物保护单位，1998 年被列入世界文化遗产。

颐和园铜牛铸造于清乾隆二十年（1755 年），位于颐和园东堤十七孔桥东侧。铜牛铸造于清乾隆二十年，铸造精良，形象逼真，是我国现存最大的古代镀金铜牛。铜牛背上刻有乾隆题写的八十字《金牛铭》。传说夏禹治水，安澜一处，则铸一铁牛沉入水底，以期镇服水患。唐代以后人们把牛放置在岸边。据《御制万寿山昆明湖记》所言，在昆明湖未疏浚之前，虑水不足，及湖成水通，又虑夏秋泛涨，于是铸此铜牛。颐和园铜牛不仅铸造精良、手法写实、造型生动、栩栩如生，而且与周围环境融为一体。铜牛背部的《金牛铭》篆书文字，无一字笔画缺损残坏。铜牛和颐和园中的耕织图相配，是以镇水、重农与造园艺术三结合为园林造景的一大杰作。

这篇《颐和园金牛铭》属于记述事实、称颂功德一类。

【注释】①铁牛传颂：指夏禹治水铸铁牛以镇水患，为后世传颂。②安澜：水波平静，比喻天下平安。安，安定，平静。澜：大波浪。③景（yǐng）从：如影随形。比喻紧相追随。景："影" 的古字，即影子。④制寓刚戊，象取厚坤："刚戊" "厚坤" 取《易经》中 "乾刚坤柔" "坤厚载物" 之义。乾指天，坤指地。乾隆皇帝以此引表白他秉承天地之道而行，其统治英明博大。象取厚坤：《易·坤卦》中有 "象曰，地势坤，君子以厚德载物"。坤卦，用以象地，柔顺伸展，代表纯阴柔顺之事物以及与此相关联的人伦义理概念。在自然指 "地"；在家庭指 "母"，负责养育子女；在身体指 "腹"，可容纳可孕育；在动物指 "牛"，牛性温驯能负重致远。⑤讵（jù）数（shǔ）鼍（tuó）鼋（yuán）：何况鳄鳖之类。讵：表示反问，岂，难道。数：点数，计算，查点。鼍：爬行动物，亦指扬子鳄。鼋：鳖科，鼋属动物，是鳖科动物中体形最大的一种。鼍鼋在此处泛指江河边的水生动物。⑥潫（wān）：奫潫（yūnwān），水回旋的样子。⑦潴（zhū）：水停聚处。⑧金写神牛：用铜铸牛。⑨悠永：悠久，久远。悠：远，长。永：水流长。长久，永远。⑩巴邱淮水，共贯同条："巴邱淮水"，字面指巴丘山的洞庭湖、长江和吴楚的洪泽湖、淮水等，实质上泛指天下一切河流。"巴邱" 意指巴丘山，位于湖南省岳阳县湘水右岸。"丘" 作 "邱"，系避圣人孔丘圣讳故。淮水：即淮河。"共贯同条" 指如同血脉经络贯通于一处。表示天下归心，河清海晏。⑪瑞应之符：祥瑞的兆头。⑫逮（dài）于西海：降临在昆明湖上。逮：及，达到。西海：昆明湖旧称西海、西湖、七里泊、瓮山泊、大泊湖等。

【简析】《颐和园金牛铭》铭文以短短八十字，叙事与议论相结合，以排比句铺陈。引经据典，义理深邃。称功述德，行云流水。铭文所发议论、所述哲理具有较强的政治性、浓厚的主观性及丰富的想象力。既赞颂了夏禹治河的丰功伟绩，又寄寓了 "用镇悠永" 的福祉祈祷。文采绚烂，辞藻秀美，气魄恢宏，节奏铿锵，气势充沛，读来令人荡气回肠。

碣石刻石

秦·李斯

(此上疑有阙文。)

遂兴师旅，诛戮无道[1]，为逆[2]灭息。武殄暴逆，文复无罪[3]，庶心咸服[4]。惠论功劳，赏及牛马，恩肥[5]土域。皇帝奋威，德并诸侯，初一泰平[6]。堕坏城郭，决通川防，夷去险阻[7]。地势既定，黎庶无繇[8]，天下咸抚[9]。男乐其畴[10]，女修其业，事各有序。惠被诸产[11]，久并来田[12]，莫不安所[13]。群臣诵烈，请刻此石，垂著仪矩[14]。

【作者】李斯(？—前208年)，战国末期楚上蔡(今河南省驻马店市上蔡)人。秦代政治家、文学家、书法家。参与制定法律以及统一车轨、文字、度量衡制度，特别是主持统一全国文字，以“小篆”为标准，整理文字，对中国文字的统一有积极贡献，在中国文化史上是一伟大功绩。李斯也是中国书法史上有记载的第一个创新者，《泰山刻石》《琅琊刻石》《绎山刻石》《会稽刻石》即为李斯所书，历代都有极高的评价。李斯是秦代唯一传世的作家，作品多载于《史记》本传和《秦始皇本纪》，代表作有《谏逐客书》，另有《泰山刻石》等刻石文。又著有《仓颉篇》，已佚。

【题解】秦始皇统一天下后，多次出巡，所到之处纪功刻石。秦代历史上形成的七大刻石，均系公元前219年至公元前210年秦始皇巡视郡县所立。

碣石之名，最早在《山海经》和《尚书·禹贡》中已有提到。所言碣石都不在渤海的西北岸，似与历史记载的秦皇求仙之碣石无关。而碣石的闻名于世，主要就因为它与中国历史上的几位风流人物有关。碣石是山是石，以及所在地点究竟在何处，历来众说纷纭，目前逐渐趋同于以下四种说法：一是北戴河金山嘴说；二是秦皇岛说；三是绥中石碑地说；四是秦皇岛一带地域说。

【注释】①遂兴师旅，诛戮无道：此句前疑有阙文。指秦始皇以武力吞并六国，统一天下。遂：于是，就。兴：动，发动。诛：惩罚，讨伐。戮：杀人。无道：也指残暴不行仁义者。②为逆：造反，作乱。③武殄(tiǎn)暴逆，文复无罪：用武力消灭残暴凶逆，用法令免除无罪平民的兵役或徭役。殄：指消灭，灭亡。文：法令条文。复：免除(兵役或徭役)。④庶心咸服：天下人都心悦诚服。庶心：民心。庶：平民，百姓。咸：皆，都。⑤肥：形容词使动用法。使肥，使之富足。⑥初一泰平：首次实现了天下统一，太平无事。初一：刚刚统一。泰平：太平。泰：安宁，安舒。⑦“堕(huī)坏城郭，决通川防，夷去险阻”三句：拆毁诸侯的旧城墙，挖开阻碍交通的堤防，铲平道路上的险阻。这三句实际上是指秦对六国残余势力的防范措施，在于消除各种军事上的隐患。堕：同“隳”，毁坏。决通川防：挖通六国利用河川堤防筑成的军事障碍物。夷去：铲平。夷：平，平坦，使……平。⑧黎庶无繇（yáo）：百姓无徭役之苦。黎庶：民众。繇：通“徭”，劳役。⑨天下咸抚（fǔ）：天下人都得到安抚。抚：安抚，抚慰。⑩男乐其畴（chóu）：男子都乐于在田地里从事农业生产。畴：已耕作的田地。⑪惠被（bèi）诸产：恩惠遍及许多产业。被：覆盖。⑫久并来田：新垦的荒田可以永久耕种。并：通“傍”，依傍，靠着。来田：即莱田，指新开垦的荒田。⑬安所：安于其居，乐于其业。⑭垂著仪矩：垂示天下，以为法度规范。垂：流传，留传。著：显明，显出。仪：法度，准则。矩：画方形或直角的工具。指法度。

【简析】《碣石刻石》是秦七大刻石之一，亦称《碣石颂》《碣石门刻石》，秦始皇三十二年（前215年）第四次出巡，东巡至碣石，李斯为其刻石记事，以求永存。

《碣石刻石》与秦其他刻石的不同之处是直接刻于“碣石门”的花岗岩石之上，其原迹早已湮灭。后代重刻刻石位于秦皇求仙入海处，即秦皇岛市海港区东南部，秦皇岛古属碣石地域，传说此地因秦始皇东巡驻跸于此而得名。

《碣石刻石》赞颂了秦始皇统一天下的丰功伟绩。语言谨严，概括恰当。通篇运用排偶手法，句式匀整，语气通畅；三句为韵，节奏铿锵；语势连贯，气势强劲；事实叙述清晰周详，事理阐述深刻精辟。

第二章 熟悉篇目

一、诗、词

天坛松月

清 · 戴梓

深夜冷溶溶①，圜丘②露气浓。
月明时绕鹊③，松老欲成龙。
古殿④浮空翠⑤，晴山落远钟。
当年禋祀⑥地，短草乱遗踪。

【作者】戴梓（1649—1726年），字文开，号耕烟，浙江仁和（今杭州）人。通兵法，懂天文算法，擅长诗书绘画，清代火器制造家。

【题解】北京天坛是祈谷、圜丘两坛的总称，位于北京市南部，东城区永定门内大街东侧。天坛始建于明永乐十八年（1420年），清乾隆、光绪时曾重修改建，为明、清两代帝王祭祀皇天、祈五谷丰登之场所。天坛是现存的中国古代规模最大、伦理等级最高的祭祀建筑群。天坛分为内坛和外坛两部分，主要建筑物都在内坛。南有圜丘坛、皇穹宇，北有祈年殿、皇乾殿。圜丘坛位于天坛南部，是一个三层露天圆台，别名祭天台，为皇帝冬至日举行祭天大典的场所。

【注释】①溶溶：月光荡漾的样子。②圜（yuán）丘：即圜丘坛，是皇帝举行冬至祭天大典的场所。圜丘照应古人“天圆地方”之说形圆象天，三层坛制，每层四面出台阶各九级。上层中心为一块圆石，外铺扇面形石块九圈，内圈九块，以九的倍数依次向外延展，栏板、望柱也都用九或九的倍数，象征“天”数。③“月明”句：化用曹操《短歌行》“月明星稀，乌鹊南飞。绕树三匝，何枝可依”的诗句。④古殿：指祈年殿。始建于明永乐十八年（1420年），前身是明嘉靖的大享殿，清乾隆年间修缮更名为祈年殿。⑤空翠：此处指青色的潮湿的雾气，与“圜丘露气浓”呼应。⑥禋（yīn）祀：古代祭天的一种仪式。禋：古代烧柴升烟祭天，泛指祭祀。

【简析】诗人以素描手法冷静而客观地描写了冷月老松之夜的天坛，语言平实自然，情调恬淡从容。冷月、露气、古殿、远钟等景物营造出幽静而萧瑟的氛围，显现出昔日庙堂几成丘墟的“短草乱遗踪”的情景。于咏物之中，抒发了悼古伤今、兴衰无常的感受，使诗文波澜顿生。诗作情感沉郁，意象苍凉。

盛京旧宫再依皇祖原韵

清·爱新觉罗·弘历

枚枚[1]青琐[2]与银铺[3]，一例都京制[4]度[5]符[6]。
体[7]从帝王御宫殿，心惟黎庶[8]奠寰区[9]。
酌斟[10]奢俭临[11]中国，环卫旗民[12]壮远图。
敬仰戎衣[13]未解际，依然有暇视规模[14]。

【作者】见爱新觉罗·弘历《颐和园金牛铭》。

【题解】盛京旧宫，即沈阳故宫。位于辽宁沈阳市沈河区明清旧城中心。清朝入关以前的旧都，入关前称其为盛京，清廷迁都北京后盛京行宫成为陪都，也称奉天行宫。盛京旧宫是努尔哈赤和皇太极营建的皇宫。沈阳故宫是中国现存仅次于北京故宫的最完整的皇宫建筑，在建筑艺术上承袭了中国古代建筑的传统，以汉族传统建筑风格和布局为主，兼备了蒙、满等民族风格和布局，具有很高的历史和艺术价值。沈阳故宫现为全国重点文物保护单位。这首《盛京旧宫再依皇祖原韵》作于乾隆四十八年（1783年）第四次东巡中，唱和康熙《盛京旧宫》。

【注释】①枚枚：细密的样子。②青琐：宫门上雕饰的青色图文。③银铺（pū）：门扉上的环形饰物，大多冶兽首衔环之状。铺：门上衔环的兽形底盘叫作铺，亦名铺首，含有驱邪意义的传统建筑门饰。以金为之称金铺，以银为之称银铺。④制：规定，制定。也指古代帝王的命令。此处义为“规定”。⑤度：制度，法度。“度”本指计量长短的标准或工具。泛指按一定计量标准划分的单位。⑥符：契约，凭证。⑦体：指规格，格式。⑧黎庶：民众。⑨奠寰（huán）区：指统一天下。奠：定，奠定。寰区：犹寰宇。⑩酌斟：斟酌。反复衡量，考虑取舍。⑪临：监察，统管。⑫旗民：旗人与汉人。⑬戎衣：此处专指与明王朝的战事。戎衣：本指军服、战衣，也指军旅之事、战事。⑭规模：法度，格局。

【简析】这首依康熙《盛京旧宫》原韵唱和的七言诗，主要是颂扬清先祖建都沈阳、建造皇宫并统一天下的丰功伟绩。在状写气象壮观的宫室、连续赞颂先帝一统天下的雄才大略之后，尾联特别强调了在与明朝频繁战事之时，还有暇营造这等规模宏大的宫室，流露出的无限敬意溢出笔端，令人感慨。

泊秦淮

唐·杜牧

烟笼寒水月笼沙①，夜泊②秦淮近酒家。

商女③不知亡国恨，隔江犹唱后庭花④。

【作者】杜牧（803—约852年），字牧之，京兆万年（今陕西西安）人，唐代诗人。诗文中多指陈时政之作。写景抒情的小诗，多清丽生动。以七言绝句著称。人谓之小杜，和李商隐合称“小李杜”，以别于李白与杜甫。有《樊川文集》二十卷传世。

【题解】秦淮河，发源于江苏句容大茅山与溧水东庐山两山间，经南京流入长江。相传为秦始皇南巡会稽时所开凿，用于疏通淮水，故称秦淮河。秦淮河流经南京城内的一段被称为“十里秦淮”。六朝时为都城内繁华的居民区和商业区，隋灭陈后凋敝，明清时复兴。内秦淮两岸人烟稠密，交通便利。雕栏画槛，绮窗丝障，金粉楼台，天下所无。自秦汉至六朝一直是南京最繁华的所在，也是历代游赏之地。现在有以夫子庙为中心、庙市街景合一的夫子庙秦淮风光带景区。

【注释】①烟笼寒水月笼沙：意思是“寒水、沙岸笼罩在迷离的云气与月色之中”，或者“迷离的云气与月色笼罩着寒水与沙岸”。此句使用互文手法，使上下文各有交错省略而又互相补充。烟：云气，雾。笼：笼括，笼罩。②泊：停船靠岸。③商女：歌女，此处也曲指权贵。④后庭花：歌曲《玉树后庭花》的简称。南朝陈皇帝陈叔宝（陈后主）沉溺于声色，作此曲与后宫美女寻欢作乐，终致亡国，所以后世把此曲作为亡国之音的代表。

【简析】这首绝句是唐人绝句的精华，被誉为秦淮河绝唱。前两句写夜泊之景，发句不同凡响，先声夺人地用两个“笼”把烟、水、月、沙四者和谐地交融于一处，既柔和幽静又意态浮动，笔墨轻淡，气氛迷蒙冷寂。后两句借商女犹唱《玉树后庭花》曲折地讽刺抨击达官权贵面对着南朝的衰亡依然醉生梦死，表达了较为清醒的封建知识分子对国事怀抱隐忧的心境。诗作于婉曲轻丽的格调中表现出辛辣的讽刺，深沉的悲痛，无限的感慨。

灵隐寺

唐·宋之问

鹫岭①郁岧峣②，龙宫③锁寂寥。

楼观沧海④日，门对浙江潮⑤。

桂子月中落⑥，天香云外飘。
扪萝⑦登塔远⑧，刳⑨木取泉遥⑩。
霜薄花更发⑪，冰轻叶未凋⑫。
夙龄⑬尚⑭遐异⑮，搜⑯对⑰涤烦嚣⑱。
待入天台路⑲，看余度石桥⑳。

【作者】宋之问（约656—约713年），字延清，一名少连。虢州（今河南灵宝）人，一说汾州（今山西汾阳）人，初唐诗人。诗文辞华丽，自然流畅，对律诗定型颇有影响。原集已佚，有辑本《宋之问集》二卷。

【题解】灵隐寺，又名云林禅寺，位于杭州西湖西北面，在飞来峰与北高峰之间灵隐山麓中，是江南著名古刹之一。灵隐寺创建于东晋咸和元年（326年），至今已有1600余年的历史。清康熙南巡，赐名"云林禅寺"，历代屡有毁建。灵隐寺是杭州历史悠久、景色宜人的游览胜地，是中国十大古刹之一，亦是南宋高僧济公的修行地。现在天王殿前的"云林禅寺"巨匾，是康熙皇帝的"御笔"。灵隐寺整座雄伟寺宇深隐在西湖群峰密林清泉之中。寺前有冷泉、飞来峰诸胜。

唐中宗景龙四年（710年），宋之问被贬为越州长史，离京赴越。这首《灵隐寺》是他途中经过杭州，游灵隐寺时所作。

【注释】①鹫（jiù）岭：本是印度灵鹫山的简称，也借指佛寺。此处借指飞来峰。印度高僧慧理见到灵隐山时说"此天竺国灵鹫山之小岭，不知何年飞来"，因名"飞来峰"。②岧峣（tiáoyáo）：亦作"迢峣"。山高峻貌。③龙宫：指灵隐寺。也泛指灵隐寺中的殿宇。④沧海：东海。⑤浙江潮：杭州的钱塘江又称浙江，故而浙江潮就是指钱塘江潮。⑥桂子月中落：传说在灵隐寺，每到秋爽时刻，有似豆颗粒从天空飘落，传闻是从月宫中落下。桂子，即桂花。⑦扪（mén）萝：攀缘藤萝。扪：持、执。⑧登塔远：攀登远处的古塔。⑨刳（kū）木：挖空木类物成瓢为容器。刳：剖开。⑩取泉遥：到远处去取水。对"登塔远"。⑪更发：（开得）更加旺盛。发：生、出。引申出生长、发生等义。⑫凋：草木衰落，凋落。⑬夙（sù）龄：少年。夙：早，早晨。也指向来，往日。⑭尚：推崇，尊重。⑮遐异：远方奇异的美景。遐：远。异：不同。奇异的事。⑯搜：寻求，搜罗。此处指寻幽访胜。⑰对：这里指面对佳境。⑱涤烦嚣：涤：清洗、清除、烦嚣：嘈杂扰人。多指尘世间的烦恼和喧嚣。⑲天台路：指通向天台山佛教圣地之路。天台山，位于浙江省天台县城北，是佛教天台宗、道教南宗的发源地。⑳石桥：即天台山楢（yóu）溪（亦名欢溪）上的天然石梁，是世界上极为罕见的"花岗岩天生桥"，是一种两端与地面连接而中间悬空的桥状地形。天台石梁，集天下山水奇观于一体，李白、孟浩然等著名诗人曾为此奇景留下不朽的诗篇。现在可谓浙东“唐诗之路”的精华所在。

【简析】这首诗描写了诗人秋天登灵隐寺所见的幽美、清秀的景色，表现了一种强烈的寻胜、猎奇的志趣。整首诗按照诗人游览的路线展开描写，第一句“鹫岭郁岧峣，龙宫锁寂寥”，于大处着笔，从外部环境飞来峰入手，然后聚焦到一点上写到灵隐寺，一个“锁”字形象地突出了灵隐寺中的清静。第二句实景，“楼观沧海日，门对浙江潮”，写从灵隐寺的楼阁上可以眺望大海日出时的壮景，对仗工整，气势雄壮。第三句想象之景，“桂子月中落，天香云外飘”，是吟咏桂花的名句，当为诗人根据灵隐寺每到金秋时节便有桂子从月宫中落下的传说加以想象而成，构思相当绝妙。天上人间融为一体，为灵隐寺披上一层神秘幽幻的色彩。第四句采用互文的修辞手法，“扪萝登塔远，刳木取泉遥”，描写了诗人不分远近地时而登塔，时而寻找名泉的游览过程。第五句“霜薄花更发，冰轻叶未凋”写在登塔取泉的过程中见到的深秋美景。第六句“夙龄尚遐异，搜对涤烦嚣”是诗人自述一直以来爱好奇山异水概因其可以洗涤尘世中的烦恼和喧嚣。最后一句“待入天台路，看余度石桥”，写诗人的感想和打算，全诗在诗人想象的游览情景中结束。

诗作构思新颖别致，思路清晰顺畅，语言凝练自然，描写了灵隐寺及其附近一带的奇丽风光。全诗意境开阔，构思奇妙，景色描写清丽淡远，开启了唐代山水诗的道路。

钱塘观潮

清·施闰章

海色雨中开，涛飞江上台[①]。
声驱千骑疾，气卷万山来。
绝岸[②]愁倾覆，轻舟故溯洄[③]。
鸱夷[④]有遗恨，终古使人哀。

【作者】施闰章（1618—1683年），字尚白。江南宣城县（今属安徽省）人。清初著名诗人，在清初文学史上享有盛名。著有《学馀堂文集》《试院冰渊》等。

【题解】钱塘江位于浙江省杭州湾，浙江的下游。在钱塘江东海海口形成的海潮即为钱塘潮。钱塘江入海口外宽内窄，形如喇叭，潮水易进难退。沿海一带常刮的与潮水方向大体一致的东南风也大大助长其潮势。当大量潮水从钱塘江口涌进时，波涛万丈，气势磅礴，令人惊心动魄，形成“壮观天下无”的钱塘潮。从明代起，以海宁盐官为观潮第一胜地，故钱塘潮亦称“海宁观潮”。

康熙七年（1668 年）秋，诗人因在家闲居无事，曾赴杭州一带游览，这首五律即描写此行所亲见的钱塘江八月大潮的雄壮声势。钱塘潮乃名闻天下的奇观，每逢农历八月十八前后，杭州湾钱塘江口涌潮袭来。此诗所写即海宁观潮之所见。

【注释】①台：指观潮的台。②绝岸：陡岸。③溯洄（sùhuí）：逆着弯曲的水道。也指弯曲的水流。④鸱夷（chīyí）：皮革制的口袋。革囊、皮袋。这里借代指伍子胥。史载，春秋时楚国人伍子胥，其父伍奢、兄伍尚都被楚平王杀害，他逃奔吴国，先佐吴王阖闾伐楚国，后又佐吴王夫差（阖闾之子）打败越国。最终，夫差听信伯嚭的谗言迫使伍子胥自杀，并下令将其尸首装入“鸱夷”抛进江中。传说伍子胥怨恨吴王夫差，死后驱水为涛，化为钱塘江潮潮神。因而，钱塘潮又有“伍胥潮（指怒潮）”之称。

【简析】这首《钱塘观潮》，写诗人雨中观钱塘潮所见大潮。

首联，紧扣雨中观潮，以雨为背景，突出“涛飞江上台”，为下文进一步描绘钱塘潮的磅礴声势作铺垫。颔联连用比喻，以千万匹骏马飞驰而来比喻钱塘江潮震天动地的涛声，以席卷群山奔腾而来之势比喻江潮不可抵挡的气势。颈联，将状写潮涌之声势与吟咏弄潮儿的弄潮之气魄结合起来，着墨无多，别具一格。以“轻舟”代指“弄潮儿”，不写斯人，而斯人自见，其精妙自显。其“愁”与“故”的对照，突出了钱塘江潮惊涛拍岸的气势，更衬托出弄潮儿迎潮而上、不畏艰险的气魄。尾联发诗人观潮之慨，由观潮联想到伍子胥及其传说，为伍子胥之冤死而鸣不平，笔墨焕然，耐人寻味。

大明湖

宋·曾巩

湖面平随苇岸长，碧天垂影入清光。
一川风露荷花晓，六月蓬瀛①燕坐②凉。
沧海桴浮③成旷荡④，明河⑤槎⑥上更微茫⑦。
何须辛苦求人外⑧，自有仙乡在水乡⑨。

【作者】曾巩（1019—1083 年），字子固，江西南丰人，北宋政治家、散文家，嘉祐二年（1057 年）进士。为政廉洁奉公，勤于政事。文学成就突出，其文古雅、平正、冲和，为唐宋八大家之一。有《元丰类稿》传世。

【题解】大明湖是济南三大名胜之一，被誉为“泉城明珠”。有关大明湖的记载最早见于北魏郦道元的《水经注·济水》，“泺水出历县故城西南……其水，北为大明湖，西即大明寺，寺东、北两面侧湖，此水便成净池也。”各代增建亭台楼阁，植柳种荷。大明湖名胜众多，主要景点及名胜有历下亭、铁公祠、北极阁、遐园、汇泉寺、百花洲等，是AAAAA级旅游景区——天下第一泉风景区的核心组成部分之一。

【注释】①蓬瀛：蓬莱、瀛洲，传说中的海上仙山名，此指湖上小岛。②燕(yàn)坐：闲坐。燕：通“宴”，安定，闲适。③桴(fú)浮：出自《论语·公冶长》：“道不行，乘桴浮于海。”桴：小竹筏。④旷荡：空阔无边。汉·张衡《南都赋》：“上平衍而旷荡，下蒙笼而崎岖。”⑤明河：银河，天河。⑥槎(chá)：竹、木筏。这里指上天的仙舟。⑦微茫：犹隐约。景象模糊。⑧人外：世外。⑨水乡：指大明湖一带。

【简析】这首诗以健爽之笔写出了大明湖的秀丽风光，并融入作者的主观情意，喜爱之情溢于言表，与客观物境相互交融，形成优美的意境。首联描述湖上景观，堤岸芦苇丛生，清波碧天倒影，湖面水波不兴。颔联笔触细腻，格调超逸。夏日清晨，清风，晨露，荷香，令人心神清爽。颈联和尾联诗人展开联想，“沧海桴浮成旷荡，明河槎上更微茫”，无须去追寻渺茫的海外仙境、虚幻的天外世界，而是“自有仙乡在水乡”，仙境就在水乡大明湖。诗作构筑了一幅景致盎然的画面，传递出诗人对大自然的挚切热爱，反映出对济南山川人文文化的情有独钟。

嵩山

明·顾炎武

位宅①中央正②，高疑上界邻③。
蓄波含颍汝④，吐气接星辰⑤。
二室云长拥⑥，三呼响自臻⑦。
淳风传至⑧德，孤隐秘⑨灵真⑩。
世敝⑪将还古，人愁愿质⑫神。
石开曾出启⑬，岳降再生申⑭。
老柏摇⑮新翠⑯，幽花⑰茁⑱晚馨⑲。
岂知巢许窟⑳，多有济时人㉑。

【作者】顾炎武(1613—1682年)，字宁人，号亭林。原名绛，晚年治经侧重考证，开清代朴学风气。善诗词，多伤时感事之作。著有《日知录》《天下郡国利病书》《肇域志》《音学五书》《韵补正》《金石文字记》《亭林诗文集》等。

【题解】嵩山，国家重点风景名胜区，夏禹时称崇山，商汤时称嵩高，西周称岳山。位于河南省登封市西北，与泰山、华山、恒山、衡山并称五岳，因地处中原，故称中岳。由东西两座高山组成，东部的叫太室山，西部的叫少室山。雄伟险峻，气势磅礴。嵩顶又名峻极峰，是中岳嵩山的最高峰，古有“嵩高峻极”“峻极于天”之说。历史悠久，文化灿烂，儒、释、道三教荟萃。佛有少林寺，道有中岳庙，儒有嵩阳书院，都是著名的游览胜地。顾炎武踪迹遍及燕赵齐晋秦诸地，“九州历其七，五岳登其四”。

【注释】①位宅：位居。宅：占据。②中央正：天下正中。嵩山是中岳，位于中原，意味着居于天下正中。③高疑上界邻：嵩山高耸入云，让人觉得它仿佛与天连在一起。上界：天界。④含颍汝：嵩山临颍水、汝水。⑤接星辰：此言嵩山之高。⑥二室云长拥：连绵不断的白云缭绕于嵩山之上。二室：嵩山由太室山和少室山组成。拥：围绕。⑦臻（zhēn）：到。⑧至：极，最。⑨秘：隐藏不显现。⑩灵真：得道的真人。也指修真得道的境界。⑪敝：衰败，衰退。⑫质：质疑。⑬石开曾出启：传说禹治水时，为打通轘辕（huányuán）山，曾变作一头熊，他的妻子塗山氏因此羞愧而去，到嵩山下化为石人，石裂而生启，后来继承了禹的王位，做了夏君主。⑭岳降再生申：中岳显出神灵，又使申伯降生人间，来辅佐周天子。申，指申伯，西周著名政治家、军事家，周宣王母舅。⑮摇：招展。⑯新翠：新生出的绿叶。⑰幽花：生长在幽静山谷中的花朵。⑱茁：旺盛。⑲馨：香，香气。⑳岂知巢许窟：哪里知道巢父、许由隐居之处。表达了诗人不逃避现实、决心匡时救世的志向。岂知：哪里知道。巢许窟：指巢父、许由隐居的土室、窑洞，代表隐居之处。巢许：巢父和许由。巢：巢父，传说中尧时的隐士。因筑巢而居，人称巢父。尧以天下让之，不受，隐居聊城（今属山东），以放牧为生。许：许由。帝尧曾想传位于许由，许由认为这是对他的一种羞辱，便到颍水边洗他的耳朵。㉑济时人：安邦救世之士。济时：安邦救世。济：救。

【简析】由于受个人身世、思想、性格及明末清初那个大动荡时代的社会生活的影响，顾炎武的诗歌往往充满了慷慨悲壮之音。诗人的行踪遍及南北，过眼的名山大川不计其数，在对山川雄壮气势及景物的描写中，往往倾注着诗人深沉的思想情感。

用典是这首诗写作上的主要特点。嵩山不但山势顶天立地，而且这一带被视为夏王朝的发祥地、贤臣名士的诞生处。诗人借古抒怀，以诗言志，嵩山以及花草树木无不被赋予了报效祖国的心志，中岳嵩山也就有了象征意义。诗中通过描绘山势、山景，引述神话传说，写出了中岳嵩山古老神奇的风貌。围绕报国这个中心，运用夏启和申伯的典故，表达了诗人决心匡时救世的志向，又以不知道巢父和许由隐居之处，表达了不逃避现实的决心。各种历史掌故运用自如、恰到好处，使感情、用意表现得含蓄曲折，加大了诗歌内涵的容量，给人以典雅、厚重的感觉，文字简练而内容丰赡，体现了诗人高洁的品格。

龙门山色

明 · 吕维祺

劈破层峦一水[①]来，俨然双阙[②]向城开。
千龛佛像唐雕凿[③]，万世神功禹削裁[④]。
南卷窗帘含远翠[⑤]，东分岳黛[⑥]入深怀。
邵窝[⑦]白社[⑧]无人管，尽日岩云片片堆。

【作者】吕维祺（1587—1641 年），字介孺，号豫石。新安（今属河南）人。明代著名理学家。设立“伊洛会”，广招门徒，著书立说。吕维祺著述颇丰，有《明德堂文集》《孝经本义》《孝经翼》《节孝义忠集》等传世。

【题解】龙门石窟，位于河南省洛阳市洛龙区伊河两岸的龙门山与香山之间，密布于两山的峭壁上。龙门石窟与莫高窟、云冈石窟、麦积山石窟并称中国四大石窟。2000 年被联合国教科文组织列为世界文化遗产。是全国重点文物保护单位、AAAAA 级旅游景区。

龙门石窟开凿于北魏孝文帝迁都洛阳（493 年）前后，之后历经东魏、西魏、北齐、隋、唐、五代、宋等朝代，连续大规模营造达 400 余年之久。石窟南北长达 1 公里，今存有窟龛 2345 个，造像 10 万余尊，碑刻题记 2800 余品。最大的佛像高达 17.14 米，最小的仅有 2 厘米。其中“龙门二十品”是魏碑精华，褚遂良所书的“伊阙佛龛之碑”是初唐楷书艺术的典范。

【注释】①一水：指伊河。②双阙：伊河河岸两边是香山和龙门山，对峙如天然门阙，故称。阙，古代王宫、祠庙门前两边的高建筑物。③唐雕凿（záo）：龙门石窟佛像开凿始于北魏，唐为开凿的鼎盛时期。④禹削裁：传说大禹治水，曾劈开伊阙。削裁：指开凿。⑤远翠：指远处的青山。⑥岳黛：指嵩山青黑色的山峰。岳：高峻的山。黛：青黑色。⑦邵窝：指北宋理学家邵雍隐居的安乐窝，在今洛阳安乐窝村。⑧白社：指白居易组织的香山九老诗社。伊河东岸有山曰东山，因盛产香葛又称香山，山上有寺曰香山寺。白居易晚年一直隐居在伊河东岸香山琵琶峰下，自号“香山居士”，死后安葬在香山寺旁。

【简析】“龙门山色”历来被誉为“洛阳八大景”之首。这首诗写龙门石窟的山光水色。写出了龙门的自然和人文之美，它有神功禹削的山势，有千龛佛像的壮观，有远翠岳黛的秀丽风光，有历史名人的登临吟咏，留给世人隽永的回味和无尽的感慨。劈破层峦的伊水流淌，两旁山峰耸峙，使“伊阙”之称名副其实，是造化神功。千龛佛像则意味着智慧与艺术的结晶。

首联写出了龙门雄伟的气势。远远望去，层层叠叠的群山好像被劈开，伊水流经其中，宛如一条长龙穿门而过。伊水两岸，龙门山、香山夹峙对立，形若门阙。作者用“劈破层峦”来形容，生动传神。颔联追溯历史。前句是说龙门的千龛佛像的开凿历史。后句是说，这巍峨的洛阳龙门，是当年大禹治水时为凿通伊水而成的神奇功绩。颈联描绘了龙门山周围的秀丽景色。南面远处的青山像卷起的窗帘，东面青黑色的嵩山从远处而来，与伊水交汇在这里。使人流连忘返。尾联用典，提及与洛阳有关的文化名人邵雍与白居易。他们构成了洛阳人文历史的重要篇章，成为流传千古的佳话，从而融入白云无心的自在舒卷。这里写出了一种逍遥的感受。

滕王阁诗

唐·王勃

滕王高阁临江①渚②，佩玉鸣鸾③罢歌舞。

画栋④朝飞南浦⑤云，珠帘暮卷西山⑥雨。

闲云潭影日悠悠⑦，物换星移⑧几度秋。

阁中帝子⑨今何在？槛⑩外长江空自流。

【作者】王勃（650—676年或684年），字子安，祖籍山西太原祁县，后迁绛州龙门通化（今山西省运城市万荣县通化镇），王勃出身儒学世家。自幼聪敏好学，少时即显露才华。唐高宗咸亨三年（672年）补虢州（治弘农县，今河南灵宝市）参军，因擅杀官奴当诛，遇赦除名。唐高宗上元三年（676年），自交趾（汉代地名，交趾郡治交趾县，位于今越南北部红河流域）探望父亲返回时，不幸渡海溺水，受惊而死。

王勃作为唐代文学家，与杨炯、卢照邻、骆宾王以诗文齐名，称为“初唐四杰”。明人辑有《王子安集》。王勃的诗歌直接反映了唐太宗贞观（627—649年）时期崇儒重儒的风尚，又注入了新鲜时代元素，其表现风格壮阔明朗、慷慨激越。其诗作偏于描写个人生活，也有少数抒发政治感慨、隐寓对豪门世族的不满之作。虽有些诗篇流于华艳，但有不少清新质朴之作。诗歌体裁擅长五律和五绝，代表作品有《送杜少府之任蜀州》等。主要文学成就是骈文，代表作品有《滕王阁序》等。

【题解】滕王阁，位于江西省南昌市东湖区沿江路赣江东岸，赣江与抚河故道交汇处，是南昌市地标性建筑，也是豫章（汉高帝初年约前202年时设豫章郡，郡治南昌县）古文明之象征。滕王阁因初唐诗人王勃所作《滕王阁序》而闻名于世，世称“西江第一楼”，与湖南岳阳岳阳楼、湖北武汉黄鹤楼、山西运城鹳雀楼并称为中国四大名楼。登楼临江上下俯仰远近观望，视野极为开阔。

滕王阁始建于唐永徽四年（653年）唐朝繁盛时期，为唐太宗李世民之弟滕王李元婴任江南洪州都督时所修。洪州为隋朝至宋朝行政区划名，隶属于“江南西道”即今“江西”。现存滕王阁建筑为1989年完工的重建景观。现滕王阁主体建筑其下部为象征古城墙的高台座，分为两级；台座以上的主阁取“明三暗七”格式，为三层带回廊建筑，内部共有七层，分为三个明层、三个暗层及阁楼。2018年10月，包含滕王阁在内的江西省南昌市滕王阁旅游景区被评定为国家AAAAA级旅游景区。

唐高宗上元三年（676年），诗人远道去交趾探父，途经洪州，参与阎都督宴会，即席作《滕王阁序》。《滕王阁序》末附以这首凝练、含蓄的诗篇，概括了《滕王阁序》的基本内容。

【注释】①江：指赣江。②渚（zhǔ）：水中小块陆地；水边。《吕氏春秋·长利》：“昔者太公望封于营丘之渚，海阻山高，险固之地也。”这里指江边。③鸣鸾：装在轭首或车衡上的铜铃因车行摇动而作响。也借指皇帝或高官出行。鸾（luán）：同“銮”。装配于车、马、刀等物之上的铃铛。④画栋：雕梁画栋——形容华丽的建筑物。也借指富贵人家。⑤南浦（pǔ）：地名，在江西省南昌西南，赣江至此分流。浦：水边；小水汇入江海之处。⑥西山：又名逍遥山，位于江西省南昌市新建区西部。西山是中国音乐发源地、道教净明宗发祥地。宋元时期“净明宗”在这里发源。西山作为道教名山，西山万寿宫是道教发展历史上的著名庙观。西山梅岭以“翠、幽、俊、奇”著称。主要景观有翠岩禅寺、天宁古寺、紫阳宫、洪崖丹井、洗药湖、长春湖、皇姑墓、主峰、狮子峰、方志敏烈士墓等。⑦悠悠：深思的样子；遥远的样子；远行的样子；长久的样子；水流悠长的样子；闲静的样子；众多的样子。日悠悠：指时间长久或遥远。⑧物换星移：景观改变了，星辰的位置也移动了。指节令变化，时间推移。物：客观存在的各种物质、物体。⑨帝子：指唐高祖李渊之子唐太宗李世民之弟滕王李元婴。⑩槛（jiàn）：栏杆。

【简析】这首位于《滕王阁序》序末的怀古咏史诗，至少可以从两方面分析。

第一整体布局上，围绕着滕王阁，空间维度上，将静景赣江、小洲、画栋、南浦、珠帘、西山、潭影等与动景鸣鸾、歌舞、飞云、暮雨、物换、星移、江流等景物相互融合；时间维度上，朝与暮、物换与星移、悠悠之日与秋风几度、往昔帝子今何在与滚滚长江空自流相互对比表意。上述各种意象的呼应、阐发、补充、交错、渗透、相互关联，彼此影响，颇具艺术表现力和感染力。特别是将人物“帝子”置于滕王阁周边景物与历史衍变之中，云飞雨卷，“景物变改，而帝子终不可见，惟江水空流，令人兴慨耳。”（明·李攀龙《唐诗训解》）

第二表现手法上，一是增动。“飞”“卷”两个动词的增动手法，充分展现了动词的表现力，使其“飞云”“卷雨”的动态情貌跃然纸上呼之欲出，动感鲜明，活力盎然。二是奇问。“闲云潭影日悠悠”的收句“物换星移几度秋”之问，运用奇问手法，无法回答也无须回答，怀古思绪，兴叹悠悠。运意巧妙，别开生面，营造出神奇深邃的意境。三是设问。结尾的串对运用设问手法，以自问“阁中帝子今何在”引出自答“槛外长江空自流”，所提之问，重点突出，切中要意。所应之答，直抒胸臆，充满机趣。收束全诗，统摄全文。委婉含蓄地抒发了昔盛今衰、繁华易尽、往来兴替的无限感慨。“只一结语，开后来多少法门。”（明·凌宏宪《唐诗广选》）

减字木兰花[1]·立春
（《减字木兰花·己卯[2]儋耳春词[3]》）

宋·苏轼

春牛[4]春杖[5]，无限春风来海上[6]。便丐[7]春工[8]，染得桃红似肉红[9]。春幡[10]春胜，一阵春风吹酒醒。不似天涯[11]，卷起杨花[12]似雪花。

【作者】苏轼（1037—1101年），宋代文学家。字子瞻，又字和仲，号东坡居士。眉州眉山（今属四川）人。博学多才，善文，工诗词，书画俱佳。其文纵横恣肆，于词豪放清旷。题材丰富，意境开阔，突破晚唐五代和宋初以来“词为艳科”的传统樊篱，开创豪放一派，对后世产生巨大影响。为“唐宋八大家”之一，与父苏洵、弟苏辙合称“三苏”。著有《东坡七集》《东坡词》等存世。

【题解】儋州，古称“儋耳郡”，有2100多年建城史，其名称沿革复杂多变。先秦称“儋耳”。先秦时代为百越之地。汉朝元封元年（前110年），始设儋耳郡。三国，吴赤乌五年（242年），讨平儋耳珠崖，于徐闻置珠崖郡。齐朝，属越州。梁朝，大同中，置崖州于废儋耳之地，即今儋州。陈朝，崖州仍梁制。隋朝，大业三年（607年），改崖州为珠崖郡，又析崖之西南地，置临振郡。唐朝，唐高祖武德五年（622年），改郡为州，将“儋耳郡”改为“儋州”。宋熙宁六年（1073年），儋州降为昌化军。宋端平二年（1235年），改为南宁军。元朝为南宁军，属琼州。明洪武元年（1368年），复为儋州。清朝，清初琼府掌管三州（儋州、崖州、万州）。民国设州为县，又称儋县，隶属琼崖道。1993年撤销儋县，设立县级儋州市。

儋州市，海南省辖地级市，是海南省陆地面积最大、海岸线最长的市县。

儋州是海南文风始兴之地，拥有海南最早的州学，有伏波将军、冼夫人等诸多历史名人。民间音乐儋州调声列入第一批国家级非物质文化遗产名录。洋浦港位于海上丝绸之路和西部陆海新通道的重要战略交汇点。自然景观有火山海岸、新英湾、蓝洋温泉、石花溶洞、白鹭天堂、松涛天湖等。历史景点有东坡书院、儋州古城、百年橡胶园、千年古盐田、歃血为盟纪念基地、渡海先锋营登陆点、伏波将军庙等。

这首《减字木兰花·立春》又作《减字木兰花·己卯儋耳春词》，作于宋哲宗（赵煦）元符二年（1099 年）。苏轼在惠州贬所得到责授琼州别驾昌化军（今海南儋州市）安置，不得签书公事的命令，于宋哲宗绍圣四年（1097 年）四月十九日离开惠州，七月二日到昌化军贬所。这首词为元符二年立春所写春词。

【注释】①减字木兰花：词牌名，又名“减兰”“木兰香”“天下乐令”“玉楼春”“偷声木兰花”“木兰花慢”等。原唐教坊曲，定格为欧阳修《减字木兰花·歌檀敛袂》，此词牌双调四十四字，前后段各四句，两仄韵两平韵。代表作有李清照《减字木兰花·卖花担上》等。②己卯：指宋哲宗元符二年。③春词：指立春所写之词。④春牛：象征农事的土牛。旧时风俗，立春前一日有迎春的仪式，由人扮“勾芒神”，鞭土牛，由地方官员行香主礼，叫作“打春”，以表示劝农和春耕的开始。⑤杖：棍棒。此处应指赶牛之杖。⑥海上：指儋州西北部的海面。儋州市位于海南岛西北部，北部湾东畔。苏轼《儋耳》诗也有“垂天雌霓云端下，快意雄风海上来”的诗句。⑦丐：乞求。也有赐予，给予的意思。苏轼《思治论》：“此犹适于千里不赍粮，而假丐于涂人。”⑧春工：以春天拟人。言生物得春而发育滋长。宋·杨万里《诚斋集二·农家叹》：“春工只要花迟著，愁损农家管得星。”⑨肉红：比喻桃花之红似人肌肤的红润之色。⑩幡（fān）：旗帜。幡胜：一种用金银箔、纸、绢剪裁制成的装饰物。立春日戴在头上或系在花下，庆祝春日的来临。范成大《鞭春微雨》：“幡（或旛）胜丝丝雨，笙歌步步尘。”此处将“幡胜”拆开镶嵌进“春”表述为“春幡春胜”，展现庆祝春日到来的景象。⑪天涯：指极遥远的地方。此处指作者被贬谪的海南岛。⑫杨：木名。与柳同科异属，惟枝上挺，其实亦成白絮飞散。古诗文中杨柳常通用，如垂柳亦称垂杨。此处“杨花”可理解为泛指杨花柳絮。

【简析】这首词是作者被贬海南儋州时于立春时节所作，一反前人对海南蛮瘴僻远荒凉飘零的描写，开创了对海南之春热情讴歌的先河，展现的是作者的胸襟展舒，心态包容豁达，心胸旷达。词作对儋州立春习俗春忙景象以及绚丽春光的描绘，笔触欢快，笔墨清新，格调高雅，境界壮阔。其特点可以从以下三方面分析。

第一词中有画。通过对儋州春俗春忙春光的如诗如画的描述，使读者犹如置身生机勃勃的春日美景的图画之中，极具表现力。苏轼在《东坡题跋·书摩诘〈蓝田烟雨图〉》中对王维诗“味摩诘之诗，诗中有画；观摩诘之画，画中有诗”的评价，其实也可用来评价他自己的一些词作。

第二擅长于描述中抒情，上下阕互相对应，都从立春习俗发端，都以“春风”展开，又都以“花”的比喻收句，通过对儋州春俗春忙春光的描述，将作者内心深处的隐秘情感抒发得深入细腻，柔美祥和。所抒发的对海南之春的礼赞之情，情真意切，兴味浓郁，情景交融，意境壮阔。

第三善用修辞手法，①频词。词中高频率地使用“春”，运用的是频词手法。高频率出现的“春”形成一条鲜明的词语线脉，突出了作者意欲强调渲染的浓郁的“春”的气息，笔墨集中，笔法细腻，意脉鲜明，意蕴丰富，具有较强的艺术感染力。②比拟。“丐”比拟中的拟人极富亲切感，“染”比拟中的拟物生动传神，人与物交融，景与物交融，寓情于物，情意悠长。③增动。“染”“卷”动词的妙用，增强了“春风”的情貌的动态感，形象鲜明，活力盎然。④比喻。“桃红似肉红”与“杨花似雪花”的明喻，落笔形象，栩栩如生，韵味悠长。特别是“杨花似雪花”将本体“杨花”比喻为“雪花”，这种设喻对身处海南儋州的苏轼而言可谓既新奇又老道。此外，在明喻的基调下，红白色彩相衬，分外妖娆。

山行

唐·杜牧

远上寒山①石径②斜，白云生处③有人家。

停车坐④爱枫林晚⑤，霜叶红于二月花。

【作者】见杜牧《泊秦淮》。

【题解】“山行”意思是在山中行走。这首诗记述了一次深秋时节的远山旅行，其具体创作时间难以确证。作者登山赏景，沉醉于这如诗如画的美景之中，于是创作此诗以记之。

【注释】①寒山：深秋时节的山。②石径：石子铺成的小路。③白云生处：白云飘出的地方，指山上最高深处。④坐：因为，由于。⑤枫林晚：傍晚时的枫树林。

【简析】这首诗在主旨方面的特色在于对深秋枫林生命力的描写和赞美，超越了一般的咏秋之作，显得别开生面。第一，悲秋是古代文人感叹的基调：“悲哉秋之为气也，萧瑟兮草木摇落而变衰。”（宋玉《九辨》）但是杜牧并没有像一般文人那样，哀伤叹息秋天的悲凉寂寥，表达对现实失望、对前途悲观之情。第二，诗人即兴咏景，先以“远上寒山石径斜，白云生处有人家”的美景作为铺垫，用横云断岭的手法，让片片白云遮住读者的视线，寓无限于有限当中，给人留下了想象的空间，从而烘托出全诗的中心句：“霜叶红于二月花”：在落霞晚照下，枫叶流丹、层林如染，秋天的山林呈现出一种热烈的、生机勃勃的景象，展现出一幅动人的枫林秋色图。第三，诗人咏物言志，通过歌颂春花所不能比拟、更经得起风霜考验的秋色美，体现出豪爽向上的精神。这一片绚烂的色调，冲破了秋天肃杀的氛围，呈现出昂扬的生命力，是诗人内在精神世界的表露、志趣的寄托，因而能给读者带来启迪和鼓舞，英爽俊拔，余味无穷。

滇海曲（其一）

明·杨慎

梁王阁榭①水中央，乌鹊②双星③带五潢④。
跨海虹桥⑤三十里，广寒宫殿⑥夜飘香。

【作者】见杨慎《人月圆·泛大理海子》。

【题解】滇海，即滇池，又名昆明湖、昆明池、滇南泽，位于云南省昆明市西南，是云南省最大的高原淡水湖，有高原明珠之称。滇池周围分布有众多的历史文化遗产。主要景点有大观楼、西山龙门、华亭寺、太华寺、聂耳墓、晋宁石寨山、郑和公园、官渡古镇、盘龙寺等。

【注释】①梁王阁榭：即今三清阁，位于西山罗汉崖上，原为元代梁王的避暑行宫。阁榭：指以轩敞为特点的亭阁台榭一类建筑物。榭：建在高土台、水面上（或临水）的木屋，是一种游观休憩建筑。②乌鹊：传说中银河上的鹊桥。③双星：牛郎星和织女星。④五潢：又名“五车”，古星宿名称。共有五星，位于毕宿东北。在今御夫座。这里以星空比喻滇池。⑤虹桥：指海埂。海埂，原是一条由东向西横插入滇池中的长堤，东面从金家河起，止于距西山脚一里许的滇池中。隔水与西山、大观楼等名胜遥相呼应。⑥广寒宫殿：即广寒宫、月宫。传说中嫦娥的居处。这里比喻梁王阁榭。

【简析】《滇海曲》（其一）是一首写滇池中秋月夜的诗。诗篇采用比喻中互喻的手法设喻。一般讲互喻作为本体和喻体互相设喻，是先用喻体比本体，然后再用本体比喻体。如“昔去雪如花，今来花似雪”。而这首诗互喻的特点是将滇池的广阔水面与天上的浩瀚夜空、梁王阁榭与广寒宫殿融合于一处，互为本体与喻体：滇池如星空而星空又如滇池，梁王阁榭如广寒仙境而广寒仙境又如梁王阁榭。诗文运用互喻手法描绘景物，物物交融，景情互生，使其表达栩栩如生，气象万千，回味无穷。

夜入瞿塘峡

唐·白居易

瞿塘天下险，夜上[1]信[2]难哉。
岸似双屏合[3]，天如匹练开[4]。
逆风惊浪起，拔[5]篸[6]暗船[7]来。
欲识愁多少，高于滟滪堆[8]。

【作者】白居易（772—846 年），字乐天，号香山居士，又号醉吟先生，祖籍太原，到其曾祖父时迁居下邽，生于河南新郑。是唐代伟大的现实主义诗人，与李白、杜甫并称为唐代三大诗人。白居易与元稹共同倡导新乐府运动，世称“元白”。白居易的诗歌题材广泛，形式多样，语言通俗平易。有“诗魔”和“诗王”之称。有《白氏长庆集》传世，代表诗作有《长恨歌》《卖炭翁》《琵琶行》等。

【题解】瞿（qú）塘峡为长江三峡中最短最窄之峡。西起重庆市奉节县白帝城，东至巫山县大溪镇。它以雄奇险要著称，沿途有众多名胜古迹，是著名的峡谷景区。

【注释】①上：指逆江而上。②信：确实。③岸似双屏合：形容两岸的崖壁好似两扇合拢的屏风。屏：屏风。④天如匹练开：意为天仅余一缝，好似白绢裂开。练：白色熟绢。⑤拔：拉出来；抽出来。⑥篸（niàn）：拉纤用的篾索。⑦暗船：指船经过时静不出声。⑧滟滪（yànyù）堆：指瞿塘峡口的一块巨大礁石。在白帝城下瞿塘峡口，有一庞然巨石，兀立江心，水势极险恶，古来船工望而生畏。为疏通航运，于 1959 年冬炸除。现存放于重庆的三峡博物馆。

【简析】这首诗描绘了夔门雄伟险峻的气势，并通过描述瞿塘峡之奇险，抒发作者内心的愁绪。首联抓住“险”“难”，突出瞿塘峡的两大特点，以朴实的唱叹切题。颔联以平常之物为喻，写两岸的崖壁，似两片合拢的屏风；天仅留一缝，像裂开的一匹白绢。明暗对比强烈鲜明。颈联渲染其“难”。诗人以过往船只皆不得发声、以示警诫的民俗，极力渲染了瞿塘峡中的险恶风浪。尾联一语双关，委婉地表达了诗人因仕途蹭蹬而发出的人生喟叹。弦外有音，耐人寻味。同时，也与首联紧相呼应，进一步突出了“瞿塘天下险”这个主题。

诗歌把在现实中的感悟融入自然景物中，语言平易浅切，比喻亲切自然，抒情朴实生动。

苏幕遮[1]·青海湖

当代·乐时鸣

水连天，云接地。一色湛蓝染透湖中水，隐隐峰峦云水际[2]。芳草黄沙，寂寞晴光里。　　雁鸥来，繁子嗣[3]。万里翱翔总是家乡美。懒散鸬鹚[4]礁上醉。鸟语人喧，都道江山瑞[5]。

【作者】乐时鸣（1917—2015年），浙江定海人，老将军，作家，当代诗人。曾任原北京军区政治部副主任。北京诗词学会顾问。

【题解】青海湖，见佚名《青海湖拟日月山石碑联》。

【注释】①苏幕遮（zhē）：词牌名。②际：本意是两墙相合的缝隙，引申为交界处。③繁子嗣：繁殖后代。繁：繁殖，繁衍。嗣：子孙，后代。这里说的是青海湖鸟岛上的景象。青海湖著名的蛋岛，又名鸟岛，候鸟在鸟岛产蛋，繁殖后代，遍地是雁鸥产的蛋，故得名。④鸬鹚（lúcí）：水鸟，俗称鱼鹰。⑤瑞：祥瑞。

【简析】这首词描绘出青海湖特有的风光。上阕写湖水和湖边的空阔，从下往上看，水连着天；从上往下看，云接着地，天地相交，浑然一体，幽静旷远，豪放中带有妩媚。极目远望，崇山峻岭远在天边，峰影入湖，山水为一，宛然一幅山水画卷。下阕写候鸟的乐园——鸟岛，在这里，生命和谐相处，生机勃勃，充满生活气息。词中以简明的语言，描绘了青海湖最有特色的风光：水湛蓝、鸟满地，令人神往，游兴顿生。

雪山

清·萧雄

万壑[1]群峰远障[2]天，峰峰积雪断仍连。
近山六月寒侵骨，不解冲寒[3]尚有莲[4]。

【作者】萧雄（约1824—1894年），字皋谟，号听园山人。清代诗人。湖南益阳人。同治三年（1864年），在“塞外多事”的历史背景下，投笔从戎，曾在都统金顺和提督张曜幕府为参军。光绪元年（1875年），西陲用兵，为左宗棠僚佐。

【题解】作者入疆十余年，在奔波见闻的基础上，以诗歌抒写新疆各地的自然景观以及各民族的民俗、风情，撰成《西疆杂述诗》。这首诗即选自该书卷四。雪山，指天山，横亘新疆全境，是准噶尔盆地和塔里木盆地之间的天然地理分界。群峰常年积雪，山上岩隙之间生长着独傲严寒的雪莲花。此诗原注云：“自葱岭而来，万余里天山，上皆积雪，莫知其深。低处者，夏月融消，为河水所自出。其高处则终岁不改其白。夏日平原寒气犹重。”

【注释】①壑（hè）：坑谷；深沟。②障：阻塞，遮隔。③冲寒：冒着寒冷。④莲：指天山雪莲。

【简析】诗人到达新疆后，当地特殊的气候及自然环境给他留下了深刻印象。这首诗描写了天山夏季之景。六月的高山，“峰峰积雪”，在气候极寒、积雪不化的高山，居然还有雪莲顽强生长，诗人以“不解”表达了对这里特殊的山川风物的惊叹、意外之情。诗人抓住景物之“奇”、感受之“奇”，把独特强烈的印象诉诸诗句，融鲜明的感情于对新疆严酷气候及地理环境以及瑰奇境界的写景叙事中。状物具体形象，诗句流畅自然，明白如话。

二、游记

冷泉亭记

唐·白居易

东南山水，余杭郡为最①；就郡言，灵隐寺为尤②；由寺观，冷泉亭为甲③。

亭在山下水中央，寺西南隅。高不倍寻，广不累丈④，而撮奇得要⑤，地搜胜概，物无遁形⑥。春之日，吾爱其草薰薰，木欣欣⑦，可以导和纳粹⑧，畅人血气⑨，夏之夜，吾爱其泉渟渟⑩，风泠泠⑪，可以蠲烦析酲⑫，起⑬人心情。山树为盖，岩石为屏⑭，云从栋生，水与阶平⑮。坐而玩之者，可濯足于床下⑯；卧而狎⑰之者，可垂钓于枕上。矧又潺湲洁澈⑱，粹冷⑲柔滑，若俗士，若道人⑳，眼耳之尘、心舌之垢，不待盥涤㉑，见辄除去㉒。潜利阴益㉓，可胜言哉㉔！斯所以最余杭而甲灵隐也㉕。

杭自郡城抵四封㉖，丛山复湖，易为形胜㉗。先是领郡者㉘，有相里尹造作虚白亭㉙，有韩仆射皋作候仙亭㉚，有裴庶子棠棣作观风亭㉛，有卢给事元辅作见山亭㉜，及右司郎中河南元藇最后作此亭㉝。于是五亭相望，如指之列㉞，可谓佳境殚㉟矣，能事毕矣㊱。后来者虽有敏心巧目，无所加焉。故吾继之，述而不作㊲。

长庆三年㊳八月十三日记。

【作者】见白居易《夜入瞿塘峡》。

【题解】冷泉亭，是杭州的一处山水胜迹，位于灵隐寺前、飞来峰下。旧传冷泉深广可通舟楫。唐时亭在水中，宋移建于岸上，亭倚泉而立，并建起水闸蓄水排洪。“冷泉放闸”成为古代灵隐寺的景观之一。

本篇选自《白居易集》。唐穆宗长庆二年（822 年）至四年（824 年），作者任杭州刺史。这篇题记即作于长庆三年（823 年）。

【注释】①“东南”两句：“东南”，唐代人的“东南”概念多指江南东道（包括今浙江、福建、上海全部和江苏、安徽两省的长江以南部分）。“余杭郡”，指杭州，唐天宝元年至乾元元年（742—758 年）杭州尝改余杭郡，此处用作雅称。②“就郡言”两句：就余杭郡的山水而言，灵隐寺的景致最为突出。尤：优异，杰出。③“由寺观”两句：从灵隐寺的风景看，冷泉亭居首位。甲：天干的第一位。第一或第一流的。引申为数第一，居首位。④高不倍寻，广不累（lěi）丈：高不过十六尺、宽不到两丈。寻：古代长度单位。一般一寻为八尺，也有说六尺或七尺为一寻的。累：堆积，聚积。⑤撮（cuō）奇得要：聚集奇景，揽得精华。撮：指聚集，聚合。要：关键，要领，重要。⑥“地搜”两句：搜取大自然之胜景，使山水不能隐藏形迹。搜：寻求，搜罗。搜索，搜查。胜概：非常好的风景或环境。胜：美好，优美。⑦草薰薰，木欣欣：薰：香草。也指花草的芳香。欣欣：草木生长茂盛的样子。⑧导和纳粹：引导心平气顺，吸纳纯净新鲜的养分。粹：精华。⑨畅人血气：使人气血舒畅。畅：舒畅，喜悦。此处为使动用法：使人畅。⑩渟渟（tíngtíng）：水清澈平静的样子。⑪泠泠（línglíng）：声音清脆。⑫蠲（juān）烦析酲（chéng）：免除烦恼，消去困惫。蠲：除去。酲：病酒曰“酲”，酒醉后的病态。⑬起：兴起，发生，启发。⑭山树为盖，岩石为屏：以山峦、绿树为亭之顶盖，以山崖岩石为屏壁。⑮云从栋生，水与阶平：云生于亭之栋梁上，水与亭之台阶相齐平。栋：房屋的正梁。⑯坐而玩之者，可濯足于床下：坐在亭中赏玩，可以在坐榻前洗足。玩：欣赏、观赏。濯足：本谓洗去脚污。后以“濯足”比喻清除世尘，保持高洁。濯（zhuó）：洗涤。床：供人坐卧的器具。⑰狎（xiá）：亲昵，亲近。⑱矧（shěn）又潺湲洁澈：况且水流舒缓明澈而又清凉纯净。矧：况且，何况。潺湲（chányuán）：水流动的样子。⑲粹冷：（水）特别清凉。粹：通“萃”，聚集。冷：寒、凉。⑳若俗士，若道人：俗士：世俗之人。道人：出家修行者。㉑不待盥（guàn）涤：用不着以水洗涤。盥：洗手。㉒见辄除去：观赏冷泉就能除去尘垢。辄：副词。立即，就，便。㉓潜利阴益：不知不觉中对人熏陶。潜：深，深处。阴：隐蔽，暗中。此处的“潜”“阴”都可以理解为“不为人所察觉”之义。㉔可胜言哉：岂能说尽。胜：尽。㉕“斯所以”句：这就是它的景致居余杭之最、列灵隐之首的原因。㉖四封：四境。指余杭郡四周行政边界之内的疆土。㉗易为形胜：容易形成山川胜迹。胜：美好，优美。特指胜地。㉘先是领郡者：以前担任郡守之位者。㉙相里尹造作虚白亭：相里尹：所指不详。虚白亭：明释来复《虚白亭》诗云：“洞然一室生虚白，包括须弥百千亿。卧游恍讶玻璃宫，幻出诸天帝青色……”㉚韩仆射（púyè）皋作候仙亭：韩皋：字仲闻，唐长安人。知音律，善属文。历任右拾遗、左补阙、考功员外郎、京兆尹、定州司马、杭州刺史，穆宗长庆元年（821年）拜尚书右仆射。以东都留守转左仆射卒。仆射：尚书省长官。候仙亭，韩皋建，久废，后重建。㉛裴庶子棠棣作观风亭：裴庶子：即裴棠棣，又作裴常棣，曾任杭州刺史。庶子，皇太子东宫的从官。观风亭：在冷泉亭侧。㉜卢给事元辅作见山亭：卢给事，即卢元辅，字子望，唐滑州人。历任杭、常、绛三州刺史。自兵部侍郎出为华州刺史。给事：即“给事中”。属门下省，管理奏章文书档案。㉝右司郎中河南元萸（xù）最后作此亭：右司郎中，尚书省的助理官员。元萸，又作元屿。河南（今河南洛阳）人，曾为杭州刺史。㉞如指之列：像五个手指一样排列。㉟殚（dān）：尽、竭尽。㊱能事毕矣：构筑山水之胜的境界达到了极致。毕：完成，结束。㊲述而不作：语出《论语·述而》篇，谓只阐述前人成说，自己无所创作。本文指只记述而不另筑新亭。㊳长庆三年：唐穆宗长庆三年（823 年）。长庆：唐穆宗李恒年号。

【简析】《冷泉亭记》，首先强调杭州、灵隐寺本属形胜，指出冷泉亭为东南山水胜境中的绝佳之处，集中抒写在冷泉亭所感受的情趣以及所获得的启发。

游记开头一段，采用层递的修辞手法，范围递降同时程度递升，范围上从余杭郡，到灵隐寺，再到冷泉亭，叙述范围逐步缩小；赞叹程度上由“最”而“尤”再而“甲”，因范围的缩小而逐层加重，环环相扣，层层深入，使人们对冷泉亭为余杭灵隐之最佳的认识也逐步深化。这一手法，被很多后世记游者所效仿。

第二段是全文中心。作者并不对冷泉亭本身作细致描绘，而是在四句中四次运用“可”字，春、夏两季情趣各异，坐、卧两式乐趣不同。“可以导和纳粹”“可以蠲烦析酲”“可濯足”“可垂钓”，强调冷泉亭对人的情趣、情操的熏染作用，点明了冷泉亭“最余杭而甲灵隐”的原因。有情有景，有理有致，清婉美净，娓娓动听。其中“濯足”与“垂钓”具有深厚意蕴。“濯足”代表的是无论得志还是失意都能坦然接受、与世推移的人生态度。“垂钓”是体现对于隐逸生活情趣的追求与体验的一个重要意象。因此，“垂钓”在此文中与“濯足”呼应，象征意义显明。

最后一段采用并列式方法铺陈五座亭子及其建造者。白居易以杭州现任长官身份赞扬前任官长修筑胜景，旨在阐发山水佳境有益身心、陶冶性情的美育作用。

从总体上来看，《冷泉亭记》句式既有长短错落，也有对偶整饬；风格多样，异彩纷呈；结构简洁，层次清晰。将写景、抒情、议论巧妙地融为一体，夹叙夹议，又重在议论，而论从景出，情理有机交融。

游太华山日记（节选）

明·徐弘祖

二月晦[①]入潼关[②]，三十五里，乃税驾西岳庙[③]。黄河从朔漠[④]南下，至潼关，折而东。关正当河、山隘口，北瞰河流，南连华岳，惟此一线为东西大道，以百雉锁之[⑤]。舍此而北，必渡黄河，南必趋武关[⑥]，而华岳以南，峭壁层崖，无可度者。未入关，百里外即见太华屼[⑦]出云表；及入关，反为冈陇所蔽[⑧]。行二十里，忽仰见芙蓉片片[9]，已直造[10]其下，不特三峰秀绝[11]，而东西拥攒[12]诸峰，俱片削层悬[13]。惟北面时有土冈，至此尽脱山骨[14]，竟发为极胜处[15]。

三月初一日入谒西岳神[16]，登万寿阁[17]。向岳南趋十五里，入云台观[18]。觅导于十方庵[19]。由峪口入，两崖壁立，一溪中出，玉泉院[20]当其左。循溪随峪行，十里，为莎萝宫[21]，路始峻。又十里，为青柯坪[22]，路少坦。五里，过寥阳桥[23]，路遂绝。攀锁上千尺幢[24]，再上百尺峡[25]，从崖左转，上老君犁沟[26]，过猢狲岭[27]。去青柯五里，有峰北悬深崖中，三面绝壁，则白云峰[28]也。舍之南，上苍龙岭[29]，过日月岩[30]，去犁沟；又五里，始上三峰足。望东峰侧而上，谒玉女祠[31]，入迎阳洞[32]。道士李姓者留余宿，乃以余暑[33]上东峰，昏返洞。

初二日从南峰北麓上峰顶，悬南崖而下，观避静处。复上直跻峰绝顶。上有小孔，道士指为仰天池[34]。旁有黑龙潭[35]。从西下，复上西峰，峰上石耸起，有石片覆其上，如荷叶。旁有玉井[36]，甚深，以阁掩其上，不知何故。还饭于迎阳[37]。上东峰，悬南崖而下，一小台峙绝壑中，是为棋盘台[38]。既上，别道士，从旧径下，观白云峰，圣母殿[39]在焉。下至莎萝坪，暮色逼人[40]。急出谷，黑行三里，宿十方庵。出青柯坪左上，有柸渡庵、毛女洞[41]；出莎萝坪右上，有上方峰[42]；皆华之支峰也。路俱峭削，以日暮不及登。

初三日行十五里，入岳庙[43]。西五里，出华阴西门。从小径西南二十里，入泓峪，即华山之西第三峪也。两崖参天而起，夹立甚隘[44]，水奔流其间。循涧南行，倏[45]而东折，倏而西转；盖山壁片削[46]，俱犬牙错入[47]，行从牙罅[48]中，宛转如江行调舱然[49]。二十里，宿于木柸[50]。自岳庙来，四十五里矣。

【作者】徐弘祖（1587—1641 年），字振之，号霞客，南直隶江阴（今江苏江阴）人，明代地理学家、旅行家和文学家。《徐霞客游记》的开篇之日（5 月 19 日）被定为中国旅游日。

【题解】太华山，即华山，因西有少华山，故称太华山。古称西岳，为五岳之一。远望如花擎空，故名。地处陕西省华阴市南，属秦岭东段，以险绝著称，自古以来就有“奇险天下第一山”的说法。有众多名胜古迹，自古以来便是游览胜地。现为国家级风景名胜区。

《游太华山日记》选自《徐霞客游记》，从入潼关写起，对黄河在潼关的走向、东西大道的情况作了简略的记叙。然后写远望华山之状况，进一步描写进行铺垫。原文记述了作者前后十一天的旅程，本文只节选其中“入潼关”到“宿于木柸”的四天所记日记四则。

【注释】①二月晦：即二月的最后一天。晦：阴历每月的最后一天。②潼关：位于陕西省渭南市潼关县北，北临黄河，南踞山腰。潼关是关中的东大门，历来为兵家必争之地，居中华十大名关第二位，素有“第一关”的美誉。③税驾西岳庙：在西岳庙休息。税驾：解下驾车的马，停车，即休息或归宿之意。西岳庙：位于陕西省华阴市区东的岳镇东端，其旧址在黄神谷，供奉西岳华山之神即传说中的“五帝”之一白帝少昊。始建于汉武帝元光初年（前134年），为中国历代封建王朝祭祀西岳华山神少昊的场所。有“五岳第一庙”的盛誉。④朔漠：北方沙漠地区。朔：北，北方。⑤以百雉锁之：以夸张笔法极写潼关地势之险要。雉：量词，古代计算城墙面积的单位。长三丈高一丈为一雉。此处“百雉”是夸张手法，极言潼关之高。锁：门锁。用锁锁。此处运用比拟手法拟物，赋予潼关以“锁”的特征，突显潼关关隘的险固。⑥武关：战国秦置。古晋楚、秦楚国界出入检查处。位于陕西省商洛市丹凤县城东武关河北岸，与函谷关、萧关、大散关并列为“秦之四塞”。⑦屼：屼嵂（wùlǜ），高耸的样子。⑧冈陇所蔽：被山丘遮挡住。蔽：遮挡，遮蔽。⑨芙蓉片片：比喻华山山峰秀丽似莲花。⑩直造：直接到。造：至，到。⑪三峰秀绝：形容华山的东峰、西峰和南峰秀丽至极。绝：极，非常。⑫拥攒（cuán）：拥聚在一块。拥：围裹。引申为围绕。攒：聚，丛聚。⑬片削层悬：比喻华山东西拥攒诸峰犹如削成的薄片。⑭山骨：指山中岩石。运用比喻手法描写山石。⑮竞发为极胜处：争相成为最美的风景之地。胜：美好，优美。也指优越，盛大，佳妙。特指胜地。⑯入谒西岳神：拜谒西岳神。谒：进见。引申为拜谒，瞻仰。西岳神：指西岳华山大帝，传说是少昊。⑰万寿阁：位于西岳庙内的砖砌高台之上，始建于明万历年间。⑱云台观：古称“名堂”，是古代天子巡狩之地。现为道教宫观。⑲十方庵：位于云台观南一里。⑳玉泉院：位于陕西华阴市玉泉路最南端。宋人陈抟隐居之地，院因有玉泉而得名。为道教主流全真派圣地，是华山道教活动的主要场所，也是游客从花山峪游览华山的必经之地。㉑莎萝宫：又名莎萝庵。㉒青柯坪：位于华山峪道的尽头处，华山西峰的半山腰。三面环山，地势平坦，林草茂盛。㉓寥阳桥：位于青柯坪右寥阳洞旁，因洞得名。㉔千尺幢：华山三大险之一（千尺幢、百尺峡和老君犁沟），距青柯坪三里。㉕百尺峡：百尺峡位于千尺幢北，登华山的第二个险境。㉖老君犁沟：因半崖挂一张传说是道君老子的犁而得名，是登华山的必经险道之一。位于群仙观上方，据传这里原来没有路，是老子李耳驾青牛用铁犁开的，形如耕地时留下的犁沟，故被称为“老君犁沟”。㉗猢狲岭：位于老君犁沟尽头，俗称“猢狲愁”，崖壁十分陡峭，上面有四只神似铁猿，传说此处之艰险，猿猴也感到难以逾越，每到这里就要返回。过“猢狲愁”就到了华山北峰。㉘白云峰：亦称公主峰，位于华山云台峰之北。㉙苍龙岭：上华山北峰绝顶必经之地。华山著名险道之一，位于救苦台南、五云峰下，以其苍黑色的外部和其似悬龙般的地势而得名，其如履薄刃，绝壑千尺的地势使得很多游客胆战心惊。㉚日月岩：位于北峰以下三里。日月岩在天梯之上，梯尽北折，一岩如茂石矗立，四周无依，形如斩块，大有一触即崩之势。因岩上有两个圆形石纹，与日月相似，故此得名。㉛玉女祠：祀玉女神的庙宇，为道教古迹，位于华山玉女峰（中峰）峰顶，亦名中峰大殿。玉女，传说隐士萧史善吹洞箫，秦穆公女儿弄玉爱慕萧史，跟萧史隐居于此。㉜迎阳洞：又名朝元洞。传说三圣母曾被镇压在这里。三圣母是古代神话传说《宝莲灯》中的仙女。㉝晷（guǐ）：光阴，时间。㉞仰天池：又名太乙池，位于华山南峰峰巅。㉟黑龙潭：位于南峰仰天池南崖下。㊱玉井：位于华山西峰下镇岳宫院内。井深丈余，井水清澈甘洌。㊲还饭于迎阳：回迎阳洞吃饭。还：返回。饭：动词，吃。㊳棋盘台：又名博台，因远望如棋盘而得名。㊴圣母殿：华山北峰之上的娘娘庙。㊵暮色逼人：言天色渐黑，逼迫人加快速度。逼：逼迫，胁迫。㊶杯（bēi）渡庵、毛女洞：杯渡庵——位于北峰青柯坪左上方。毛女洞——“毛女洞下院”的简称，位于毛女峰，因毛女而得名。㊷上方峰：位于华山峪道三公里处，传说是华山道士焦道广隐居时的住所。㊸岳庙：即西岳庙。㊹隘：狭窄。也指险要的地方。㊺倏（shū）：迅疾。㊻山壁片削：比喻手法。山崖犹如刀削成的薄片。㊼犬牙错入：比喻山石参差不齐。错：交错，错杂。㊽牙罅（xià）：比喻兼夸张（夸小夸张）。比喻犬牙错入的山石之间的缝隙极其狭窄。罅：裂缝，缝隙。㊾宛转如江行调舱然：如同在江上调船一样。㊿木杯：位于华阴市西南四十里。

【**简析**】这篇《游太华山日记》（节选）所记录的是从华山西岳庙到木杯的路程中的所见所闻，重在突出景物的地理位置、特殊地势以及景物特色。后三段，主要用白描笔法翔实地记述了作者的游踪。峰回路转，反复折绕，对华山地理景物的叙述贴近现况，全面精当，十分准确，即使在今天都可作为游览华山的指南。

综观《游太华山日记》（节选）从“入潼关”到“宿于木杯”的日记，其特点有四：

一是善用白描手法，擅长多方铺叙，穷形尽相。如上文所陈述的后三段，再以“初一日”前一部分为例，“入谒西岳神，登万寿阁。向岳南趋十五里，入云台观”后“由峪口入”，路况由“峻”到“少坦”再到“绝”，从不同侧面反复陈说，重在情态描摹，简洁洗练，主客一体，物我一境。

二是文笔清新，笔触细致，写景状物，生动形象。如“未入关，百里外即见太华屼出云表；及入关，反为冈陇所蔽……忽仰见芙蓉片片，已直造其下，不特三峰秀绝，而东西拥攒诸峰，俱片削层悬。惟北面时有土冈，至此尽脱山骨，竟发为极胜处。”再如“两崖参天而起，夹立甚隘，水奔流其间。循涧南行，倏而东折，倏而西转；盖山壁片削，俱犬牙错入，行从牙罅中，宛转如江行调舱然。”将华山与泓峪的地貌特征、雄伟气势、险峻形态栩栩如生地描绘了出来。文字驾驭自如，灵动传神，非亲历者不能为此。

三是巧用相关修辞手法。如生动贴切的比喻。把华山诸峰比作“芙蓉片片”，把“东西拥攒诸峰”的地貌特点比作“片削层悬”，把泓峪的崖涧比作“山壁片削，俱犬牙错入，行从牙罅中，宛转如江行调舱然”等，其比喻俱新鲜贴切、奇特生动。再如感染力强的夸张，潼关“百雉锁之”，以夸张手法极言潼关之高，既突出了潼关的地理特征，又极大地丰富了人们的联想。再如在散句之中间以较为齐整的排比、对偶句式，舒缓的叙述行文中又回旋着磅礴的气势。

四是源于丰富阅历基础上的自如比较，如“黄河从朔漠南下，至潼关，折而东。关正当河、山隘口，北瞰河流，南连华岳，惟此一线为东西大道，以百雉锁之。舍此而北，必渡黄河，南必趋武关，而华岳以南，峭壁层崖，无可度者”。徐霞客以其丰富的地域阅历通过相关比较进行关联分析，作出了较为综合的判断。

三、楹联

题写长城联

当代·罗哲文

起春秋、历秦汉、及辽金、迄元明，上下两千多年。有多少将帅元戎[①]、戍卒[②]吏丞[③]、百工[④]黔首[⑤]，费尽移山心力，筑修起伟大工程。聪明智慧、坚强毅力、血汗辛勤，为中华留下丰碑国宝；

跨峻岭、穿草原、横瀚海、经绝壁，纵横十万余里。望不断长龙雉堞[⑥]、雄关隘口、亭障[⑦]墩堠[⑧]，有如玉带明珠，点缀成江山锦绣。起伏奔腾、飞舞盘旋、月宫遥见，给世界增添壮丽奇观。

【作者】罗哲文（1924—2012年），四川宜宾人。曾任国家文物局古建筑专家组组长、中国文物学会会长、中国长城学会副会长。

【题解】长城，又称万里长城，是中国古代的军事防御工程，也是世界史上最伟大的工程之一，中华民族古老文化和悠久历史的见证，是中国的象征。长城作为一道高大、坚固而连绵不断的用以阻隔敌骑行动的长垣，不是一道单纯孤立的城墙，而是以城墙为主体，建有大量的城关、亭障、台楼、墩堠等相结合的防御体系。长城始建于西周时期，秦统一六国后，将秦、赵、燕三国长城连贯为一，始为万里长城。以后历代，除唐代外，均有修整。现在见到的一般是明代长城，东起辽宁鸭绿江边，西至甘肃嘉峪关。

长城资源主要分布在河北、北京、天津、山西、陕西、甘肃、内蒙古、黑龙江、吉林、辽宁、山东、河南、青海、宁夏、新疆15个省区市。其中河北省境内长度2000多公里，陕西省境内长度1838公里。根据文物和测绘部门的全国性长城资源调查结果，明长城总长度为8851.8公里，秦汉及早期长城超过1万公里，总长超过2.1万公里。

【注释】①将帅元戎：军队中的高级领导人。元戎：主帅。②戍卒：驻军，守边的士兵。戍：驻守，守边。③吏丞：官员。吏：大小官员的通称。丞：官名。古代辅佐帝王的最高官吏。也指各级长官的副职。④百工：泛指各种工匠。⑤黔首：战国及秦代对平民的称谓。⑥雉（zhì）堞（dié）：指城墙。雉：量词，古代计算城墙面积的单位。长三丈高一丈为一雉。堞：城墙上齿状的矮墙。又称女墙。一般在城墙顶部向外一侧设齿状矮墙墙垛。⑦亭障：边塞要地设置的堡垒。亭：窥探敌情的哨所。障：边塞险要处御敌的城堡。⑧墩堠：墩：土堆。指墩状物。堠：古代瞭望敌情的土堡；标记里程的土堆。

【简析】上联从时序入手，依历史次序，说明长城是上下两千多年中国人民创造的奇迹。下联从地域空间着眼，写长城纵横十万余里的壮丽奇观。上下联正对，全联多用排比修辞手法，气势雄浑，对仗工整，不同凡响。

题千山景物联

当代·尚文化

千朵莲花[①]山滴翠[②]，二宫[③]六观[④]，红墙绿瓦清幽地，风光无限；

万株古柏树生岚[⑤]，五寺[⑥]七庵[⑦]，暮鼓晨钟世外天，仙客有缘。

【作者】尚文化，1927年出生，满族，辽宁省开原人。曾任中国楹联学会副会长、辽宁省楹联学会会长。

【题解】千山，位于辽宁省鞍山市东南，道教主流全真派圣地。国家级风景名胜区。千山为长白山支脉，南临渤海，北接长白，由近千座状似莲花的奇峰组成，故名“千山”，又名“积翠山”“千华山”“千顶山”“千朵莲花山”。具有奇峰、岩松、古庙、梨花四大景观类型，景点密集，步移景异，素有东北明珠之称。千山的无峰不奇、无石不峭、无庙不古、无处不幽的特点，使其成为古往今来吸引众多游人的人间胜境。

这副楹联题于千山无量观。无量观是千山道观中建筑最早的一个，亦名无梁观，传因初建时无梁而得名。

【注释】①千朵莲花：千山山峰总数约为999座，其数近千，故有“千山”“千朵莲花山”之称。此处运用比喻的手法，将千山比喻成千朵莲花。②滴翠：比拟兼夸张。运用比拟中的拟物手法，直接赋予“如莲花般的千山”以“滴”的动态，同时也有夸张意味，极言千山之绿浓郁得几乎要溢出来。滴：一滴一滴落下。翠：青绿色。③二宫：即五龙宫和太和宫。④六观：即元通、无量、武圣、普安、慈祥、青云六观。⑤岚（lán）：林中雾气。⑥五寺：即龙泉、祖越、香岩、中会、大安五寺。⑦七庵：即南泉、鎏金、伴云、木鱼、龙泉、石龙、遁颐七庵。

【简析】这副楹联采用正对手法，对仗相当工整，将千山二宫、五寺七庵等寺观涵盖其中，所描写的景物风光与寺观氛围巧妙吻合。其中“山滴翠”运用比拟手法直接将千朵莲花山当作可以滴出青绿色的物体拟写，同时夸张其青翠欲滴，物物交融，灵犀相通，匠心独运。再有，联语中的“红墙绿瓦”“万株古柏”“暮鼓晨钟”将千山的人文景观与自然景观巧妙地融合于一处，使千山的庙墙宫观、满壑古木、清钟幽鼓、无限风光等人文与自然美景互相关联，互相衬托，联系紧密，既思路清晰，准确细腻，又顺畅自如，形神兼备。

莫愁湖联

清・彭玉麟

胜地足流传[①]，直博得一代芳名，千秋艳说[②]；
赏心多乐事，且看此半湖烟水[③]，十顷荷花[④]。

【作者】彭玉麟（1817—1890 年），字雪琴。湖南省衡阳人。湘军将领。有《彭刚直公诗集》。彭玉麟联语颇多，名胜楹联多有艺术价值。

【题解】莫愁湖又名石城湖。位于江苏省南京市水西门外，明时为中山王徐达的家园。自古有“江南第一名湖”“金陵第一名胜”“金陵四十八景之首”等美誉。莫愁之名最早见于南朝乐府《莫愁乐》和梁武帝萧衍的《河中之水歌》。相传南齐时，洛阳少女莫愁远嫁江东卢家，住在湖滨，因不容于姑舅，投湖自尽，故名莫愁湖。其实，原来这里还是长江的一部分，至宋乐史著《太平寰宇记》，始有莫愁湖的名称。湖中有胜棋楼、郁金堂、湖心亭、赏荷亭、长廊等名胜古迹。中华人民共和国成立后辟为莫愁湖公园。

【注释】①胜地足流传：言莫愁湖作为六朝胜迹历史悠久。胜地：指莫愁湖。胜：美好，优美。另也指优越，盛大，佳妙。②一代芳名，千秋艳说：指莫愁湖因莫愁女得名的说法。其说有三。一说，北宋《太平寰宇记》记载：“莫愁湖在三山门外，昔有妓卢莫愁家此，故名。”似乎语焉不详。二说，为了纪念不愿意进宫为妃而投湖的莫愁女而改名。三说，相传南齐时，有洛阳少女莫愁，因家贫远嫁江东富户卢家，移居南京石城湖畔。莫愁端庄贤惠，乐于助人，后人为纪念她，便将石城湖改名为莫愁湖。后在她的故居郁金堂侧赏荷厅的莲花池内塑起了一尊二米高的汉白玉雕像，现已成为南京标志性景观之一。艳说：美丽的传说。既指莫愁女的传说，也指朱元璋与徐达的传说。传说明朝开国功勋徐达与朱元璋下棋，把棋走成“万岁”字样，朱元璋大喜，遂将莫愁湖赐给徐达。③半湖烟水：言莫愁湖面一片水雾迷蒙。烟水：雾霭迷蒙的水面。烟：云气，雾。④十顷荷花：莫愁湖有湖柳、湖莲、海棠三大绿化景观。湖面宽阔的莫愁湖，盛产莲藕，莲花十顷更是六代名湖引人入胜之处。远在明清，莫愁湖已栽植了大量莲花，每逢炎夏，莲花盛开，翠盖红花，香风阵阵。

【简析】这副楹联，写莫愁湖因莫愁的芳名和艳说而闻名天下，成为江南著名名胜；同时由太祖朱元璋与开国勋臣徐达在莫愁湖的胜棋楼下棋并将莫愁湖赐给徐达之事，生发感慨。联语由“胜地”入题，引出千秋轶事，有人物，有故事，有风情，淡淡写来，情致深长。正可谓，烟水荷花，六代芳华。莫愁湖景致之美，在一春一夏。春季繁花似锦，夏日翠盖凌波。联语点出莫愁湖夏日的十顷荷花，渲染出一种浩荡的风月与无限的清凉。楹联熔叙事、写景、抒情于一炉，笔墨精练含蓄，表达文情并茂，间接抒发了作者对闲适生活和美好风光的倾心向往。

题南京长江大桥联

当代·窦天语

一线[①]流中国。越三峡，带五湖[②]，波连九派[③]，名冠四河[④]。过六朝胜地[⑤]，虎踞龙蟠[⑥]，倍觉涛声雄万里；

半天亘[⑦]彩虹。通百衢[⑧]，惠七省[⑨]，货畅双原[⑩]，车驰八闽[⑪]。壮十亿声威，鹰扬鹏举[⑫]，长留功业著千秋。

【作者】窦天语（1922—2014 年），当代楹联名家、中华诗词学会发起人之一，曾任江苏省文史馆馆员、江苏楹联研究会顾问。

【题解】南京长江大桥，是一座横跨长江的铁路、公路两用特大双层钢桁梁桥，位于江苏省南京市鼓楼区下关和浦口区之间。建成于 1968 年，是继武汉长江大桥和重庆白沙沱长江大桥之后第三座跨越长江干流的大桥。南京长江大桥是第一座完全由中国设计建造并基本采用国产材料的特大型桥梁，因而在中国桥梁史上具有重要意义。大桥是华东交通的关键工程，连接津浦铁路与沪宁铁路，使中国交通大动脉京沪铁路得以贯通，是南北交通要津和命脉。该桥作为南京的标志性建筑，被誉为“金陵四十八景”之一。

【注释】①一线：此处指长江。②五湖：近代一般以洞庭湖、鄱阳湖、太湖、巢湖、洪泽湖为五湖。古代的说法不同。③九派：汇入长江的九条支流。④四河：中国古代四大河流，分别为长江、黄河、淮河、济水。曾经是中国境内独成水系的四大河流，而且最终独立入海。⑤六朝胜地：指南京，三国的吴和东晋、南朝的宋齐梁陈，都曾以建康（吴名建业，今为南京）为都城，故曰“六朝”古都。胜：美好，优美。也指优越，盛大，佳妙。⑥虎踞（jù）龙蟠（pán）：形容地势雄壮险要，也作“龙蟠虎踞”，这里代指南京长江大桥的雄伟壮丽。踞：蹲坐。倚靠。蟠：“蟠”亦作“盘”。⑦亘（gèn）：延续，连接。贯通。⑧衢（qú）：四通八达的道路；大路。⑨七省：本具体指浙江、江西、福建、广东、广西、云南、贵州南方七省。此处泛指南京长江大桥所连接的广大地区。⑩双原：宜为华北平原、长江中下游平原。此处泛指大桥所连接的南北广大地区。⑪八闽：福建的别称。具体原因有多种说法，一般认为，福建省在元代分福州、建州、兴化、延平、汀州、邵武、泉州、漳州八路，明改为八府，所以有八闽之称。⑫鹰扬鹏举：鹰与鹏展翅奋起高飞。比喻威武昂扬，大展雄才。鹰扬：威武貌。像鹰展翅腾飞那样奋起。形容大展雄才。

【**简析**】这是一副较长的楹联。上联咏叹长江，间接喟叹大桥的形胜，下联直接歌颂大桥“天堑变通途”的通惠之利。这副楹联的最大特点是联语中根据表达需要运用镶嵌手法，虽然未按顺序，但仍属嵌入数字“一、双、三、四、五、六、七、八、百、千、万、亿”，极力铺陈，渲染南京长江大桥的恢宏气势，千秋功业，具有较强的艺术感染力。

孔府大门联

清・纪昀

与国咸休[①]，安富[②]尊荣公府第[③]；

同天并老[④]，文章[⑤]道德圣人[⑥]家。

【**作者**】纪昀（1724—1805年），字晓岚，又字春帆，晚号石云，又号观弈道人、孤石老人、河间才子。清代直隶献县（今河北献县）人，曾任《四库全书》总纂修官。《清史稿》有传。纪昀文采超群，与同时代江南的袁枚齐名，时称“北纪南袁”。

【**题解**】孔府，三孔（孔庙、孔府、孔林）之一，在孔子的故乡山东曲阜。孔府，又称衍圣公府，位于曲阜城中央，孔庙东侧。孔府是孔子嫡系长子孙居住和办公的地方，也是我国现存古代最大、最豪华的封建贵族府第。汉元帝封孔子十二代孙孔霸为“关内侯，食邑八百户，赐金二百斤，宅一区”。这是封建帝王赐孔子后裔府第的最早记载。宋至和二年（1055年）封孔子四十六代孙孔宗愿为“衍圣公”，宋徽宗时封为世袭“衍圣公”，孔府也就称“衍圣公府”。现在的孔府建筑基本上是明、清两代的建筑风格，包括厅、堂、楼、轩等463间，共九进院落，是一座典型的中国贵族门户之家，有“天下第一人家”之称。

【注释】①与国咸休：指孔府与国家同享吉庆。咸：皆，都。表示某一范围的全部。休：美善、吉庆。②富：孔府大门联中的“富”字上面少一点，寓“富贵无头”。这是析字手法的经典用例。③公府第：指贵族官宦的住宅。也借指官宦人家。这里指孔家宅第，即衍圣公府。④同天并老：与天齐寿。运用比拟手法，把“文章道德圣人家”与“天”都直接当作有生命的人来写。⑤文章：此处指文献、礼乐方面的学问。此处的“章”字在悬挂的楹联中一竖通到上面的“立”字，寓意“文章通天”。也是析字手法的经典用例。另外“文章”是多义词。指“错杂的花纹”“文字”“文辞、文采”“独立成篇的文章”“文献、礼乐方面的学问”“法令”等。⑥圣人：指孔圣人。孔子在古代被尊奉为“天纵之圣”“天之木铎”，是当时社会上的最博学者，被后世统治者尊为孔圣人、至圣、至圣先师、大成至圣文宣王先师、万世师表。

【简析】孔府大门楹联，高度评价了古代伟人先哲孔子的“文章道德”与天并老，并祝祷孔子后人同享福禄世代尊荣。该楹联具有两个显明的特点。一是寓意深邃宏远。“与国咸休”“同天并老”流露出的同国盛大和与天齐寿的恢宏气势势不可挡，充分表现了孔府作为“天下第一家”的显赫与尊贵。二是巧妙运用析字手法，对“富”减损笔画，去掉“富”字宝盖头上的“点”，寓意富贵无头即无穷无尽。对“章”变化笔画，“章”字一竖通到上面的“立”字，寓意“文章通天”。对这两个字的处理两相照应，相辅相成，进一步深化了楹联叙事宏大、气派非凡的特征，也对凸显孔府的尊贵显赫地位起到了画龙点睛的作用。

衡山南天门牌坊联

佚名

门可通天[①]，仰观碧落星辰近[②]；

路承绝顶[③]，俯瞰翠微峦屿低[④]。

【题解】衡山，五岳中的“南岳”，古名为寿岳。在湖南省衡山县西。衡山山势雄伟，绵延数百公里，号称有七十二峰。传说其中的祝融峰是神话传说中火神祝融的游憩之地。南岳衡山始封于唐虞，是古代中国帝王巡狩祭祀的地方，也是道教和汉传佛教的圣地之一。在道教中，此山是道教洞天福地（有道教三十六洞天之第三洞天——朱陵洞天，道教七十二福地之青玉坛福地、光天坛福地、洞灵源福地），是神仙居住游憩地之一。建于唐代的南岳庙，是中国南方最大的宫殿式古建筑群。南天门牌坊坐落在卧龙岭上祝融峰下。南天门为南岳衡山前后山的分界线，又是连接主峰的纽带，紫盖峰在东，烟霞峰在南，天柱峰在西，碧罗峰在北。在南天门极目远眺，可观赏“衡岳烟云”胜景，可谓白云飘浮，波浪盘旋，青云满袖，蔚为大观。

【注释】①门可通天：言坐落在祝融峰下的南天门作为南岳前后山的分界线，过了南天门，就越过凡间进入九天之上的仙境了。②仰观碧落星辰近：通过夸张夸小写仰望的碧空日月星辰之近，来突显南天门之高。化用白居易《长恨歌》“上穷碧落下黄泉”诗句。碧落：碧空。近：夸张夸小写离星辰之近。③路承绝顶：言南天门作为连接主峰的纽带直通祝融峰绝顶。承：接续；接受，承受。引申为承担。④俯瞰翠微峦屿低：夸张夸小写俯瞰的青峰翠峦之低。与上联手法相同，通过“峦屿低”夸小来反衬夸大南天门之高。翠微：青绿色的山气。也指山气青翠的样子。也指山腰青翠幽深处。泛指青山。低：夸张夸小地写从南天门俯瞰的峦屿之低，仍是夸大写南天门之高。

【简析】这副楹联以南天门为基点，上下联都以南天门为中心，描写由南天门而上置身于衡山祝融峰绝顶的瑰丽景象。其最突出的特点是夸张手法的巧妙运用——上下联分别通过采用夸张夸小（“近”与“低”）的修辞手法来凸显南天门之高峻。上联写南天门通天，仰观日月星辰如近在眼前；下联写南天门作为连接主峰祝融峰绝顶的纽带，俯瞰的青峰翠峦低簇逶迤。“近”与“低”的夸小，突出了南天门之高，位置之重要，笔力刚健，令人叹服。

题武陵源联

当代·刘新明

往张家界去！看奇峰幽壑①，异兽珍禽，松涛绿浪，绕雾飞烟，宛如天上璇宫②。定睛四顾，并非玉阙瑶台，真堪③赞：神工鬼斧。

到武陵源来！有芳树落英，仙山巨洞，茂林修竹，陶馆铭碑，洵④及⑤人间胜境。闻讯重寻，却是迷津古渡⑥，仍可赏：流水桃花⑦。

【作者】刘新明，当代人。别号香山，笔名心鸣。湖南醴陵人。曾任中国楹联学会书法委员会委员、湖南省书法家协会会员、湖南诗词协会理事、湖南省楹联学会常务理事。

【题解】武陵源，位于湖南省西北部的武陵山脉中段桑镇和慈利两县交界处，隶属张家界市。武陵源风景名胜区由四大风景区组成，分别为张家界国家森林公园和张家界国家地质公园、天子山风景区、杨家界风景区、索溪峪风景区。武陵源具有比较原始的生态系统，被称为自然的迷宫、地质的博物馆、森林的王国、植物的百花园、野生动物的乐园。1992年12月，被联合国教科文组织作为自然遗产列入《世界遗产名录》。古代往往把“武陵”当作桃花源的代名词。而其中最著名的文学作品当数陶渊明的《桃花源记》。

【注释】①壑（hè）：山谷。②璇宫：亦作“璿宫”。玉饰的宫殿，即饰玉之宫。多指王宫。也指传说中仙人的居所。此处指“仙人的居所”。璇：美玉。也指次于玉的美石。③堪：多义词。胜任。经得起，忍受。可以，能够。④洵：副词。确实、诚然。⑤及：追及，赶上。至，到。⑥迷津古渡：此处隐指桃花源。迷津：迷失津渡；迷路。⑦流水桃花：形容春日美景。化用唐代李白《山中问答》诗句“桃花流水窅然去，别有天地非人间”。

【简析】这副长联，主要写张家界（上联）和武陵源（下联）的仙境般的迷人景色。其特色有二：一是领字“看”（上联）和“有”（下联），把众多的景物在较为复杂的结构中统领于一处，使上下联的正对构成一个联系紧密的有机整体，使张家界和武陵源的桃花源般的“人间胜境”的主题得到了充分的突出。二是使用白描与细描相结合的手法，抓住张家界与武陵源景色的主要特征加以静态勾勒，简洁明快，重点突出。

海角天涯胜迹联

当代·李求真

万里晴空，几片闲云浮海角①；

一湾碧水，八方游子恋天涯②。

【作者】李求真，当代人，广东梅州市五华县人。楹联艺术研究者。曾任海南省楹联学会名誉会长，中国楹联学会常务理事。

【题解】天涯海角，亦称“海角天涯”，原名下马岭。这处古代蛮荒远僻之地现在是著名海滨风景旅游区，位于海南省三亚市区西面。在海边一组岩石中有两块岩石，正面（向东）是雍正十一年（1733年）崖州太守程哲题的“天涯”，反面（向西）是清末文人题的“海角”，此处是海南岛的最南端，由此向南便是一望无垠的南海。

【注释】①海角：运用双关的修辞手法使“海角”语义双关，既指刻有“海角”的刻石，也泛指极遥远的地方。②天涯：同海角。也是语义双关，既指刻有“天涯”的刻石，也泛指极遥远的地方。

【简析】这副楹联最突出的特点是运用镶嵌手法，有规则地分别在上联末尾嵌入“海角”，在下联末尾嵌入“天涯”，使嵌入的“天涯海角”在特定形貌中可以单独连缀成为一体。在古典诗词或楹联中，多有嵌入相关名称、词语、数字以及各种特定的词组和句子的嵌字诗词或楹联，构思巧妙，布局奇特。此外，“万里晴空”与“一湾碧水”以及“闲云”与“游子”，正对对仗工稳，遣词精细，充分展现了遥处海隅的“天涯海角”蓝天碧海美如仙境的旖旎风光。

滇池大观楼联

清·孙髯

五百里①滇池，奔来眼底；披襟岸帻②，喜茫茫空阔无边。看东骧神骏③，西翥灵仪④，北走蜿蜒⑤，南翔缟素⑥；高人韵士⑦，何妨选胜登临，趁蟹屿螺洲⑧，梳裹就风鬟雾鬓⑨，更蘋天苇地⑩，点缀些翠羽丹霞⑪；莫辜负，四围香稻，万顷晴沙⑫，九夏芙蓉⑬，三春⑭杨柳；

数千年往事，注到心头；把酒凌虚⑮，叹滚滚英雄谁在？想汉习楼船⑯，唐标铁柱⑰，宋挥玉斧⑱，元跨革囊⑲；伟烈丰功，费尽移山心力，尽珠帘画栋⑳，卷不及暮雨朝云㉑，便断碣残碑㉒，都付㉓与苍烟落照；只赢得，几杵㉔疏钟㉕，半江渔火，两行秋雁，一枕清霜㉖。

【作者】孙髯[（1711—1773年），一说为1685—1774年]，字髯翁，号颐庵，自号“蛟台老人”“万树梅花一布衣”。祖籍陕西三原。孙髯一生勤奋，著述甚丰，仅有《孙髯翁诗残抄本》《滇南诗略》流传于世，被后人尊称为联圣。

【题解】滇池大观楼，古称近华浦，在昆明城西郊滇池之滨，今昆明大观楼公园内。楼为三重檐琉璃戗角木结构建筑。园林初辟于明代，明初沐英在此建“西园”，濒临滇池草海北滨。乾隆年间，孙髯为其撰写180字长联，被誉为“天下第一长联”，由名士陆树堂行书书写刊刻。现存有陆书拓本摹刻联。咸丰七年（1857年），长联与楼毁于兵燹。现存三层楼宇系清同治五年（1866年）重建，复遭大水，光绪九年（1883年）再修。光绪十四年（1888年），赵藩重以楷书刊刻长联。长联问世后，大观楼一跃为“中国名楼”，因此而跻身为中国名楼之一。

【注释】①五百里：形容滇池阔大。②披襟岸帻（zé）：敞开衣襟，掀高头巾。披襟：敞开衣襟。岸帻：把头巾掀起露出前额。表示态度洒脱，不拘束。岸：动词性用法。头饰掀起，露出前额。表示豪放洒脱。帻：头巾。③东骧（xiāng）神骏：运用比喻手法，比喻昆明东面的金马山如昂首奔驰的神骏一样。骧：疾奔时马首昂举；奔跑、腾跃。骏：良马。④西翥（zhù）灵仪：运用比喻手法，喻指昆明西面的碧鸡山如凤凰一样展翅飞翔。翥：飞。灵仪：神灵或圣贤的图像。此处比喻碧鸡山。⑤北走蜿蜒：运用借代手法以山势的情态特征代指昆明北面的蛇山。蜿蜒：屈曲盘旋的样子。比喻（山脉、河流、道路等）曲折延伸的样子。

⑥南翔缟（gǎo）素：运用借代手法，以颜色特征代指昆明南面的白鹤山。缟素：洁白。缟：白色的绢。素：白色的生绢。缟与素都是白色的绢，此处借指白色。⑦高人韵士：指才识超群之人和风雅之士，泛指高雅的君子和诗人墨客。⑧蟹屿螺洲：比喻滇池中如蟹似螺的小岛或小沙洲。⑨风鬟雾鬓：比喻滇池花草垂柳如风鬟如雾鬓般摇曳多姿。风鬟：蓬松的环形发髻。雾鬓：双鬓若薄雾。鬓：脸两旁靠近耳朵的毛发。⑩蘋（pín）天苇地：运用夸张手法，极言滇池周围的蘋草和芦苇铺天盖地般繁盛无比。蘋：多年生水生蕨类植物，茎横卧在浅水的泥中，叶柄长，顶端集生四片小叶。苇：芦苇。也指苇叶，比喻小舟。⑪翠羽丹霞：翠绿色的鸟雀和丹红色的云霞。羽：运用借代手法以局部代指鸟雀。⑫万顷晴沙：阳光照耀着的广阔沙滩。万顷：夸张写其广阔。顷：量词。一顷等于一百亩。1市顷约合6.6667公顷或66667平方米。⑬九夏芙蓉：夏季的莲花（荷花）。芙蓉：荷花的别称。九夏：夏季，夏天。陶潜《荣木》诗序云："日月推迁，已复九夏。"⑭三春：春季三个月。农历正月称孟春，二月称仲春，三月称季春。⑮把酒凌虚：端起酒杯，遥望天空，犹如升于天际。凌：登上，升。引申为乘，驾驭。虚：天空。⑯汉习楼船：指汉武帝刘彻为应对熟识水战的西南少数民族，在长安仿修昆明湖，建造楼船，演练水战。⑰唐标铁柱：据《新唐书·南蛮传》载："以兵定南诏境，取安宁城及井，复立援马铜柱。"⑱宋挥玉斧：《续资治通鉴·宋纪》载：（北宋初年）"王全斌既平蜀，欲乘势取云南，以图献。帝（宋太祖赵匡胤）鉴唐天宝之祸，起于南诏，以玉斧画大渡河以西曰：'此外非吾有也！'"玉斧：玉制之斧。现多为文房古玩，作镇纸用。⑲元跨革囊：《元史·宪宗本纪》载：（1252年）元世祖忽必烈"征大理过大渡河，至金沙江，乘革囊及皮筏以渡"。革囊：皮革做的袋子。此处指皮筏。⑳珠帘画栋：化用唐王勃《滕王阁诗》中"画栋朝飞南浦云，珠帘暮卷西山雨"的诗句，意在指时光消逝之速。珠帘画栋，多形容雍容华贵的建筑物。㉑暮雨朝云：同"朝云暮雨"，朝，早晨；暮，傍晚。早上是云，晚上是雨。原指古代巫山神女兴云降雨的神话传说。后比喻男女的情爱与欢会。此处指变幻无常。㉒断碣（jié）残碑：记载帝王功业的功德碑，随时间而断裂残破。碣：圆顶的碑石。㉓付：多义词。给予，交付。托付，寄托。此处是本义"给予，交付"的意思。㉔杵（chǔ）杵：舂米、捶衣、筑土等捣物用的棒槌或木棒。也指用杵舂捣。此处指寺庙撞钟的木头。㉕疏钟：稀疏的钟声，多指不时可闻的寺庙里的钟声。疏钟在古诗词中频繁出现，是象征遥远而长久的回应的意象。㉖清霜：寒霜，白霜。

【简析】这副《滇池大观楼联》具有十分鲜明的特点。

一是上联重在写景。描写登大观楼骋怀所见，巧妙地运用比喻、借代、夸张等修辞手法加以描绘，贴切自然、新颖别致、生动鲜明地突出了“五百里滇池”四围风光的特征。四周的山峦，东面金马山如神马奔驰，西边碧鸡山像凤凰展翅，北方蛇山似长蛇蜿蜒，南端鹤山若白鹤飞翔。螃蟹状的岛屿上，螺蛳形的洲渚上，雾中随风飘舞的花草柳枝宛如少女在梳理鬓发；铺天盖地的苇草，点缀其间的翡翠般的鸟雀映照着灿烂红霞。这些描绘具体又立体，生动又涌动，由此及彼，由彼及此，为人们插上了想象的翅膀，具有相当强的艺术感染力。

二是下联侧重咏史。追忆云南古代相关历史事件及其相关人物：汉武帝造船习水，唐玄宗竖纪功铁柱，宋太祖玉斧挥图，元世祖乘皮筏渡江统一中国。作者通过咏叹史实来抒怀，慨叹历代帝王的丰功伟绩是何等的显赫，然而转眼之间也不过如朝云暮雨般更迭转换兴衰浮沉。纪功的残碑，已横卧在苍烟和夕阳之下，只留有几声古庙的钟声，半江黯淡的渔火，两行孤寂的秋雁，一枕清冷的寒霜……对云南的“数千年往事”抒发了无限感慨，惊警深邃，耐人寻味，同时也十分委婉地寄寓了对个人怀才不遇的感伤。

值得强调的是，下联最后几句中的疏钟、渔火、秋雁、清霜多具有思乡怀旧、惆怅落寞、迷离缥缈的意向。寓其“诸意”于“诸象”之中，形象地寄托着作者的独特的主观情思。“几杵”和“半江”，“两行”与“一枕”，在数量上由多到少递降，一步紧接一步，给人的印象逐步深刻，艺术感染力逐渐强化，作者抑郁复杂的心怀也跃然纸上。

三是上联领字“喜”与下联领字“叹”堪称典范。这两个如桥似带的领字与联句珠联璧合般完美地融合在一起，水乳交融，血脉相通。不仅具有极强的激活点化作用，而且使联句内容环环相扣，层层递进，情感更加浓厚，意境更加深邃。

总之，这副长联，写景咏史，观物写情；寓情于景，情景交融；意境深远，内涵深刻，气魄宏大。

成都杜甫草堂联

清·顾复初

异代不同时[①]，问如此江山，龙蜷虎卧[②]几诗客？

先生亦流寓[③]，有长留天地[④]，月白风清[⑤]一草堂。

【作者】顾复初（1800—1893年），字幼耕，一作幼庚，又字乐余、子远，号道穆、听雷居士，又号罗曼山人，晚号潜叟。清代江苏元和（今苏州）人。工诗、词、古文，通辞章，擅楹对，工书画，光绪中被推为蜀中第一书家。著述甚丰。著有《罗曼山人诗文集》《乐静廉余斋文集》等。

【题解】杜甫草堂，位于成都西郊浣花溪畔，为诗圣杜甫的故居宅址。原宅中唐时已不复存在，北宋神宗元丰年间（1078—1085 年）重建茅屋，设立祠宇。元明清历代均有改建修葺。现杜甫草堂建筑格局——照壁、正门、大廨、诗史堂、柴门、工部祠排列在一条中轴线上，两旁配以对称的回廊与其他附属建筑。

【注释】①异代不同时：化用杜甫《咏怀古迹五首 · 其二》中“怅望千秋一洒泪，萧条异代不同时”的诗句。系感慨际遇不济之意。②龙蜷（quán）虎卧：近义词为龙盘虎踞。形容地势雄伟险要。也喻指英雄豪杰所占据之处。蜷：虫形屈曲，即虫类弯曲或折叠身体。引申为拳曲、弯曲、蜷曲。卧：多义词。躺着。倒伏。隐居。③流寓：离家寄寓他乡。此处指杜甫流寓成都。流：流放，放逐。引申为漂泊，流亡。④长留天地：化用杜甫《送孔巢父谢病归游江东兼呈李白》中“诗卷长留天地间，钓竿欲拂珊瑚树”的诗句。⑤月白风清：意即清风明月。“月白风清”形容幽静美好的夜晚。此处是用比喻手法赞颂杜甫的高贵品格。杜甫在成都寓居多年，虽贫困交加，仍不忘忧患国事，同情民生疾苦，留下“月白风清”般的高尚品德，是对诗人的高度评价。

【简析】这副楹联概括了诗人杜甫流寓成都时期的诗歌创作，寓意深刻，见解不同凡响。一是诘问铿然，慨叹悠长。上联结尾句采取反问手法以反问形式强调肯定杜甫作为一位伟大诗人的不可多得。上联化用杜甫“怅望千秋一洒泪，萧条异代不同时”诗句，借杜甫自己的诗作表达其深切体会，议论精辟。下联由杜甫晚年流寓蜀川、政治遭遇挫折、生活贫困潦倒而生发良多感慨，诗人英名与诗歌成就令人景仰必会长留天地。二是语意贯通而下，对诗圣的感叹与赞许渗透在字里行间。同时，作者以“先生亦流寓”，暗喻自己在四川寄人篱下的幕僚处境，其中蕴含着的深沉的感慨不可不察。三是领词巧妙。上联的领词“问”，领起“如此江山，龙蜷虎卧几诗客”两句，下联的领词“有”，领起“长留天地，月白风清一草堂”两句，韵律铿锵，风格俊朗。

都江堰联

佚名

完神禹斧椎工①，陆海无双②，河渠③大书秦守惠④；

揽全蜀山水秀，导江⑤第一，名园⑥生色华阳篇⑦。

【题解】都江堰，位于四川省都江堰市城西，岷江上游。都江堰是由战国时期秦国蜀郡太守李冰及其子于大约公元前 256 年至公元前 251 年主持始建的。经过历代整修，两千多年来都江堰作为古代建造并使用至今的大型水利工程依然发挥着灌溉排洪的巨大作用。

都江堰水利工程枢纽可分为堰首和灌溉水网两大系统，其中堰首包括鱼嘴（分水工程）、飞沙堰（溢洪排沙工程）、宝瓶口（引水工程）三大主体工程，三者有机配合，相互制约，协调运行，引水灌田，分洪减灾，具有“分四六，平潦旱”的功效。

都江堰周边的古迹主要有二王庙、伏龙观、安澜桥、玉垒关、凤栖窝和斗犀台等。2000 年，都江堰以其为“当今世界年代久远、唯一留存、以无坝引水为特征的宏大水利工程”，与青城山共同被列入《世界遗产名录》。

【注释】①完神禹斧椎（chuí）工：言李冰父子接过大禹的神斧仙椎，完成了伟大的都江堰水利工程。神禹：即大禹，姒姓、夏后氏，名文命，字高密，号禹，后世尊称大禹，夏后氏首领，传说为鲧之子，颛顼之孙，轩辕黄帝玄孙。他最卓著的功绩就是历来被传颂的治理滔天洪水，又划定天下为九州。椎（chuí）：捶击具；用椎打。②陆海无双：意为盖世无双，世界上没有能与之相比的。陆：陆地。海：大洋靠近陆地的部分，小于洋的水域。也指海水。也指大的湖泊。③河渠：即《河渠书》，出自司马迁《史记》。《河渠书》是中国第一部水利通史，是系统介绍古代中国水利及其对国计民生影响的权威性记录，也是以后历代史书撰述河渠水利专篇的典范。④大书秦守惠：指《史记》中记载了秦郡守李冰修都江堰惠民的功绩。《史记·河渠书》记载：“蜀守冰，凿离堆，避沫水之害；穿二江成都之中。”这是人们了解到的关于都江堰较早、较权威的记录。⑤导江：都江堰市原名灌县，早在夏禹时代称“导江”，传说因夏禹治水导江至此而得名。⑥名园：指都江堰景区内的离堆公园。⑦华阳篇：即《华阳国志》，又名《华阳国记》，是由东晋时期成汉年间常璩（qú）撰写于大约晋穆帝永和四年至永和十年（约 348—354 年）的一部专门记述古代中国西南地区地方历史、地理、人物等的地方志著作，是我国现存比较完整的一种古代地方志书。其“华阳”所指范围大于成都，几乎指西南大部分地区，今天的川滇黔三省都被涉及。

【简析】这副楹联，上联称颂李冰父子治理岷江、修筑都江堰、造福人民并誉称“陆海”的伟大功绩。上联以神禹相比，以其被《河渠书》记载录入而称颂。下联赞美总揽蜀中碧水青山的都江堰工程盖世无双，以其为《华阳国志》增色添彩而赞颂。上下联的用典手法不露痕迹地引出“大禹治水”“河渠书”“华阳篇”等典故，称颂有根有据，表达简洁明快，委婉含蓄，文辞清丽，内涵丰富。

题九寨沟联

当代·侯正荣

九寨水清鱼读月①；

黄龙②山静鸟谈天③。

【作者】侯正荣（1932—2004年），书法家，曾任四川省文史研究馆馆员、中国工艺美术学会会员、四川省政协委员。

【题解】九寨沟位于四川省阿坝藏族羌族自治州境内的九寨沟县中南部。因为景区内有盘信、彭布、盘亚等九个藏族村寨而得名，是岷山山脉的山沟谷地。山间遍布茂密的原始森林，河谷地带有大小湖泊100多处。湖水蓝碧，清澈若镜。湖中水藻色彩绚丽，蓝天白云、雪山森林倒映湖中，被誉为“童话世界”，是世界自然遗产。

【注释】①鱼读月：运用比拟中的拟人修辞手法，直接赋予“鱼”以人的行为——“读”。②黄龙：黄龙风景名胜区位于四川省阿坝藏族羌族自治州松潘县，是中国唯一保护完好的高原湿地。黄龙以彩池、雪山、峡谷、森林“四绝”著称于世，再加上滩流、古寺、民俗，称为“七绝”。黄龙以规模宏大、结构奇巧、色彩丰艳的地表钙华景观为主景，以罕见的岩溶地貌蜚声中外，堪称人间仙境。是世界自然遗产，国家AAAAA级旅游景区，国家重点风景名胜区。③鸟谈天：运用比拟中的拟人修辞手法，直接赋予“鸟”以人的行为——“谈”。

【简析】这副楹联具有两个特点。一是运用比拟中的拟人修辞手法，描绘九寨风情。“鱼读月”“鸟谈天”，直接赋予“鱼”和“鸟”以人的行为“读”和“谈”，具有较强的抒情性，将九寨沟风景表达得生动形象，有亲切感，增强了感染力。二是动与静互相映衬。九寨沟之水空明清澈，月光皎洁晴朗，鱼可以欣赏月光；黄龙山之清静安宁，只闻鸟的鸣叫，似乎在与“天”悠然自得地清谈。静中有动，动中有静，精致巧妙，以少胜多，把一个静谧婉约又飘逸悦动的美好意境呈现在世人面前。

题长江三峡联

当代·魏建国

三峡不锁蛟龙出，天险瀛寰①傲峙；

九派②无穷银汉③来，神州物态易新。

【作者】魏建国，陕西省兴平市楹联艺术家协会会员。

【题解】长江三峡是瞿塘峡、巫峡、西陵峡的统称。西起重庆奉节白帝城，东迄湖北省宜昌市南津关，全长193公里。沿江有“夔门天下雄”“重崖叠嶂巫峡”、白帝城、神女峰、高唐观、屈原庙等名胜。是国家级风景名胜区。

【注释】①瀛寰（huán）：瀛海和寰宇，是对地球水陆的总称。瀛：大海。寰：泛指广大的境域。②九派：汇入长江的九条支流。相传古时在江西、湖北一带有九条支流汇入长江。可见长江在湖北江西一带支流较多。九：极言其多。派：江河的支流。③银汉：银河。

【简析】这副楹联用夸张手法竭力渲染三峡天险的雄伟气势。“蛟龙出”“银汉来”，的确有破空而来之感，有怀抱星河、吞吐日月之气概。这种夸张和想象出人意料，又自成一理，用独特的方式，充分烘托出长江三峡的伟岸。“三峡”“九派”，对仗工稳，也为楹联增加了气势，成功地凸显了主题。

华山玉泉院联

清·严长明

三峰[1]三霄[2]通，宝掌[3]千秋留藓迹[4]；

一岳一石作，金天[5]万里矗莲花[6]。

【作者】严长明（1731—1787 年），字冬有，又字道甫，江宁（今江苏南京）人。清代藏书家、文学家、金石学家。曾纂修《通鉴辑览》，后主讲庐阳书院。著有《毛诗地理疏证》《三经三史答问》《石经考异》等。

【题解】玉泉院位于华山北麓，因有“玉泉”而得名。玉泉院是上华山必经之地，故又称为“华山之门”。传为五代宋初道士陈抟所建，清代重修。此联虽书于玉泉院，实际却是对华山的描写。

【注释】①三峰：指西岳华山的三座高峰，即莲花峰、玉女峰、朝阳峰。②三霄：三天。泛指天空。道教称清微天、禹余天、大赤天为三天。③宝掌：古代传说华山与蒲州首阳山为一山，后巨灵把它分劈为两山，以通黄河。今东峰石壁上尚留有一个巨掌印迹，称为“华岳仙掌”，是关中八景之一。④藓迹：指仙人宝掌痕迹生出苔藓。藓：苔藓，根为假根，茎和叶都很小，绿色，常生在阴湿地方。⑤金天：西方之天。五行对应五个方位，金于方位属西。也是华岳神名。唐玄宗先天二年（713 年）封华岳神为金天王。此外，金天还有秋天的意思。也是古帝少昊的称号。⑥莲花：莲花峰，即华山西峰，又名芙蓉峰。

【简析】此联虽书于玉泉院，实际却是描写华山的写景佳联。

“三峰三霄通”，起句“用数”格运用自然，抓住华岳的特色极力渲染，单刀直入。西岳以奇险甲天下，尤以三峰为最。自古写华山之人，亦多从三峰起笔。这里作者也从三峰起笔，配以双拟对的手法，上联第一字和第三字是“三”“三”两个重复的字，下联也以“一”“一”两个相同的字去对，即准拟成对，间隔反复，凸显了险峻、高矗的气势。“宝掌千秋留蘚迹”将华山仙迹遍布、灵气弥漫的特点勾画出来。“一岳一石作”，华山不在于高，而在于险。整座西岳仿佛是一块巨石构筑，浑然一体。莲花峰矗立在万里西天，写出了华岳雄伟、壮观的气势，又点出了华山得名的缘由。

从艺术上看，从峰起笔，到峰落笔，全联围绕峰写，先写三峰，最后突出一峰，主旨明确，意在写出华山的气势。上下联对仗工稳。从风格上看，联语首句明快，尾句含蓄。意义相互映衬。

题敦煌鸣沙山月牙泉联

当代·宗学义

沙岭晴鸣①，百丈金峰②开绣壤③；

月泉晓澈④，千秋玉镜⑤照灵岩⑥。

【作者】宗学义，生平不详。

【题解】敦煌鸣沙山东起莫高窟崖顶，西接党河水库，是国家级风景名胜区，处于库姆塔格沙漠边缘，与宁夏中卫市的沙坡头、内蒙古达拉特旗的响沙湾和新疆巴里坤哈萨克自治县境内的巴里坤同为中国四大鸣沙山。游人滑沙时，沙子发出犹如鼓鸣又似雷声的声响，因而得名鸣沙山。

月牙泉，古称沙井，俗名药泉。位于甘肃敦煌南鸣沙山北麓。东西长300余米，南北宽50余米，水深约5米，因泉形酷似一弯新月而得名。泉虽被鸣沙山四面环抱，但并不为流沙所掩。浩瀚沙漠之中现清泉，为沙漠之奇观。

【注释】①沙岭晴鸣：为敦煌八景之一。②金峰：即鸣沙山。③绣壤：指敦煌八景之一的“绣壤春耕”。④月泉晓澈：敦煌八景之一。澈：水清。⑤玉镜：即月牙泉。将月牙泉比喻为玉镜。⑥灵岩：指敦煌八景之一的“千佛灵岩”。

【简析】这副楹联将敦煌八景中的四景“沙岭晴鸣”“绣壤春耕”“月泉晓澈”“千佛灵岩”镶嵌其中，构思巧妙，布局奇特，将“山以灵而故鸣，水以神而益秀”的塞外奇特景致展现出来。上联写鸣沙山及其周围的绿洲风光，道出了鸣沙山“晴鸣”的特点；下联写月牙泉以及临近的千佛洞，泉水清碧透彻，波平如镜，把互相依存的鸣沙山、月牙泉各自特点彰显出来。月牙泉在千百年的流沙横飞中竟然安然无恙，与鸣沙山长期共存，珠联璧合，景色奇幻，宛如仙境，这不能不令人惊叹，给读者留下深刻印象。

新界长山古寺联

佚名

长亭[1]惜别，古道瞻[2]歧[3]，雨笠[4]尘襟人日日[5]；

山鸟鸣春，寺花送晚，烟钟风磬[6]我年年。

【题解】新界为香港特别行政区的一部分。长山古寺是香港有名的古刹之一，位于香港新界粉岭坪輋禾径山麓。古寺对出的山径当时是来往沙头角的必经之路，也是往返广州的通道，所以长山古寺也一度作为旅客中途歇脚的地方，并供应茶水。据说当年的行旅，便是居于左右两殿，最盛时可容 30 多人。

【注释】①长亭：古代设在路旁的亭舍，常用作饯别的地方。《唐宋白孔六帖·九馆驿》云："十里一长亭，五里一短亭。"②瞻：向远处或向高处看。③歧：岔路。④雨笠：竹篾编的帽子，用于遮雨。⑤人日日：人伤离别，日日都有人如此。⑥风磬（qìng）：即风雨声中传来僧人念佛时的磬声。磬，佛寺中使用的一种钵状物，用铜铸成，既可作为念经时的打击乐器，也可敲响集合寺众。

【简析】这是一副嵌字联，联中巧妙分嵌"长山古寺"四字，天衣无缝。

在主题的表现方面，这副楹联运用反衬手法，以人世间之艰难反衬寺庙的脱俗、禅修的妙境。上联从"长亭惜别"说起，点染了一种依依惜别的惆怅气氛，形象地刻画出在烟雨迷蒙、尘土飞扬的古道歧路上送别离人的情景。"人日日"三字，饱含万般辛酸。人伤离别，何况"日日"都有人如此。下联意境遽变，从离情别恨的场景突转到"山鸟鸣春，寺花送晚"的明媚佳境中，并以"烟钟风磬"的觉悟与鸟吟春、花送香的描写构成一幅有声有色的画卷。末尾"我年年"三字，强调寺庙的寂静年年如是，与上联人们的匆促形成强烈对比。寺中的清修之境在与俗世行旅跋涉之苦的映照中得到了强化，意境清新绝妙。

从句法结构来看，全联抑扬顿挫、开阖动荡，富于音乐的节奏感。四言以稳重见长，此联起首两个四言句相接，既成自对，又势成流水，一气而下，凝而不滞，可见诗思婉转而来。第三句舒展自如，整联整饬之中又见参差，节奏错落变幻，整体气息流宕。

妈祖阁联

佚名

春风静，秋水明，贡士波臣[1]知中国有圣人[2]，伊母也力[3]；

海日红，江天碧，楼船艎艘[4]涉大川如平地，唯德之休[5]。

【题解】妈祖阁位于澳门半岛西端，又名妈阁庙，是澳门祀奉海神妈祖的庙宇。始建于 1488 年。妈祖又称天妃，是护佑航海平安之神。相传旧时航海时，船中设妈祖棍，若遇大鱼、水怪欲靠近船时，即用妈祖棍敲击船舷，使其不得靠近。四百多年前，葡萄牙人抵达澳门，于庙前对面之海岬登岸，注意到有一间神庙，询问居民当地名称及历史，居民误认为是指庙宇，故此答称“妈阁”，葡人以其音译而成“MĀCĀU”，遂成为澳门葡文名称的由来。

【注释】①贡士波臣：这里将水中生物比拟为像人一样的“士”和“臣”。贡士，唐以后朝廷取士，经乡贡考试合格者称贡士。清代会试中录取者称贡士。波臣，水族中的臣子。古人设想水族动物也分君臣，被统辖的水族，称为波臣。②圣人：指妈祖。③伊母也力：指妈祖的神威。《元史·祭祀志五》载：“南海女神惠灵夫人，至元中以护海运有奇应，加封天妃神……直沽、平江、周泾、泉福、兴化等处皆有庙。”庙称天妃庙、天妃宫、天后宫等。伊：文言助词，加强语气。母：指妈祖。④凫（fú）艘：即凫舟，鸟形之船。凫，野鸭。⑤唯德之休：是妈祖美德带来的福祉。唯：句首语气词，表示确定。休：美善。《尚书·太甲》：“实万世无疆之休。”

【简析】澳门妈祖阁已有500余年的历史，至今香火旺盛，以“妈阁紫烟”著称于世。妈祖为沿海居民共同祀奉的海神。本联以“春风静，秋水明”“海日红，江天碧”的美景起笔，描述海域澄明、波澜不兴的景象，景中含情，为后文埋下伏笔，以歌颂天妃的神功伟业，表达了航海者祈求平安的良好愿望。“伊母也力”“唯德之休”蕴含强烈的感叹礼赞的意味，表达了对妈祖发自内心的感激之情，体现了深沉的思想与强烈的情感。

台北市武圣庙联

清·王凯泰

武威华夏①良将军，扶汉于三国；

圣著春秋②善读者，推公第一人③。

【作者】王凯泰（1823—1875年），初名敦敏，字幼徇、幼轩、补帆，号补园主人，江苏宝应人。著有《致用堂志略》《致用堂捐藏书目》《归园唱和集》《海上弦歌集》《台湾杂咏》等。

【题解】台北新庄武圣庙奉祀主神关圣帝君，俗称关帝庙，创建于清乾隆二十五年（1760年），是台湾北部地区最早亦是最大的武庙。武圣庙与“文庙”相对，明清时称祀奉关羽的庙为“武庙”。民国时对合祀关羽、岳飞的庙也称“武庙”。

【注释】①武威华夏：关羽为人忠义，武艺高强，遂被神化，全国各地多立庙祭祀，世称“武圣人”，威名震动华夏。②《春秋》：儒家经典之一，相传为孔子根据鲁国的历史修订而成。③第一人：关羽夜读《春秋》的形象深入人心，而《春秋》的史实记载中蕴含着对是非善恶的褒贬，因此，称关羽为无与伦比的“第一人”，是对关羽忠义形象的高度肯定。

【简析】关羽是中华民族尊崇的英雄武圣。“良将军”是对关羽的武功给予的极高评价，极有概括力，也体现了中华民族崇尚忠义的传统文化心理。而称其为《春秋》的“善读者”更是对其思想的高度评价。孔子编写《春秋》，在记述历史时，行文中虽然不直接阐述对人物和事件的看法，却通过细节描写、词汇的选取和材料的筛汰等，委婉而微妙地表达倾向性，“贤贤贱不肖”，暗含褒贬，体现出微言大义。孟子说：“孔子成《春秋》而乱臣贼子惧。”因此，关羽夜读《春秋》，并称其为“善读者”，极见赞佩之情，“第一人”更将其置于不可比拟的地位，表达了极高的推崇。

郑成功庙联

清·唐景崧

由秀才封王①，柱②持半壁旧河山，为天下读书人顿生颜色；

驱外夷出境③，开辟千秋新世界，愿中国有志者再鼓雄风。

【作者】唐景崧（1841—1903年），广西灌阳人。清同治进士。曾赴越南同刘永福抗击法国侵略军。1891年任台湾布政史、巡抚。甲午中日战争后反对割让台湾，并抗击日军。基隆被日军占领，逃至厦门，后闲居桂林，担任书院山长，创编桂剧，为桂林地方文化事业倾注心力。

【题解】郑成功，见郭沫若《郑成功纪念馆联》。

郑成功庙又名延平郡王祠，在台湾省台南市。庙始建于清代初年，称开山圣王庙，清代乾隆年间扩建，道光年间重修。光绪元年（1875年），清廷批准台湾官、绅沈葆桢等人的奏请，建祠追谥以纪念郑成功，遂改名延平郡王祠。

【注释】①由秀才封王：郑成功曾考中秀才，又经考试成为南安县二十位廪生之一，后入南京国子监深造。鉴于其抗清有功，南明永历时封他为延平郡王。上联即指此事。②柱：支撑。③驱外夷出境：永历十三年（1659年），郑成功兵败南京城外，被迫撤退。永历十五年（1661年），挥戈东渡，翌年二月攻克台南赤崁城，赶走荷兰殖民者，收复台湾。

【简析】联语抓住郑成功平生两件大事（一是抗清，二是收复台湾），给予极高的评价。作者也是一位抗击外侮的英雄，甲午中日战争后又在台湾率兵抵抗过日军，其对郑成功的赞美之情溢于言表。这副楹联盛赞郑成功“为天下读书人顿生颜色”，意蕴深沉，是对英雄气节的景仰，抒发了一种昂扬之气，但同时，还有对英雄事业未竟留下缺憾的惋惜和哀婉之情，“愿中国有志者再鼓雄风”，向国人发出效法郑成功的号召，具有很强的鼓舞力量。气象开阔，雄武有力。

四、碑铭

九成台铭

宋·苏轼

韶阳[①]太守狄咸[②]新作九成台[③]，玉局散吏[④]苏轼为之铭。曰：

自秦并天下，灭礼乐，《韶》之不作[⑤]，盖千三百二十有三年。其器[⑥]存，其人亡，则《韶》既已隐[⑦]矣，而况于人器两亡[⑧]而不传[⑨]。

虽然，《韶》则亡矣，而有不亡者存。盖常[⑩]与日月寒暑晦明风雨并行于天地之间。世无南郭子綦[⑪]，则耳未尝闻地籁也，而况得闻于天。使耳闻天籁，则凡有形有声者，皆吾羽旄干戚管磬匏弦[⑫]。

尝试与子登夫韶石[⑬]之上，舜峰[⑭]之下，望苍梧[⑮]之渺莽[⑯]，九疑之连绵[⑰]。览观江山之吐吞[⑱]，草木之俯仰[⑲]，鸟兽之鸣号，众窍之呼吸[⑳]，往来唱和，非有度数[㉑]而均节[㉒]自成者，非《韶》之大全乎！

上方立极[㉓]以安天下，人和而气应，气应而乐作，则夫所谓箫韶九成[㉔]，来凤鸟而舞百兽者[㉕]，既已粲然毕陈于前矣[㉖]。

【作者】见苏轼《减字木兰花·立春》。

【题解】九成台，台名，位于广东省韶关市曲江区，又名闻韶台，相传舜南巡时在此奏乐。韶乐九奏而成，在韶州留下千古遗响。太守狄咸新筑九成台。苏轼因韶阳九成台的建成大发感慨，写下了这篇声情并茂的铭文。

【注释】①韶阳：即韶州，今广东省韶关市曲江区。②太守狄咸：字伯通，衡州（今湖南衡阳人）。哲宗元符二年（1099年）任韶州太守，建九成台。苏轼北归途经，为之作铭（《东坡先生全集》卷一九《九成台铭》）。③台：高而平的建筑物。④玉局散吏：官名。外贬的苏轼于宋徽宗即位（1100年）时被赦还，提举为“成都玉局观”。这两句的意思是：韶阳太守狄咸新筑九成台，玉局散吏苏轼为九成台作铭文。⑤《韶》之不作：《韶》乐的不兴。《韶》：韶乐。相传为舜所作的乐曲，史称舜乐，是中国古代的一种传统宫廷音乐，是一种集诗、乐、舞为一体的综合古典艺术。夏、商、周三代帝王均把《韶》作为国家大典用乐。作：兴起。⑥器：器具。此处指礼乐之器。⑦隐：埋没。⑧亡：灭亡，消亡；失去，丢失。⑨传：延续，继承。传扬，流传。这几句的意思是：自从秦并天下，废除礼乐，《韶》乐不兴，已经有1323年了。其礼乐之器尚存，但其人已亡，《韶》都已经隐失了，何况人器两亡而又没得以传承呢？⑩常：永恒的，固定不变的。这几句的意思是：虽然《韶》乐是不存在了，但仍有没有消亡的东西存在着。那就是永恒地与日月、寒暑、晦明、风雨并行于天地之间的音乐。⑪南郭子綦（qí）：《庄子·齐物论》中的人物。南郭子綦对子游说：人籁是竹箫吹出的声音，地籁是众窍发出的声音，天籁是风吹各种窍发出的不同的声音。⑫羽旄（máo）干戚管磬（qìng）匏（páo）弦（xián）：泛指羽旄干戚管磬匏弦等有形有声的各种事物与这些相关材料类乐器及其所能奏出的各种音乐。羽：本义鸟毛，特指鸟的长毛。也指古代文舞所持用雉羽制成的舞具。也指古代五音之一，相当于简谱的“6”。旄：牦牛尾。常用作旗杆等物的装饰。也指旗帜。此处指乐舞所执牦牛尾。干戚：盾牌与大斧。武舞所执的舞具，又指武舞。干：盾。戚：古兵器名。大斧。管：最早见于《说文》。本义指古代的单管乐器，引申而泛指管乐器，又引申为管状物。磬：一种打击乐器。匏：葫芦的一种，即瓠（hù）。中国古乐器中的笙、竽属于匏音。弦：弓弦。乐器上用以发声的丝线或金属线。也指弦乐器以及弦乐器弹奏出的声音。古人把制造乐器的材料分为八种，称为“八音分类法”，即指金、石、丝、竹、匏、土、革、木。大致对应着上述的“羽旄干戚管磬匏弦”中的相关材料。⑬韶石：韶石山，因传说舜帝南巡至此，登山奏韶乐而得名。⑭舜峰：舜峰山，位于湖南郴州临武县，三面壁立，前开一径，山顶转平，上有巨石名韶石。⑮苍梧：苍梧山，即九嶷山，九嶷山在湖南永州市宁远县境内。相传虞舜葬此。⑯渺莽：烟波辽阔无际貌。也指模糊不清楚貌。渺：水远貌。邈远貌。莽：广阔，旷远。⑰连绵，亦作“联绵”。连接不断。⑱江山之吐吞：江山争雄的气象。吐吞：吞吐。常用以形容山水争雄之势。⑲草木之俯仰：草木俯仰的情态。俯仰：上下。⑳众窍之呼吸：指存在于自然之间的地籁、天籁之声。窍：孔，洞。呼吸：呼气和吸气，是生物机体和外界进行气体交换的活动。董仲舒《春秋繁露·人副天数》载：“鼻口呼吸，象风气也。”㉑度数：度：标准，限度。数：规律，道理。㉒均（yùn）节：韵律节奏。均：古“韵”字。节：节拍，节奏。㉓上方立极：宋徽宗即位。上：指宋徽宗。立极：即位。㉔箫韶九成：《尚书·益稷》中有“箫韶九成，凤凰来仪，百兽率舞”。九成，九阕（què）。乐曲终止曰成。㉕来凤鸟而舞百兽者：有凤来仪而百兽率舞的情形。来凤鸟而舞：凤凰来仪。即凤凰来舞，仪表非凡。古代指吉祥的征兆。㉖既已粲（càn）然毕陈于前矣：都已经完全清楚地呈现于眼前了。既：副词。尽，完全。已：副词。已经。粲然：鲜明、显著的样子。也指明白、清楚。毕：副词。全都，全部。陈：陈述。

【**简析**】在这篇《九成台铭》铭文中，苏轼的思绪飞扬于辽阔的时空之中，思考了人为灭绝韶乐与韶乐永存于自然天地之间的内在有机联系。首先，悲叹《韶》乐的不兴已有1300多年了。其次，说明自然天地之间的韶乐是永远灭绝不了的。《韶》乐之不兴虽已有1300多年了，但是消亡的不过是人籁而已，还有远胜于人籁的天籁，就是“江山之吐吞，草木之俯仰，鸟兽之鸣号，众窍之呼吸，往来唱和”，这才是韵律节奏自相形成的韶乐集大成！最后，进行议论。苏轼认为，如果天下安定，人和则气应，气应而乐作，那么这种人世音乐就会与自然音乐相协调，有如传说中的九曲箫韶，能引来凤凰，令百兽起舞。总之，苏轼对音乐的论述，思维开阔，胸襟博大，感悟深刻，内容深厚。身世沧桑，而又能潇洒为文，是苏轼作品的一个重要特色。这一篇《九成台铭》也充分地体现了这一点。

复水月洞铭并序

宋・范成大

水月洞剜漓山之麓[①]，梁空踞江。春水时至，湍流贯之，石门正圆，如满月涌，光景穿瑛[②]，望之皎[③]然，名宾其实旧矣[④]。近岁，或以一时燕私，更其号“朝阳”[⑤]，邦人弗从[⑥]，且隐山东洞既曰“朝阳”矣，不应相重[⑦]。乾道九年[⑧]秋，九月初吉[⑨]，吴人范成大、莆田人林光朝考古揆宜[⑩]，俾复其旧[⑪]。成大又为之铭，百世之后，尚无改也。铭曰：

有嵌孱颜[⑫]，中涜涨湍[⑬]，水清石寒。圆魄[⑭]在上，终古弗爽[⑮]，如月斯望。漓山之英，漓水之灵，嫭其嘉名[⑯]。范子[⑰]作颂，勒于宠奴[⑱]，水月之洞。

【作者】范成大（1126—1193年），字至能，一字幼元，早年自号此山居士，晚号石湖居士。平江府吴县（今江苏苏州）人。南宋名臣，文学家，著名的田园诗人。范成大素有文名，尤工于诗，继承白居易、王建、张籍等诗人新乐府的现实主义精神，终于自成一家。风格平易浅显、清新妩媚。诗题材广泛，以反映农村社会生活内容的作品成就最高。他与北宋的范仲淹被人并称为“吴门二相”；与尤袤（mào）、杨万里、陆游齐名，号称南宋四大家。范成大一生著述很多，今有《石湖集》《揽辔录》《吴船录》《吴郡志》《桂海虞衡志》等。其《桂海虞衡志》是广西的第一部风物志。

其《复水月洞铭并序》书体为人称道，有“玉润珠辉，方流圆折，清而腴，丽而雅”之评，被认为是宋朝南渡后的第一碑版。现收藏于桂林市桂海碑林博物馆。

【题解】水月洞，位于广西桂林漓江象鼻山的象鼻和象腿之间。水月洞洞口朝阳，亦名朝阳洞。宋代在洞中建朝阳亭，清代改称得月楼，已废。洞内有张孝祥《朝阳亭诗并序》、范成大《复水月洞铭》、陆游诗稿手札等摩崖石刻50余件。

范成大于乾道九年（1173年）来任知静江府兼广西经略安抚使，改革盐法马政，倡导文教，修复朝宗渠。酷爱桂林山水，称赞“桂山之奇宜为天下第一”。

并在伏波山、龙隐岩、七星岩等处建癸水亭、骖鸾亭、碧虚亭、正夏堂等游观建筑。范成大之所以题刻此铭，因为水月洞洞壁上刻有前任经略使张孝祥的朝阳亭记和朝阳亭诗。张孝祥将水月洞改为朝阳洞。范成大看后，在洞壁上摹刻了本铭及序，予以纠正，恢复水月洞名称。

【注释】①剜（wān）漓山之麓：剜于漓山山脚。漓山是象鼻山的古称。剜：用刀挖，刻。②光景穿瑛：日光穿透似玉的美石。光景：日光、光辉、光亮。景：阳光。引申为泛指日月的光辉。穿：穿透、通过。瑛：似玉的美石。③皎：洁白光明。④名宾其实旧矣：名称符合其实际情形由来已久。宾：服从，归顺。实：实际，实在内容。旧：长久。⑤或以一时燕私，更其号朝阳：张孝祥离任归乡前夕，接任广南西路经略安抚使的张维邀请张孝祥等同宴于僧人了元在象鼻山水月洞所建新亭为之饯别，席中，张维请张孝祥为新亭命名，张孝祥命名为"朝阳亭"。又将象鼻山岩称作"朝阳岩"，并将水月洞更名为"朝阳洞"。或：或者，也许。以：介词，因。一时：暂时。燕：通"宴"，宴饮。私：私人，个人。⑥邦人弗从：百姓不顺从。邦：古代诸侯的封国。此处指桂林当地。从：听从，顺从。⑦且隐山东洞既曰"朝阳"矣，不应相重：言隐山的东洞已名为"朝阳洞"，不应该重复使用。隐山：位于桂林市西，为桂林名胜之一。隐山共有六洞，"一山尽空，六洞互透"，故名"隐山六洞"，"朝阳洞"为其六洞之一。重：重叠，重复。⑧乾道九年：即1173年。乾道：南宋孝宗的年号，共计使用9年（1165—1173年）。⑨九月初吉：九月上旬。初吉：古代将一个月分为四份。自朔至上弦为初吉，即农历每月初一至初七、八。⑩考古揆（kuí）宜：根据以前记载认为名实适宜。考：考察。揆：度量，考察。宜：合适。⑪俾（bì）复其旧：使其恢复原有名称。俾：使。⑫有嵌孱颜：镶嵌于巉岩。有：助词，放在动词前面，无实义。嵌：镶嵌。孱颜：同"巉岩"，险峻的样子。指险峻的山。⑬中浣（huàn）涨湍（tuān）：中旬水流上涨。浣：唐代官制，官吏十天一次休息、沐浴，每月分为上浣、中浣、下浣，后来借作上旬、中旬、下旬的别称。湍：急流的水。⑭圆魄：月亮。也作"圜魄"。此外，圆光、圆景也都指月亮。此处指浮于水面形如月亮的水月洞。⑮终古弗爽：从古至今不变。爽：违背。⑯嫭（hù）其嘉名：美好的名字。嫭：同嫮（hù），夸，夸耀。嘉：美，善。⑰范子：范成大自称。⑱宠㞞（lóngzōng）：高耸貌。聚集貌。

【简析】《复水月洞铭并序》盛赞水月洞的景色，成为后人礼赞桂林山水的佐证。首先，"序"的部分，一是范成大用文学家的优美笔触描绘了水月洞。"春水时至，湍流贯之，石门正圆，如满月涌，光景穿瑛，望之皎然"，为人们展现了一幅生动的画面：春水湍急涌动，水洞如圆润满月，光辉穿透石门，一片皎洁光明。笔触清晰，语言酣畅，色调清新，情义饱满，十分引人入胜。二是对张孝祥把“水月洞”更名为“朝阳洞”提出了不同见解。他认为张孝祥改名不妥的理由有三点：①“水月洞”这个名字很形象，名副其实，且古已有之。②以一己一时的感受来更名，没有得到民众的认同。③不应与桂林西山的“隐山六洞”的“朝阳洞”重名。南宋这两位诗人围绕改“水月洞”之名而引出这段笔墨逸事，饶有趣味。实际上，对现时制定地名原则以及地名命名实践也具有借鉴意义。然后铭文部分，文笔行云流水，干净利落。文辞清丽典雅，疏淡闲适，情景交融。总之，后人可以从这篇《复水月洞铭并序》中充分领略到先人全身心欣赏山水的美感经历，从而不断升华对象鼻山、水月洞，乃至整个桂林山水的审美感受。

第三章 掌握篇目

一、诗、词、元曲

［双调］①折桂令②·卢沟晓月

元·鲜于必仁

出都门③鞭影摇红④，山色空濛⑤，林景玲珑。桥俯危⑥波，车通远塞，栏倚长空。起宿⑦霭千寻⑧卧龙，掣⑨流云万丈垂虹。路杳⑩疏钟，似蚁行人，如步蟾宫⑪。

【作者】鲜于必仁，字去矜，号苦斋，渔阳郡（治所在今天津蓟州区）人。生卒年不详，大约生活在元英宗至治（1321—1323 年）前后。其父太常典簿鲜于枢，“吟诗作字，奇态横生”（《新元史·文苑·鲜于枢传》）。鲜于必仁受家学熏陶，又同妹夫家维吾尔亲友交好，受到维吾尔音乐的影响，因此“工诗好客，所作乐府，亦多行家语”（吴梅《顾曲麈谈》）。《全元散曲》录存鲜于必仁小令二十九首。

【题解】卢沟桥，亦称芦沟桥，横跨于北京京西永定河上，为当时出入京都的大门。卢沟即永定河，古来交通要津。卢沟桥建成于金章宗明昌三年（1192 年），名广利桥。是中国古代北方最大的石桥。在卢沟桥的东西两端各立御碑一通，东头为清代乾隆帝御书“卢沟晓月”碑，西头是清康熙帝于 1698 年为记述重修卢沟桥而竖的御制碑。有“卢沟桥的狮子——数不清”之说。卢沟桥桥上两侧共有望柱 281 根，两柱之间由刻着花纹的栏板相连。每个望柱顶端都有一个大狮子，大狮子身上雕着许多姿态各异的小狮子。经考古工作者勘察，桥上石狮，包括桥东端代替抱鼓石的两个大狮，华表莲座上四个座狮，281 根望柱的大狮以及大狮子身上的小狮子，总数 480 个左右。

卢沟晓月——“燕京八景”之一，其美景闻名遐迩。据金代《明昌遗事》所载，“燕京八景”始于金章宗年间。卢沟晓月景观位于上浮青天下嵌白石的卢沟桥处，周围涧水如练，西山似黛，每当斜月西沉之时，月色倒影水中，山色依稀，树影玲珑。在卢沟桥上，甚至可以欣赏到“一天三月”的旷世奇景。

【注释】①双调：古代戏曲音乐名词，宫调之一。宫调：中国古代音乐有十二律吕，乐音有宫、商、角、变徵、徵、羽、变宫七音。凡以宫为主的调式称为“宫”，统称“宫调”。据《九宫大成南北词宫谱》所载，属双调的曲牌包括北曲和南曲，北曲双调联套的格式如[折桂令][雁儿落][得胜令][太平令]等较为常用。②折桂令：曲牌名，双调北曲常用曲牌，用于剧曲、套曲或小令。其正格格式为双调五十三字，前段六句三平韵，后段五句一叶韵、三平韵。代表作有张可久《折桂令·西陵送别》等。③都门：都城大门。④鞭影摇红：马鞭在朝霞中挥动。⑤濛（méng）：也作蒙。（雨雪等）迷蒙的样子。⑥危：高。⑦宿（sù）：夜。宿霭：夜晚的雾霭。⑧寻：古代长度单位，一寻为八尺。此句比喻并夸张卢沟桥如千寻卧龙从宿霭中腾起。⑨掣（chè）：拉、拽。⑩杳（yǎo）：遥远。⑪蟾宫：也称月宫。是古代中国神话传说中位于月亮上的宫殿，传说宫殿中有太阴星君、吴刚、嫦娥、玉兔、青女等神仙。嫦娥奔月后所居住的屋舍名为广寒宫。

【简析】这是一首描写元代“卢沟晓月”优美景色的散曲。远近交错，动静结合，真幻相衬，意境开阔深远，气势宏大磅礴，全方位地展示了卢沟桥畔以及卢沟晓月景物的鲜明特色。

这首散曲特点可以从三方面分析。第一，全曲布局巧妙。①远近交错。“出都门鞭影摇红，山色空濛，林景玲珑”，近写拂晓驾车在赶往卢沟桥途中眼前所见的红霞满天，山色迷蒙，林景空明。“桥俯危波，车通远塞，栏倚长空”，远望卢沟桥，险阔壮观，极目远送。视野开阔。②动静结合。静景的山色、林景与动态“摇红”“起宿霭”“掣流云”“如步蟾宫”动静结合，相得益彰。③真幻流转。漫步在卢沟桥上欣赏人间胜景卢沟晓月，犹如漫步月境蟾宫，人间天上，真幻流转，亦真亦幻。第二，善用比喻兼夸张的修辞手法。“千寻卧龙”“万丈垂虹”“似蚁行人”，“卧龙、垂虹、行人”的比喻又通过“千寻、万丈”的夸大夸张和“似蚁”的夸小夸张，既使其表达形象鲜明，栩栩如生，又使其联想丰富，感染力强。第三，全曲从“桥”到“月”，众景托月，结点在“月”，突出了“卢沟晓月”的景物特征，画面鲜活生动，境界深邃高远。

颐和园

清·爱新觉罗·溥杰

一园竹树绕泉石，四季冬春夏复秋。
放棹①只疑天上坐②，凭栏真个画中游。
岚③光叠翠巍云塔④，湖影回廊⑤漾⑥梵楼⑦。

合璧大圆横玉带[8]，斜阳无语卧铜牛[9]。

【作者】爱新觉罗·溥杰（1907—1994年），末代皇帝溥仪的胞弟。

【题解】颐和园，见爱新觉罗·弘历《颐和园金牛铭》。

【注释】①棹（zhào）：船桨。也指用桨划船。放棹（zhào）：划船。②天上坐：化用杜甫《小寒食舟中作》中"春水船如天上坐"的诗句。③岚（lán）：林中雾气。④塔：指玉泉山的玉峰塔。⑤回廊：指颐和园长廊。其长廊是中国园林中最长的游廊，全长728米，273间，廊间有彩画1.4万余幅，故有"画廊"之称。⑥漾：荡漾、漂浮。此处指万寿山上佛香阁在昆明湖中的倒影。⑦梵（fàn）楼：佛殿。此处指万寿山的佛香阁。⑧玉带：即玉带桥，昆明湖西堤上的六桥之一玉带桥为高拱石桥，桥拱高而薄，水中倒影形如玉带，故名。璧：古代圆形玉器，中间有孔。合璧大圆：比喻玉带拱桥与其水中倒影合而为一，组成一个圆璧般的大圆环。⑨铜牛：位于昆明湖东堤，廓如亭北。牛背上铸有篆文《铜牛铭》，为清高宗爱新觉罗·弘历撰文。

【简析】这首诗构思精巧，巧妙地描写了颐和园的代表性景点，如昆明湖、佛香阁、长廊、玉带桥、铜牛等。写作手法灵活多变，对玉带桥，不作正面描写，只写倒影，给人以朦胧梦幻的美感。对昆明湖，不写实，只写游湖的感受，给人留下想象的余地。此外，化用前人诗句细腻传神。对杜甫诗句"春水船如天上坐"的化用笔触细腻，空灵曼妙，具有极强的艺术表现力。

登万里长城

清·康有为

汉时关塞重卢龙[1]，立马长城第一峰[2]。
日暮长河[3]盘大漠，天晴外部数疆封[4]。
清时堡堠传烽静[5]，出塞山川作势雄。
百万控弦[6]嗟[7]往事，一鞭[8]冷月踏居庸。

【作者】康有为（1858—1927年），广东南海人。清代政治家，中国近代改良派领袖。

【题解】长城，见罗哲文《题写长城联》。

【注释】①卢龙：古塞名，位于河北省迁安市与宽城县接壤处。是燕山山脉东段的隘口，现名喜峰口。清末隶属于直隶省永平府，因府治在卢龙，因此得名。几千年来均为军事要塞，兵家必争之地。②第一峰：指八达岭。③长河：黄河。盘：盘绕，弯曲。"日暮长河盘大漠"化用王维《使至塞上》中"大漠孤烟直，长河落日圆"的诗句。④外部：指长城以北的少数民族地域。数：历历可数。疆封：边界。⑤堡堠传烽静：指没有战争。堡堠：这里指烽火台。堠：古代瞭望敌情的土堡。传烽：古时边境有敌情，举烽火相传，称传烽。传烽静：指没有战争。⑥控弦：拉弓，代指士兵。控：引弓，开弓。⑦嗟（jiē）：慨叹。⑧一鞭：犹言马鞭一挥。

【简析】《登万里长城》是一首思想性、艺术性完美结合的诗作。首联以议论开篇，前句写史，有一种时间的纵深感；后句写峰，空间上突兀而起。时空交织，笔力雄健，气势磅礴。领联与颈联四句写景，立马关山，俯视山川，"盘"字颇见精神。"清时堡堠传烽静"，冷峻峭利，暗寓讽刺。"出塞山川作势雄"之句则伴随着深沉的感慨。这四句写长河、大漠、疆封、堡堠、山川，尺幅千里，风光壮美，怀古思今，盛衰迥殊。尾联写立马关山的豪情戛然而止，只能"一鞭冷月踏居庸"，乘兴而来，萧然而归。感情凝重，表现出较为浓重的议论、咏叹的格调。

诗作写景上，凝练传神，师法前人而别出机杼，笔力深厚且富有创新精神。写作手法上，全诗采用对比手法，古时的重视边防和眼下的苟且偷安对比，山河的壮丽和统治者的腐败对比，贯穿其中的是作者对时局的强烈忧虑。风格上，吊古伤今，有浓重的议论格调。音律上，对仗工稳，韵律妥帖，显示了作者博采众长的胸怀和自成一家的气派。

步出夏门行[①]·观沧海

东汉·曹操

东临[②]碣石[③]，以观沧海。水何澹澹[④]，山岛竦峙[⑤]。树木丛[⑥]生，百草丰茂。秋风萧瑟[⑦]，洪波涌[⑧]起。日月之行，若出其中；星汉[⑨]灿烂，若出其里。幸甚至哉，歌以咏志[⑩]。

【作者】曹操（155—220年），字孟德，小字阿瞒，沛国谯县（今安徽亳州）人。东汉末年著名的军事家、政治家和诗人，三国中曹魏政权的缔造者，其子曹丕称帝后被追尊为武皇帝，庙号太祖。曹操诗歌，气魄雄伟，慷慨悲凉，散文清朗整洁，开启并繁荣了建安文学，是"建安风骨"的代表诗人之一。

【题解】参见李斯《碣石刻石》题解。

这首诗是在建安十二年（207年）曹操北征乌桓得胜回师途中，经过碣石山时登山观海所作。乌桓是当时东北方的大患，北征乌桓的胜利，巩固了曹操的后方，奠定了次年挥戈南下，谋求统一大业的宏愿。身为主帅的曹操，登上当年秦皇、汉武都曾登过的碣石，恰当秋风萧瑟之际，面对洪波涌起的大海，触景生情，将自己宏伟的抱负、阔大的胸襟融汇到了这首壮丽的诗篇之中。

【注释】①《步出夏门行》，又名《陇西行》，属汉乐府中《相如歌·瑟调曲》。“夏门”原是洛阳北面西头的城门，汉代称夏门，魏晋称大夏门。从诗的内容看，与题意并无关系，只是借古题写时事。②临：站在高处看低处。此处有登上之义。③碣（jié）石：古山名，碣石山。④澹澹（dàndàn）：动荡不定。此处指水波摇动的样子。⑤竦峙（sǒngzhì）：耸立，屹立。竦：高起，高耸。峙：屹立，耸立。⑥丛：聚集，丛生。⑦萧瑟：此处指秋风声。此外，“萧瑟”也指寂静的样子。也指寂寞凄凉的样子。⑧涌：水向上冒。⑨星汉：银河。⑩幸甚至哉，歌以咏志：是乐府诗的一种形式性结尾，为合乐时所加套语。意思是庆幸得很，就用这首诗歌来表达自己内心的志向。

【简析】题目《步出夏门行》中的“观沧海”为后人所加，原文是《步出夏门行》中的第一章。

《观沧海》在中国古代山水诗史上占有特殊的位置，是我国现存的第一首完整的山水诗。诗作表达了诗人求贤若渴的心情，以及统一天下的壮志。全诗基调苍凉慷慨，是建安风骨的代表作。

从体裁方面看，这是一首古体诗；从表达方式看，这是一首四言写景诗。

从内容方面看，诗作以“观”统领全篇，意境开阔，气势雄浑，深深隐含着诗人的阔大情怀。先是叙述，然后写景的同时借景抒情，“水何澹澹，山岛竦峙。树木丛生，百草丰茂。秋风萧瑟，洪波涌起”，写景的深层是将壮阔的景色与诗人自己的雄心壮志巧妙地融合在了一起。秋风萧瑟中，沧海浩渺，山岛高耸，草木繁茂，但却没有丝毫凋衰感伤的情调。这种全新的境界与格调，抒发了作者渴望建功立业，统一中原的壮志豪情。结尾情景交融，以景言志，这是诗作的高潮。写景之中深深寄托着诗人自己的远大志向，重在言志，是情景交融的典范之作。“日月之行，若出其中；星汉灿烂，若出其里”，运用夸张兼比喻的修辞手法，整体上是以夸张手法极言大海所具有的包蕴万千的特性，再以比喻手法凸显大海“吞吐日月”的特征，在丰富的联想中表现出作者宽广的胸怀、宏大的抱负。这是诗作的高潮，感情奔放，意蕴含蓄，情景交融，情理结合。其中含蓄地涌动着作者作为一个诗人、政治家、军事家在一种典型环境中思想感情的流动，使人能够触摸到诗人奋发进取，立志统一国家的伟大抱负和壮阔胸襟，更有启发性，更能激发人们的想象，也更加耐人寻味。

从创作风格方面看，这首古体诗以浪漫主义手法，勾勒出大海吞吐日月、包蕴万千的壮丽景象，既刻画了高山大海的壮阔，更表达了诗人以景托志，胸怀天下的开阔胸襟与进取精神，抒发了建功立业的宏伟抱负。诗作语言质朴，想象丰富，气势磅礴，苍凉悲壮。

浪淘沙[1]·北戴河

现代·毛泽东

大雨落幽燕[2]，白浪滔天[3]，秦皇岛[4]外打鱼船。一片汪洋[5]都不见，知向谁边[6]？ 往事越千年[7]，魏武挥鞭[8]，东临碣石[9]有遗篇[10]。萧瑟秋风[11]今又是，换了人间[12]。

【作者】毛泽东（1893—1976年），字润之，笔名子任。生于湖南湘潭韶山冲的一个农民家庭。中国人民的领袖，马克思主义者，伟大的无产阶级革命家、战略家和理论家，中国共产党、中国人民解放军和中华人民共和国的主要缔造者和领导人，诗人，书法家。

【题解】北戴河，现为北戴河区，为秦皇岛市辖区，在河北省东北部渤海边，因著名海滨景区、世界著名观鸟胜地北戴河而得名，是闻名中外的旅游度假胜地，拥有海洋、森林、湿地三个主要的生态系统，有联峰山、鸽子窝、中海滩三大风景群组等40余处景观。

《浪淘沙·北戴河》写作背景：新中国成立以后，第一个五年计划实施，国家实力增强，农村的合作化运动已有较大的进展，对工商业的改造也开始着手，建设一个工业化的强国的伟大目标也开始提出。在这种背景下，1954年毛泽东到北戴河时曾在鸽子窝公园极目远眺，感慨万千，填了《浪淘沙·北戴河》这一不朽词作。词中描绘了在北戴河鸽子窝登高远望的壮阔场景，怀古思今，热情地歌颂了新时代新社会的新生活。

【注释】①浪淘沙：词牌名。②幽燕：古幽州及燕国。在今河北省北部及东北部。③滔天：犹言漫天、弥天。形容水势极大。夸张写“白浪”大到好像与天连接起来一样。滔：大水弥漫。④秦皇岛：现为河北省下辖地级市，三面环海，是渤海湾一个不冻良港。相传秦始皇曾求仙到此，它因此得名。⑤汪洋：广大无际的样子，形容水势浩大。汪：大而深的样子。⑥谁边：何处，哪里。⑦往事越千年：这里指建安十二年（207年）曹操东征乌桓（古代部族名）经过碣石山时写下《观沧海》一诗之事。越：度过，跨过。千年：概数，实际是1700多年。⑧魏武挥鞭：魏武，即曹操（155—220年）。曹操死后，他儿子曹丕自立为皇帝，追封他为魏武帝。挥鞭：原指挥鞭策马，这里指骑马出征。⑨碣石：见曹操《步出夏门行·观沧海》题解“碣石山”。⑩遗篇：遗留下来的诗篇，指《步出夏门行·观沧海》一诗。⑪萧瑟秋风：化用曹操《步出夏门行·观沧海》中“秋风萧瑟，洪波涌起”的诗句。萧瑟：秋风声。⑫人间：人世间。

【简析】《浪淘沙·北戴河》这首词展示了毛泽东作为无产阶级革命家的

前无古人的雄伟气魄和汪洋浩瀚的博大胸怀，具有比《观沧海》更鲜明的时代感、更深邃的历史感、更辽阔的宇宙感和更丰富的美学容量。

这首词生动地描绘了北戴河海滨夏秋之交的壮丽景色。上阕写景，景中含情。开句的“大雨落幽燕”排空而来，展现出雄浑壮阔的自然景观，给人以声势浩大之感。继之以“白浪滔天”更增其气势，写出浪声如雷形如山峦的汹涌澎湃，声形并茂气象磅礴。前两句，一为仰观，一为前瞻，随着视角的变化，空间画面也由陆而海，从上而下。后三句则显示视线由近而远的渐次推移，极富层次感。打鱼船的“一片汪洋都不见，知向谁边”的意境大有古人对大海惊涛骇浪的描写的态势，以小衬大，将较小的打鱼船意象置于广阔巨大的空间之中，进一步烘托渲染“白浪滔天”的威猛旷悍。特别是“知向谁边”之问，精简凝练，化实为虚，以简驭繁，可谓神来之笔，突出了风雨中海天莫辨、浩茫混沌、旷荡无涯的景象，进一步拓展了作品的空间容量，显示出一种寥廓深邃的宇宙感。

下阕抒情，情中有景，同时结合“遗篇”议论，先发思古之幽情。以“往事越千年”倒转时空，展现历史的画面。“魏武挥鞭，东临碣石有遗篇”恰似一幅生动、传神的剪影，简括而鲜明地勾勒出曹操当年策马扬鞭、登山临海的雄姿。“萧瑟秋风今又是，换了人间”，点明主旨，慨叹新社会发生的翻天覆地的变化，升华了词作的主题，使人们感受到了一种强烈的豪迈激情。

长白山

清・吴兆骞

长白雄①东北②，嵯峨③俯塞州④。
迥临沧海曙⑤，独峙⑥大荒⑦秋。
白雪横千嶂⑧，青天泻二流⑨。
登封如可作，应待翠华游⑩。

【**作者**】吴兆骞（1631—1684年），字汉槎，号季子。吴江松陵镇（今江苏吴江）人。少有才名，清初文学家“江左三凤凰”（宜兴陈维崧、吴江吴兆骞、松江彭师度）之一。清顺治十四年（1657年），因丁酉科场案无辜遭累被流放到宁古塔。在宁古塔的20多年间，他开办学馆、传播文化，结社吟诗，有《秋笳集》传世。

吴兆骞诗作慷慨悲凉，独奏边音。文学史上大量诗词直接描写长白山，是从清朝开始的，吴兆骞就是清初到过长白山并写有诗文的少数诗人之一。

【**题解**】长白山，国家级风景名胜区。跨越辽宁、黑龙江、吉林三省和中朝边境，主峰白云峰在吉林省。白云峰顶火山形成的湖泊——白云峰天池及天池形成的瀑布，蔚为大观。长白山景区拥有“神山、圣水、奇林、仙果”等盛誉，主要有天池、长白瀑布群、聚龙泉、黑风口等景观，有“关东第一山”“中华十大名山之一”的美誉。

【注释】①雄：称雄。②东北：不是现在东北地区的概念，应是泛指更广大的地域。③嵯峨（cuó’é）：高峻的样子。④塞州：泛指长白山地域的关塞州郡。⑤迥临沧海曙：运用夸张的手法极写长白山之高：长白山高耸云端，气势宏大，可远观沧海日出。⑥峙（zhì）：屹立，耸立。⑦大荒：荒远之地。⑧白雪横千嶂：长白山年平均气温在全国较低，降雪较多，积雪也较深，雾凇日数也比较长。这些客观条件造就了长白山不同于其他名山的独特景观。嶂：高而险峻的山峰。⑨二流：指天池北侧的两条瀑布。⑩登封如可作，应待翠华游：自秦汉以来，历代帝王都把登山封禅作为国家大典。长白山为满族的发祥地，满族一直把长白山视为圣地，是列祖龙兴的象征。康熙二十一年（1682年）三月，康熙皇帝第一次东巡到吉林，亲自望祭长白山神，以后大清皇帝每到吉林，必到望祭殿望祭。望祭仪式在吉林市乌拉城西南的小白山举行。登封：帝王登泰山，行封禅之事。翠华：皇帝仪仗中一种旗杆顶上饰有翠鸟羽毛的旗，也代指皇帝。此处运用借代的修辞手法代指皇帝。

【简析】这首五律录自《秋笳集》卷七，诗题为《长白山》，这在古人流传下来的作品里为数不多，因而弥足珍贵。

诗作形象地表现了长白山的博大、高峻、神秘、尊显，道出了长白山的景观特点和不凡气势。首联后一句的“俯”字，不仅表现出了卓然称雄的长白山的雄伟高峻，而且突出了长白山地位的尊贵。颔联与颈联对长白山的极尽赞美与欣赏，展现了作者非同一般的惊奇与喜悦之情。尾联议论长白山作为理想的祭天之地有其独到之处。整首诗，语言清美而富有活力，风格恢宏大气，眼界开阔辽远，是吟咏长白山的精美诗篇。

豫园[①]新咏

现代·陈诏

十里洋场[②]一翠螺[③]，豫园新境足吟哦[④]。
画家笔底林泉小，巨匠胸中丘壑多[⑤]。
清曲笛声和鸟语，衣香鬓影映春波[⑥]。
粉墙权作[⑦]凡尘隔，留得闲情赋薜萝[⑧]。

【作者】陈诏，1928年生，浙江宁波人。曾任中国红楼梦学会理事，上海市作家协会会员。

【题解】豫园，位于上海市中心黄浦区，毗邻老城隍庙。豫园最初是明朝四川布政使潘允端的私家园林，始建于明代嘉靖三十八年（1559年）。之后，豫园辗转于多人之手并经受多次战火的摧残。现在的豫园作为江南古典园林的典型代表，有“城市山林”之誉，又有“奇秀甲于东南”之说，是上海唯一一座以古典园林而列入全国重点文物保护的单位。

【注释】①豫园：园主人当初建造此园林的目的是“豫悦老亲”。豫：安乐，安逸。豫园也因此而得名。②十里洋场：旧时上海的租界区域因外国人较多，洋货充斥，被称为十里洋场。后多借代指旧上海繁华闹市区。③翠螺：指妇女的发髻。螺：螺髻，螺形发髻。也用以比喻山峦的形状。此处比喻豫园景色秀丽，青翠葱郁。④吟哦：吟咏。推敲诗句。⑤画家笔底林泉小，巨匠胸中丘壑多：颔联夸张地写豫园美景如画，意境阔大，寓意深远。林泉：指群山与树林相映生辉，泉水与石头环抱的秀美景色。也指文人雅士的隐居之地。丘壑：山陵和溪谷。也指隐者居住的地方。也喻深远的意境。⑥清曲笛声和鸟语，衣香鬓影映春波：颈联描写豫园既深邃清幽，又繁华热闹。衣香鬓影：形容女性的衣着穿戴十分华丽（多指人多的场合），此处“衣香鬓影”以借代的修辞手法代指女性。⑦权作：姑且当作。权：姑且，暂且。⑧薜萝（bìluó）：薜荔与女萝两种植物的简称。薜荔和女萝都是野生植物，常攀缘于山野林木或屋壁之上。后借以指隐者或高士的衣服，也借指隐者或高士的住所。此处流露出在豫园有归隐的闲情逸致之意。

【简析】这首赞誉豫园的诗作，整体上运用对比的修辞手法，于写景状物之中蕴含着议论说理的风格。贯通诗作的思路基本是将豫园的深邃清幽与繁华热闹加以对比，这两种相互对立的景象的比照，相反相成，相得益彰，使其两种意象的特征都得到了进一步的强调。这种对比表达手法使对豫园的吟咏，思路清晰，富于哲理，给人留下深刻印象。此外，诗作中隐隐约约地透出“归隐”的意蕴，所表达出的清雅清高的格调，使作品更别有韵致。

登金陵凤凰台

唐·李白

凤凰台上凤凰游，凤去台空江[①]自流。
吴宫[②]花草埋幽径，晋代衣冠成古丘[③]。
三山半落青天外[④]，二水中分白鹭洲[⑤]。
总为浮云能蔽日[⑥]，长安[⑦]不见使人愁。

【作者】见李白《望庐山瀑布》。

【题解】现在一般认为凤凰台位于南京秦淮区长干里西北侧凤台山上。相传南朝刘宋元嘉年间，有凤凰三只栖息山上。于是时人在山上筑台，山名凤台山，台为凤凰台。原亭台早已不存。

【注释】①江：长江。②吴宫：三国孙吴建都金陵所筑的宫殿。③“晋代”句：指东晋，南渡后建都于金陵。衣冠：一说指的是东晋文学家郭璞的衣冠冢。现今仍在南京玄武湖公园内。一说指当时豪门世族。此处的“衣冠”，指士大夫的穿戴，用借代手法代指士大夫、官绅。成古丘：晋明帝当年为郭璞修建的衣冠冢豪华一时，然而到了唐朝诗人写此诗时，已经成为一个坟丘。现今这里被称为郭璞墩，位于南京玄武湖公园内。④“三山”句：三山为山名。据《景定建康志》载：“其山积石森郁，滨于大江，三峰并列，南北相连，故号三山。”今三山街为其旧址，明初朱元璋筑城时，将城南的三座无名小山也围在了城中。这三座山正好挡住了从城北通向南门——聚宝门的去路。恰逢当时正在城东燕雀湖修筑宫城，于是将这三座山填进了燕雀湖。三山挖平后，在山基修了一条街道，取名为三山街。半落青天外：形容极远，看不大清楚。⑤“二水”句：“二水”一作“一水”。指秦淮河流经南京后，西入长江，被横截其间的白鹭洲分为二支。一支流入城外，一支在城内，即成为秦淮河。白鹭洲：古代长江中的沙洲，洲上多集白鹭，故名。今已与陆地相连，位于今南京市江东门外。⑥浮云能蔽日：浮云蔽日比喻谗臣当道，障蔽贤良。浮云：比喻奸邪小人。⑦长安：这里用借代手法代指京城的朝廷和皇帝。

【简析】这首诗是唐代诗人李白登南京凤凰台时而创作的一首怀古抒情的脍炙人口的杰作，也是李白诗集中为数不多的七言律诗之一。

诗作以登临凤凰台时的所见所感而起兴唱叹，把天荒地老的历史变迁与悠远飘忽的传说故事结合起来抒志言情，用以表达深沉的历史感喟与清醒的现实思索。气韵高古，格调悠远，体现了李白诗歌以气夺人的艺术特色。

《登金陵凤凰台》的艺术特色有三：一是诗作中回荡着充沛、浑厚之气。诗作中充溢着一股浑厚博大之气，超然物外，挥洒自如，成为编织巨大艺术境界的核心与内涵。就像透过“三山半落青天外，二水中分白鹭洲”的巨大立体时空，可以感受到历史的脉搏跳动与诗人的呼吸一样，通过李白的举重若轻，从容自在，以浩然雄大之气充塞整个诗歌境界的创作，也能更进一步感受到其诗作以气夺人的艺术特点。二是对时空观念的完美表现。这既体现在对历史与自然的认识上，也体现在构造时空艺术境界的表达方法上。在李白看来，宇宙万物之中，能够获得永恒存在的只有自然。一切的繁华与骄奢淫逸都会烟消云散。另外，李白在表现自然力量的雄大与变化的时空观时，选取了最为典型的事物，即“三山半落”之混茫与“二水中分”之辽阔，所构造出的阔大境界，将历史不断变迁，而空间依旧的比照整体地表现出来。三是遣词用句别致自然。诗作以寓目山河为线索，追求情随景生，意象谐成。“凤凰”之“去”与“凤凰台”之“空”的洁净、疏朗，与诗人潇洒的气质和略带感伤的情怀相一致，且意到笔至，词义契合，互相呼应。另外，“登临”的内在精神，与“埋幽径”“成古丘”的冷落清凉，与“三山”“二水”的自然境界，与对忧谗畏讥的“浮云”惆怅和不见“长安”的无奈凄凉，都被恰切地紧紧勾连在一起，使之当得起凤凰台“古今题咏，惟谪仙为绝唱”的赞誉。

寄扬州韩绰判官①

唐·杜牧

青山隐隐水迢迢②，秋尽江南草未凋③。
二十四桥④明月夜，玉人⑤何处教⑥吹箫。

【作者】见杜牧《山行》。

【题解】扬州，属江苏省下辖地级市，是中国首批24个历史文化名城之一。扬州城区至今已有近2500年的建城史。扬州，简称扬，别称维扬。隋灭陈后，金陵衰落。隋炀帝开凿南北大运河后，扬州则成为南方第一大城，至唐代，扬州已是繁荣的商业城市。明清时，扬州仍是重镇与商埠。

杜牧集中赠韩绰的诗共有两首，另一首是《哭韩绰》。这首《寄扬州韩绰判官》是诗人杜牧离开扬州以后怀念昔日同僚韩绰判官而作。

【注释】①韩绰：事不详，杜牧另有《哭韩绰》诗。判官：观察使、节度使的属官。时韩绰似任淮南节度使判官。②迢迢：遥远的样子。③草未凋（diāo）：一作“草木凋”。凋：草木衰落，凋落。④二十四桥：二十四桥是古代桥梁建筑的杰作，位于江苏省扬州市，历史上的二十四桥早已颓圮于荒烟衰草。二十四桥有二说。一说谓数字二十四座桥。现今仅有开明桥、通泗桥的地名，桥已不存在。另一说为桥名，一名为“二十四”，或称二十四桥，清李斗《扬州画舫录》卷十五载：“廿四桥即吴家砖桥，一名红药桥，在熙春台后……扬州鼓吹词序云，是桥因古二十四美人吹箫于此，故名。”⑤玉人：貌美之人。一说是指韩绰，有杜牧对同僚韩绰的调侃意味。另一说是指扬州歌伎。此外，古代的“玉人”“美人”都可用来称誉男性。⑥教（jiāo）：教授，传授。

【简析】这首七绝着意刻画深秋的扬州依然绿水青山、草木葱茏，二十四桥月夜仍然乐声悠扬，调侃友人生活的闲逸，表达了作者对过往扬州生活的深情怀念。全诗意境优美，清丽俊爽，情趣盎然，千百年来，传诵不衰。

诗作首先从大处落墨，化出远景，“隐隐”和“迢迢”这一组叠音词语的运用，不但刻画出了山清水秀、绰约多姿的江南风貌，而且隐约暗示着诗人与友人之间山遥水长的空间距离，于抑扬的音韵中荡漾着诗人思念江南的似水柔情。第三、四句，诗人本是问候友人近况，却用玩笑的口吻与韩绰调侃，两人的深厚友情得以重温，情虽切而辞不露，使诗作平添了许多风韵。“二十四桥”一句，有神往之致，巧妙地把美人吹箫于桥上的美丽传说与“月明桥上看神仙”的现实生活融合在一起，令人如见月光笼罩的二十四桥上，吹箫的美人浴披银辉，洁白光润，仿佛听到呜咽悠扬的箫声飘散在已凉未寒的江南秋夜，回荡在青山绿水之间。这样优美的境界早已远远超出了貌似与朋友调笑的表层意义，唤起的是对江南风光的无限向往。这种内蕴的情趣，微妙的思绪，“可言不可言之间”的寄托，“可解不可解之会”的指归，正是这首诗作的奥秘所在。

枫桥夜泊①

唐·张继

月落乌啼②霜满天③，江枫④渔火⑤对愁眠⑥。

姑苏⑦城外寒山寺，夜半钟声⑧到客船。

【作者】张继（约715—约779年），唐代诗人，字懿孙。其诗作爽朗激越，不事雕琢，比兴幽深，事理双切，对后世颇有影响。流传下来的不到50首。有《张祠部诗集》。

【题解】寒山寺，位于江苏苏州市城西阊门外的枫桥镇，坐东朝西，门对古运河。寒山寺相传始建于六朝时期的梁武帝天监年间（502—519年），初名“妙利普明塔院”，又名枫桥寺。传说唐贞观年间，当时的两位高僧寒山和拾得从天台山来此做住持，遂改名寒山寺。另一种说法是“寒山”泛指肃寒之山，非寺名。寒山寺因唐朝诗人张继的这首《枫桥夜泊》而闻名中外。每年除夕，数以千计的中外旅游者来到寒山寺，亲身领略张继笔下的诗情画意，并在108响钟声中辞旧迎新。

【注释】①夜泊（bó）：夜间把船停靠在岸边。泊：停船靠岸。止息，停留。②乌啼：一说为乌鸦啼鸣，一说为乌啼镇。③霜满天：此处的“霜”，应会意作严寒。霜满天，是空气寒凉的形象化以及夸张性表达。④江枫：一般解释作“江边枫树”，江指吴淞江，源自太湖，流经上海，汇入长江，俗称苏州河。另外有人认为指“江村桥”和“枫桥”。根据张诗所表明的物候及月相分析推算，张诗当作于农历十月深秋时分，江南水边多植乌桕之类树木，经霜叶红。所以江枫，应是泛指江边的红叶类树，不一定是专门指枫树。⑤渔火：通常解释为渔船上的灯火；也有说法指“渔伙”，即一同打鱼的伙伴。《全唐诗》“渔火”作“渔父”。

⑥对愁眠：伴愁眠之意。指诗人自己于江枫渔火之中对愁难眠。⑦姑苏：苏州的别称，因城西南有姑苏山而得名。⑧夜半钟声：也叫“分夜钟”或“无常钟”。苏州和邻近地区的佛寺，有打半夜钟的风俗。寒山寺曾经数次重建，现为太平天国以后所新建。寺钟在第二次世界大战时被日本人掠走，下落不明。

【简析】《枫桥夜泊》精确而细腻地描述了一个客船夜泊者对江南深秋夜景的观察和感受，勾画了月落乌啼、霜天寒夜、江枫渔火、孤舟客子等景象，有景有情，有声有色。此外，这首诗也将作者羁旅之思、家国之忧，以及身处乱世尚无归宿的顾虑充分地表现出来，是写“愁”的代表作。全诗句句形象鲜明，可感可画，句与句之间逻辑关系清晰明了，内容晓畅易解。

这首七绝以“愁”字强调。前两句意象密集：落月、啼乌、满天霜、江枫、渔火、不眠人的六种景象，构成一种意韵浓郁的审美情境。后两句意象疏宕：城、寺、船、钟声，构成一种空灵旷远的意境。“钟声”以动衬静，不但衬托出了夜的静谧，而且揭示了夜的深永和清寥以及诗人卧听疏钟的种种难以言传的感受。可见，相关景物的布局都独具匠心：一静一动、一明一暗、江边岸上，景物的搭配与人物的心情达到了高度的默契与交融，营造出一种轻愁幽美、静谧清寥、神韵盎然、运思缜密的艺术境界。

春题湖上

唐 · 白居易

湖[①]上春来似画图，乱峰[②]围绕水平铺[③]。
松排[④]山面千重翠，月点[⑤]波心一颗珠。
碧毯线头抽早稻[⑥]，青罗裙带展新蒲[⑦]。
未能抛得杭州去，一半勾留[⑧]是此湖。

【作者】见白居易《夜入瞿塘峡》。

【题解】见《风入松 · 一春长费买花钱》。

【注释】①湖：西湖。②乱峰：山峰很多，高低参差不齐。西湖三面环山，有南高峰、北高峰、葛岭等。③平铺：指水面平展。④排：排列。⑤点：点缀。明月一轮，故称“点”，比喻波心的月亮点在湖面明珠般闪烁。⑥碧毯线头抽早稻：比喻幼小的秧苗犹如青翠的碧毯线头。线头，指毛毯上的绒头。抽：(草木)发芽，长出。⑦青罗裙带展新蒲：比喻舒展的蒲叶犹如飘拂的青罗裙飘带。裙带：裙子上的飘带。蒲：香蒲，湖上生长的一种水草。⑧勾留：稽留，耽搁。

【简析】这首《春题湖上》，不仅是白居易山水诗中的佳作，也是历代描写西湖诗作中的名篇。

诗作前三联绘景，突出“绿”字，尾联抒情，突出“恋”字，借景抒情，情景交融。其特点有四：一是全诗的诗眼是“画图”，意韵统摄全篇，言外余情不尽，于新颖立意及别致结构之中更见其绵绵深情。二是比喻精当而精妙。诗人用一连串华美的比喻，勾画出西湖的旖旎风光。颔联用明珠比喻湖面上闪烁的明月。颈联采用倒喻手法，将本体“早稻”和“新蒲”置于喻体“碧毯线头”和“青罗裙带”之后，用青翠的碧毯线头比喻幼小的秧苗，用飘拂的青罗裙长带比喻舒展的蒲叶，结构相同，词性相同，平仄相间，韵律和谐，相辅相成，生动而形象地描绘了西湖如画的春景。这种倒喻手法的运用可谓别出心裁，出人意表。三是用析数手法夸张表达对杭州的留恋之情。“一半勾留是此湖”，将十分或百分之百的这一特定数目分成两部分可以相加减或者相乘除的数目，夸张地极写对杭州的深情厚谊，不仅耐人寻味，启发人们联想，而且使诗文顿生情韵，具有引人入胜的效果。四是内容曲折委婉，别有情致。前三联描绘的如画美景，不仅将诗人对西湖春光的珍惜与爱悦的情感自然而巧妙地表达出来，也使首联中的“画图”画面更加立体而充实，更使尾联的“勾留”之意水到渠成。

望岳

唐·杜甫

岱宗①夫②如何？齐鲁青未了③。
造化钟神秀④，阴阳割昏晓⑤。
荡胸生层云⑥，决眦入归鸟⑦。
会当⑧凌绝顶⑨，一览众山小⑩。

【作者】杜甫（712—770年），字子美，尝自称少陵野老。曾任检校工部员外郎，故世称杜工部。是唐代最伟大的现实主义诗人，宋以后被尊为“诗圣”，与李白并称“李杜”。其诗大胆揭露社会矛盾，内容深刻。其许多优秀作品，显示了唐代由盛转衰的历史过程，因此被称为“诗史”。在艺术上，善于运用各种诗歌形式，尤长于律诗；风格多样，而以沉郁为主；语言精练，具有高度的表达能力。存诗1400多首，有北宋王洙辑《杜工部集》传世。

【题解】泰山，古名岱山，又称岱宗、天孙，位于山东省中部，中国东部，主峰是位于泰安市境内的玉皇顶。泰山是中国五岳（泰山、华山、衡山、嵩山、恒山）之首。泰山有“五岳之长”“五岳独尊”的称誉，又有“天下名山第一”的美誉。泰山是中国第一批国家风景名胜区之一，1987年被联合国教科文组织列为世界文化与自然双重遗产。

几千年来，泰山自然景观融入了帝王封禅、诗文渲染、工匠艺术以及科学考察等因素，构成了泰山文化景观。风景区内形成了以主峰为中心呈放射状分布、三重空间（以岱庙为中心的泰安城，城西南蒿里山的“阴曹地府”，南天门以上的“仙界天府”）、一条轴线（连接这三重空间的景观带，主要是岱庙中轴线北延直到玉皇顶）的景观格局。

【注释】①岱宗：泰山，亦名岱山或岱岳。古代以泰山为五岳之首，诸山所宗，故称岱宗。历代帝王凡举行封禅大典皆在此山。此处的“岱宗”是对泰山的尊称。岱：泰山的别称。②夫（fú）：语气词。用于句中，起一种缓冲语气的作用。③齐鲁青未了：夸张极写泰山地域的广大与雄阔。以距离之远来烘托出泰山地域之广大。齐、鲁：原是春秋战国时代的两个国名，在今山东境内。古代齐鲁两国以泰山为界，齐国在泰山北，鲁国在泰山南。后用齐鲁代指山东地区。青未了：指郁郁苍苍的群山无边无际。青：深绿色。以借代手法指青葱苍翠的群山。未了：不尽，不断。了：了结，完结。④造化钟神秀：言大自然如此有情致，把神奇和秀美都给了泰山。造化：创造，化育。指大自然。钟：聚集、专注。⑤阴阳割昏晓：用比拟兼夸张手法极言泰山之高，山南山北因之判若清晓与黄昏，明暗迥然不同。阴阳：阴指山的北面，阳指山的南面。这里指泰山的南与北。割：划分。比拟兼夸张，先用比拟手法赋予泰山以“割”的特征，夸张地写泰山高到可以分割阴阳。昏晓：黄昏和早晨。这里指泰山阴面和阳面。⑥荡胸生层云：言心胸因层出不穷的云气而荡漾。荡胸：心胸摇荡。荡：摇动。层：一作“曾”。量词。用于重叠之物。层次，层级。⑦决眦（zì）入归鸟：极力睁大眼睛远望归鸟入山。决眦：睁裂眼角。形容张目极视的样子。眦：眼眶。入：纳入，使进入。⑧会当：该当，必须。⑨凌绝顶：登上最高峰。凌：攀登，登高。绝顶：山的最高处。⑩一览众山小：化用《孟子·尽心上》“孔子登东山而小鲁，登泰山而小天下”之意。小：形容词的意动用法，意思是“以……为小”“认为……小”。

【简析】《望岳》是一首五言古诗，是杜甫青年时代的作品，洋溢着蓬勃向上的朝气。全诗紧紧围绕诗题《望岳》之“望”着笔，由远望到近望，再到凝望，最后是想象中的俯望，通过描绘泰山雄伟磅礴的景象，热情赞美了泰山高大巍峨的气势和神奇秀丽的景色，表达了敢攀顶峰、傲视万物的雄心和气概，抒发了卓然独立、兼济天下的豪情壮志。

诗作的内容按由远望到近望，再到凝望，最后是想象中俯望的思路展开。开首两句写泰山的高峻壮伟，先表达作者的仰慕之情，再写其横跨齐鲁两地的绵延辽阔。“造化钟神秀，阴阳割昏晓”写近望，写所见泰山的神奇秀丽和能分割阴阳的巍峨雄峻。“荡胸生层云，决眦入归鸟”写极目远望，群峰生云，归鸟入谷，心胸为之激荡。最后两句“会当凌绝顶，一览众山小”写由望岳而生的登临峰顶的意愿，并抒发了作者所具有的坚韧不拔的性格和远大的政治抱负，成为人们千百年来传诵的名句。

《望岳》的特点有三：一是诗中无“望”字而统摄于“望”意。全诗以诗题中的“望”意统摄全篇，句句写望岳，但通篇并无一个“望”字，却仍能给人以身临其境之感，可见诗人谋篇布局和艺术构思的豁朗简劲与精妙奇绝。二是言近旨远。寓意与寄托虽然深远，但通篇只见登览名山之兴会，丝毫不见刻意比兴之痕迹，其深刻的寓意浮动于绘景状物之中。三是风格气骨峥嵘，体势雄浑，气象磅礴，于雄奇壮阔之中尽显遒劲峻洁、瑰丽雄放的风韵。

黄鹤楼

唐·崔颢

昔人已乘黄鹤去①，此地空余黄鹤楼。

黄鹤一去不复返，白云千载空悠悠②。

晴川历历汉阳树③，芳草萋萋鹦鹉洲④。

日暮乡关⑤何处是？烟波⑥江上使人愁。

【作者】崔颢（？—754 年），汴州（今河南开封）人。唐代诗人。其前期诗作多写闺情，后来的边塞生活使其诗风大振，忽变常体，风骨凛然，尤其是边塞诗慷慨豪迈，雄浑奔放。《全唐诗》存其诗 42 首。

【题解】黄鹤楼，原址位于湖北省武汉市武昌蛇山上，俯瞰长江，面对长江彼岸的龟山，是江南三大名楼之一。自古享有“天下江山第一楼”和“天下绝景”之称，是武汉市标志性建筑，与晴川阁、古琴台并称“武汉三大名胜”。黄鹤楼始建于三国时代吴黄武二年（223 年），距今已有 1800 多年的历史。历代屡修屡毁，现在的黄鹤楼是于 1985 年重建的。

【注释】①昔人：指传说中的仙人。一说指仙人王子安曾骑黄鹤经过此处。另一说指三国蜀国费祎，在此楼乘鹤登仙。“黄鹤”，一作“白云”。②“白云”句：言仙去楼空，唯有白云千载飘荡。悠悠：遥远的样子，长久的样子，众多的样子。③晴川句：晴川，晴天的江面。川：河流，也指低而平坦之地。历历：一一分明。汉阳：地名，汉水北岸，武昌西北，与黄鹤楼隔江相望。④芳草句：“芳草”，一作“春草”。萋萋：草木茂盛的样子。鹦鹉洲：武昌西北长江中的沙丘。根据《后汉书》记载，汉黄祖担任江夏太守时，在此大宴宾客，有人献上鹦鹉，故称鹦鹉洲。⑤乡关：家乡。⑥烟波：雾气弥漫的水面。

【简析】这首《黄鹤楼》描写在黄鹤楼上远眺的景象，是一首吊古怀乡之佳作，被推崇为题黄鹤楼的绝唱。这首诗也使李白叹服，据说李白为之搁笔，曾有“眼前有景道不得，崔颢题诗在上头”的赞叹。

诗作内容顿挫展开。首联巧用典故由仙人乘鹤归去引出黄鹤楼近景，隐含着楼枕山临江，峥嵘缥缈之形胜。颔联紧承首联，言自仙人离去，黄鹤楼已经历经千百年之久的远景。颈联游目骋怀，直接勾勒出黄鹤楼周边明朗的日景。尾联徘徊低吟，间接呈现出黄鹤楼下江面朦胧的晚景，以写烟波江上日暮怀归之情作结，使诗意重归于开头的渺茫不可见的境界。

诗作艺术特色有四。一是意中有象、虚实结合的意境美。如诗作从楼的命名之由入笔，借传说落笔，再生发开去。仙去楼空，唯余天际白云，悠悠千载，演绎着世事的苍茫。气概苍莽，感情真挚。

二是气象恢宏、色彩缤纷的绘画美。诗篇所展现的整幅画面上交替出现的有黄鹤楼的近景、远景、日景、晚景，变化奇妙，气象恢宏；相互映衬的则有仙人黄鹤、名楼胜地、蓝天白云、晴川沙洲、绿树芳草、落日暮江，形象鲜明，色泽缤纷，在诗情之中充满了浓郁的画意。

三是虚实对比，富于波澜美。昔日传说与眼前景物对比，使相关特点更加突出。叙昔人黄鹤，杳然已去，给人以杳不可知的感觉，忽一变而为晴川草树，萋萋满洲的眼前景象。这一对比，不但能烘染出登楼远眺者的愁绪，也使文势因此而有起伏波澜。

四是旋律清朗和谐，富于音乐美。首先，崔颢是依据诗以立意为要以及“不以词害意”的原则，写出七律中如此音韵不凡的诗句。全诗虽不严格协律，但嘹亮而不拗口，即景生情，信手而成就，一气呵成。情景交融，意境深远，自然宏丽，饶有风骨，艺术上达到了出神入化的境界。其次，诗作中双声、叠韵和叠音词以及词组的多次运用，如“黄鹤”“复返”等双声词语、双声词组，“此地”“江上”等叠韵词组，以及“悠悠”“历历”“萋萋”等叠音词的复叠萦回，造成了繁复的音响效果，朗朗上口，和谐悦耳，具有鲜明的节奏感和旋律美。其丰富的声势情态，使描物状形传神尽态，表情达意情深意切。

念奴娇[①]·赤壁怀古

宋·苏轼

大江[②]东去，浪淘[③]尽，千古风流人物[④]。故垒[⑤]西边，人道是[⑥]，三国周郎[⑦]赤壁。乱石穿空，惊涛拍岸，卷起千堆雪[⑧]。江山如画，一时多少豪杰。　遥想[⑨]公瑾当年，小乔初嫁了[⑩]，雄姿英发[⑪]。羽扇纶巾[⑫]，谈笑间，樯橹灰飞烟灭[⑬]。故国神游[⑭]，多情应笑我，早生华发[⑮]。人生如梦，一尊还酹江月[⑯]。

【**作者**】见苏轼《减字木兰花·立春》。

【题解】《念奴娇·赤壁怀古》中的赤壁是指赤鼻矶，即黄州赤壁，又名东坡赤壁、文赤壁、周郎赤壁。位于古城黄州（今湖北黄冈）的西北边，湖北省黄冈市公园路。因为有岩石突出像城壁一般，颜色呈赭红色，所以称之为赤壁。而三国古战场的赤壁，被称为武赤壁，一般认为在今湖北赤壁市蒲圻县西北。

【注释】①念奴娇：词牌名，又名“百字令”“酹江月”等。②大江：指长江。③淘：冲刷，冲洗。④风流人物：指杰出的历史名人。“浪淘尽”两句，在比喻时间的消逝的同时凭吊古代英雄人物。⑤故垒：旧时遗留下来的营垒。此处点出“故垒西边”这一赤壁古战场。⑥人道是：道出信息来源，有存疑之意。⑦周郎：指三国时吴国名将周瑜，字公瑾，少年得志，24 岁为中郎将，掌管东吴重兵，吴中皆呼为“周郎”。⑧“乱石穿空，惊涛拍岸，卷起千堆雪”三句：岸边乱石直耸云天，巨浪拍击着江岸，激起的浪花好似卷起千万堆白雪。雪：比喻浪花，使用的是比喻中的借喻修辞手法，比喻本体“浪花”与比喻词都不出现，直接用喻体“雪”代替本体“浪花”。直截了当、简洁明快地凸显了被卷起的本体“浪花”的特征。“穿空”，一作“崩云”。⑨遥想：想得很远，回忆。⑩小乔初嫁了（liǎo）：《三国志·吴志·周瑜传》载，周瑜从孙策攻皖，“得桥公两女，皆国色也。策自纳大桥，瑜纳小桥”。乔，本作“桥”。其时距赤壁之战已经十年，此处言“初嫁”，是言其少年得意，倜傥风流。⑪雄姿英发（fā）：谓周瑜体貌不凡，言谈卓绝。英发：才华外露。⑫羽扇纶（guān）巾：指古代儒将的便装打扮。羽扇，羽毛制成的扇子。纶巾：用青丝带做的头巾。此处运用借代的修辞手法代指周瑜。⑬谈笑间，樯橹灰飞烟灭：言在极短的时间内打败曹军。谈笑间：谈笑之间，说说笑笑之间。形容时间短暂，态度从容，气氛轻松。樯橹（qiánglǔ）：运用借代手法，部分代整体。用曹操水军战船这一部分代指曹操军队。樯，桅杆，也借指船。橹：船橹，多安放于船尾的划水工具。“樯橹”一作“强虏”，又作“樯虏”，又作“狂虏”。灰飞烟灭：比喻像灰、烟一样很快消失，也就是比喻在极短的时间内消失干净。⑭故国神游：“神游故国”的倒文。故国：这里指旧地，当年的赤壁战场。神游：精神或梦魂往游其境，即神交。⑮多情应笑我，早生华发：“应笑我多情，早生华（huá）发（fà）”的倒文。华发：花白的头发，也指老年人。⑯一尊还（huán）酹（lèi）江月：这里指洒酒酬月，以寄托自己的情感。尊：通“樽”，酒杯。一作“樽”。酹：以酒洒地而祭。

【简析】这首被誉为“千古绝唱”的《念奴娇·赤壁怀古》，是北宋词坛上最为引人注目的作品之一。

词上阕，重在写景，将时间与空间的距离紧缩集中到三国时代的风云人物身上。从滚滚东流的长江着笔，展示出一个极为广阔而悠久的空间和时间背景，气魄宏大，笔力非凡。其中描写赤壁雄奇壮阔的景象，从不同角度而又诉之于不同感觉的浓墨健笔，一扫当时文坛的平庸萎靡之气，营造出的奔马轰雷、惊心动魄的奇险场景，使人心胸为之开阔，精神为之振奋。

词下阕集中腕力塑造智破强敌的青年将领周瑜的形象，抒发个人空怀一腔报国热忱的万端感慨。“人生如梦，一尊还酹江月”，言近意远，感情激流忽作跌宕，是历史与现状，理想与实际尖锐冲突之后的一种心路历程，给读者留下阔大的思考空间。

这首词作的特点有四：一是庄中含谐，直中有曲。通篇大笔挥洒，却又衬以谐婉之句，英俊将军与妙龄美人相映生辉，昂奋豪情与感慨超旷的思绪迭相递转。二是这首词作第一次以空前的气魄和艺术力量塑造了一个英气勃发的人物形象，抒发了作者有志报国、壮志难酬的感慨，为用词体表达重大的社会题材，开拓了新的道路，产生了重大影响。三是其风格气象磅礴，格调雄浑，其境界之宏大，几乎前所未有。四是这首词作还有一个巨大贡献，就是对当时仍然盛行缠绵悱恻之调的北宋词坛具有振聋发聩的作用。

登岳阳楼

唐·杜甫

昔闻洞庭水①，今上岳阳楼。
吴楚东南坼②，乾坤日夜浮③。
亲朋无一字④，老病⑤有孤舟⑥。
戎马⑦关山北⑧，凭轩涕泗流⑨。

【作者】见杜甫《望岳》。

【题解】岳阳楼位于湖南省岳阳市，是一座位于岳阳市古城西门之上的古城楼，下瞰洞庭，前望君山，北倚长江。岳阳楼是古代三大名楼（与黄鹤楼、滕王阁并称我国古代三大名楼）中唯一一座保持原貌的古建筑。它的前身相传为三国时东吴名将鲁肃的阅兵楼。唐开元四年（716年），中书令张说来守岳阳，扩建阅兵楼，定名为岳阳楼。宋庆历五年（1045年），巴陵郡守滕子京重修，请范仲淹作《岳阳楼记》而声名大振，成为我国南方一大名胜。

【注释】①洞庭水：即洞庭湖，在今湖南北部，长江南岸，是中国第二大淡水湖。②“吴楚”句：吴楚两地大致在我国东南一带。坼（chè）：裂开，分开。③乾坤日夜浮：比喻日月星辰天地昼夜都漂浮在洞庭湖上。乾坤：此处指天地。浮：漂在水面上。④无一字：音信全无。字：文字，这里指书信。⑤老病：杜甫指自己有多种痼疾。杜甫时年57岁，身患肺病、风湿症等疾病，右耳已聋。两年之后即病逝于湘江舟中。⑥有孤舟：意为唯有孤舟一叶飘零无定。⑦戎马：军马。指军事，战事。指当时吐蕃入侵，西北边疆不宁。⑧关山北：指北方边境。⑨“凭轩涕泗流”句：指靠着岳阳楼的窗户痛哭流涕。凭：倚，靠。轩：窗。涕泗（tìsì）：眼泪与鼻涕。

【简析】《登岳阳楼》是一首即景抒情之作，其内容大跨度波澜壮阔地展开。首联和颔联写登岳阳楼所见，用凝练的语言，将洞庭湖水势浩瀚无际的磅礴气势和宏伟壮丽的形象真实地描画出来，勾勒出一幅气象万千的画面。颔联“吴楚东南坼，乾坤日夜浮”可谓气压百代，为五言雄浑之绝。其境界之宏阔，由极写水面宽阔与水的能量而得以浑然天成。颈联表现自已政治生活坎坷，漂泊天涯，怀才不遇的心境。尾联抒写诗人面临国家动荡而无可奈何，空有一腔热忱却报国无门的凄伤。

诗作的特点有三：一是意蕴丰厚，抒情虽低沉抑郁，却吞吐自然，雄浑大气，气度超然。二是表现手法变化多样。首联叙述，交代登楼缘由；颔联描写、绘制宏阔壮观图景，运用比喻，增强了作品的生动性；尾联运用抒情写法，揭示出诗人的内心世界，开拓了作品的意境。三是作品内容和感情两方面都有大跨度的跳跃。首先从表达内容方面看，首联蕴含了“昔”与“今”的时间跳跃过程；写景上，有吴、楚之地面到日、月之天空的空间跳跃；颈联转回自身的描写，又是一个从大到小的跨越；尾联扩展到国事的描写，是一个从小到大的跨越。在写国事时，是一个从国难到诗人情感层面的跳跃。这就形成了纵横开阖、跌宕起伏的特征。其次从作者情感脉络看，首联蕴含喜悦，颔联多展雄壮，颈联转为凄苦，尾联变为悲伤。诗人的感情随着诗篇的进展而不断变化，可谓沉郁顿挫，蔚为大观。

望洞庭

唐·刘禹锡

湖光秋月两相和①，潭面无风镜未磨②。

遥望洞庭山水翠③，白银盘④里一青螺⑤。

【作者】刘禹锡（772—842年），字梦得，洛阳（今属河南）人，自言系出中山（治今河北定州）。唐代文学家、哲学家。其诗通俗清新，善用比兴手法寄托政治内容。《竹枝词》《柳枝词》和《插田歌》等组诗，富有民歌特色，为唐诗中别开生面之作。著有《刘梦得文集》《刘宾客集》。

【题解】洞庭湖，在今湖南省北部。古称云梦、九江和重湖，处于长江中游荆江南岸，跨岳阳、汨罗、湘阴、望城、益阳、沅江、汉寿、常德、津市、安乡和南县等县市。洞庭湖之名，始于春秋、战国时期，因湖中洞庭山（今君山）而得名。洞庭湖北纳长江的松滋、太平、藕池、调弦四河，南部和西部接湘、资、沅、澧四水及汨罗江等小支流，由岳阳市城陵矶注入长江。洞庭湖是历史上的战略要地、中国传统文化发源地之一，湖区名胜繁多，以岳阳楼为代表的历史胜迹是重要的旅游文化资源。这首《望洞庭》是唐穆宗长庆四年（824 年）秋刘禹锡赴和州刺史任，经洞庭湖时所作。

【注释】①湖光秋月两相和：指水色与月光交相辉映。湖光，指湖面的波光。光：明亮，光辉，辉耀。两，指湖光和秋月。和：音乐和谐，引申为调和，也引申为和顺、和谐。②潭面无风镜未磨：一说是湖面无风，水平如镜；一说是远望湖中的景物，隐约不清，如同镜面没打磨似的模糊朦胧。面：指湖面。镜：古代用铜磨制而成的镜子。磨：借助石料或其他器物来磨制石器，引申为摩擦，使物锋利、变薄或生光。③山水翠：一作“山水色”。山，指洞庭湖中的君山。④白银盘：比喻平静清亮的洞庭湖面。白银，一作“白云”。⑤青螺：深绿色的螺蛳（具有旋纹壳的软体动物）。此处比喻洞庭湖中深绿色的君山。

【简析】这首七绝《望洞庭》描写了秋夜月光下洞庭湖的优美景色。

首句“和”字工炼，既有水天一色、玉宇无尘的融合的画境，也别有一种水国之夜荡漾的月光与湖水吞吐的韵律，一派空灵、缥缈、宁静、和谐。第二句“镜未磨”十分形象贴切地表现了洞庭风平浪静、安宁温柔的朦胧景象。第三、四句诗人的视线从广阔的湖光月色的整体画面集中到君山一点。“白银盘里一青螺”的比喻精当巧妙，其擅胜之处，不只表现出了取喻设譬举重若轻的奇巧，还表现出诗人所富有的奇思壮采的浪漫情怀。

总之，诗人飞驰想象，以清新的笔调，生动地描绘出洞庭湖水宁静、祥和的朦胧美，勾画出一幅美丽的洞庭山水图，表现了诗人对大自然的挚爱，也表现了诗人壮阔不凡的气度和高卓清奇的情致。

望九华山赠青阳韦仲堪

唐・李白

昔在九江①上，遥望九华峰。
天河挂绿水②，秀出九芙蓉③。
我欲一挥手，谁人可相从？
君为东道主④，于此卧云松⑤。

【作者】见李白《望庐山瀑布》。

【题解】九华山位于安徽省青阳县西南 20 公里，南望黄山，北瞰长江，以天台、莲花、天柱、芙蓉等九座山峰为最著名，故名九子山。李白来游九华山，见“九峰如莲花”，遂“削其旧号”，改名九华山（见李白等《改九子山为九华山联句》序），从此九华山声名大振。九华山松涛怪石、奇峰云海、古刹林立，有“佛国仙城”之称，与山西五台山、浙江普陀山、四川峨眉山并称中国佛教四大名山，是国家级风景名胜区。

韦仲堪：李白好友，时任青阳县令。

【注释】①九江：九江之称最早见于《尚书·禹贡》中“九江孔殷”“过九江至东陵”等记载。关于九江称谓的解释有两种，一是“九”为阳数之级，“九江”的意思是“众水汇集的地方”，“九”是虚指；二是据《晋太康地记》“以为湖汉九水（赣江水、鄱水、余水、修水、淦水、盱水、蜀水、南水、彭水）入彭蠡泽也”，即九条江河汇集的地方，“九”是实指。长江流经九江水域境内，与鄱阳湖和赣、鄂、皖三省毗连的河流汇集，水势浩渺，江面壮阔。②天河挂绿水：九华山瀑布高挂于天地之间。天河：这里指九华山瀑布。“挂”运用比拟的拟人手法，表现诗人在凝神眺望的一瞬间所产生的幻觉。③秀出九芙蓉：九华山群峰仿佛从水面袅袅绽出的九朵莲花。九芙蓉：九华山的九座山峰似九朵莲花。④东道主：指韦仲堪，时任青阳县令，故称其为东道主。⑤卧云松：指隐居，这里指韦仲堪在青阳过着半仕半隐的生活。

【简析】天宝后期，李白于漫游途中，曾在九江下游（安徽贵池至铜陵一带）的江面上远眺九华，观赏山景。篇首二句所言“遥望”，即为此意。

这首诗从不同角度描绘九华山的美景，表达了对九华山的神往之情。第一，运用拟人和比喻的修辞手法。“天河挂绿水”的“挂”运用拟人手法，写瀑布的悬空之感，化动为静，表现出诗人在凝神眺望的一瞬间所产生的幻觉：奔腾的瀑布从天河倾泻而出，旋即化为一匹巨大的绸缎，高挂于天地之间，气势奔放。“秀出九芙蓉”句，以比喻手法，化静为动，把九华山群峰写成从水面袅袅绽开的九朵芙蓉，渐次显露，婀娜多姿。动静结合，相得益彰。第二，色彩和谐搭配。一、二两句与三、四两句绿水与芙蓉色彩映衬，明媚可爱，富于生机，并形成雄放与奇秀的风格对比。第三，通过对韦仲堪在青阳过着“卧云松”生活的羡慕，进一步深化了对九华山的神往，并表达了诗人的隐逸情怀，足见诗仙倜傥挥洒的气度。这样的诗人，自然不可能与奔走名利之徒为伍，只有韦仲堪那样处世脱俗、卧于松云的高人雅士可以与自己同游，共同领略山水之趣。再次从侧面赞美了九华山的魅力。

此诗既有对山川美景的神往之情，又有对友人情操的赞美之意，情景相生，以赞叹之笔作结，也流露出诗人自己的清高绝俗之姿。

七律·登庐山

当代·毛泽东

一山飞峙①大江边，跃上葱茏②四百旋③。
冷眼向洋看世界，热风吹雨洒江天。
云横九派浮黄鹤④，浪下三吴⑤起白烟。
陶令⑥不知何处去，桃花源⑦里可耕田？

【作者】见毛泽东《浪淘沙·北戴河》。

【题解】庐山，见李白《望庐山瀑布》。

这首诗作于1959年。表达了作者在国家经济形势等出现困难之际，勇往直前的决心和勇气。

【注释】①峙：屹立，耸立。②葱茏：草木青翠而茂盛的样子。这里指登山的道路，一路青翠相接。③四百旋：指上山要经过约四百个山弯。④“云横”句：西望武汉，长江在湖北、江西一带有很多支流，白云当空，黄鹤高飞。九，极言其多。派，江河的支流。⑤三吴：泛指长江下游地区。⑥陶令：指陶渊明。陶渊明曾做过彭泽令88天，故称。陶渊明是浔阳柴桑人，隶属江西省九江市，东倚庐山，就在庐山脚下。⑦桃花源：代表人们追求与向往的美好境界。出自陶渊明寄托了他社会理想的《桃花源记并诗》，其中描述了一渔人溯溪流而上，尽头处是一片桃林，一群秦朝避难者与世俗完全隔绝，过着自给自足，“不知有汉，无论魏晋”，人人怡然自乐的理想生活，表达了“愿言蹑清风，高举寻吾契”的追慕之情。但这里是反用典故，意为不存在这样的社会。

【简析】这首诗写庐山雄伟壮丽的景色，抒发作者关心国事、放眼世界的情怀。首联从动态入手，诗句凌空突拔，宛若山势挺立，一个“飞”字，用得俊逸壮阔、从容飘逸。气魄宏大，烘托出庐山凌空欲飞的英姿。进山登临的路线盘旋环绕，一路上青翠迎接、相伴、引领朝上，倍添登临之趣。一句写山，一句写人，庐山突兀凌空的雄姿，登山者豪迈振奋的神情，跃然纸上。颔联承接“跃上葱茏”展开，登高望远，世界的风云变幻，尽收眼底。冷眼向洋、热风吹雨，对比泾渭分明。颈联借想象的翅膀，驰骋于长江上下，西望武汉，九派之上，云鹤高翔；东眺三吴，波涛滚滚，烟雾袅袅。“横、浮、下、起”动词连用，活画出大好河山的生动画卷，与诗人豪迈的诗情相得益彰。尾联反用了陶渊明所著《桃花源记并诗》中的典故，实际上否定了桃花源的存在，指出要在“与世隔绝”的桃花源耕田只能是幻想。“桃花源”所代表的乌托邦式的理想社会只能告慰心灵，而在人世间却永远无法见到。结尾句问得富有诗意和机趣，寓意深刻。

送桂州严大夫

唐・韩愈

苍苍①森②八桂③，兹④地在湘南⑤。
江⑥作青罗带⑦，山如碧玉篸⑧。
户多输⑨翠羽⑩，家自种黄甘⑪。
远胜登仙去，飞鸾⑫不假⑬骖⑭。

【作者】韩愈（768—824年），字退之，河南河阳（今河南省孟州市）人。自称"郡望昌黎"，世称"韩昌黎""昌黎先生"。唐代杰出的文学家、思想家、哲学家、政治家。谥号"文"，故称"韩文公"。与柳宗元并称"韩柳"，有"百代文宗"之名。为唐宋八大家之一。他提出的"文道合一""气盛言宜""务去陈言""文从字顺"等写作理论，对后人很有指导意义。著有《韩昌黎集》等。《师说》《送孟东野序》《进学解》《张中丞传后叙》等为其散文名篇。

【题解】桂州即今桂林。桂林位于广西东北部，自古有"桂林山水甲天下"的称誉，是具有两千多年历史的文化名城，著名的游览胜地。气候温和，自然环境优美，"山青""水秀""洞奇""石美"是桂林四绝。漓江酷似一条青罗带，蜿蜒于桂林的奇峰峻岭间。从桂林至阳朔的83公里漓江河段，是漓江精华，还有"深潭、险滩、流泉、飞瀑"的佳景，是岩溶地形发育典型、丰富和集中地带，集中了桂林山水的精华，令人有"舟行碧波上，人在画中游"之感。桂州严大夫指韩愈的朋友严谟。唐穆宗长庆二年（822年），严谟以秘书监为桂管观察使，离京上任前，时任兵部侍郎的韩愈作此诗赠别。

【注释】①苍苍：深青色。②森：树木丛生繁密。③八桂：《山海经・海内南经》载："桂林八树，在贲隅东。"桂林产桂树，故以"八桂"指代桂林，后也代指广西。④兹：此，这。⑤湘南：湘之南。⑥江：指漓江。⑦青罗带：青绿色的丝带。罗：一种丝织品。这句比喻漓江犹如青绿色的丝带碧澄蜿蜒。⑧篸（zān）：古代用来固定发髻或连接冠发的一种首饰。这句比喻桂林拔地独立的山峰犹如玉篸一般峻峭玲珑。⑨输：缴纳赋税。⑩翠羽：翠鸟的羽毛，可作为名贵的装饰品。⑪家自种黄甘：是说桂林盛产柑橘，几乎家家种植。一说黄甘，指黄皮果。⑫飞鸾：给仙人驾车的凤凰一类的神鸟。⑬假：借助。一作"暇"。⑭骖（cān）：驾车时位于两旁的马。也泛指马或马车。

【简析】此诗首联便紧扣桂林之得名，以其地多桂树而设想"苍苍森八桂"。八桂而成林，既贴切又新颖，把南方胜地的魅力点染出来。"兹地在湘南"，表面上只是客观叙述地理方位，说桂林在湘之南。言外之意却是：那个偏远的地方，却多么令人神往，启人遐思。以下从两个方面，分写山川物产之美异。

颔联描写了桂林地貌之奇。由于石灰岩层受到水的溶蚀切割，造成千姿百态的石峰，奇特壮观。漓江之水，则清澈澄明，蜿蜒曲折。“江作青罗带，山如碧玉簪”，是脍炙人口之佳句。桂林之山拔地独立，犹如玉簪一般峻峭玲珑；而漓江之碧澄蜿蜒，流速缓慢，亦恰如仙子飘飘的罗带。诗歌抓住桂林青峰挺秀、绿水潆洄的景物特点，写得十分传神，通过两样女性服饰及首饰，将人的姿态和风韵赋予绿水青山，使桂林山水更显俏丽妩媚。

颈联“户多输翠羽，家自种黄甘”二句描写桂林物产之奇。唐代以来，翠鸟羽毛是极珍贵的饰品，且这里能日啖令北方人感到新异的“黄甘”，诗句将其产地的吸引力写得生动可感，令人神往。

以上两联从不同侧面写出桂林的秀美奇异之处，为尾联归结到送行之意、抒发神往之情做好了充分的铺垫。严大夫此去桂林虽不乘飞鸾，却“远胜登仙”。去边远偏僻的桂林做官，说它远胜仙境，充满宽慰之意、送别之情。

独秀山

唐·张固

孤峰不与众山俦①，直入青云势未休。

会得②乾坤③融结④意，擎天一柱⑤在南州⑥。

【作者】张固，唐代诗人。

【题解】见廖鸿熙《桂林独秀峰联》。

【注释】①俦（chóu）：伴侣。②会得：领会到。③乾坤：泛指天地。乾，八卦之一，象征天、阳、日、君、父、夫等。坤，八卦之一，象征地，为女性、阴性的代称。④融结：诗中指大自然融合凝结生成此峰。⑤擎（qíng）天一柱：《神异经》载：“昆仑有铜柱焉，其高入天，所谓天柱也。”诗中借指独秀峰支撑天地。擎：举，向上托住。⑥南州：泛指南方地区。

【简析】这首诗的前两句写山形，以一“孤”字写其平地拔起，孤峰矗立，以一“直”字写其四壁如削、陡峭高峻、上插于天，“势未休”更将这种气魄写到了极致，把独秀峰孤峰突起、气势不凡、无与伦比的特点凸显出来，有力勾画了独秀峰孤傲、高耸、峭拔的伟岸形象，赞美独秀峰独立超群、顶天立地、不同凡响的雄伟气势。后两句借山形抒胸臆，把独秀峰的形成视为天地灵气之凝结，进一步强化了这一伟岸的形象，流露出诗人高飞远举的格调和心志。写景健拔，抒情明朗。

[双调]湘妃怨·武夷山中

元·张可久

落花流水出桃源[1]，暖翠晴云满药田。流金古像开香殿，步虚[2]声未远，鹤飞来认得神仙[3]。傍草漫山径，幽花隐洞天[4]，玉女[5]溪边。

【作者】张可久（约1270—约1350年），号小山。其名有可久、久可、伯远诸说，其字有可久、小山、仲远诸说。庆元（治所在今浙江省宁波市鄞州区）人。曾在绍兴、衢州、婺州、桐庐等地任路吏、典史等下级官吏。元朝著名散曲家、剧作家。与乔吉并称“元散曲两大家”，或并称“双璧”。他仕途失意，徜徉山水，作品大多记游怀古、赠答唱和。

【题解】双调，古代戏曲音乐名词，宫调之一。湘妃怨，曲牌名，属双调。张可久自云“江山好处追游遍”（[中吕·满庭芳]《山中杂兴》），曾漫游江南之名胜古迹。这支曲子写武夷胜景。张可久经常出入道观，与道士们唱和交往，曲中流露出浓浓的仙道之气。

【注释】①桃源：这里指武夷山九曲溪六曲北岸松鼠涧尽头、苍屏峰与北廊岩之间的“小桃源”。此处东临玉版峰，南连苍屏峰，西依天壶峰，北接三仰峰，四面环山，石崖相倚成门，石桥下溪涧流水，豁然开朗，仿如陶渊明笔下武陵桃源，因此得名。②步虚：指道士在醮坛仪式上一边唱诵词章，一边在仪式法坛内围绕或面对神座旋绕游走的动态，宛如众仙缥缈步行虚空。也指道教传说中神仙的凌空步行。③鹤飞来认得神仙：暗写仙鹤岩、登仙石。仙鹤岩在九曲溪一曲大王峰西壁，岩呈鹤形，因而得名。仙鹤岩下有登仙石。④洞天：道教用以称神仙所居的洞府，意谓洞中别有天地。⑤玉女：指玉女峰，位于九曲溪二曲溪南，山峰像束髻簪花的少女，岩壁缝痕似少女的衣裙皱褶摆动，峰下碧波荡漾，传说是玉女沐浴的地方。

【简析】这支曲子的突出特点是仙道意象和典故的运用。通过药田、香殿、步虚、鹤、神仙等带有典型道教色彩的缤纷意象及典故，呈现远离俗世的飘然之感，仿佛作者也要追随清虚高妙的神仙，骑鹤飞升，与“桃源”意象结合，表达了摆脱现实困扰、寻求精神归宿的追求。曲作写景赏心悦目，构图优美，脉络清晰，用字雅丽。山草、幽花的点缀，既使山水披上了缥缈神奇的面纱，也使抒情主人公具有了高洁脱俗的气质，令作者与自然融为一体，探究到天地之间本真的秘境，从而回归恬淡的心境，挣脱名缰利锁。正如《太和正音谱》云：“张小山之词，如瑶天笙鹤。其词清而且丽，华而不艳，有不吃烟火食气。”

五指参天

明 · 丘浚

五峰①如指翠相连，撑起炎荒②半壁天。
夜盥银河摘星斗③，朝探碧落弄云烟④。
雨余玉笋⑤空中现，月出明珠掌⑥上悬。
岂是巨灵⑦伸一臂，遥从海外数中原。

【作者】丘浚（1421—1495 年），字仲深，琼山人，明代著名的思想家、史学家、政治家、经济学家和文学家，被明孝宗御赐为“理学名臣”，被史学界誉为“有明一代文臣之宗”。

【题解】五指山是海南第一高山，位于海南岛中部，峰峦起伏成锯齿状，形似五指，故得名。五指山区遍布热带原始森林，层层叠叠，逶迤不尽。海南主要的江河皆从此地发源，山光水色交相辉映，构成奇特瑰丽的风光。

这首诗为丘浚少年时所作。

【注释】①五峰：即壁立、虎头、鹿回、鳌山、龙栖五岭。②炎荒：泛指炎热荒远之地。③夜盥银河摘星斗：运用夸张手法极写五指山仿佛高到在银河洗手，运用比拟的拟人手法，写五指山像人的手一样具有“摘”的功能，伸手可摘星斗。盥（guàn）：洗手，泛指洗涤。④朝探碧落弄云烟：运用比拟的拟人手法赋予五指山以“弄”的特征，仿佛可在天空摆弄云烟。碧落：指天空。⑤玉笋：喻指五指山。⑥掌：指五指山。⑦巨灵：山神。

【简析】这首诗以指、掌、臂这些反映五指山特征的形态为主线，以非凡的想象力，运用夸张、比喻、拟人的修辞手法，极写五指山的高峻和雄伟，勾勒出五指山的迷人景观。一、夸张。“夜盥银河摘星斗”，运用夸张的修辞手法，极写五指山之高，仿佛可在银河洗手。想象大胆而奇特。二、比喻。诗句“雨余玉笋空中现”把雨后的五指山比作破土而出的玉笋，展现在碧空，“月出明珠掌上悬”把五指山比作托举明珠的手掌，形象鲜明生动，极见巧思。三、拟人。“夜盥银河摘星斗”和“朝探碧落弄云烟”都运用了比拟的拟人手法，写五指山像人的手一样具有“摘”的功能，伸手可摘星斗；赋予五指山以“弄”的特征，仿佛能以五指在天空摆弄云烟。出神入化地描绘了五指山变幻莫测的景观。

诗句展现了五指山神奇与飘逸的风采，借五指山的雄奇秀丽，寄托自己的胸襟抱负。自此诗出，唱和者蜂起，但无出其右者。当代大诗人郭沫若亦为之心折，在海南留下“五指山诗上我舌”的赞语。

滇海曲（其二）

明·杨慎

蘋[①]香波暖泛云津[②]，鱼枻[③]樵歌曲水滨。

天气常如二三月，花枝不断四时春。

【作者】见杨慎《人月圆·泛大理海子》。

【题解】见杨慎《滇海曲》（其一）。

【注释】①蘋：一种生在浅水中的水草，柄端四片小叶成田字形。②云津：云津桥，即得胜桥，跨盘龙江上。③枻（yì）：桨，这里运用借代手法代指船。

【简析】云南独特的山川地貌、物候人情，作为审美观照的对象，带给贬谪中的杨慎特别的审美体验。大自然的原生态风貌，吸引他回归本真，和这片土地和谐地融为一体。杨慎笔下的云南，四季如春，山清水秀，纯洁、干净而和谐。优美的自然环境被他充分演绎在云南题材的诗歌里，创造出一种人生的审美境界，让读者感悟到自然本真面目的可亲可爱，从而融入其中，那种和谐的愉悦让人对云南的山山水水向往不已。

第一，从表现手法来说，运用白描手法，勾画出鲜明生动的形象。“蘋香波暖”写出自然美，春暖花开，气候宜人，显示出融融春意；“鱼枻樵歌”绘出生活美，渔船摇过，樵歌唱答，安逸平静，令人陶醉。展现出一幅亲切而和煦的春色图。第二，从结构安排来说，采用分、总结构，前两句先从不同角度描绘自然美景和淳朴民风，后两句总结概括滇海夏无酷暑、冬无严寒、四季如春的总体特色，点出“春城”的美誉名副其实，唤起读者共鸣。

诗篇用语清新明丽，自然活泼，流畅爽朗，情韵悠扬。表达出诗人的赞美之情，折射出云南山水给诗人带来的心灵世界的清新透彻。

石林

当代·赵朴初

高山为谷谷为陵[①]，三亿年前海底[②]行；

可怪前人文罕记，石林异[③]境晚知名。

【作者】赵朴初（1907—2000年），安徽太湖人。当代著名书法家、诗人、佛教领袖。曾任全国政协副主席。著有《滴水集》《片石集》《佛教常识答问》等。

【题解】石林位于云南省昆明市石林彝族自治县。石林怪石林立，望之如苍莽的森林，故名。石林海拔1700多米，但在三亿年前这里是一片浩瀚大海，因地壳演变而形成各种石峰、石柱、石笋、石窟，被誉为“天下第一奇观”。

【注释】①高山为谷谷为陵：此句指云南石林一带地貌有非常大的变化。

此处用《诗经·小雅·十月之交》“高岸为谷，深谷为陵”句，意为高山变成深谷，深谷变成丘陵。比喻世事变迁。陵：大土山。②海底：指这里最初为古代海洋。③异：奇异，特别。

【简析】这首诗以朴实的语言，概括了石林的演变。诗人充分发挥想象力，仿佛穿梭到了数亿年前的远古，这里曾是一片汪洋泽国，经过漫长的地质演变，终于形成了极为珍贵的地质遗迹，涵盖了地球上众多的喀斯特地貌类型。首句化用《诗经》，写使人惊心动魄的巨变，给人带来悠远古老的意味。每一块石头，都仿佛是数亿年前凝固下来的一首诗；每一句诗，都向世人诉说着天地间的巨变。石与诗，竟是这么亲密而自然地融合在一起，以其或清秀或雄浑或安然或突兀的姿态岿然屹立于天地之间，经受着成千上万年的风霜雨雪，守望着人世间的沧海桑田。诗人称这里为“异境”，写出了石林的奇绝和特异，也就更强调了对其“晚知名”的遗憾之情。也使人联想到，类似的遗憾不仅仅存在于石林，发人深省。

黄果树庙壁题诗

佚名

黄桷①岩头挂百练②，磨盘岭③脚舞长虹。
飞沫喷珠凌④霄汉⑤，雪花如屑赛玲珑⑥。
轰轰雷鸣应千里，滚滚银涛乱山中。
丹青⑦临抹坐长叹，妙手还须造化工⑧。

【题解】黄果树，指黄果树大瀑布。古称白水河瀑布，亦名“黄葛墅”瀑布或“黄桷树”瀑布，因本地广泛分布着“黄葛榕”而得名。位于贵州省安顺市镇宁布依族苗族自治县白水河上，是世界著名的大瀑布之一。以水势浩大著称。瀑布高度为77.8米，其中主瀑高67米；瀑布宽101米，其中主瀑顶宽83.3米。黄果树瀑布属喀斯特地貌中的侵蚀裂典型瀑布。黄果树大瀑布还与周遭的瀑布群组成庞大的瀑布家族。瀑布群中，有恢宏的陡坡塘瀑布，精巧的螺丝滩瀑布，跌宕的滴水潭瀑布，圣洁的吊水瀑布，湍急的星峡瀑布等。至柔的水与至刚的山天然造就声色俱佳的交响诗画。

【注释】①黄桷（jué）：黄果树。②练：白色的熟绢。这里诗人将瀑布比为百练悬空，形象地写出了水势的浩大。③磨盘岭：也叫磨盆岭，黄果树瀑布所在地。这两句中“挂”与“舞”分别运用比拟的修辞手法，赋予黄果树瀑布以“挂”“舞”的特征，把黄果树瀑布飘逸且纷飞的姿态表现得形神毕见，栩栩如生。④凌：升。⑤霄汉：云霄和银河，指天空。⑥玲珑：明澈、空明的样子。⑦丹青：绘画用的颜料。⑧造化工：大自然的造化之力。造化：大自然。工：工巧，技艺高明。

【简析】这首诗运用多种表现手法，描摹出对黄果树瀑布的鲜明印象。第一，比喻的修辞手法。用一连串的比喻，描写瀑布的气势，赞颂大自然创造的奇迹。首联为远景，从远处看，整个瀑布尽收眼底，诗人将其比为百练悬空，长虹飞舞，可见水势浩大，雄伟壮阔，蔚为壮观。颔联为细节描写，以特写镜头，描述飞流直下时，水沫舞溅，翻飞动荡，如玲珑美玉。颈联从听觉效果着笔，写其声震山野，仿佛雷鸣阵阵。同时还带出了壮美的山间景色。第二，听觉、视觉印象互相烘托。“雷鸣”，“银涛”，一为听觉印象，一为视觉印象，强烈的冲击力扑面而来。第三，巧用叠字。“轰轰”“滚滚”，惟妙惟肖，富于动感和活力，强化了表达效果。第四，侧面描写。尾联借画家面对此情此景时完全无能着笔的慨叹，进一步渲染、烘托出黄果树瀑布的造化天工，人力难为。

蜀相

唐·杜甫

丞相祠堂①何处寻，锦官城②外柏森森③。
映阶碧草自春色④，隔叶黄鹂空⑤好音。
三顾频烦⑥天下计⑦，两朝⑧开济⑨老臣心。
出师未捷身先死⑩，长⑪使英雄⑫泪满襟。

【作者】见杜甫《望岳》。

【题解】蜀相，指三国时蜀国丞相诸葛亮，历史上杰出的政治家、军事家，官至蜀国丞相，谥号“忠武侯”。武侯祠位于成都南郊，为纪念诸葛亮而建。最初与蜀汉昭烈庙（刘备庙）相邻，明初武侯祠与昭烈庙合，名为“汉昭烈庙”。

【注释】①丞相祠堂：指武侯祠。②锦官城：成都的别称。也称锦城。③森森：繁密的样子。④自春色：自呈一片春天景色。与下句的“空好音”同为烘托祠堂内的寂静。⑤空：白白地。⑥频烦：犹“频繁”，屡次，多次。亦解为“屡次烦劳”。⑦天下计：统一天下的谋略。刘备为统一天下而三顾茅庐，问计于诸葛亮。这是在赞美诸葛亮在对策中所表现出的远见卓识。⑧两朝：指刘备、刘禅父子两代。⑨开济：开创与匡济。开：帮助刘备开创基业。济：辅佐刘禅度过危难。⑩出师未捷身先死：指诸葛亮多次出师伐魏，未能取胜，至蜀汉建兴十二年（234 年）卒于五丈原（今陕西岐山东南）军中。捷：胜利，成功。⑪长：经常，永远。⑫英雄：后世仁人志士。暗含诗人自己的感慨。

【简析】这首诗融情、景、议于一体，抒发了诗人对诸葛亮才智品德的崇敬和功业未遂的感慨。

诗篇先写景，景中含情：首联设问自答，呈现出一派静谧肃穆的气氛，营造了浓重的感情氛围，刻画出诗人追慕先贤的执着感情和寻幽凭吊的悠悠情思。颔联静动相衬。“自”“空”二字意味深长，传达出诗人无心赏玩、倾听，隐隐透露出忧国忧民之心。后抒情，情景交融：颈联在广阔的历史背景下，刻画出一位忠君爱国、济世扶危的贤相形象，高度概括了诸葛亮的一生，寄托着诗人对国家命运的深沉关怀。尾联抒发绵绵怀念之情，产生使人奋发兴起的力量，具有强烈的感染力。

诗作感情真挚，格调沉雄。寄托遥深，余味不绝。

乐山大佛

当代·乐时鸣

乐山佛大世无双，肩并凌云[①]脚踏江[②]。
西对峨眉东逝水，悬崖九曲[③]望风降。

【作者】见乐时鸣《苏幕遮·青海湖》。

【题解】乐山大佛位于四川省乐山市凌云山上，山前岷江、青衣江、大渡河三水汇合。大佛开凿于唐代开元元年（713 年），完成于贞元十九年（803 年）。弥勒大佛坐东朝西，通高 71 米，肩宽 28 米，鼻长 5.6 米，眼长 3.3 米，脚背宽 9 米，长 11 米，可围坐百余人，是世界上最大的石刻佛像。故被称为“山是一尊佛，佛是一座山”。

【注释】①凌云：指凌云山。②江：指岷江、青衣江、大渡河。③悬崖九曲：指大佛右边的凌云崖九曲栈道。

【简析】这首诗巧用地名把诗句串联起来，乐山大佛脚下，岷江、青衣江、大渡河奔腾汇聚；乐山大佛外围，乌尤山、凌云山、龟城山几座山体又组成了全身长达 4000 多米的“巨型睡佛”，形成独一无二的景观，展现了乐山大佛顶天立地的威风。“望风降”进一步烘托出乐山大佛的雄伟气概。

九寨沟风景区

当代·熊克威

人间仙境一沟中，天外玉峰数十重。
百处瑶池[①]明似镜，千寻[②]长海[③]色如虹。
悬泉喜作甘霖雨，奔浪喧成涧壑洪。
动植珍稀无二地，茂林古木绿阴浓。

【作者】熊克威，诗人。

【题解】九寨沟，见侯正荣《题九寨沟联》。

【注释】①瑶池：神话中称西王母所住的地方。代表神仙境界。此处指景色迷人、如仙境般的九寨沟。根据藏族神话传说，远古时期，九寨沟一片荒凉、人迹罕至。崇山峻岭中的男神达戈爱上了女神沃诺色莫。达戈用风云磨成一面宝镜，送给心爱的女神沃诺色莫，作为定情信物。女神不慎打碎宝镜，宝镜的碎片散落人间，变成了108个晶莹的翠海，像宝石一样镶嵌在山谷幽林之中。从此，人间便有了这处童话世界般的梦幻仙境——九寨沟。②寻：古代计量单位，八尺为一寻。运用夸张手法极写长海之长。③长海：是九寨沟海拔最高、湖面最宽的海子，海拔3060米，长约五公里，宽600多米，面积达93万平方米。海子水面呈墨蓝色，水源来自高山融雪，海子四周森林碧翠，山峰终年积雪。长海四周都没有出水口，夏季雨季，水不溢堤，冬季久旱，也不干涸，因此长海被称为"装不满、漏不干的宝葫芦"。海：大的湖泊。

【简析】九寨沟以其神奇的水光山色，成为蜀地名胜中的一颗明珠。这首诗首联为总起，以"人间仙境"高度概括了九寨沟的绝世美景，仿佛把人带到了神仙世界，于是重重山峰也俨然不在人间，而是天外仙山。"玉峰"的"玉"字把山写得超然不凡。颔联为静景，抓住九寨沟风光以水为主体的特点，集中描述九寨沟典型风光——海子，"明似镜""色如虹"，运用了比喻的修辞手法，渲染湖泊之清、长海之色，生动展现了这里的水光潋滟之美。水滋山润，山因水灵。颈联写瀑布之"动"，以"奔"写其形，以"喧"写其声，与颔联的静谧构成一幅动静相生的立体画卷。"喜"字和"喧"字饱含感情，足见诗人被水势浩大的景观打动后的兴奋。尾联点出这里还是动植物王国的独一无二之地，珍禽异兽生活在玉峰、瑶池、悬泉、奔浪、茂林、古木之间，营造出珍奇的童话世界，林带蓊郁，花木葳蕤，呼应了首联"人间仙境"的描述，令人心向往之。

过始皇墓

唐·王维

古墓成苍岭，幽宫①象紫台②。
星辰七曜隔③，河汉④九泉⑤开。
有海人宁⑥渡，无春雁不回⑦。
更闻松韵⑧切，疑是大夫⑨哀。

【作者】王维（701？—761年），字摩诘，唐代著名诗人。祖籍太原祁州（今山西祁县）。其父迁家于蒲（今山西永济市）。因官至尚书右丞，故亦称王右丞。精通音律，擅长书画，山水诗成就极高。苏轼称他“诗中有画”。著有《王右丞集》。

【题解】秦始皇陵墓位于骊山脚下。前后营造达 38 年之久，占地 56.25 平方公里，役夫最多时达 70 多万人。皇陵周围有陪葬墓坑 400 余座。举世闻名的秦兵马俑坑就在陵东 15 公里处。

本诗作于开元三年（715 年），诗人年方 15 岁左右。他于此年离家赴长安，路过长安郊外骊山脚下的秦始皇古墓，不禁发出兴亡盛衰的感叹。

【注释】①幽宫：幽冥界的宫殿，这里指秦始皇墓。②紫台：即“紫微宫”，天帝所居的地方，转指王宫。③星辰七曜（yào）隔：此句指日月星辰间隔排列于墓顶，装饰着地宫。七曜：古代对日（太阳）、月（太阴）与金（太白）、木（岁星）、水（辰星）、火（荧惑）、土（填星）五大行星的总称。④河汉：这里指始皇陵墓中用水银浇灌的河海。据《汉书》记载，秦始皇陵墓中“水银为江海，黄金为凫雁”。⑤九泉：地下深处，常指人死后埋葬的地方。⑥宁（nìng）：岂，如何。⑦无春雁不回：地下无春天，当然亦无雁回。⑧松韵：风吹松树发出的声音。⑨大夫：据《史记·秦始皇本纪》，秦始皇祭祀泰山时，下山途中遇到大雨，遂在松树下避雨。后来秦始皇封这棵大树为“五大夫”。“五大夫”为秦爵二十级中的第九级。

【简析】这首诗含蓄地揭露了秦始皇穷奢极欲、榨取民脂民膏、大兴厚葬的行为。首联为总起，古墓成了长满野草的山岭，可它那幽暗的地宫却是豪华壮丽的宫殿。“古”“幽”二字营造了一种暗黑阴冷的氛围。颔联描写秦始皇墓的宏大规模，再现了墓穴的铺张和富丽堂皇：陵墓像山岭一样高，墓穴像一座地下宫殿。墓顶有明珠做的日月星辰之像，以水银为江河大海。颈联则透露微词：墓中有江海，人岂能渡过；永远无春的地下，绝无大雁飞回。通过描写秦始皇陵墓地宫的景象，对其大兴厚葬给予了含蓄而真切的讽刺。尾联以声传情，在诗人听来，松声凄切，疑是五大夫的哀怨伤感。批判的意味呼之欲出。可以看出，他对秦始皇搜刮民脂民膏是持否定态度的。从前面的客观描写到最后表明作者的态度，虽然流露出了诗人的倾向性，但表现得比较隐晦，不是赤裸裸的直说，耐人寻味。剪裁得当，写得很有层次。

过华清宫绝句

唐·杜牧

长安回望绣成堆①，山顶千门②次第③开。

一骑红尘④妃子笑，无人知是荔枝来。

【作者】见杜牧《泊秦淮》。

【题解】华清宫位于陕西省西安市临潼区骊山北麓，距西安市 25 公里，有天然温泉。唐太宗贞观十八年（644 年），在此建宫室楼阁，赐名“汤泉宫”，高宗咸亨二年（671 年）改名“温泉宫”，玄宗天宝六载（747 年），经扩建后更名为华清宫。每年冬季唐玄宗与杨贵妃在此避寒。清代重建，规模不及唐代。1956 年，按唐代华清宫的式样进行扩建。

这首诗是杜牧经过骊山华清宫时有感而作。

【注释】①绣成堆：语义双关，表层意思是骊山两旁有东绣岭、西绣岭，而“绣”又有彩线织就的花样、图案的意思，形容骊山林木葱茏，花草繁茂，景色优美。②门：指宫门。③次第：按照顺序，一个接着一个地。④一骑红尘：强调一马疾驰，扬起飞尘。一骑：一人一马为一骑。红尘：指马疾驰时扬起的飞土。

【简析】诗歌通过送荔枝这一典型事件，揭露唐玄宗、杨贵妃的奢华生活，是咏史绝句中的佳作，脍炙人口。

这首诗的艺术特点在于含蓄、精深。第一，悬念的运用。起句从长安“回望”的角度，描写华清宫所在地骊山的景色，先展现一个广阔深远的骊山全景，接着，场景向前推进，展现出山顶雄伟壮观的行宫，宫门忽然一道接着一道打开了。“千门”因何而开，“一骑”为何而来，“妃子”又因何而笑，都暂时不得而知。最后才含蓄委婉地揭示谜底：一切源于“荔枝”。第二，对比手法。“一骑红尘”与“妃子笑”构成鲜明的对比，艺术效果强烈。不明确地说出玄宗的荒淫好色，但贵妃的恃宠而骄已经跃然纸上。“无人知”三字，不仅揭露了皇帝为讨宠妃欢心无所不为的荒唐，也与前面渲染的不寻常的气氛相呼应。第三，形象深刻。“妃子笑”三字颇有深意，很容易使人联想到春秋时周幽王为博妃子一笑，点燃烽火，导致国破身亡的故事。全诗朴素自然而寓意精深，含蓄有力。

敦煌二十咏（选一）

莫高窟咏

佚名

雪岭[①]干[②]青汉[③]，云楼架碧空[④]。

重开千佛刹，傍出四天宫[⑤]。

瑞鸟含珠影，灵花吐蕙丛[⑥]。

洗心[⑦]游胜境，从此去尘蒙[⑧]。

【题解】莫高窟，俗称千佛洞，坐落在河西走廊西端的敦煌。始建于十六国的前秦时期。历经十六国、北朝、隋、唐、五代、西夏、元等历代的兴建，形成巨大的规模，有洞窟 735 个（其中南区 492 个以艺术窟为主，北区 243 个以生活窟为主），壁画 4.5 万平方米，泥质彩塑 2415 尊，是世界上现存规模最大、内容最丰富的佛教艺术圣地。被联合国教科文组织列入世界文化遗产。石窟壁画富丽多彩，绘有佛经故事、山川景物、亭台楼阁、花卉图案、飞天佛像以及劳动人民的生产场面等，是民俗风貌和历史变迁的艺术再现，雄伟瑰丽。《敦煌二十咏》是出自莫高窟藏经洞的二十首五言律诗，吟咏了敦煌的山川风物和历史人物。

【注释】①雪岭：指莫高窟西三危山。为“敦煌八景”之一，被称作“危峰东峙”。②干：冲犯。③青汉：天汉，即银河，“雪岭干青汉”运用夸张手法极写三危山之高耸。④云楼架碧空：运用夸张手法极写莫高窟洞窟之巍峨。⑤“重开”“傍出”句：指唐李克让修葺莫高窟佛龛事。傍（páng），旁边。天宫：神话中天帝所居之宫殿，亦指神仙居处。这里指佛殿。⑥“瑞鸟”“灵花”句：这两句描写修葺后的莫高窟内如仙境般的彩绘和装饰。瑞鸟：祥瑞之鸟，指凤凰。瑞：祥瑞。灵花：仙花，佛教称为灵瑞草。蕙丛：兰草丛，泛指芳草。这两句描写修葺后的莫高窟内的彩绘和装饰。⑦洗心：涤荡心中杂念，净化心灵。⑧尘蒙：人世间的尘垢、世俗的种种私欲。

【简析】《莫高窟咏》为《敦煌二十咏》之一。首联开门见山，先声夺人，描写三危山直冲云霄的巍峨之势和荒凉壮美之景。颔联表现唐代李克让修葺莫高窟的盛况及莫高窟修葺后的宏伟气势。颈联描写莫高窟的彩绘和装饰，带给人仙境般的感受。尾联抒发游览莫高窟所受到的感染。面对此情此景，诗人胸中的郁闷早已被灵岩佛光所净化，进入超然美好的境界。从中可以体会到诗人对于莫高窟的惊叹和赞美之情。也为我们了解唐代莫高窟的情状提供了宝贵的史料。

访莫高窟

当代·吴丈蜀

敦煌宝窟世间传，五百迷宫①放眼看。
几许如来齐说法②，众多仙女欲飞天③。
千姿百态人抟佛④，姹紫嫣红彩绘垣⑤。
万象⑥纷纭⑦穷物相，是非得失此中参⑧。

【作者】吴丈蜀（1919—2006 年），字恂子，一作荀芷，四川泸州人。20 世纪 40 年代即以书法知名。擅行书，工诗词，通史学。著有《读诗常识》《词学概说》《诗词格律讲话》《中国历史三字经》等。

【题解】莫高窟，见佚名《敦煌二十咏（选一）》。

【注释】①五百迷宫：莫高窟有艺术洞窟492个，约称500个。②说法：讲解佛法。③飞天：敦煌飞天，是画在敦煌石窟中的飞神，后来成为中国独有的敦煌壁画艺术的一个专用名词。现在敦煌莫高窟492个艺术洞窟中，几乎窟窟画有飞天。④抟佛：塑造佛像。抟（tuán），把散碎的东西捏聚成团。⑤彩绘垣：指莫高窟壁画。垣（yuán）：墙。⑥万象：宇宙间的一切事物或现象。这里指壁画中讲述的佛经故事和市井生活，体现社会现实，反映世间百态。⑦纷纭：众多。⑧参：检验、验证。

【赏析】这首诗称颂莫高窟的认识价值、艺术成就，以及对世人的教化作用。首联总起，从时间和空间的角度写莫高窟之珍贵，视野开阔。颔联抓住其佛教艺术中心的地位，选取典型场景，既有如来为众生演说诸法的整肃之美，也有飞天裙带飘飘、轻盈巧妙的妩媚之色。颈联概括称颂莫高窟作为古典艺术宝库的成就，洞窟建筑、彩塑、绘画生动丰富、色彩绚丽、想象大胆，堪称美的宝藏。尾联写在这里足以参透人间得失，解脱红尘束缚。

瑶池

唐·李商隐

瑶池阿母①绮窗开②，黄竹歌声③动地哀。

八骏④日行三万里，穆王⑤何事⑥不重来？

【作者】李商隐（813—858年），字义山，号玉谿生，又号樊南生，祖籍怀州河内（今河南焦作沁阳），出生于荥阳（今河南荥阳市），晚唐著名诗人，和杜牧合称“小李杜”。李商隐又与李贺、李白合称“三李”，与温庭筠合称为“温李”。著有《李义山集》。

【题解】晚唐迷信神仙之风极盛，最高统治者尤是，甚至有皇帝因服丹药妄求长生而丧命。这首诗是借周穆王的传说，加以生发，讥刺皇帝求仙的虚妄。瑶池，传说中西王母所居的池名。

【注释】①阿母：指西王母。《穆天子传》卷三：“天子宾于西王母，天子觞西王母于瑶池之上。西王母为天子谣曰：‘白云在天，山陵自出。道里悠远，山川间之。将子无死，尚能复来。’天子答之曰：‘予归东土，和治诸夏。万民平均，吾顾见汝。比及三年，将复而野。’”《武帝内传》称王母为“玄都阿母”。②绮窗开：写西王母急切盼望周穆王来临的情景。绮窗：雕刻有花纹的窗户。③黄竹歌声：《穆天子传》卷五载，周穆王往蘋泽打猎，“日中大寒，北风雨雪，有冻人，天子作诗三章以哀民”，首句为“我徂黄竹”。黄竹本为传说中的地名。后即用来指周穆王所作诗名。其诗为后人伪托。④八骏：周穆王的八匹良马。⑤穆王：周穆王，姬姓，名满。周昭王之子，西周第五位君主。是西周在位时间最长的周王，中国古代历史上最富于传奇色彩的帝王之一，世称“穆天子”。⑥何事：为什么，有什么理由。

【简析】这首诗根据西王母与周穆王相约见面的传说来构思，表达了对于求仙以及追求长生的行为的讽刺和批判。诗人在想象中虚构了一个西王母盼望穆王归来的场景：西王母推开雕镂彩饰的窗户，眺望东方，却不见穆王的踪迹，传来的却是《黄竹歌》的哀声震动大地。首句是仙境的绮丽风光，次句是人间的凄楚情景，形成强烈的对比，从而形成震撼人心的表达效果。这个对比兼含着两层意思：一是隐喻作歌之人已死，仙境虽美，怎奈无缘得去，暗含对求仙的讽刺；二是用《黄竹歌》诗意，暗示人民在挨饿受冻，而统治者却在追求长生不死，希图永远享受，寄寓着对统治者求仙的斥责。“黄竹歌声动地哀”有哀民生之多艰的意味。

诗作在艺术上的特点主要是表情达意含蓄曲折，以具体生动的形象来表现长生之虚妄，求仙之荒诞。不直接写穆王已死，但从其迟迟不来赴约，其死自明。又以西王母的开窗眺望、殷切守候，表明西王母希望周穆王不死，可是这个希望是落空的。即令仙人如西王母，也不能挽救周穆王于一死，则人间那些所谓长生不老之术，自然更是靠不住的了，不明言求仙之虚妄，而其虚妄自见。诗歌结尾的诘问是西王母心中的问号，诗人却不着一字议论或反诘之词。诗人的用意，完全融化在西王母的动作和心理中，措辞婉转，吞吐不尽。

二、游记

三峡·巫峡（节选）

北魏·郦道元

江水又东，迳巫峡，杜宇所凿以通江水也①。郭仲产②云：“按《地理志》，巫山在县③西南。”而今县东有巫山，将郡县居治无恒故也④。

江水历峡，东经新崩滩⑤。此山汉和帝永元十二年崩⑥，晋太元二年⑦又崩。当崩之日，水逆流百余里，涌起数十丈。今滩上有石，或圆如箪⑧，或方似笥⑨，若此者甚众，皆崩崖所陨⑩，致怒湍流⑪，故谓之新崩滩。其颓岩所余，比之诸岭，尚为竦桀⑫。

其下十余里，有大巫山⑬，非惟三峡所无，乃当抗峰岷、峨⑭，偕岭衡、疑⑮。其翼附群山⑯，并概青云⑰，更就霄汉辨其优劣耳⑱。神孟涂⑲所处，《山海经》曰：“夏后启⑳之臣孟涂，是司神于巴㉑，巴人讼㉒于孟涂之所，其衣有血者执㉓之，是请生[24]。居山上，在丹山[25]西。”郭景纯云：“丹山在丹阳，属巴。”[26]丹山西即巫山者也。又帝女居焉。宋玉所谓天帝之季女[27]，名曰瑶姬，未行[28]而亡，封于巫山之阳[29]，精魂为[30]草，寔[31]为灵芝。所谓巫山之女，高唐之姬[32]，旦为行云，暮为行雨，朝朝暮暮，阳台之下，旦早[33]视之，果如其言。故为立庙[34]，号“朝云”焉。其间首尾一百六十里，谓之巫峡，盖[35]因山为名也。

自三峡七百里中，两岸连山，略无阙[36]处。重岩叠嶂[37]，隐天蔽日，自非亭午夜分[38]，不见曦[39]月。至于夏水襄陵[40]，沿溯阻绝[41]。或王命急宣[42]，有时朝发白帝[43]，暮到江陵[44]，其间千二百里，虽乘奔御风[45]，不以疾也[46]。春冬之时，则素湍[47]绿潭，回清倒影[48]。绝巘多生柽柏[49]，悬泉瀑布，飞漱[50]其间，清荣峻茂[51]，良[52]多趣味。每至晴初霜旦，林寒涧肃，常有高猿长啸，属引凄异[53]，空谷传响，哀转[54]久绝。故渔者歌曰：“巴东[55]三峡巫峡长，猿鸣三声泪沾裳。”

【作者】郦道元（约470—527年），字善长，范阳涿鹿（今河北涿州市）人，地理学家、散文家。传世著作有《水经注》，郦道元另著《本志》十三篇及《七聘》等文，但均已失传。

《水经注》其书名为注释《水经》，实则以《水经》为纲，通过搜集丰富的文献和实地调查，详细而生动地记载了一千多条大小河流的走向和经过地域以及相关的地理沿革、历史遗址、建筑名胜、风土人情、人物掌故、神话传说等，是我国古代最全面而系统的综合性地理著作。从文学角度看，郦道元的《水经注》中有关山川的精彩描述，博采兼载的内容体例，虽还处于中国游记初创阶段，但已为后世的游记发展奠定了坚实的基础。

这篇《三峡·巫峡》（节选）的第四段，是郦道元引用南朝刘宋时期盛弘之《荆州记》中的文字，有些许改动。这一点前人已经指出，并且也已由当代学者研究证明。

【题解】三峡是瞿塘峡、巫峡和西陵峡的总称，在长江上游重庆奉节和湖北宜昌之间。巫峡，是长江三峡中最为险丽幽深的峡谷，在重庆巫山县和湖北巴东县之间，峡长谷深，迂回曲折，奇峰嵯峨连绵，烟云氤氲缭绕，景色清幽至极，如一条美不胜收的画廊。巫峡主要景观有三台、八景和十二峰。十二峰中以神女峰最著名，峰上有一挺秀的石柱，形似亭亭玉立的少女。

【注释】①江水又东，迳（jìng）巫峡，杜宇所凿以通江水也：江水又向东流，经过巫峡，（巫峡）是杜宇派人凿开流通江水的。迳：经过。杜宇：传说中东周末年古蜀国国君，号“望帝”。事见《蜀王本纪》《华阳国志·蜀志》。以：连词，表示后一行动是前一行动的目的。②郭仲产：晋代人，曾任荆州从事。《新唐书·艺文志》录其《荆州记》二卷。③县：当指重庆巫山县。④将郡县居治无恒故也：或许是郡县治所变动的缘故吧。将：介词，与。郡县居治：郡县衙门所在地。⑤新崩滩：巫峡中险滩之一。⑥汉和帝永元十二年崩：汉和帝永元十二年（100 年），这座山崩塌。永元：东汉第四位皇帝和帝刘肇的第一个年号。崩：山倒塌，泛指崩塌，倒塌。⑦晋太元二年：377 年。太元：东晋孝武帝年号。⑧箪（dān）：盛饭食的容器，多用竹制。⑨笥（sì）：盛东西的方形竹器。⑩陨：坠落。⑪致怒湍流：谓石积江中，急流受阻，流势更加汹涌。怒：此处意为旺盛，猛烈。湍：水势很急。⑫竦桀（sǒngjié）：形容崩裂后的山高峻耸立的样子。竦：高起，高耸。桀：特立，杰出。⑬大巫山：陆游《入蜀记》："新奔滩（按，即新崩滩）下十余里有大巫山。"⑭岷、峨：指四川岷山、峨眉山。⑮偕岭衡、疑：与衡山、九疑山比肩并立。偕：俱，共同。衡、疑：指湖南衡山和九疑山（又作九嶷山、苍梧山）。⑯翼附群山：谓依附于大巫山周围的群山。⑰并概青云：与青云平齐。运用夸张手法极写大巫山之高。概：量粮食时用以刮平量器的工具。引申为刮平，削平。又引申为齐，平。⑱更就霄汉辨其优劣耳：谓只有到高天上才能分辨其高低。运用夸张手法极写大巫山之高。霄汉：云霄和天河。指天空极高处。⑲孟涂：一作"血涂"。⑳夏后启：夏朝帝王启。后：帝君。㉑是司神于巴：是巴地的司法神。司神，郭璞注："听其狱讼，为之神主。"巴：今四川东部、重庆、湖北西部一带。㉒讼：打官司。㉓执：逮捕，捉拿。㉔是请生：郭璞注："言好生也。"指孟涂这样做，表现了他爱护生命、不随便杀人的严肃态度。㉕丹山：山名，在今湖北巴东县西。说明：上面一段引文出自《山海经·海内南经》，文字稍有出入。㉖"郭景纯"三句：郭景纯即郭璞。引文为《山海经》郭璞注文。㉗宋玉所谓天地之季女：此句至"号'朝云'焉"，参用了宋玉《高唐赋序》的说法。季女，年龄最小的女儿。㉘行：出嫁。㉙封于巫山之阳：埋葬在巫山阳云台。封：聚土为坟，引申为埋葬。阳：山的南面。㉚为：变为。㉛寔（shí）：代词。此，这。㉜高唐之姬：高唐：高唐观，其遗址位于巫山县西北部，长江北岸高丘山的末鹤峰上。相传高唐观建于尧皇时代，因楚国宋玉《高唐赋》而得名。曾描写过与楚襄王同登高台的场景，也是"巫山云雨"的著名出处之一。姬：古人妇女的美称，也泛指美女。㉝旦早：次日早上。㉞庙：即神女祠。㉟盖：副词，大概，一般。㊱阙（quē）：空隙，豁口。㊲嶂：高而险峻的山峰。㊳亭午夜分：指正午和半夜。㊴曦（xī）：阳光。㊵夏水襄陵：夏天江水漫上山陵。襄：冲上。陵：大土山。㊶沿溯阻绝：顺水、逆水之船都被阻断。沿，顺流而下；溯，逆流而上。㊷或王命急宣：有时朝廷的旨令急于传达。宣，宣布，宣谕。㊸白帝：白帝城，位于重庆市奉节县，地处瞿塘峡口长江北岸。㊹江陵：又名荆州城，今湖北江陵县。㊺乘奔御风：骑马驾风。奔：指飞奔的马。㊻不以疾也：不如峡中船行之快。不以，不如。疾：迅速，敏捷。㊼素湍（tuān）：白色的急流。湍：急流的水。㊽回清倒影：回旋的清波倒映着景物。回：回旋，环绕。清：清波。倒：(上下或前后)颠倒。㊾绝巘（yǎn）多生柽（chēng）柏：极高的山峰上长着很多柽柏。巘：山峰。柽：柽柳科，又称“三春柳”或“红柳”。一作“怪”。㊿漱：倾泻。51清荣峻茂：水清树荣（茂盛），山高草盛。52良：副词，甚，很。53属（zhǔ）引凄异：谓猿的叫声相续不绝，音调格外凄凉。属引，连续不断。属：连接。引：延长。54哀转：谓声音哀凄婉转。55巴东：郡名。古族名、国名。主要分布在今川东、鄂西一带。相传周武王克殷，封为子国，称巴子国。周慎靓王五年（前316年）并于前秦，以其地为巴郡。东汉献帝初平六年（195年），益州牧刘璋分巴郡置固陵郡，郡治鱼复（今重庆奉节）。东汉建安六年（201年）更名巴东郡。

【**简析**】本文节选自《水经注·江水二》三峡中有关巫峡的内容。这篇节选文可以看作一篇写景散文，以凝练生动的笔墨，描绘了巫峡和三峡雄奇险拔、清幽秀丽的景色。首先写巫峡山水的雄丽峭拔、幽奇清绝。中间一段穿插历史掌故、神话传说。风格神奇清丽，行文跌宕不拘，既是优秀的学术著作，又是优美的文学篇章。最后总括写三峡，全面描写了三峡的壮丽景色。分写巫峡部分特征鲜明，总写三峡部分气势恢宏。

最后一段“自三峡七百里中……”总写三峡，全面描写了长江三峡的壮丽景色。其特点有三：一是作者抓住景物的特点进行描写。写山，突出其连绵不断、遮天蔽日的特点。写水，则描绘不同季节的不同景象。三峡的奇异景象，被描绘得淋漓尽致。二是写景大笔点染与细腻运笔相结合。先是采用大笔点染的手法，把七百里三峡万千气象尽收笔底。然后细致展开。同是三峡，四季景色特点各不相同。夏季之景，抓住江水的浩荡，以“虽乘奔御风，不以疾也”突出流速之快；写春冬之景，突出其清澈的特点，“回清倒影”的“素湍绿潭”，加上“飞漱其间”的“悬泉瀑布”，“素”“清”“峻茂”，别有一番情趣；最后写秋季的景色，“寒”“肃”“凄”“哀”，点石成金，将景物的神韵生动地表现了出来。结尾之句通过写猿鸣来突出三峡巫峡之秋的凄凉气氛。三是在文章的节奏上，动静相生，摇曳多姿。高峻的山峰，汹涌的江流，清澈的碧水，飞悬的瀑布，哀转的猿鸣，悲凉的渔歌，构成了一幅幅风格迥异的画面。所引用的诗句表现了渔人漂泊不定的悲伤，在衬托秋的凄凉的同时，也体现出作品深沉的人文关怀。

三、楹联

题天安门广场人民英雄纪念碑联

当代·陈谦

聚五千年浩气，凝四亿①众深情，化万仞②泰山，而成烈魄③；

超八百里湖光，挟④七二峰岳色，壮微躯秭⑤米，来仰丰碑。

【作者】陈谦，湖南湘阴人。陈谦撰联，构思用词，多见佳妙。擅长彰时代精神和生活气息于人情事理之中。

【题解】耸立在北京天安门广场中心的人民英雄纪念碑，是新中国成立后第一个国家级公共艺术工程，也是中国历史上最大的纪念碑，是为纪念 1840—1949 年为中国革命牺牲的人民英雄而修建的。1949 年 9 月 30 日，中国人民政治协商会议第一届全体会议通过决议建碑，1952 年 8 月 1 日开工，毛泽东为纪念碑奠基，1958 年 4 月落成。1961 年 3 月 4 日，由中华人民共和国国务院公布为第一批全国重点文物保护单位，位列革命遗址及革命纪念建筑物项。碑身正面（北面）镌刻毛泽东题词“人民英雄永垂不朽”八个镏金大字，背面是毛泽东起草、周恩来书写的 150 字小楷字体碑文。碑座下层大须弥座四面镶嵌十块巨大的汉白玉浮雕，概括而形象地表现出我国近百年来人民革命的伟大史实。碑身西面，第一幅是“八一南昌起义”的浮雕。碑身正面“胜利渡长江，解放全中国”的浮雕，是十幅浮雕中最大的一幅。

【注释】①四亿：为新中国成立初期的人口数据。此为概数。②仞：量词。古时八尺或七尺为一仞，此处“万仞”采用夸张手法极言其多。③魄：依附形体而存在的精神。可以解释为“魂魄”，即人的精神。古人认为精神能离形体而存在者为魂，依形体而存在者为魄。上联采用比喻手法，言“浩气”“深情”化成“泰山”再成为烈士忠魂。④挟（xié）：夹在腋下或指间。引申为携带，带着。⑤秭（zǐ）：古代十万为亿，十亿为兆，十兆为京，十京为垓，十垓为秭。一秭指一万亿。这里采用夸张手法极言其多。

【简析】人民英雄纪念碑楹联既描写了纪念碑的雄姿，也歌颂了为人民而死重于泰山，其丰功伟绩永垂不朽的人民英雄，更表达了对中国近代以来的死难先烈的崇高敬意和深切的缅怀之情。联语中“五千年浩气”“四亿众深情”“万仞泰山”“八百里湖光”“七二峰岳色”“秭米”等表达采用夸张的修辞手法，极言其多、其阔、其壮观。另外，联语中的动词运用极有特色，上联的“聚、凝、化、成”与下联的“超、挟、壮、仰”等动词的运用使表达动感态势强烈，形象色彩鲜明。

故宫太和门联

佚名

日丽丹山[1]，云绕旌[2]旗辉凤羽[3]；

祥开紫禁[4]，人从阊阖[5]觐[6]龙光[7]。

【题解】故宫太和门，太和殿前大门，是进入午门之后的第二道大门，为进入皇宫朝见皇帝必经的大门。太和殿俗称金銮殿，与中和殿、保和殿并称为三大殿。位于北京故宫南北中轴线外朝三大殿的最南面，是故宫的中心部位。该殿是明清两朝北京城内最高的建筑，开间最多、进深最大、屋顶最高，堪称中华第一殿。皇帝登基、册立皇后等大典都在此举行。太和殿是皇权的象征，因而在各种形式上都刻意设置，以示与众不同。

【注释】①丹山：这里指皇宫。②旌（jīng）：杆头缀有牦牛尾，下有彩色羽毛为饰的一种旗子。③凤羽：凤凰的羽毛。这里比喻飘舞的旌旗犹如凤羽。凤：古代传说中的神鸟，也比喻帝王。④紫禁：紫禁城。“紫”指紫微星垣。天上恒星中的三垣，紫禁垣居中央，太微垣、天市垣陪设两旁。古时候认为天皇应住在天宫里，所以天宫又叫紫微宫，以紫微星垣代称皇帝居处。⑤阊阖（chānghé）：神话中的天门。《汉书·礼乐志》载：“天马徕，龙之媒，游阊阖，观玉台。”借指皇宫的正门，宫门。此处指太和门。⑥觐（jìn）：古代诸侯秋天朝见天子。引申为拜会，会见。⑦龙光：特指皇帝的风采。龙：传说中神异的蛇形动物，能兴云作雨。比喻皇帝。

【简析】这副太和门楹联极言皇权的至高无上，渲染了皇家的辉煌威严与天象臻于尽善尽美的和谐。

颐和园仁寿殿联

清·爱新觉罗·弘历

星朗紫宸[1]，明辉腾北斗[2]；

日临黄道[3]，暖景[4]溯[5]南荣[6]。

【作者】见爱新觉罗·弘历《颐和园金牛铭》。

【题解】颐和园，见爱新觉罗·弘历《颐和园金牛铭》。

颐和园仁寿殿位于颐和园仁寿门内。殿名取《论语》中“仁者寿”之意。是慈禧、光绪坐朝听政的大殿。仁寿殿作为颐和园的政治中心，地位堪比故宫太和殿。

颐和园中亭台楼阁上大多题有楹联，总数达百余副。因是皇家园林，其楹联虽有一些述史昭示来者或赏景评点山水，但大多是宣扬君权神授观念或铺陈歌功颂德之词。大多比较注重艺术性和雅致情怀，艺术性较高的作品相对较故宫中的多。在欣赏颐和园、圆明园等皇家园林楹联时，宜注意体会帝王贵胄在繁忙政务之余所表露的些许生活情趣。

【注释】①紫宸：唐代大明宫中第三殿内紫宸殿，后以紫宸借代指皇帝的居所。②北斗：北斗七星，中国古代北斗星官中的七颗星。北斗七星中，天枢、天璇、天玑、天权组成为斗身，古曰魁；玉衡、开阳、摇光组成为斗柄，古曰杓。此外，北斗七星君是道教崇奉的七位星神，即“北斗七星”。儒教礼制也强调对星辰的祭祀。在中国文化中，对包括北斗七星在内的星辰的崇拜信仰由来已久，远在道教儒教形成之前。③黄道：古人认为太阳一年内绕地球所走的路径为黄道。此处也代指皇帝所走的御道。④景（yǐng）：“影”的古字。影子。《管子·宙合》：“景不为曲物直，响不为恶声美。”引申为测定日影。⑤测：测量水的深度。引申为测量，观测。此处指测量日影。⑥南荣：房屋的南檐。也指南方之地。荣：屋檐两头上翘的部分，也称屋翼、抟风。

【简析】仁寿殿内的楹联多处使用了借指帝王的意象，不仅点明了仁寿殿为颐和园内最主要的政治活动场所，也体现了皇帝自诩为“君权神授”的君王意识。这副楹联上联写夜景，仙宫吉祥；下联写昼景，吉祥繁荣。联语既在于帝王自勉，也在于歌颂帝业的辉煌。

长城居庸关联

清·萧诗

辽海[①]吞边月[②]；

长城锁乱山[③]。

【作者】萧诗（1607—1687年），字中素，号芷崖。清朝诗人。原为木匠世家，中素亦以木工为生。好读书，博学能文，亦能作诗。有《释柯集》传世。

【题解】长城，见罗哲文《题写长城联》。

居庸关，位于北京昌平区，是长城的一个重要关口。传说秦始皇修长城时，将征来的民夫士卒徙居于此，其关名取“徙居庸徒”之意。居庸关位于高山耸立的关沟之内，地势雄险，为“天下九塞”之一，“太行八陉”之八。关城所在的峡谷，属太行余脉军都山地，山岩夹峙，下有巨涧，悬崖峭壁，地形极为险要。被称为“天下第一雄关”。居庸关与紫荆关、倒马关、固关并称明朝京西四大名关。

【注释】①辽海：指渤海，也泛指辽东滨海一带。②边月：可理解为边塞（边疆）的月亮。边：边缘。引申为边境，边界。③乱山：连绵起伏的群山。乱：

紊乱，混乱。

【简析】此副楹联描写了两幅图景：上联描写辽海边月的杳远浩渺，下联描写长城乱山的雄奇险要，格调激越苍凉，沉郁悲壮。此外，上下联分别运用比拟的修辞手法，通过联想把"边月""乱山"当作可以"吞""锁"的物体，获得了异乎寻常的形象感与生动感。

长城山海关联

佚名

两京①锁钥②无双地；

万里长城第一关③。

【题解】长城，见罗哲文《题写长城联》。

长城上的山海关，又称榆关、临闾关，位于河北省秦皇岛市，北依燕山，南临渤海，是明长城的东北关隘之一，是扼守华北与东北的咽喉要塞。山海关素有中国长城"三大奇观之一"（东有山海关，中有镇北台，西有嘉峪关）以及"天下第一关""边郡之咽喉，京师之保障"之称。

【注释】①两京：即两个京城的合称。此处特指山海关外的盛京（清朝入关前的国都称"盛京"）沈阳和山海关内的北京（清朝入关后的国都）。②锁钥：锁和钥匙。比喻成事的关键，也比喻军事重镇或出入要道。此处比喻山海关是扼守华北与东北的咽喉要塞。③第一关：山海关东城门门楼上层额枋悬挂有"天下第一关"巨幅匾额，为明进士萧显所书。山海关被誉为"天下第一关"，一是从地理位置上，指山海关为万里长城东部的第一座关隘；二是从地理形势上，言山海关形势险要，易守难攻。此处的"第一关"用夸张的修辞手法，极言山海关的重要性。

【简析】这副楹联主要强调了山海关在军事上的重要作用。"锁钥"的比喻与"第一关"的夸张，凸显了山海关依山襟海，雄关锁隘的险要的特征。

晋祠门联

清·刘大鹏

巍巍冠盖①日纵横②，景其美兮，景其淑兮③，景其灵④兮，晋阳⑤焜耀⑥无双地；

混混源泉⑦时潋滟⑧，清且涟猗⑨，清且直⑩猗，清且沦⑪猗，山右⑫声名第一区⑬。

【作者】刘大鹏（1857—1942年），字友凤，号卧虎山人，别署梦醒子，又号潜园居士，山西太原县（现为太原市晋源区）赤桥村人。著名的地方史学者、地方文化学家。著有《晋祠志》《晋水志》等地方志。其《退想斋日记》有200多册50多万字。作为跨清末、近代与现代的学者，刘大鹏以正楷毛笔字记述了近代与现代中国以及晋祠发生的重大变迁。

【题解】晋祠，位于山西省太原市西南的悬瓮山麓，始建于北齐，又名唐叔虞祠，主要祭祀周朝晋国的开国诸侯叔虞及其母亲邑姜。晋祠是中国现存最早的皇家园林，背负悬山，面临晋水，依山就势，凭水添姿。晋祠也是中国现存最早的古典宗祠园林建筑群，现存有300年以上的建筑98座、塑像110尊、碑刻300块、铸造艺术品37尊，是集庄严壮观与清雅秀丽于一体，宗祠祭祀建筑与自然山水完美结合的典范。

晋祠门匾，是撷取唐太宗李世民《晋祠之铭并序》的"晋祠"二字放大制成。现在晋祠新大门的"晋祠"二字为1959年陈毅元帅所书。

【注释】①巍巍冠盖：言晋祠所依傍的悬瓮山高耸雄峙。巍巍：高峻的样子。冠盖：官吏的冠服和车乘。亦借指官吏。也指超群出众。此处比喻悬瓮山山势超群出众。②纵横：竖和横互相交错。本义为纵向和横向。南北曰纵，东西曰横；经曰纵，纬曰横。此处言悬瓮山横竖交错，山势广大。③景其淑兮：景物清湛。淑：水清澈。兮：语气词。④灵：善美，美好。⑤晋阳：中国古代北方著名大都会之一，故址在今山西省太原市。因在晋水之阳，故名晋阳。⑥焜耀（kūnyào）：同"焜燿"。明照，照耀；光辉，辉煌。焜：明亮。耀：光芒，照耀。⑦混混（gǔngǔn）源泉：滚滚源泉不断涌流。"混混"同"滚滚"，大水奔流的样子。《孟子·离娄下》载："源泉混混，不舍昼夜。"⑧潋滟（liànyàn）：水波荡漾的样子。⑨清且涟猗：涟，波纹；猗，语气助词。《诗经·魏风·伐檀》载："坎坎伐檀兮，置之河之干兮，河水清且涟猗。"此外，"清且直猗""清且沦猗"出处都同此。⑩直：不弯曲。这里指水流的直波。⑪沦：兴起微波。⑫山右：山西省旧时别称。中国古代，坐北朝南。太行山右侧（西侧）为山西省，"坐于"太行山之右，故也将山西称为山右。⑬第一区：指晋祠在三晋的声名首屈一指。

【简析】这副楹联，首先，上下联分别用"景其美兮，景其淑兮，景其灵兮"与"清且涟漪，清且直漪，清且沦漪"的两组排比句式描绘晋祠山水景物风光，晋祠的山高峻又壮观，晋祠的水清湛且潋滟，晋祠的景生动有灵气。其次，上下联结尾分别以夸张的手法赞叹了晋祠所拥有的"无双地""第一区"的美誉。

应县木塔联

佚名

俯瞩桑干[1]，滚滚波涛萦[2]似带；

遥临恒岳[3]，苍苍[4]岫嶂[5]屹[6]如屏。

【题解】应县木塔，本名释迦塔，全称佛宫寺释迦塔，位于山西省朔州市应县城西北佛宫寺内。建于辽清宁二年（1056年），金明昌六年（1195年）增修完毕。外观五层六檐，塔身实为九层。以60多种形态各异、功能有别的斗拱，博得中国古代建筑“斗拱博物馆”的美称。史称“玲珑峻碧倚苍穹，海内浮图第一工”。

应县木塔是中国现存最高最古的一座木构塔式建筑，与意大利比萨斜塔、巴黎埃菲尔铁塔并称“世界三大奇塔”。2016年9月，应县木塔获得吉尼斯世界纪录认证，为世界上最高的木塔。

【注释】①俯瞩桑干：在木塔的三层上可远眺桑干河和翠微岭。俯瞩：从高处往下看。瞩：视，望。桑干：古称㶟（lěi）水，隋代称桑干河，金代称卢沟，旧名无定河。此处的“桑干”为永定河的上游，位于河北省西北部和山西省北部。上源为山西省的元子河与恢河，两河于朔州附近汇合后称桑干河。②萦（yíng）：缠绕，绕。曲折。③恒岳：指北岳恒山，又名玄岳、紫岳，位于山西浑源县。④苍苍：深青色。⑤岫（xiù）嶂：指山岭。岫：指峰峦。嶂：高而险峻的山峰。⑥屹：高耸的样子。

【简析】这副楹联描绘了登临塔上概览木塔周边山水景物的阔大景象。一“俯瞩”与一“遥临”，强调了木塔的凌空耸峙，视野广阔。“萦如带”“屹如屏”等比喻贴切地描摹了桑干如带、恒山如屏的壮丽景象，鲜明而形象地表现出了木塔的巍峨气势。

沈阳故宫衍庆[1]宫联

清·阮元

水能性澹[2]为吾友；

竹解心虚[3]是我师。

【作者】阮元（1764—1849年），江苏仪征人。在经学、方志、金石学以及诗词方面都有很高的造诣，被尊为三朝阁老、九省疆臣、一代文宗。曾校刻《十三经》，著有《浙江通志》《广东通志》《云南通志》《扬州图经》等。

【题解】沈阳故宫，见爱新觉罗·弘历《盛京旧宫再依皇祖原韵》。

沈阳故宫中的衍庆宫，又称为“次东宫”，位于清宁宫的东面，是皇太极的淑妃博尔济吉特氏巴特玛璪的寝宫。

【注释】①衍庆：绵延吉庆、福庆长久。常用作祝颂之词。衍：蔓延，扩大。庆：善。也指福，幸福。②澹（dàn）：安静。这里指水具有的淡泊特征。《汉书·扬雄传·长杨赋》载："且任君以玄默为神，淡泊为德。"③竹解心虚是我师：上联表达水有淡泊之性，堪为己友的意思；下联则言竹自然虚心，堪为己师。解：理解，懂得。心虚：谦虚不自满。此处以竹子的空心比喻仁人君子的谦虚美德。

【简析】这副楹联全盘化用唐代诗人白居易《池上竹下作》中"水能性淡为吾友，竹解心虚即我师"的诗句，言水性淡泊，是我的好朋友，翠竹虚心，是我的好老师。上联咏水，下联咏竹，上下联为正对关系。用"水"与"竹"这两种事物设喻，深刻而形象地说明了为人处世要像水与竹一样，有既能至柔至善又能包容万千的胸襟和气度。《老子》有"上善若水"的论述，水至善至柔，性情绵密，滋养万物。宋代徐庭筠《咏竹》中有"未出土时先有节，便凌云去也无心"的诗句，多比喻仁人君子节操高尚、襟怀若谷的高洁品格。

这副楹联联语以水、竹的特征为喻，进而赋予其深刻哲理，形象而深刻地提出修身养性、治学待人所应采取的态度，蕴意深沉，哲理深邃，引人深思，耐人寻味。

吉林北山玉皇阁联

清·成多禄

绝妙朋游①，有明月一杯，好山四座；

是何意态②，看大江③东去，秋色西来。

【作者】成多禄（1864—1928年），字竹山，号澹堪，室园名榆庐、澹园、十三古槐馆。祖籍山西太原，最后北迁吉林省其塔木镇（今吉林长春九台区），隶汉军正黄旗。"吉林三杰"之一。著名书法家，墨迹遍及东北三省。

【题解】北山位于吉林省吉林市西北，有清代修建的玉皇阁、药王庙、坎离宫和关帝庙等建筑。玉皇阁规模宏大、气势雄伟，始建于乾隆三十九年（1774年），进山门后的一座木牌坊上悬"天下第一江山"横额。庙内各殿堂供奉的神祇集佛、道、儒、民俗文化于一寺，体现了"佛、道、儒"三教合一、诸业同堂以及民俗文化并存的文化特色。

【注释】①朋游：此处意指游伴。②意态：神情姿态。③大江：指松花江。

【简析】上联纪游生情，写朋游绝妙，景物有情。"明月一杯""好山四座"使"绝妙"时辰结伴"朋游"的喜悦之情溢于言表。以比拟的手法把"明月"当作可以用"杯"计量的物体，情景交融，亲切感人。下联抚景抒情，壮志满怀。

登高远望，松花江水滔滔东流，迎扑面秋色不禁而来。上下联一气呵成。岁月交替，世事更迭，追昔抚今，壮志满怀，感慨万端。联语以独到的构思、流畅的笔触、凝练的文字以及壮美的画面为吉林北山玉皇阁胜迹平添风采和风韵。

镜泊①湖望湖亭联

佚名

听飞瀑雄声，声声振耳；

挹②众山彩色，色色娱③人。

【题解】镜泊湖，见鲁歌《长相思》。

【注释】①镜泊：意为“明净如镜”。②挹（yì）：牵引。此处运用比拟中的拟人手法，直接把“众山彩色”当作可以“牵引”的物体来写，情景交融，具有相当的抒情性。③娱：欢乐，戏乐。也有使动用法：使快乐。

【简析】这副楹联上联描绘听飞瀑之声的美好感受，下联状写赏斑斓山色的愉快情形。“声声”与“色色”运用了叠音的修辞手法，朗朗上口，和谐悦耳，具有鲜明的节奏感和旋律美。全联寥寥数语，但声色俱佳，令人心旷神怡，怡然自乐。

豫园卷雨楼联

佚名

邻碧①上层楼②，疏帘卷雨，画③槛临风，乐与良朋数④晨夕；

送青⑤仰灵岫⑥，曲涧闻莺，闲亭放鹤，莫教佳日负春秋⑦。

【题解】卷雨楼，在位于上海市中心明朝时期的私人花园豫园之内，具体位置在豫园三穗堂之后，与大假山隔池相望。底层称仰山堂，上层为卷雨楼。

【注释】①碧：青绿色。此处运用借代修辞手法，用其颜色特征代指九龙池。②楼：指卷雨楼。卷雨楼为曲折楼台，取王勃《滕王阁诗》“珠帘暮卷西山雨”之意。雨中登楼，烟雾迷蒙，山光隐约，犹如身入雨山水谷之中，为豫园绝景。③画：有版本作“幽”。④数（shǔ）：一个一个地计算。⑤送青：化用王安石诗“一水护田将绿绕，两山排闼送青来”。⑥灵岫：指仙山的峰峦。也指仙山的山洞。此处“灵岫”指豫园大假山。岫（xiù）：山洞，岩穴。也指峰峦。⑦负春秋：辜负了春秋的良辰美景。负：辜负。亏，欠。

【简析】这副楹联绘景优美，用典雅致，技法高超，堪称豫园众多楹联中的精品佳作。上下联均是写景抒情，既描绘了登楼远眺的景象，又抒发了“莫教佳日负春秋”的情怀。景物由近及远，由层楼到假山；层次分明，由“疏帘”到“曲涧”；

画面静中有动，莺歌鹤舞，鲜活灵动。情由景生，人沁其情，令人回味无穷。

中山陵联

当代・汪尔驹

废两千载帝制[①]，首义[②]归功先行者；

积四十年经验[③]，遗言[④]启迪后继人。

【作者】汪尔驹，当代人。曾为南京市地名办公室工作人员。

【题解】中山陵是中国民主革命先行者孙中山的陵墓，位于江苏省南京市东郊紫金山南麓，东邻灵谷寺，西毗明孝陵。中山陵整体平面呈警钟形，陵墓设计充分利用地势，将牌坊、陵门、碑亭、祭堂等主要建筑从低到高依次排列在紫金山南的缓坡上，利用墓道和台阶将主要建筑连为轴线，将陵墓建筑群连接成与背景山势相称的宏大整体。陵墓主体建筑采用中国古典宫殿式建筑的大屋顶造型，应用西方建筑的设计和建造技术，以肃穆的蓝白色调和严谨的建筑构型表现出沉静恢宏的气度，被认为是中国近现代建筑史上融合中西的经典作品。

【注释】①废两千载帝制：指孙中山领导辛亥革命结束清朝统治、建立中华民国的丰功伟绩。②首义：指率先举义。孙中山《临时大总统就职宣言》载："武汉首义，十数行省，先后独立。"此处指武昌起义。③积四十年经验：出自孙中山先生遗言中。其遗言总结40年来国民革命成果，并为日后的革命指明方向。遗言原文为："余致力国民革命，凡四十年，其目的在求中国之自由平等。积四十年之经验，深知欲达到此目的，必须唤起民众及联合世界上以平等待我之民族，共同奋斗。现在革命尚未成功，凡我同志，务须依照余所著《建国方略》《建国大纲》《三民主义》及《第一次全国代表大会宣言》，继续努力，以求贯彻。最近主张开国民会议及废除不平等条约，尤须于最短期间，促其实现。是所至嘱！"④遗言：既指孙中山全部遗言，也指孙中山在弥留之际留下的"革命尚未成功，同志仍须努力"的警世之言。

【简析】《中山陵联》是一副概括历史人物功绩的楹联。上联指孙中山先生领导辛亥革命，结束清朝统治，建立中华民国的丰功伟绩；下联概括孙中山先生遗言，并成为启迪后人继续革命的宝贵遗训。

西湖三潭印月联

清・程云俶

天赐湖上名园，绿野初开，十亩荷花三径[①]竹；

人在瀛洲[2]仙境，红尘[3]不到，四围潭水一山房[4]。

【作者】程云俶（chù），生卒年不详，字稻村。

【题解】三潭印月是杭州西湖十景之一，是西湖中最大的一个岛，又称为小瀛洲。小瀛洲前湖中有三座石塔，由基座、圆形塔身、宝盖、六边小亭、葫芦顶组成，塔身球形中空，周身开有圆孔，孔边饰浮雕花纹。石塔最初为宋代苏轼所建的界塔，明代重建，演变为景观塔。晴夜塔中点燃的灯烛与月色映照，景色优美，即“三潭塔分一月印，一波影中一圆晕”。

【注释】①三径：亦作“三迳”，意为归隐者的家园或是院子里的小路。此处指“三潭印月”小瀛洲上路径。②瀛洲：传说中的东海海上仙山，这里指“三潭印月”小瀛洲。③红尘：形容热闹繁华，也指人世间。④山房：指山中屋舍或书屋，这里代指为“三潭印月”小瀛洲上的房舍。化用唐代诗人李洞的诗句“半潭秋水一房山”。

【简析】三潭印月是杭州西湖最著名的标志性景观。此联题于三潭印月的静凉轩，描绘了一幅夜深人静、月映三潭、红尘不染的“天赐”“仙境”，充分表现了小瀛洲特有的景象。其意境之清幽，令人心摇神荡。

杭州灵隐寺联

元·赵孟頫

龙涧[1]风回，万壑松涛连海气[2]；

鹫峰[3]云敛[4]，千岩桂月[5]映湖光。

【作者】赵孟頫（1254—1322年），字子昂，号松雪道人，吴兴（今浙江湖州）人。宋太祖赵匡胤十一世孙，秦王赵德芳之后。博学多才，能诗善文，懂经济，工书法，精绘艺，擅金石，通律吕，解鉴赏。特别是书法和绘画成就最高，开创元代新画风，被称为“元人冠冕”。

【题解】灵隐寺，又名云林禅寺。见宋之问《灵隐寺》。

【注释】①龙涧：龙泓涧，发源于龙井，最后注入西湖。②海气：海面上或江面上的雾气。③鹫峰：灵隐寺前飞来峰。清《一统志》引《舆地志》谓晋代僧慧理见此山叹曰：“此中天竺灵鹫山之小岭，不知何年飞来。”故飞来峰又称灵鹫峰。④敛（liǎn）：收拢，聚集。⑤桂月：化用唐代诗人宋之问《灵隐寺》中“桂子月中落，天香云外飘”的诗句。桂月本为月亮的别称，传说月中有桂，因名。南朝梁庾信《终南山义谷铭》载：“桂月危悬，风泉虚韵。”地理上灵隐寺附近有月桂峰，峰上满山桂树。此处也暗用吴刚月宫砍桂树的神话传说。相传月宫吴刚砍桂树，桂子落在此处。

【简析】这副楹联，上联写寺前的涧、风、松涛、海风，下联写寺前峰、云、月桂、湖光。上下联以正对的手法，将灵隐寺的景物描写得声色壮丽，气象恢宏。联语中“海气”“桂月”，化用唐宋之问《灵隐寺》中的“楼观沧海日”与“桂子月中落”等诗句而不露痕迹，可谓笔有藏锋，神韵悠然。

大明湖小沧浪园联

清·刘凤诰

四面荷花三面柳①；

一城山色②半城湖③。

【作者】刘凤诰（1761—1830 年），字丞牧，号金门，江西省萍乡市上栗县人。清代文学家、历史学家。清乾隆五十四年（1789 年）进士。他被称为“江西才子”，还被乾隆称为“江西大器”。著有《存悔斋集》《五代史记注》《江西经籍志补》等。

【题解】大明湖，见曾巩《大明湖》。

小沧浪园在大明湖北岸，园内有小沧浪亭。亭居园中临湖处，三面荷花，登亭眺望，全湖尽在目下。清代著名小说家刘鹗在《老残游记》中将此处景观比作一幅大画，数十里屏风：“仿佛宋人赵千里的一幅大画，做了一架数十里长的屏风。”此联由清代书法家铁保书写，镌刻于西廊洞门两侧。

【注释】①四面荷花三面柳：因大明湖中盛夏荷花开放，有“四面荷花”之盛，岸边多植柳树，故云。②一城山色：济南市旧为历城，因在历山之下，故有“一城山色”之称。③半城湖：大明湖在山东济南市旧城北部，故称“半城湖”。

【简析】这副楹联营造了清新优美的意境。第一，以写景为主，以景带情，寄情于景，用饱含诗情画意的笔触，形象逼真地描绘了大明湖的特有景色。荷花点缀，柳影倒映，秀丽的自然风光与巧夺天工的名胜古迹相辅相成，突出了湖光山色之美。作者的欣赏之情蕴含其中，也令众人陶醉不已。第二，楹联运用了“用数”的表现手法，构成鲜明的形象。“四面”“三面”是写实，十分贴切，又强调了景致浓郁，生机勃勃。“一城”“半城”突出了大明湖在城中的地位，如见水波荡漾，清新透彻的碧波，仿佛明珠散落人间，映照着山色，余味无尽。

吟哦这副楹联，仿佛置身园中，美景历历在目，不啻是一种令人心旷神怡的自然美的享受。撷湖光水色之精英，文辞隽永绮丽，词意贴切，对仗工稳，风格明快。《老残游记》作者刘鹗称赞此联“尽画了大明湖的绝景”。

泰山南天门联

佚名

门辟九霄①，仰步②三天③胜迹；

阶崇④万级，俯临千嶂⑤奇观。

【题解】南天门又名三天门。位于泰山十八盘尽头，海拔1460米，是登山盘道尽处，坐落在飞龙岩和翔凤岭之间的山口上。由下仰视，双峰夹峙，犹如天上宫阙，天门自开，是登泰山顶的门户。门建于蒙古中统五年（1264年），此联即刻在石门两侧。此处距极顶仅一公里。

【注释】①九霄：九天云霄。此处极言南天门之高，耸入云霄。古代认为天有九层。在中国传统文化中，以九来表示极多，有至高无上的地位，九是个虚数，也是贵数，所以有“极限”之意，指天之极高处。②仰步：脸向上而举步。这里写攀登者的辛劳，表现出山路陡峭。③三天：这里指三天门，即南天门。④崇：高，积聚。⑤嶂：高而险峻的山峰。

【简析】这是一副抒写泰山南天门的高耸与险峻之景观的楹联，气势雄伟。上联写“仰”，以九霄形容南天门之高耸险要；下联写“俯”，从俯瞰千嶂奇观的角度再次强调泰山的层峦叠嶂。“万级”“千嶂”夸张中强调了山之高峻、重叠，增强了表达效果。一“仰步”一“俯临”之间，写得极富于张力，既点出了攀登的艰难辛劳，又流露出了登临泰山的兴奋之情。俯与仰之间的虚幻缥缈，可谓“胜迹”“奇观”。

黄鹤楼联

清·萨迎阿

一楼萃①三楚②精神，云鹤俱空横笛在③；

二水汇百川支派④，古今无尽大江流。

【作者】萨迎阿（？—1857年），钮祜禄氏，字湘林，满洲镶黄旗人，清朝将领。嘉庆十三年（1808年）举人，授兵部笔帖式。擢礼部主事，洊升郎中。道光三年（1823年），出为湖南永州知府，调长沙。历山东兖沂曹道、甘肃兰州道，充哈密办事大臣，调喀喇沙尔办事大臣。

【题解】黄鹤楼，见崔颢《黄鹤楼》。

【注释】①萃：聚集。②三楚：据《史记·货殖列传》载：“夫自淮北沛、陈、汝南、南郡，此西楚也……彭城以东，东海、吴、广陵，此东楚也……衡山、九江、江南、豫章、长沙，是南楚也。”后人诗文中多以泛指长江中游以南，今湖北、湖南一带。③“云鹤”句：化用崔颢《黄鹤楼》中“黄鹤一去不复返，白云千载空悠悠”和李白《与史郎中钦听黄鹤楼上吹笛》中“黄鹤楼中吹玉笛，江城五月落梅花”的诗句。④二水汇百川支派：指长江和汉水各有众多支流。二水：指长江和汉水。黄鹤楼位于汉水汇入长江的地方，故云。派：江河的支流。

【简析】这副楹联描绘了黄鹤楼特有的自然景观和人文景观，抒发了岁月不再、鹤去楼空的惆怅情绪，感慨逝者如斯、江河永恒，蕴含着中国传统文化的精髓，内涵丰厚，耐人寻味。第一，近景到远景层次清晰，时间与空间彼此交融。上联从楼写起，揭示了黄鹤楼所承载的楚文化内涵，突出了三楚精神芬芳浪漫之精华，给人以神圣感。下联将视线投向楼外的滚滚江流。面对浩荡无尽的长江，放眼远望，百川汇集，奔腾不息，时间长河亦奔流不止，发人深省。第二，典故的运用，增加了历史的厚重感。借黄鹤楼传说，化用崔颢和李白的诗句，虽伤感云鹤逝去，所幸有江城笛曲，寄托人们悠悠的情思，伤而不悲，神韵洒脱。风格优美中兼有壮美，上联空灵婉约，下联恢宏豪放。第三，以“用数”的表现手法，“一楼”“二水”“三楚”“百川”，通过数字的巧妙安排，写出了黄鹤楼的地理特征和深厚的文化积淀，传达出汇集百川、包容宇宙、涵盖古今的浑厚风范。加强了楹联的语气，使楹联具有节奏感和韵律美，富于力度。

岳阳楼联

清·窦垿撰　清·何绍基书

一楼何奇？杜少陵五言绝唱①，范希文两字关情②，滕子京百废俱兴③，吕纯阳三过必醉④。诗耶？儒耶？吏耶？仙耶⑤？前不见古人，使我怆然涕下⑥；

诸君试看：洞庭湖南极潇湘⑦，扬子江⑧北通巫峡⑨，巴陵山⑩西来爽气⑪，岳州城东道岩疆⑫。渚⑬者，流者，峙⑭者，镇⑮者。此中有真意，问谁领会得来⑯？

【作者】窦垿（1804—1865年），字于坫，号兰泉，云南罗平（今云南师宗县）人。祖籍江南，明代迁居云南。窦垿著作甚丰，有《示儿录》《续小学铢寸录》《多识录》《四余录》《游艺录》等，统名《晚闻斋稿》。

【题解】岳阳楼，见杜甫《登岳阳楼》。

这副楹联悬挂于岳阳楼一楼《岳阳楼记》雕屏两侧金柱上。

【注释】①杜少陵五言绝唱：指杜甫的五言律诗《登岳阳楼》。杜少陵即杜甫。少陵：汉宣帝许后之陵，在陕西西安市长安区南，其地称少陵原。杜甫曾在此居住，自号“少陵野老”。②范希文两字关情：“两字”指范仲淹《岳阳楼记》“先天下之忧而忧，后天下之乐而乐”中的“忧”“乐”二字。范希文即范仲淹。范仲淹（989—1052年），北宋政治家、文学家，字希文。③滕子京百废俱兴：指滕宗谅降职任岳州太守，把各种荒废的事业兴办起来，重修岳阳楼。滕子京即滕宗谅，字子京。河南洛阳人，与范仲淹同举进士，因被诬陷“枉费用公钱”，被贬到巴陵，次年他主持重修岳阳楼。范仲淹在《岳阳楼记》中写道：“庆历四年春，滕子京谪守巴陵郡，越明年，政通人和，百废具兴，乃重修岳阳楼，增其旧制。”④吕纯阳三过必醉：吕洞宾曾三醉岳阳楼。吕纯阳即吕洞宾，名岩。唐代进士，两任知县，黄巢起义时移家终南山，传说他后来入终南山修道成仙，为“八仙”之一。自号纯阳子。据《岳阳风土记》载，吕洞宾好酒，曾三醉岳阳楼。楼上有他留的字。他的《绝句》诗云：“三入岳阳人不识，朗吟飞过洞庭湖。”⑤诗耶，儒耶，吏耶，仙耶：诗人吗？儒家吗？官吏吗？神仙吗？⑥前不见古人，使我怆然涕下：这是化用唐代诗人陈子昂《登幽州台歌》中“前不见古人，后不见来者。念天地之悠悠，独怆然而涕下”的诗意。⑦南极潇湘：南边直到潇水和湘水。⑧扬子江：即长江。⑨巫峡：长江三峡之一，在湖北省巴东县西，与重庆市巫山县接界。⑩巴陵山：又名天岳山，位于岳阳楼西洞庭湖滨。古代传说夏后羿曾斩巴蛇于洞庭湖，积骨成丘陵而得名。⑪爽气：明朗开豁的自然景象。⑫岳州城东道岩疆：岳州东接高山为疆界。岳州，南朝宋置巴陵郡，隋代置岳州，治所在巴陵（今岳阳市），元改为路，明改为府。岳州城即今之岳阳市。东道岩疆：指东接高山为疆界。岩疆，指山崖之边界。⑬潴（zhū）：一作渚，水停聚处。⑭峙：屹立，耸立。⑮镇：镇守。一方的主山称镇，此为描绘山势雄镇一方的样子。⑯此中有真意，问谁领会得来：化用陶渊明《饮酒》（其五）诗意：“结庐在人境，而无车马喧。问君何能尔？心远地自偏。采菊东篱下，悠然见南山。山气日夕佳，飞鸟相与还。此中有真意，欲辨已忘言。”

【简析】这副楹联主要运用了以下几种表现手法：一是设问手法。全联以问句始，以问句终，向读者提出了一系列发人深思的问题，指点江山，写出了洞庭湖的山川形势、地理环境，蕴含丰富内涵。二是用典。作者借助名人典故、名人诗文名句、传说逸事，描情绘景，抚今追昔，抒发作者的情怀，内涵十分丰富，把岳阳楼的奇伟书写到极致。三是排比手法。上联抓住和岳阳楼颇有渊源的四个历史掌故，下联依据四个方位写山河景象，结构相同、句意相关的排比句，增强了表现力，显得感情充沛，气势恢宏。

黄山九龙瀑联

佚名

九匹白练[①]出奇观，连续奔腾，远观如八骏骅骝添赤兔[②]；

三岭[③]松涛鸣爽籁[④]，抑扬起伏，乍听似千军健卒赴疆场。

【题解】九龙瀑居黄山三大飞瀑之首，在黄山罗汉峰与香炉峰之间。发源于天都、玉屏、炼丹、仙掌诸峰，出丞相源，悬于千仞的青壁之上，飞流九折而下，每一折，便跌水一次，下面便成一水潭，水潭满溢再继续下跌，形成第二折和第二潭，如此盘旋折叠共达9次，形成九瀑九潭的壮丽奇观。九条飞瀑奔腾，宛如九条白龙，故得九龙瀑、九龙潭之名。明代诗人黄汝亨《黄山九龙瀑》曾对九龙瀑作了生动的描绘："九道寒冰泻遥岭，苍苔凝翠芙蓉冷。白日时听雷雨声，丹崖倒挂蛟龙影。"

【注释】①九匹白练：把瀑布比喻成九匹白练，此处代指瀑布。练：白色熟绢。"白练"强调其素白的特点。②八骏骅骝（huáliú）添赤兔：八骏，传说中周穆王的八匹良马：赤骥、盗骊、白义、逾轮、山子、渠黄、华骝、绿耳。骅骝，赤色骏马。赤兔，骏马名，全身枣红色，相传曹操为招降关羽，将吕布骑过的赤兔送给了关羽。这里用九匹骏马比喻九龙瀑在阳光照射下飞流直下的奔腾气势。③三岭：即黄山莲花、天都、光明顶三峰。④爽籁：清朗之声。爽：清亮，明朗。籁：自然界发出的声音。

【简析】这副楹联整体上从视觉和听觉两个角度着笔，以神奇的想象、精辟的比喻描写了九龙瀑的壮美。上联以九匹白练、九匹骏马喻瀑布，绘声绘色地把九龙瀑排山倒海、锐不可当的气魄展现在读者面前。下联用映衬手法，以松涛阵阵轰鸣衬托了瀑声惊天动地，有如闻其声、如临其境之感。又借助艺术想象，使人们仿佛看到威严如山的军队，突出了九龙瀑的奇伟。楹联跳荡着作者的豪情，以强烈的感染力激发读者对祖国壮丽山川的热爱。

广州镇海楼联

清・彭玉麟

几千劫①危楼②尚存，问谁摘斗摩霄③，目空今古；

五百载故侯④安在？只我凭栏看剑⑤，泪洒英雄。

【作者】见彭玉麟《莫愁湖联》。

【题解】镇海楼坐落于广州市越秀山小蟠龙冈上，原名望海楼，又俗称"五层楼"。建于明洪武十三年（1380年），楼名寓雄镇海疆之意。登楼眺望，广州市景物历历在目。为清代羊城八景之一，被誉为"岭南第一胜览"。现为广州市博物馆。镇海楼楹联众多，其中以彭玉麟所撰写的传诵最广。1883年，中法战事起，兵部尚书彭玉麟被派广东办理防务，以"五层楼"为海陆两军指挥部，1885年，清朝大败法国后议和，"不败而败"，彭玉麟反对妥协而又无奈，遂在镇海楼撰写此联。

【注释】①劫：梵语"劫波"的省略，意为极长的一个时期。佛教认为，每一“劫”之后，世界俱毁，然后重新开始。这里也指镇海楼多次遭到损毁。②危楼：高楼。危，高。李白《夜宿山寺》：“危楼高百尺，手可摘星辰。”③摘斗摩霄：摘取星斗，触摸青天。表示非凡的英雄气概。摩：接触。④故侯：指主持修建了镇海楼的朱亮祖，他因有战功被朱元璋封为永嘉侯。⑤凭栏看剑：化用辛弃疾《水龙吟·登建康赏心亭》：“江南游子，把吴钩看了，栏干拍遍，无人会，登临意。”表达报国之志和孤独之情。

【简析】此联吊古抒怀，看剑伤今，赞古人的凌云壮志。同时也描写了镇海楼雄镇海疆的雄伟气势。联系彭玉麟作此联时朝廷议和的背景，可想作者忠心报国的勇敢无畏精神，对国事的牵挂和神伤，其无奈的悲壮与凄凉也淋漓尽致地传达出来。爱国悲愤之情，情真意切，慷慨悲壮，撼人心弦。

这副楹联从“楼”入笔，上联起笔极高，“几千劫危楼尚存”既写出了历史沧桑，又显豪情壮思。眼前好景与胸中浩气，虚实相生、两相激荡，使得文字厚重雄浑，奇情壮采溢于笔端。这里“摩天”“摘斗”的，正是作者本人的理想抱负，字里行间奇气纵横，盖皆由胸中郁积勃发而来，又为下联抒发思古之忧埋下伏笔。“目空今古”“泪洒英雄”精切动人，使人不由得兴历史之感慨，语句精辟，读后使人感到意味深长。答问之间，气魄雄伟，风格苍劲，透露了英雄肝胆，能体会到一位封疆大吏发自内心的家国情怀。《清史稿》中评价他“刚介绝俗”。这副楹联正反映了作者清正廉洁、刚直不阿的志向与品节，同时郁积着深沉的孤独感。笔力自然遒劲，行气酣畅淋漓。

漳州开元寺书舍联

宋·朱熹

鸟识玄机①，衔得春来花上弄②；

鱼穿地脉③，挹将月向水边吞④。

【作者】朱熹（1130—1200年），字元晦，号晦庵，晚称晦翁，谥文，世称朱文公。祖籍徽州府婺源县（今江西省婺源），出生于南剑州尤溪（今属福建省尤溪县）。做官清正有为，振举书院建设。朱熹是著名的理学家、思想家、哲学家、教育家、诗人，闽学派的代表人物，儒学集大成者，世人尊称他为朱子。朱熹是唯一非孔子亲传弟子而享祀孔庙者，位列大成殿十二哲者中，受儒教祭祀。朱熹作为宋代理学的集大成者，继承了北宋程颢、程颐的理学，与二程合称“程朱学派”。朱熹的理学思想对元、明、清三朝影响很大，成为三朝的官方哲学。朱熹一生著述甚多，其中《四书章句集注》成为钦定的教科书和科举考试的标准。朱熹也是一位诗、词、文皆工，并在文学理论上颇有建树的文学家。朱熹的诗作以山水诗成就最高。朱熹的山水诗讲究“以理入诗”。

【题解】漳州开元寺，位于漳州西北面天宝山余脉芝山南麓。其前身建于唐嗣圣年间（684年），原址在漳浦。唐贞元二年（786年），因漳州州治迁移，寺院也移建至芝山南麓。开元寺建制恢宏，其规模雄踞诸州寺院之冠。漳州开元寺不仅建筑规模庞大，而且藏有珍贵佛典及珍稀宝物。寺内原有唐明皇铜像，又有金宝牌、金宝轮，皆御赐之宝。有宋太宗御书经疏一百二十卷，宋仁宗篆书“明堂”二字、飞白书“明堂之门”四字。唐代时，开元寺已经有了《开元寺志》。朱熹在漳州为官时在开元寺中建书舍。开元寺书舍，是当时朱熹读书讲学的地方。

【注释】①鸟识玄机：运用比拟中的拟人手法，将“鸟”当作可以“识玄机”的“人”来写。玄机：奥妙的义理。这里指气候变化的规律。②衔得春来花上弄：运用比拟中的拟人手法，将“春”当作可以“衔”并“弄”的事物。另外“衔春”也兼有拈连的修辞手法，文思独运，诗意盎然。弄：用手把玩。③鱼穿地脉：鱼儿在水中自由穿梭遨游。穿：穿透，通过。地脉：地的脉络。此处比喻水流。脉：指似血管连通而自成体系的东西。④挹将月向水边吞：运用拟人手法，赋予“鱼”以人的“挹”“吞”行为。挹（yì）：牵引。呼应上句的“衔”。吞：整个咽下去，亦泛指咽下。

【简析】写作手法方面，这副楹联主要运用了拟人和象征手法，景中寓意，借景抒情。第一，拟人手法。上下联分别运用了比拟中的拟人修辞手法，将“鸟”当作可以“识玄机”的“人”来写，将“春”当作可以“衔”并“弄”的事物。上联“衔”“春”，下联“挹”“月”，以“鸟”“鱼”的活泼跃动出神入化地呈现出春天的勃勃生机，描摹了一幅富于灵趣的春意盎然的图景。第二，象征手法。整体上运用象征手法，以“鸟识玄机”“鱼穿地脉”阐明大自然生生不息的规律，将大千世界在特定的时空中呈现出的自然景观赋予特殊意义，象征书院教化作用，启迪读书士子努力进取，充满生机与玄妙。字里行间蕴含着丰富的哲理，令人回味无穷。艺术特点方面，构思奇绝，正对工巧。上联的“识”“衔”“弄”对下联的“穿”“挹”“吞”，上联写鸟儿能够辨别、把握气候的变化规律，在花间嬉戏；下联写鱼儿能在水中自由遨游穿梭，吸取春天气息，将鸟和鱼的不同特点与习性描绘得惟妙惟肖，妙趣横生。

楹联虽短，联语却文辞清丽，对仗精工；景中寓意，借景抒情，称得上是景、情、理三者完美交融。这千秋佳联，与漳州开元寺书舍相得益彰，可谓古迹为山河增色，佳联为古迹生辉。

龙隐洞联

清·刘德宜

龙从何处飞来？看秀峰对峙，漓水[①]前横，终当际会风云[②]，破浪不尝居此地；

隐是伊谁偕汝？喜旁倚月牙[③]，下临象鼻[④]，莫使奔腾湖海，幽栖[⑤]聊[⑥]为寄闲身。

【作者】刘德宜，生卒年不详。

【题解】龙隐洞位于桂林七星山瑶光峰山脚。洞顶有一条硕大、蜿蜒、遒劲的石槽，仿佛龙飞去后留下的全身痕迹，故名龙隐洞。有“破壁而飞”的题刻。1963年建观景台于洞西北，是观“神龙”的佳境。古往今来，游人不绝。洞中唐宋石刻近百，后人有“壁无完石”之叹。

相传刘德宜因为在维新变法中支持康有为上书变法，得罪了顽固派而被迫离开北京，来到桂林，写下这一副借景生情的楹联。

【注释】①漓水：漓江。②际会风云：即风云际会，比喻有才华、有作为的人遇到难得的好时机。际会：时机，机会；机遇。③月牙：月牙岩。月牙山由七星山的玉衡、开阳、瑶光三座山峰组成，因山腰有一岩石，远望酷似一弯新月，故而得名。又因山中有龙隐洞，龙隐岩，也叫龙隐山。④象鼻：指象鼻山，又称象山。山形似巨象以长鼻吸水，故名。⑤幽栖：栖止于幽僻之处，指隐居。南朝宋谢灵运《邻里相送至方山》中有“资此永幽栖，岂伊年岁别”的诗句。⑥聊：姑且，暂且。

【简析】这是一副很有特色的“藏头联”，上下联头一个字分别以“龙”和“隐”为开头，镶嵌成“龙隐”这一地名，借龙隐洞写桂林风景之秀丽。此联以龙隐洞为中心，以设问开篇，紧接着用领字“看”“喜”将桂林风景名胜点出来，描写了秀峰、漓水、月牙山、象鼻山等处景色，如同展开了风光画卷，用简洁明了的笔调勾勒出一幅“桂林山水图”的轮廓，显示了作者的取景技巧与驾驭文字的能力。刘德宜政治上失意，但他不甘屈服，所以联中也反映出他的宏伟抱负和坚定的决心。他借龙隐洞飞龙虽曾隐居于此，但后来终于“破壁而飞”的传说，隐喻自己虽然现在因顽固派的压制而暂离京城，但绝不消沉，只不过是“聊为寄闲身”而已。他满怀信心地相信总有一天会“终当际会风云”，乘风破浪会有时。写景简洁而精当，立意高远而切合实际，不失为桂林诸摩崖石刻中的难得之作，在同类作品中亦堪称别具一格，令人玩味不已。

雷琼道大堂联

佚名

定安全之策，坐镇琼山，开乐会以会同官，统府州县群僚，独临高位；
澄迈往[①]之怀，清扬陵水，佐文昌而昌化理，合万儋崖诸邑，共感恩波。

【题解】雷琼道大堂位于海南省海口市琼山区。雷琼，得名于古雷州府和琼州府两府。即今雷州半岛和海南岛。两地隔海相呼应，历史文化颇有渊源。清代后期，广东雷琼道治所设在琼州府，这副楹联挂于道府大堂上。

【注释】①迈往：勇往直前。

【简析】这副楹联是一副嵌名联，采用嵌字手法，将雷琼道全府十三个州县名（定安、琼山、乐会、会同、临高、澄迈、陵水、文昌、昌化、万州、儋州、崖州、感恩）奇巧入对，是名副其实的地名楹联。

这些地名的嵌入不仅是一段历史文化的记载，也是地方的施政大纲，表达了安定四方、治理教化之宗旨。一是独临高位，坐镇琼山，这是身份和地位决定的。二是责任，“定安全之策”，而核心是统率群僚，相互合作，即“开乐会以会同官，统府州县群僚”。三是发展，所谓“澄迈往之怀”，农业“清扬陵水”，文教“佐文昌而昌化理”。

联语组织得十分自然，地名运用巧妙自如，对仗基本工稳，富于趣味性和感染力，从内容和艺术两方面看都称得上是一副有情怀的楹联佳作。

洱海联

近代·赵藩

昆明池当属斯[①]，仿凿习楼船[②]，汉帝[③]雄心驰域外；
浩然阁[④]已无在，搜遗补碑碣[⑤]，唐人高咏[⑥]表楹[⑦]端。

【作者】赵藩（1851—1927年），字樾村，号石禅老人，剑川（今云南剑川县）人，清末民初白族著名政治家、诗人、学者、书法家。参加过辛亥革命和护国、护法运动，历任众议员及南方军政府交通部部长等职。著有《咸同滇中兵事纪》20卷、《诗集》64卷、《词》8卷、《别集》4卷、《金石书画题跋》12卷、《介庵楹联集》3卷等。晚年致力于文化事业，总纂的《云南丛书》205种1402卷，集云南文献之大成。现昆明大观楼“天下第一长联”为其手书。

【题解】洱海，见杨慎《人月圆·泛大理海子》。

清末民初，赵藩与地方贤达到丰乐亭游赏，即兴作此联。

【注释】①昆明池当属斯：即昆明池应该是这里。元人将滇池作昆明池，作者经考证，认为汉武帝时所称的昆明池实际上是指洱海。斯：指示代词，此，这。指洱海。②仿凿习楼船：指汉武帝遣使从西南通西域，为该地区的少数民族所阻，于长安仿凿昆明池，建造楼船以演练水战。③汉帝：指汉武帝。④浩然阁：地址在今大理才村北边龙凤村洱水神祠（龙王庙）东面，丰乐亭遗址处。始建于唐代。⑤碑碣：指唐代大历元年（766 年），南诏王阁逻凤为宣扬自己的武功政绩而立“南诏德化碑”一事。⑥唐人高咏：唐白居易有《蛮子朝》诗，记唐天宝十三载（754 年）“征蛮一阵全军没”，以及唐德宗时“不劳一人蛮自通”的朝拜之事。⑦楹：房屋的柱子。特指厅堂的前柱。

【简析】此联要旨在于借用洱海而述史，含有考据之意，不仅引用与洱海相关的历史遗事，而且还对其中的谬误进行考证。同时也表达了作者追思忆古之幽情。上联正本清源，指出洱海才是“昆明池”的历史事实，而非有些人所指为昆明滇池。汉武帝为打通西南，曾凿“昆明池”于长安，筑楼船“以习水战”。上联记叙此事，并借以称颂汉武帝的雄才大略。下联寻访古迹，往日楼阁已不复存在，唐代宗大历元年（766年）所立南诏德化碑经风雨剥蚀，字迹多已不清，但唐代诗人白居易等咏赞的有关诗章还是长留后世的。联语发思古之幽情，评说历史的兴亡得失和人物的功过是非，凝重而又深沉，意味深长。

蝴蝶泉联

当代 · 彭祜

蝴蝶舞翩跹①，为万紫千红飞去飞来，前生疑似庄周化②；

青山留胜迹，有层峦叠嶂宜晴宜雨③，此地重吟道韫诗④。

【作者】彭祜（hù），生平不详。

【题解】蝴蝶泉位于云南大理旧城北 20 多公里苍山的云弄峰麓。泉池约 50 平方米，泉水清澈如镜。砌以大理石护栏，有郭沫若所书“蝴蝶泉”石匾。池周林木秀拔，有一株合欢树，横卧泉面而过，其花似蝶，招引无数蝴蝶在泉边飞舞。每年蝴蝶会时，成千上万的蝴蝶从四面八方飞来，在泉边漫天飞舞。蝶大如巴掌，小如铜钱，无数蝴蝶还勾足连须，首尾相衔，一串串地从大合欢树上垂挂至水面。五彩斑斓，蔚为奇观。《徐霞客游记》曾描述说：“泉上大树，当四月初即发，花如蛱蝶，须翅栩然，与生蝶无异。又有真蝶千万，连须勾足，自树巅倒悬而下，及于泉面，缤纷络绎，五色焕然。游人俱从此月群而观之，过五月乃已。”现辟为公园，建有蝴蝶博物馆。

【注释】①翩跹（piānxiān）：飘逸飞动，舞姿轻盈的样子。《梁书 · 王僧孺传》载：“含吐缃缥之上，翩跹樽俎之侧。”②庄周化：庄周做梦变成蝴蝶。典故出自《庄子 · 齐物论》：“昔者庄周梦为蝴蝶，栩栩然蝴蝶也。自喻适志与！”

③宜晴宜雨：意思是无论晴雨，都与其相得益彰。化用苏轼的《饮湖上初晴后雨》中“水光潋滟晴方好，山色空蒙雨亦奇”诗意。④道韫诗：指东晋女诗人谢道韫所作诗句。谢道韫以柳絮比喻飞雪，“未若柳絮因风起”一句因其比喻精妙而受到世人的称许。此处指因蝴蝶轻盈起舞而引发的联想。

【简析】此联在艺术上的突出特点是典故的运用。上联发挥想象，由翩翩起舞的蝴蝶联想到梦蝶的庄周，借庄子亦真亦幻的感受，写出了蝴蝶泉边蝴蝶翩跹，五彩斑斓，蔚为奇观，突出了一个“飞”字。下联用谢道韫诗句的典故，展现蝴蝶飞舞时的轻盈多姿，飘逸浪漫，用联想将楹联的空间扩展开来，将蝴蝶泉的神韵魅力渲染得淋漓尽致，令人心醉神迷，强调了一个“宜”字。上联为动态，下联为静景，仿佛使人看到，大理苍山云弄峰下，五彩蝴蝶在绿荫之中。蝶、泉、峰、树彼此交织，波光蝶影，动静结合，交相辉映，带给人丰富的美感。

丽江玉泉公园得月楼联

当代·郭沫若

龙潭[①]倒映十三峰[②]，潜龙在天，飞龙在地[③]；

玉水纵横半里许，墨玉为体，苍玉为神[④]。

【作者】见郭沫若《郑成功纪念馆联》。

【题解】玉泉位于丽江古城北部象山脚下，俗称“黑龙潭”，又有“玉水龙潭”“象山灵泉”等雅称。水源从山麓古老的栗树丛下岩石间奔涌而出，流淌汇集成潭，潭水清澈见底，水质清纯甘美，晶莹碧绿，犹如一块美玉。清代乾隆皇帝曾御笔亲题“玉泉龙神”，故名“玉泉”。远处高耸的玉龙雪山倒映其中。已辟为城区公园，是丽江著名的风景区之一。得月楼是玉泉公园的中心建筑，楼名取自宋代苏麟“近水楼台先得月，向阳花木易为春”句。郭沫若为该楼题写了匾额“得月楼”三字及两副楹联。一副是集毛泽东诗词：“春风杨柳万千条，风景这边独好；飞起玉龙三百万，江山如此多娇。”另一副便是此联。

【注释】①龙潭：玉泉俗称为黑龙潭。②十三峰：玉龙雪山主峰有十三峰，在得月楼可见其在黑龙潭中的倒影。③潜龙在天，飞龙在地：语出《周易·乾卦》的爻辞：“潜龙勿用。”“飞龙在天，利见大人。”潜龙：比喻有大德而未被世用的人。飞龙：比喻有圣德而居要位的人。旧时以飞龙喻帝王。此处描写遥望中的玉龙雪山如在天上，倒映在潭中的玉龙雪山如在地下。④墨玉为体，苍玉为神：形容黑龙潭韵致幽雅，泉清如玉。云南当地盛产玉石，墨玉和苍玉都是珍贵的玉石种类。体：事物的形体、形状。神：精神。

【简析】楹联以写水为主，着重表现水给景物带来的灵气，表达了作者对玉泉公园景致的喜爱。自得月楼眺望，雪山在黑龙潭中的倒影美不胜收。此联援引化用《周易》中的词句，给得月楼的景观增添了神奇迷人的情韵，显得风姿绰约。联语气势连贯，脉络清晰，行文圆转，对仗工稳，激情四溢。

黄果树瀑布联

佚名

白水如棉，不用弓弹[①]花自散；

红霞似锦[②]，何须梭织天生成。

【题解】见佚名《黄果树庙壁题诗》。

【注释】①弓弹：弹棉花是中国传统手工艺之一，弹棉花工具有大木弓，用牛筋为弦，棉花去籽以后，再用弦弓来弹，弹时以木槌频频击弦，使板上棉花渐趋疏松。②锦：有彩色花纹的丝织品。

【简析】此联构思奇巧，比喻贴切，描写生动，物景天成。第一，比喻的修辞手法。黄果树飞瀑跌落处，浪花四溅，水珠高扬，飞洒如蒙蒙细雨。坐落在瀑布附近的寨子和街市常被飞瀑扬起的水珠所笼罩，游人谓之“水云山庄”。在阳光的照射下，飞扬的水珠便化作长虹，五彩缤纷，霞光遍地，正是“不用弓弹花自散”“何须梭织天生成”，联语豪放而秀美，浩荡而洒脱，生动地描绘了瀑布奔流而下，激起如棉花般的白色雾状水珠，飘飘洒洒不用弓弹，即四散溅开；在阳光的照耀下，水雾又形成红霞，像是不用机器纺织、天然而成的丝织品。第二，色彩鲜明。如棉花般的瀑布白水，与艳丽的红霞映衬，色彩对比强烈，画面鲜明，令人叹服大自然的造化。对仗工整，余味悠长，朗朗上口。

成都武侯祠联

近代·赵藩

能攻心[①]则反侧[②]自消，从古知兵非好战[③]；

不审势[④]即宽严皆误[⑤]，后来治蜀要深思。

【作者】见赵藩《洱海联》。

【题解】武侯祠，见杜甫《蜀相》。

光绪二十八年（1902年）冬十一月上旬，时任四川盐茶使的赵藩游览武侯祠，追思诸葛亮治军理政的成绩，并联想新任四川总督岑春煊武力镇压民众的情况，遂书写此联。

【注释】①攻心：从精神上或心理上瓦解对方，使对方心服。《三国志·蜀书·马谡传》裴松之注引《襄阳记》：“用兵之道，攻心为上，攻城为下。心战为上，兵战为下。”②反侧：不循正道，不安分，不顺从。③知兵非好战：通晓军事（包括兵法）却不用战争取胜。知兵：懂得用兵，懂得兵法。好战：喜欢使用武力，喜欢用战争解决问题。④审势：观察时机，估量形势。审：分析、考察、推究。势：形势。⑤宽严皆误：暗指两任四川总督岑春萱和刘炳章宽严无度，导致百姓怨声载道。宽严：宽大与严厉。诸葛亮一生执法严明，也有宽大的一面。

【简析】赵藩从“攻心”和“审势”两个角度，对诸葛亮用兵和施政的经验做了辩证的、实事求是的高度概括，回顾诸葛亮治蜀的往事，思索治国的道理，别具慧眼，不同凡响。

所谓“攻心”，即从精神上或心理上战胜对方，并使人心服。这正是诸葛亮取得军事成就、文治武功的关键。联语指出，自古以来那些真正懂得军事的人并不在于“好战”，而是注意从精神上或心理上摧毁敌人，也只有这样，才能有效地解除敌对方的对立情绪，从而保持长久的安定局面。

所谓“审势”，即对形势的准确把握。这是对诸葛亮“治蜀”策略的总结。只有对形势有了准确的判断之后，才能制定出与之相适应的政策，当宽则宽，当严则严。否则，不明形势随意施政，则政策无论“宽”或“严”，都是注定要失误的。

“攻心”与“审势”，既是诸葛亮用兵与施政的主要特点，同时，也是成就他千秋功业的重要原因。正因为赵藩抓住了这两点，所以他的楹联也就成为百年名联。而诸葛亮的成功实践与赵藩的至理名言，又为后人的治军治国提供了宝贵经验，这便是直到今天我们还对此联赞叹不已并为之“深思”的原因。

陕西临潼华清池联

清·杨颐

绣岭[①]委[②]荆榛[③]，只余堠馆[④]留宾，记当年赐浴池[⑤]边，长恨空吟白傅[⑥]；

环园新结构[⑦]，云是唐宫旧址，问我辈沉香亭[⑧]北，雅才[⑨]谁嗣[⑩]青莲[⑪]。

【作者】杨颐（1824—1899年），字子异，号蓉浦，晚号蔗农，广东高州人。

【题解】华清池，见杜牧《过华清宫绝句》（其一）。

【注释】①绣岭：指骊山，骊山有东绣岭和西绣岭。②委：通“萎”。枯萎，衰败。③荆榛：丛生的灌木。④堠（hòu）馆：本为瞭望敌情的哨楼，也接待行旅、宾客，此处意同馆舍。堠，古代瞭望敌情的土堡。⑤赐浴池：指唐玄宗赐浴杨玉环的华清池温泉。⑥长恨空吟白傅：唐玄宗和杨贵妃的爱情故事借白居易的诗作《长恨歌》流传至今，而憾恨永在。白傅：即白居易，曾任太子少傅。⑦新结构：清同治年间新修的建筑物。⑧沉香亭：唐代兴庆宫龙池东畔曾遍植牡丹，旁有沉香亭，据传为沉香木建成。现已重建，在西安市兴庆公园里。唐明皇与杨贵妃在沉香亭赏牡丹，召李白作诗。李白作《清平调词》三首，其中第三首后两句为“解释春风无限恨，沉香亭北倚阑干”。⑨雅才：儒雅的才华。⑩嗣（sì）：继承，接续。⑪青莲：指李白，号青莲居士。

【简析】楹联介绍了华清池的地理位置，以及与之有关的重要历史人物。将江山社稷掌管者与文人骚客留世名篇融为一体，有情有景，令人感慨，历史意义和文学性兼备。

这副楹联主要运用的手法有：一、古今对比。荆榛委地、荒烟蔓草的现状与华清池赐浴的历史形成强烈对比，显示了华清池的历史沧桑，触景生情，情融于联，抚今追昔，发怀古之幽情，令人感慨不已。通过华清池盛衰变迁的描述，讽刺了当年唐玄宗误国的历史悲剧。二、用典手法。白居易曾作意在讽谏的《长恨歌》，李白供奉翰林期间，也曾作《清平调词》三首，为唐玄宗与杨贵妃的享乐生活助兴。提及李白、白居易两位大诗人的不朽之作，遥想当年历史，均含言外之意，立论有据又不失含蓄委婉。三、以问题收结，启发思考。

题黄帝陵联

当代·姜园宪

自轩辕[①]创业，上下五千年，古国文明光广宇[②]；

看松柏凌霄[③]，纵横十万里，全球赤子[④]仰黄陵。

【作者】姜园宪，生平不详。

【题解】黄帝陵位于陕西省黄陵县城北的桥山上，周围松柏参天。墓前有碑亭，镌有“桥陵龙驭”四字。再前有“古轩辕黄帝桥陵”石碑。《史记·五帝本纪》云：“黄帝崩，葬桥山。”民间相传黄帝在此乘龙升天。每年在此举行公祭。

【注释】①轩辕：即黄帝，姓公孙，名轩辕。②广宇：广大的空间。宇：空间。③凌霄：直上天空。凌：升。霄：云，云气，引申为天空。④赤子：本义为初生的婴儿，《老子》第五十五章载：“含德之厚，比于赤子。”也是百姓的代称。这里指对故土怀有纯真感情的人。

【简析】这副楹联的特点体现在：一、时空融合，开阔广远。构思方面，此联上下联分别以“自”和“看”领起，从人物和景物入手，由一点推开，展开联想。上联从时间运笔，下联从空间着眼，纵横交织，铺垫得当，表达有力，恰如其分地展示了在中华数千年文明发展史中，黄帝的开启之功和深远影响。大开大阖，给人极其深刻的印象。二、象征手法，传达深刻内涵。“松柏”意象，象征着高洁的人格品性，是理想人格的符号，承载了中华民族的精神文化与情感积淀。联语不加藻饰，浅显如话，用语直白，质朴自然而立意高远，讴歌了中华祖先的丰功伟绩，表达了全球赤子的爱国情思。赞颂之意、敬仰之情融会其中，淡语出浓意，平字见深情。

四、碑铭

天安门广场人民英雄纪念碑碑文

当代·毛泽东

三年以来①，在人民解放战争和人民革命中牺牲的人民英雄们永垂不朽！②

三十年以来③，在人民解放战争和人民革命中牺牲的人民英雄们永垂不朽！

由此上溯④到一千八百四十年，从那时起，为了反对内外敌人，争取民族独立和人民自由幸福，在历次斗争⑤中牺牲的人民英雄们永垂不朽！

【作者】见毛泽东《浪淘沙·北戴河》。

【题解】人民英雄纪念碑，见《题天安门广场人民英雄纪念碑联》。

【注释】①三年以来：是指解放战争时期，也是第三次国内革命战争时期。指这一时期中国人民在中国共产党领导下的推翻国民党反动统治而进行的革命战争。②永垂不朽：光辉的事迹和伟大的精神永远流传，不会磨灭。永：水流长。永远，深长。垂：流传，留传。朽：腐烂，腐朽。③三十年以来：是指从1919年五四运动开始直到1949年的新民主主义革命时期。④溯（sù）：逆流而上，向上推求。引申为追求根源。⑤历次斗争：主要有鸦片战争、太平天国运动、甲午中日战争、戊戌变法、辛亥革命等。

【简析】《天安门广场人民英雄纪念碑碑文》具有两个特点：其一，最大的特点是具有高度的概括性。碑文运用整体性概括方法简明扼要地归纳总括了1840年鸦片战争到中华人民共和国成立这一历史时期内的历次革命斗争，并对历次革命战争中牺牲的先烈们表达了敬仰和缅怀之情，祈愿爱国志士们的光辉事迹和不屈抗争的伟大精神流芳百世，永不磨灭。其二，碑文修辞手法的运用可谓独具匠心：一是运用层递中递降的修辞手法，从1949年上溯“三年”，再上溯“三十年”，再“上溯到一千八百四十年”，不断递降，环环紧扣，层次分明，认识逐层深化，感情也逐步升华；二是同时运用反复手法，三次咏叹“永垂不朽”，语势强劲，中心突出，感情炽烈，令人动容。

秦二十八年泰山刻石文

秦·李斯

皇帝临位[1]，作制明法[2]，臣下修饬[3]。二十有六年，初并天下[4]，罔[5]不宾服[6]。亲巡[7]远方黎民[8]，登兹[9]泰山，周览东极[10]。从臣[11]思迹[12]，本原[13]事业，祗[14]诵功德。治道运行[15]，诸产[16]得宜，皆有法式[17]。大义休明[18]，垂[19]于后世，顺承勿革[20]。

皇帝躬圣[21]，既平天下，不懈[22]于治。夙兴夜寐[23]，建设长利，专隆[24]教诲。训[25]经宣达，远近毕理[26]，咸[27]承圣志。贵贱分明，男女礼顺，慎遵职事。昭隔[28]内外，靡[29]不清净，施于后嗣。化及无穷，遵奉遗诏，永承重戒[30]。

【作者】见李斯《碣石刻石》。

【题解】泰山，见杜甫《望岳》。

《泰山刻石》是秦代历史上的七大刻石之一，又称《封泰山碑》，为秦始皇二十八年（前219年）登泰山所刻，是泰山石刻中时代最早的作品。位于岱庙东御座内大殿露台前西侧，秦小篆碑刻，传为李斯书。此刻石为四面环刻，三面为始皇诏，一面为二世诏书（二世诏刻于公元前209年）。开“刻石纪功，以垂后世”之先河。刻石原文222字，历经沧桑，现仅存十字，堪称稀世珍宝。

【注释】①临位：执掌朝政，即位。②作制明法：制定制度，明确法度。作：创立。明法：明确法度。③修饬（chì）：修持整饬。修：整治。饬：整治，整顿。④二十有六年，初并天下：秦始皇二十六年（前221年），统一天下。⑤罔（wǎng）：无。⑥宾服：归顺，服从。⑦巡：巡视，往来视察。⑧黎民：指百姓。此句为六字，疑有误。⑨兹：此，这。⑩周览东极：遍览东土边极。周览：遍览。周：遍及。东极：东方极边远之地。极：尽头，极点。⑪从臣：指随从秦始皇东巡的大臣王离、王贲、赵婴、王绾、李斯等。⑫迹：事迹，功业。⑬本原：推究，追根。本：本着，按照，根据。原：推究，考察。⑭祗（zhī）：敬。⑮治道运行：治世之道得到推行。⑯产：产业。⑰法式：法则，法度。⑱休明：美好而清明。休：美善，吉庆。⑲垂：流传，留传。⑳顺承勿革：继承下去不要改变。革：改变，变更。㉑躬圣：指秦始皇亲自理政。躬，亲身，亲自实行。㉒懈：怠惰，松懈。㉓夙（sù）兴夜寐：早起晚睡。形容辛苦勤劳。夙：早，早晨。司马迁《史记·孝文本纪》载：“今朕夙兴夜寐，勤劳天下，忧苦万民。”㉔隆：尊重，尊崇。这里指重视。㉕训：教诲，教导，又指教导的话。㉖毕理：通通得到治理。毕：全部，全都。理：治理，管理。㉗咸：皆，都。㉘昭（zhāo）隔：明确地分别。昭：明显，明确。㉙靡（mǐ）：无。㉚重戒：重要告诫。重：重大，重要。戒：告诫，警告。

【简析】这篇碑文内容上是歌功颂德之作，充满溢美之词，但仍有其文学上的价值。其在写作上的特点有：一、行文严密，气势贯通。全文围绕对秦始皇治国功德的称颂，称扬始皇帝一统四海、令天下宾服的功业，指出登临泰山的意义，赞美了秦始皇的勤勉治国。表达了秦统一后的基本治国思想："作制明法"以治理国家，使得天下归正，申明国家法令及各项规章制度的权威性。同时强调"贵贱分明，男女礼顺"的人伦规范对于社会治理的作用，并指出其影响力。最后强调"永承重戒"的深远意义。二、语言简洁清峻，风格浑朴古质，辞气肃穆有力，体现出与内容统一的秩序感、法度感、庄严感，高度概括、歌颂了秦始皇统一全国的历史功绩。

秦刻石文是中国最古的碑文，对后世的碑志文颇有影响。《泰山刻石》同时还具有重要的艺术价值和历史价值。该刻石书法严谨浑厚，平稳端宁，字体方正匀称，疏密有度，沉稳朴拙，为秦代小篆书法艺术的代表作，在中国书法史上占有重要的地位。

大唐中兴颂

唐·元结

天宝十四载，安禄山陷洛阳。明年，陷长安[①]。天子幸蜀[②]。太子即位于灵武[③]。明年，皇帝移军凤翔，其年复两京[④]。上皇还京师[⑤]。於戏！前代帝王，有盛德大业者，必见于歌颂[⑥]。若今歌颂大业，刻之金石，非老于文学，其谁宜为[⑦]？颂曰[⑧]：

噫嘻前朝，孽臣奸骄，为昏为妖[⑨]。边将骋兵，毒乱国经，群生失宁[⑩]。

大驾南巡，百僚窜身，奉贼称臣[⑪]。天将昌唐，繄睨我皇，匹马北方[⑫]。

独立一呼，千麾万旗，戎卒前驱[⑬]。我师其东，储皇抚戎，荡攘群凶[⑭]。

复服指期，曾不逾时，有国无之[⑮]。事有至难，宗庙再安，二圣重欢[⑯]。

地辟天开，蠲除妖灾，瑞庆大来[⑰]。凶徒逆俦，涵濡天休，死生堪羞[⑱]！

功劳位尊，忠烈名存，泽流子孙[⑲]。盛德之兴，山高日升，万福是膺[⑳]。

能令大君，声容沄沄，不在斯文[㉑]。湘江东西，中直浯溪，石崖天齐[㉒]。

可磨可镌，刊此颂焉，何千万年[㉓]！

上元[㉔]二年秋八月撰，大历[㉕]六年夏六月刻。

【**作者**】元结（719—772年），字次山，号漫叟、聱叟、浪士、漫郎，唐代著名文学家，中唐诗人，原籍河南（今河南洛阳），后迁居鲁山（今河南平顶山市鲁山县）。元结反对形式主义诗风，抨击绮靡浮华而提倡质朴淳厚。他的理论，对中唐新乐府运动有所启发和影响。原有著作多部，均佚。现存文集有明郭勋刻本《唐元次山文集》、明陈继儒鉴定本《唐元次山文集》、淮南黄氏刊本《元次山集》。今人孙望校点有《元次山集》。

【题解】湖南浯（wú）溪，是发源于湖南省永州市双牌县阳明山国家森林公园内的一条小溪，流经祁阳盆地后，在祁阳县城西南古渡口由南而北汇入湘江。溪水两侧山峰陡峭，古树茂盛，怪嶙峋岩，景观奇特。浯溪胜境之中，摩崖石刻雄冠三湘。山奇水秀的浯溪，在中国文学史和书法史上更为后世称道。

浯溪碑林，位于祁阳县城南，依傍湘江。浯溪碑林集中保存了自唐至民国的历代石刻500多块，占湖南书法遗迹的一半以上，篆隶楷行草，洋洋大观，异彩纷呈。不仅具有重要的历史价值和文学价值，也具有研究书法艺术的重大价值。

《大唐中兴颂》碑，在浯溪碑林三绝堂内石崖上。文系元结于上元二年（761年）秋八月所撰，内容为“记平安史之乱，颂大唐中兴之事”，文辞古雅遒劲。大历六年（771年）六月，颜真卿刻此文于浯溪崖壁。《金石萃编》称“碑高丈二尺五寸，宽丈二尺七寸”。自左至右竖行阴刻20行，不计题名款署，序颂共有263字。在南宋绍熙年间（1195年）由隆庆府（今剑阁县）通判吴旰翻刻于此。至今碑刻完整，颜字风格犹存。元文、颜字，加之天公造就的峭岩，文奇、字奇、石奇，世称摩崖三绝，被尊为国宝。全碑采用中锋和圆笔，用笔雄健，通篇豪放开张，气度恢宏。既有汉隶的雄放洒脱、浑厚深沉之感，又不失魏晋的庄严肃穆、古朴圆浑，可谓神完气足。

【注释】①天宝十四载（755年），安禄山陷洛阳。明年，陷长安：谓天宝十四载，安禄山以讨伐杨国忠为名在范阳发动叛乱，攻陷了洛阳。第二年（756年）又攻陷了长安。②天子幸蜀：大唐玄宗皇帝亲临（逃到）四川。天子：唐玄宗。幸：封建时代称皇帝亲临。蜀：四川。③太子即位于灵武：太子（李亨）在灵武登上皇位称帝（756年太子李亨即位，改元至德，是为肃宗）。灵武：在今宁夏灵武县南。④明年，皇帝移军凤翔，其年复两京：757年唐肃宗移军到凤翔（今隶属于陕西省宝鸡市），并在这一年收复了长安和洛阳两京。其：这。复：恢复。两京：长安和洛阳。⑤上皇还京师：太上皇唐玄宗回到了长安。上皇：即唐玄宗，大子即位后尊他为太上皇。⑥於戏（wūhū）！前代帝王，有盛德大业者，必见于歌颂：呜呼，以前朝代的帝王，如果有建立了大德大业的，必然会出现在诗歌颂词中。於戏：叹词。同“於乎”“呜呼”。见（xiàn）：显现，表现。⑦若今歌颂大业，刻之金石，非老于文学，其谁宜为：如果今天要歌颂这伟大的功绩，并将它刻在石上，除了精通文学之人，还有谁是合适的人选呢？金石：此指石，偏义复用指“石”。老：老练，老成。⑧颂曰：赞颂说。颂：歌颂、赞美。⑨噫嘻（yīxī）前朝，孽臣奸骄，为昏为妖：唉！在玄宗朝，罪恶的臣子既奸猾又骄横，搅得天昏地暗，妖邪当道。噫嘻：叹息声。前朝：指唐玄宗朝。孽臣：指杨国忠、李林甫。孽：邪恶，妖孽。昏：黄昏，天将黑的时候。引申为昏暗，无光。又引申为社会黑暗，时事混乱。妖：怪异、邪恶的事或人。⑩边将骋兵，毒乱国经，群生失宁：边将安禄山叛乱，危害扰乱了国家的常规，使广大老百姓的生活失去了安宁。边将：指安禄山。国经：国家的常规。群生：广大百姓。⑪大驾南巡，百僚窜身，奉贼称臣：玄宗逃跑到南方，许多官员纷纷乱窜，尊奉乱贼为主，向其称臣。大驾：指唐玄宗。南巡："逃窜"的委婉说法。窜：隐藏，逃匿。⑫天将昌唐，繄（yī）睨（nì）我皇，匹马北方：上天想要唐朝兴旺昌盛，注视着我皇，看着他单枪匹马去北方树起军威。繄：句首语气词，相当于"惟""唯"。睨：斜视。⑬独立一呼，千麾（huī）万旟（yú），戎卒前驱：独立一呼，千千万万的旗帜飘扬，无数的回纥兵前来充当驱使。麾：军旗，用以指挥军队。旟：古代的一种军旗，上面画有鸟隼的图像。戎卒：指回纥兵。⑭我师其东，储皇抚戎，荡攘群凶：我们的军队向东挺进，太子带领回纥兵，扫荡除灭了众多叛乱者。师：古代军队编制单位之一。泛指军队。储皇：太子，此处指代宗（唐肃宗长子）。攘（rǎng）：排斥，排除。凶：凶狠，残暴。引申为恶人。此处指叛乱者。⑮复服指期，曾不逾时，有国无之：收复的日期指日可待，其恢复之速，是自古有国家以来没有的。此处夸张地形容恢复之速。⑯事有至难，宗庙再安，二圣重欢：情势确是非常困难，皇朝再次平安，两位皇上重现欢颜。宗庙：古代帝王、诸侯祭祀祖宗的庙宇。二圣：指唐玄宗和唐肃宗。⑰地辟天开，蠲（juān）除妖灾，瑞庆大来：新的天地开辟了，除去了妖邪灾害，吉祥幸福随之而来。蠲：除去。⑱凶徒逆俦（chóu），涵濡天休，死生堪羞：残暴之徒，叛逆之流，玷污了天地间的美好，他们无论是生是死都应该感到羞愧。俦：同类。涵：包含，包容。濡：沾湿，浸渍。休：美善，吉庆。⑲功劳位尊，忠烈名存，泽流子孙：有功劳的人被授予尊贵的位置，忠烈之士的美名永存，恩泽将惠及他们的子孙。泽：恩泽。⑳盛德之兴，山高日升，万福是膺（yīng）：伟大的功德建立起来，像高山仰止，像太阳升起一般，人们感受到了无边的幸福。膺：受。㉑能令大君，声容沄沄，不在斯文：能够让天子的礼乐文章声容大盛的，难道不是已经表现在这里了吗？大君：天子。声容：礼乐文章。沄沄（yúnyún）：水流汹涌的样子。这里是形容声容之盛。㉒湘江东西，中直浯溪，石崖天齐：湘江在此地的东边和西边，浯溪则横贯此地，此地的石崖与天一样高。㉓可磨可镌（juān），刊此颂焉，何千万年：可以磨平它的岩面在上面刻字，在这里刻上这篇文辞，流传何止千万年啊。镌：凿，刻。何：何止。㉔上元：唐高宗李治年号，起讫时间为760—762年。㉕大历：唐代宗李豫的年号，起讫时间为766—779年。

【简析】《大唐中兴颂》摩崖石刻文，即《大唐中兴颂》及序文，见于《元次山集》卷六。元结撰文，颜真卿书丹，历来脍炙人口，尤负重名。颜真卿确立了格法严谨的唐楷风格，成为唐楷杰出代表和集大成者的巅峰书家。《大唐中兴颂》是他成熟时期的优秀作品，表现出一种气度恢宏的威武刚烈风度。其书法苍莽奇伟的风格特征，惊天地泣鬼神的浩然正气，体现出颜真卿慷慨正直的个性，也能领略到唐王朝的开拓、奋发的气魄和自信心。元结是唐代古文运动的先驱，二公合作撰与书的《大唐中兴颂》，可谓珠联璧合。

元颜二公都亲身经历灾乱及其平息，都是平定安史之乱的功臣。在安史之乱基本结束的761年秋八月，历经战乱之苦的元结乘兴写下了这篇颂文。正如题目中的“中兴”所言，唐王朝由衰落走向中兴。曾亲领军队平叛的元结，对战乱平息表达的欢欣鼓舞之情溢于笔端。若干年后，刻碑时所增颂文末尾六句稍显勉强，如元结所言“末篇三章颇辞费，笔力未能复铿锵”。

《大唐中兴颂》是歌颂唐王朝平定“安史之乱”的丰功伟绩的一篇气势俊伟之作。文章以极其简括的语言，将天宝乱离，肃宗即位，收复两京，唐玄宗和唐肃宗回到长安的经过的来龙去脉在“序”和“颂”中作了清楚的叙述，笔力健举，气象不凡。

在写法上，序文用散句，颂文仿秦始皇金石刻辞的体例，四字一句，基本是三句概括一事，三句一韵。高度概括了“安史之乱”的发生、平定和收复的过程，铺张扬厉，尽情抒发了“地辟天开，蠲除妖灾，瑞庆大来”的欢欣之情。现在品读《大唐中兴颂》，能真切地感受到社会兴衰、文学作品、书法艺术汇聚而成的变幻的历史烟云和绚丽的人文风光。

附录 1　2024 年全国中级导游等级考试大纲《汉语言文学知识》

附录 2　中华人民共和国国家通用语言文字法

附录 3　汉语拼音方案

附录 4　容易读错的字